SER REPUBLICANO NO BRASIL COLÔNIA

HELOISA MURGEL STARLING

Ser republicano no Brasil Colônia
A história de uma tradição esquecida

1ª reimpressão

Copyright © 2018 by Heloisa Murgel Starling

Grafia atualizada segundo o Acordo Ortográfico da Língua Portuguesa de 1990, que entrou em vigor no Brasil em 2009.

Capa
Victor Burton

Imagem de capa
Sem título, Renina Katz (1956). Nanquim sobre papel, 39,9 x 27,3 cm (detalhe). Reprodução Patricia Motta.

Preparação
Cacilda Guerra

Índice remissivo
Luciano Marchiori

Revisão
Jane Pessoa
Angela das Neves

Dados Internacionais de Catalogação na Publicação (CIP)
(Câmara Brasileira do Livro, SP, Brasil)

Starling, Heloisa Murgel
 Ser republicano no Brasil Colônia : A história de uma tradição esquecida / Heloisa Murgel Starling. – 1ª ed. – São Paulo: Companhia das Letras, 2018.

 ISBN 978-85-359-3099-3

 1. Brasil – História – República, 1889- 2. Brasil – Política e governo 3. República 4. Republicanismo – Brasil – História I. Título.

18-13634	CDD-321.860981

Índice para catálogo sistemático:
1. Brasil : Republicanos : Ciência política   321.860981

[2021]
Todos os direitos desta edição reservados à
EDITORA SCHWARCZ S.A.
Rua Bandeira Paulista, 702, cj. 32
04532-002 — São Paulo — SP
Telefone: (11) 3707-3500
www.companhiadasletras.com.br
www.blogdacompanhia.com.br
facebook.com/companhiadasletras
instagram.com/companhiadasletras
twitter.com/cialetras

Para Lilia Schwarcz, Evaldo Cabral de Mello
e Newton Bignotto

Ai, palavras, ai, palavras,
que estranha potência, a vossa!
Ai, palavras, ai, palavras,
sois de vento, ides no vento,
no vento que não retorna,
e, em tão rápida existência,
tudo se forma e transforma.

Cecília Meireles, *Romanceiro da Inconfidência*

Sábios em vão
Tentarão decifrar
O eco de antigas palavras
Fragmentos de cartas, poemas
Mentiras, retratos
Vestígios de estranha civilização

Chico Buarque, "Futuros amantes"

Sumário

Introdução — Uma herança sem testamento 11

1. E a República desembarcou no Brasil: Os vários significados
   para uma palavra 23
2. Repúblicas à moda de Veneza 45
3. A República dos letrados 83
4. República florente 119
5. Qual República? Forma e distribuição do poder 150
6. República do Tagoahy 177
7. República Bahinense 208

Conclusão — A tradição esquecida 239
Agradecimentos 277
Notas 285
Referências bibliográficas 337
Índice remissivo 361

Introdução

Uma herança sem testamento

Por volta de 1627, frei Vicente do Salvador, um franciscano que se tornou nosso primeiro historiador, terminava o argumento de *Historia do Brazil*. No texto, hoje bem conhecido, fazia uma reflexão política sobre o futuro da colônia, sob a ótica do interesse da metrópole. Circulou, em Portugal e no Brasil, exclusivamente por meio de cópias manuscritas até 1888, quando outro historiador, Capistrano de Abreu, publicou sua primeira edição completa. Página por página, *Historia do Brazil* abre espaço para diversas possibilidades de leitura, entre as quais o prenúncio das críticas a um projeto de colonização que tinha por objetivo central recolher da colônia tudo o que na Europa pudesse alcançar algum valor. O Brasil era, a essa altura, um território colonial em formação, com uma população rarefeita — "arranhando ao longo do mar como caranguejos",[1] dizia ele em passagem que ficou famosa —, e repleto de oportunidades a serem exploradas, sobretudo em riqueza, comércio e poderio político para o Império. Mas, pensava frei Vicente, o sonho português de viver do trabalho alheio precisava de ajustes, e estaria condenado ao malogro caso não passasse de um sistema de povoamento concentrado em desfrutar as riquezas do território colonial para deixá-lo em seguida destruído.

A pergunta que frei Vicente se fazia a todo instante é surpreendentemente atual: como pôr em prática no território da colônia a ideia de zelo pelo bem comum, isto é, o cuidado pelo patrimônio coletivo de seus habitantes? Vista do ângulo de Portugal, essa pergunta assumia uma importância estratégica, e *Historia do Brazil* defende a tese de que não é possível evitar que os indivíduos sigam exclusivamente seus próprios interesses egoístas se no caminho deles só existe um projeto de colonização de natureza predatória: "O nome Brasil lhe ajuntaram ao Estado e [...] os povoadores por mais arraigados que na terra estejam, tudo pretendem levar para Portugal", registrou frei Vicente com sua pena perspicaz. E não economizou ironia:

> Se as fazendas e bens que possuem soubessem falar, diriam como os papagaios, para os quais as primeiras palavras que ensinam são: "Papagaio-real para Portugal". [...] Mesmo os que cá nasceram não são senhores, mas usufrutuários que desfrutam e deixam a terra destruída.

Frei Vicente não tratava de ideias abstratas, e exigia a criação de práticas administrativas para o território da colônia especificamente vocacionadas para a gestão de um patrimônio que deveria interessar a todos: "Nenhum homem nesta terra é repúblico, nem zela ou trata do bem comum, senão cada um do bem particular", sentenciou em resposta àquela sua própria interrogação.[2]

Ainda era só uma palavra, mas "República" acabava de desembarcar nas terras recém-tocadas que seriam, um dia, o Brasil, e seu desembarque vinha registrado pela letra elegante de quem andava sustentando havia anos uma opinião afiada sobre o assunto. "República", no argumento de frei Vicente, significava a boa gestão da coisa coletiva ou pública, e era uma maneira de qualificar a administração que está a serviço do interesse de todos e não se confunde com as diversas manifestações da vida particular dos indivíduos. Em sua opinião, e na de alguns de seus contemporâneos, existia, no Brasil, um problema que podia arruinar tudo: bem público e interesses particulares tinham pesos diferentes no interior do projeto colonial português e, por aqui, negociava--se tranquilamente o bem coletivo pela vantagem individual. Era fácil ver: as coisas andavam trocadas no Brasil.

E a história mal começara. A certa altura do final do século XVII, entrou em ação outro religioso, dessa vez jesuíta, padre Antônio Vieira, que acompanhava de perto as contradições do projeto colonial português e não se furtava a executar prédicas audaciosas sobre o assunto. Em uma dessas prédicas, "Sermão da visitação de Nossa Senhora", padre Vieira passou a limpo o programa de Lisboa para a gestão do ultramar, além de condenar publicamente um modo de governar que alavancava um magote de funcionários vorazes cuja prática administrativa corrompia *por dentro* a colônia: "Esta é a causa original das doenças do Brasil", investiu Vieira, do púlpito do Hospital da Misericórdia da Bahia, na ocasião em que chegou àquela cidade o marquês de Montalvão, governador-geral e vice-rei.

> Tomar o alheio, cobiças, interesses, ganhos e conveniências particulares. Perde-se o Brasil, senhor, porque alguns ministros de sua majestade não vêm cá buscar nosso bem, vêm cá buscar nossos bens [...]. Esse tomar o alheio é a origem da doença: toma nessa terra o ministro da Justiça? Sim, toma. Toma o ministro da Fazenda? Sim, toma. Toma o ministro da República? Sim, toma. Toma o ministro da Milícia? Sim, toma. Toma o ministro do Estado? Sim, toma [...]. Muitos transes destes tens padecido, desgraçado Brasil, muitos te desfizeram para se fazerem, muitos edificam palácios com os pedaços de tuas ruínas, muitos comem o seu pão com o suor do teu rosto. Eles ricos, tu pobre; eles salvos, tu em perigo.[3]

O Brasil dá, Portugal o leva, trovejava padre Vieira, em Salvador. No século XVII português, as pessoas conheciam e usavam a palavra "República", mas não havia, no Brasil, abrigo para *repúblicos* — e bem público era algo a ser pilhado. O prognóstico dos dois religiosos era idêntico: não há quem esteja disposto a priorizar o bem comum em um território onde o governo da Coroa privilegia a garantia de interesses privados, e vários particulares se empenhavam apenas na exploração das terras, cada um com a jurisdição própria sobre a faixa que lhe cabia. Naturalmente, os dois reconheciam os acontecimentos que, no decorrer do século XVII, configuraram um projeto de colonização de natureza predatória e pouco interessado em evitar que os indivíduos se guiassem por seus próprios interesses egoístas — eles não podiam adivinhar o futuro. Mas, convenhamos: a questão que ambos levantam merece ser considerada; afinal, há muito ela domina a imaginação política do Brasil. Nos quatro séculos que nos separam de frei Vicente do Salvador e de padre Antônio Vieira, permanece renitente a evidência de que chamamos por República um esboço que não encontrou forma. E a implacável normalidade com que os brasileiros convivem hoje com a natureza redutora e deficitária de sua República fica ainda mais reveladora quando compartilhamos, no presente, o sentimento da crise e da incerteza política, e experimentamos a estranha sensação de que o tempo cronológico está girando fora dos eixos.

Hannah Arendt tinha uma estratégia — melhor dizendo, uma espécie de método — para lidar com aquilo que é inapreensível numa situação de crise, em especial nas circunstâncias em que esta atinge o pensamento, a política e os valores. Quando algo na agenda é inédito e traz a chance de produzir alguma mudança mais ou menos brusca e sem precedentes que não sabemos avaliar bem, a alternativa, recomendava Arendt, é recorrer ao passado para pensar com ele, sem se resignar a certa nostalgia por outras épocas, e sem se deixar dominar pela ilusão de que no tempo cronológico existe lugar para a repetição — o tempo não é retilíneo, e a história, ela se sentia à vontade para contrariar os historiadores, é ingovernável. O presente costuma ser o desencadeador eficaz desse impulso de se dirigir ao passado para compreender a nós mesmos; e, se nos aventurarmos fundo o bastante sem que acabemos nos perdendo em alguns dos recantos mais tumultuados ou exóticos do passado, é provável que consigamos retornar aos nossos assuntos contemporâneos com as classes de perguntas que precisam ser feitas e o lastro de uma nova e decisiva compreensão acerca de problemas muito antigos.[4]

É sobretudo para o século XVIII que devemos nos voltar se queremos reencontrar a trilha de como a palavra "República" chegou até nós, embarcada em Portugal, ainda no século XVII; e de como, surpreendentemente, ela se aclimatou no ambiente político da América portuguesa, desenvolveu novos sentidos, condensou inúmeros significados e, com o passar do tempo, ganhou peso e relevância entre os funcionários do rei e entre os colonos. Ao final do século XVIII, "República" havia se tornado uma palavra importante e significativa para os habitantes da colônia, capaz de revelar o que aquelas pessoas pensavam a respeito do que estavam fazendo e sobre os valores e as expectativas que compartilhavam em seu comportamento público. E, acima de tudo, a palavra "República" chamou a atenção para os significados e as possibilidades do ideal de liberdade, além de fornecer o sentido para a lógica da ação política revolucionária. Entre os séculos XVII e XVIII, "República" já era uma palavra que suscitava grandes esperanças no Brasil, e seu enraizamento no território colonial constitui uma narrativa rica e agitada que culmina em quatro momentos fortes da nossa história política — as conjurações ocorridas em Minas, no Rio de

Janeiro e em Salvador durante as últimas décadas do século XVIII e a Revolução de 1817, em Pernambuco.

Este livro conta essa história. Reconstrói o percurso e o modo como, ao final do século XVIII, um repertório republicano, isto é, um conjunto de expedientes de uso intelectual — argumentos, conceitos, teorias, formas de linguagem —, começou a ser praticado na América portuguesa.[5] Esse repertório se formou não apenas no plano da ordenação de ideias e constituição de vocabulário, mas também no âmbito das práticas simbólicas e da imaginação. Sua construção foi o resultado dos procedimentos de apropriação, interpretação e reelaboração, entre colonos e funcionários do rei, de um acervo intelectual cosmopolita que combinou formas de pensar características da cultura política portuguesa seiscentista e setecentista, com recursos teóricos e retóricos gerados a partir de um conjunto de experiências históricas distintas no tempo e no espaço, que formam as diferentes matrizes do que hoje chamamos de "tradição republicana". Com suas raízes profundas fincadas em um longo período de vários séculos, essa é uma tradição de memória tão venerável que não se organiza como um corpo único de pensamento e doutrina. E a maneira como, na América portuguesa, colonos e funcionários do rei mobilizaram, de acordo com suas necessidades, os recursos intelectuais e políticos fornecidos pelas diferentes matrizes da tradição republicana oferece uma via de acesso a esse repertório que, sob inúmeros aspectos, se mostra, ainda hoje, muito próximo de nós.[6]

Matrizes costumam ser o resultado mais duradouro do choque provocado pelo embate de inúmeras cabeças rodando numa determinada conjuntura, repletas de ideias em conflito — elas incorporam e renovam temas em torno dos quais gira a agenda política e por onde se radicalizam as diversas percepções do mundo público que disputam sua presença em um espaço comum. Misturam continuidade e diversidade, modelam crenças, ideais e sensibilidades políticas, projetam perguntas e polarizam diferenças. Este livro argumenta que cinco matrizes da tradição republicana forneceram recursos intelectuais e políticos que foram usados na América portuguesa, tanto por funcionários do rei quanto por colonos, conforme suas necessidades, a partir da primeira metade do século XVII e ao longo de todo o século XVIII — a romana, da Antiguidade, a italiana, do Renascimento, a inglesa, do século XVII, a norte-americana do século XVIII e francesa, dos séculos XVIII e XIX.[7] Essas matrizes abasteceram os colonos de palavras, conceitos e imagens que formaram um novo vocabulário para o mundo público — e isso aconteceu num período de tempo relativamente curto. Durante o século XVIII, em Pernambuco, Minas, Rio de Janeiro e Bahia, as pessoas começaram a comentar sobre liberdade política, autogoverno, soberania e envolvimento dos cidadãos nos assuntos da colônia. Trocavam informações que consideravam confiáveis, expunham pontos de vista e firmavam convicções. Podiam cometer erros, é claro; mas foi com esse vocabulário que os colonos dotaram a imaginação de um ideal de bom governo, justiça, bem público e amor à pátria. E foi através dele que se afirmou pela primeira vez no Brasil a íntima, mas difícil, conexão entre igualdade e liberdade.

Este livro examina as formas de interação da matriz romana, da Antiguidade, e da italiana, do Renascimento — a longa experiência histórica da República em Roma e das cidades-repúblicas da Itália —, com a complexa realidade colonial vivida pelos letrados em Vila Rica e pela elite açucareira de Olinda, metida em uma disputa feroz com os mascates da classe mercantil do Recife. Alguma sintonia existiu e ficou restrita ao horizonte do "humanismo cívico", no primeiro caso, e da experiência republicana de Veneza, no segundo. A partir do século XVII, porém, a tradição republicana passou a conviver com a novidade representada pelo fenômeno revolucionário, e seu eco atravessou o Atlântico. A matriz inglesa se manifestou durante as primeiras décadas do século XVII, no interior dos movimentos de protesto contra o reinado dos Stuart, cresceu no processo das guerras civis e assumiu plena expressão após o regicídio, em 1649. Seu envolvimento com a vida pública da América portuguesa aconteceu de maneira indireta, por meio da evocação de funcionários metropolitanos que enxergaram, no medo que a palavra "República" passou a suscitar no rei, uma forma de defesa essencial do território da colônia.

Já as duas últimas matrizes, a norte-americana e a francesa, mantiveram uma relação intensa e dinâmica com a imaginação política da América portuguesa. A norte-americana fez história durante o processo revolucionário que começou com a luta entre os colonos da América inglesa e a Grã-Bretanha e se encerrou na ratificação e na emenda da Constituição nacional. A matriz francesa, por sua vez, teve início nas primeiras décadas do século XVIII, alcançou os olhos do mundo durante a Revolução de 1789 e se estendeu até a implantação da Terceira República, na década de 1870. Essas duas matrizes reluziram em serões ou por correspondência e nos debates em reuniões de colonos que tentaram encontrar nas conjurações uma saída para sua própria situação de crise ao final do século XVIII. Para compreender como eles dialogaram com esse repertório cosmopolita e fizeram suas adaptações ao contexto da colônia, o argumento deste livro faz grande uso do papel desempenhado pela complexa interação transatlântica das formas de pensamento geradas no interior dessas matrizes, que envolve o Brasil, a América do Norte e a Europa entre os séculos XVII e XVIII. Esmiúça, em especial, as maneiras como essa interação aguçou a sensibilidade política dos colonos para escritos que circularam da Europa para as Américas e depois em sentido contrário, construindo conexões que em geral têm sido negadas, ignoradas ou que simplesmente ainda passam despercebidas por nós.

A América portuguesa não veio abaixo no final do século XVIII, mas quase. Os colonos estavam cheios de ideias: combinaram princípios, noções e conceitos que revelavam um jeito diferente de abordar os problemas do cotidiano e materializavam uma nova maneira de explicar e dar sentido ao mundo em que viviam. Não estavam interessados num debate doutrinário: as ideias eram absorvidas como um conjunto de ferramentas intelectuais e políticas capazes de ser debatidas, compartilhadas e postas em ação — afinal, elas não são estruturas compactas de pensamento, portadoras de enunciado espesso, autêntico e bem definido em nenhum dos lados do Atlântico, nem no momento de sua produção na Europa e nas colônias da América inglesa, nem quando desembarcadas e recriadas nas capitanias da América portuguesa. Não são tampouco versões empobrecidas, nem formulações rigorosamente originais, nem importação passiva, imitação ou cópia.[8]

Os próximos capítulos contam a história dessa recepção criativa. E se queremos entender como ela ocorreu, cabe começar localizando os momentos em que ou os funcionários do rei ou os próprios colonos testaram e deslocaram as fronteiras de significação de "República", durante os séculos XVII e XVIII. Houve três momentos especialmente importantes. O primeiro foi de captura dos usos do termo "República" na cultura política portuguesa seiscentista e setecentista e sua transmissão às colônias da América — a palavra servia para designar a gestão administrativa exercida pelas câmaras municipais. O segundo momento acontece a partir do final do século XVII, por força da associação entre "República" e "sedição" — termo utilizado para definir um ajuntamento de colonos armados e reunidos por motivação política com a intenção deliberada de perturbar a ordem pública[9] — e da maneira como essa associação foi utilizada em duas conjunturas específicas: a sedição de 1710, em Pernambuco, e a sedição de 1720, em Minas.

Inéditas e decisivas mudanças de significação do termo "República" voltaram a acontecer em um terceiro momento, durante a segunda metade do século XVIII, e provocaram alterações radicais no seu campo semântico. O vocabulário da vida pública foi ampliado por meio de novas definições para palavras como "pátria", "América", "corrupção", "liberdade", "bom governo", "bem comum", e ganhou força uma espécie de recombinação, até então incomum, entre os textos escritos pelos colonos e as práticas e formas de ação política que protagonizaram em Minas, no Rio de Janeiro e em Salvador. Mais reivindicativos e menos cautelosos, a cada dia, em face da autoridade régia, esses colonos passaram a reconhecer na linguagem da República um jeito de falar de liberdade.

O primeiro atributo da liberdade que os colonos desdobraram de uma nova e alargada compreensão de República foi a noção de soberania, e isso significava a disposição de se darem leis e decidirem sobre o próprio destino. A associação entre "República" e "autonomia" é típica da segunda metade do século XVIII e está diretamente relacionada ao modo como esses colonos refletiram sobre o cotidiano e sobre o mundo em que viviam. A pretensão de soberania foi o fermento da Conjuração Mineira, o mais importante movimento anticolonial da América portuguesa no campo das ideias e o primeiro a adaptar um projeto claramente republicano para a colônia. Essa conjuração — disso às vezes nos esquecemos — antecedeu a Revolução Francesa; os conjurados tinham no primeiro plano do seu raciocínio apenas os acontecimentos da bem-sucedida Revolução Americana.[10]

Para as autoridades portuguesas, "Conjuração" significava uma conspiração política de tipo novo, em que os participantes estão dispostos a contestar o mando do rei e a autoridade da Coroa. Na linguagem republicana, porém, é algo ainda mais perigoso. Conjura-se, explica Maquiavel, para depor o governante, tentar chegar ao poder pelo caminho encurtado da ação violenta e recuperar a liberdade perdida. Nas últimas décadas do século XVIII, as conjurações tomaram corpo, na colônia, em Minas, no Rio de Janeiro e na Bahia. Nos três casos, porém, a conjura foi duramente reprimida e seus autores, julgados por Lisboa pelo delito de Inconfidência, um crime medonho, dos piores que havia, já que os réus eram acusados de faltarem com a lealdade devida ao soberano. Tal ilícito dispensava o uso da violência ou a eclosão da rebelião: para ser incriminado, bastava o sujeito ter blasfemado contra o rei ou participado de conversas de conteúdo sedicioso. Designação de uso corrente hoje em dia para nomear as três conjurações, a palavra "inconfidência", não custa lembrar, faz parte da linguagem utilizada pela Coroa portuguesa, indicando que o crime foi descoberto a tempo pelas autoridades, e a repressão, bem-sucedida.[11]

É possível que Lisboa tenha demorado tempo demais para entender o que andava na cabeça dos colonos durante as três últimas décadas do século XVIII, mas, cabe avisar, o deslocamento da palavra "República" para o centro do vocabulário político da América portuguesa nem sempre vinha diretamente associado ao debate sobre a forma de governo — recobria um tema comum de pensamento de natureza mais propriamente cultural e moral, estava tingido pelo desejo de liberdade e justiça, e alguns daqueles que recorreram a essa palavra não se mostraram de início convencidos de que a forma republicana de governo era a melhor solução para os problemas que enfrentavam. Esse deslocamento tampouco se resolveu na oposição entre monarquia e República. A Coroa tinha ficado surda e ineficiente e as razões dos colonos foram muito práticas. Eles estavam à procura de referências políticas e intelectuais que os ajudassem a compreender a própria insatisfação com uma administração metropolitana que parecia indiferente e, pior ainda, aparentava ser insensível à situação de insuficiência em que se encontravam.

Ao final do século XVIII, a tradição republicana não podia dar uma resposta precisa para todas as perguntas que os colonos se faziam, mas seu vocabulário tinha adquirido potência, e foi em torno das noções de "República" e "democracia" que ela viu a si própria na América portuguesa. "República" e "democracia" eram, ambas, palavras arregimentadoras, consideradas, por isso mesmo, como suspeitas e perniciosas pelas autoridades portuguesas; também favoreciam o tema da insurreição, encarnavam o combate ao tirano e a uma velha ordem monárquica repleta de instituições corrompidas, e desencadeavam as energias cívicas de uma população ávida e impaciente por participação na condução dos negócios públicos. A repercussão da Revolução Francesa na América portuguesa, a partir de 1789, se encarregou de tornar as coisas piores, ao menos do ponto de vista das autoridades: a vinculação entre "República" e "democracia", além de suspeita, desembocava no perigo de concretização da ameaça democrática, sempre referenciada a excessos e carregada de características negativas.

A ideia de democracia era ameaçadora por aquilo que evocava: a igualdade entre diferentes. Por essa razão, democracia estava associada à anarquia, à desordem, ao tumulto social, ao governo de vadios e à tirania de muitos. Essa evocação sombria nunca foi privilégio das monarquias absolutistas ou das autoridades portuguesas. Um revolucionário impecável como John Adams, por exemplo, grande defensor da Declaração de Independência das Treze Colônias da América inglesa no Congresso da Filadélfia, em 1774, e que viria a ser o segundo presidente dos Estados Unidos, em 1797, atribuía os excessos da Revolução Francesa ao fenômeno democrático e tinha absoluta convicção de que democracia era algo que não podia dar certo:

> Fui sempre a favor de uma República livre, não uma democracia, que é um governo arbitrário, tirânico, sangrento, cruel e intolerável como o de Faláris com seu touro é representado ter sido. Robespierre é um exemplo perfeito do caráter do primeiro carneiro-guia numa democracia[,]

escreveu horrorizado, em 1807, a Mercy Warren, um ativo propagandista da Revolução Americana.[12] As duas conjurações ocorridas no Brasil durante a década de 1790 — no Rio de Janeiro, em 1794, e em Salvador, em 1798 — entraram na briga com opinião oposta à de Adams e garantiram que o uso da palavra "República", entre nós, incluísse o aprendizado da democracia. O momento mais espetacular desse aprendizado aconteceu na Bahia, quando os conjurados de 1798 defenderam um igualitarismo radical em que ecoavam os traços do jacobinismo francês. Eles encarnaram no povo o poder de legislar e transformaram em participantes ativos dos assuntos públicos os homens livres pobres, na sua maioria crioulos e mulatos, negros livres e escravos, organizados nas ruas e com liderança política própria.

"República" teve diferentes significados para diferentes pessoas entre os séculos XVII e XVIII, em Portugal e na América portuguesa. Este livro procura mostrar como esses significados vieram a ter alguma coerência, mesmo em sua diversidade, além de identificar o aparecimento, o uso estratégico e a intencionalidade autoral da palavra "República" e dos vocábulos a ela associados; suas possíveis injunções políticas, seu espectro social de uso, sua utilização como instrumento de debate público, sua manifestação como evento político. E, é claro, o livro busca observar o ritmo de mudança semântica que fez a palavra se movimentar dentro de uma conjuntura histórica mais ampla — muito lento entre o século XVII e a primeira metade do século seguinte; muito acelerado durante as três últimas décadas do século XVIII.

História é empatia, diz Evaldo Cabral de Mello. Contar uma história implica compreender os motivos dos agentes dessa história, entender as situações em que os personagens estiveram metidos e por que um deles agiu assim e não de outra maneira em determinadas circunstâncias — contar a história é também narrar o que aconteceu.[13] Ele tem razão; só deixou de avisar o quanto isso é difícil de fazer. A narrativa é uma forma de escrita repleta de perigos, mas é próprio do gênero reter do passado algo de perturbador: a repetição do vivido, o retorno das possibilidades perdidas. É precisamente por conta desse artifício perturbador a evocar a presença dos mortos que, ao gênero narrativo, também se permite agregar dois outros procedimentos: o escrutínio de novas fontes e a busca de seus princípios explicativos. Por outro lado, entre os inúmeros perigos que cercam a construção de uma narrativa, talvez o maior não seja o de trazer à tona os personagens da história que se pretende contar, mas o de querer a todo custo escutar palavras que parecem haver se desvanecido para sempre no passado. Os documentos pesquisados para este livro privilegiam a *fala pública* dos colonos e das autoridades régias e exploram correspondências, discursos e relatórios, atas de câmaras municipais, memórias e relatos de viagem, panfletos e autos de devassa — os interrogatórios judiciais de inquirição sobre as conjurações, conduzidos por tribunais especiais secretos indicados pela Coroa. E desconfiada de que os ouvidos talvez captem melhor as mensagens quando decifradas com a ajuda da imaginação, a narrativa lançou mão da produção intelectual de letrados e de alguns de seus textos literários.

Os procedimentos de formação de uma língua republicana que tinha a especificidade do lugar que a viu nascer — a América portuguesa, ao final do século XVIII — têm muito a revelar sobre o circuito da política e o lugar do poder: a ação de dizer ou apresentar um argumento aberta e explicitamente expõe um direito — o direito de falar. Ao utilizar "linguagem republicana", este livro considera retórica, maneiras de falar sobre política, tons e estilos, estabelecimento de princípios e valores, e procura, a partir disso, encontrar um vocabulário distinguível em formação no decorrer de quase dois séculos.[14]

Ao final da história, porém, algo soa esquisito, quase melancólico: no Brasil, a tradição republicana emergiu e se perdeu entre o remoto século XVIII e nossos assuntos contemporâneos. Como pode uma tradição acabar sendo esquecida? Como foi que ela desapareceu quase sem deixar vestígio? Na República que o final do século XIX remeteu ao presente, os marcos que fundaram o republicanismo do período colonial estavam descaracterizados e a antiga tradição não conseguiu encontrar sua instituição apropriada. Por mais que a palavra "República" tenha se transmitido ao longo do tempo a partir de 1889, e por mais que tenha sido fielmente preservada na história brasileira desde então, até se desgastar em um chavão desimportante, os republicanos do final do século XIX acabaram por eliminar dela toda a experiência política anterior que não pudesse se encaixar nos parâmetros da República que haviam proclamado — e que se revelou uma forma de governo oligárquica, excludente e sem nenhuma sensibilidade para a questão social. Então, sem trazer à luz do presente as experiências políticas que a antiga tradição republicana não pôde transmitir — ou, como diria Hannah Arendt, sem um testamento que lega a herança do passado ao futuro —,[15] a perda de uma história que possa ser contada vai se consumar de qualquer modo pelo esquecimento; e, hoje, como não se sabe bem o que se quer dizer com "República", a palavra soa oca. Como isso pôde acontecer?

A história deste livro é como são todas as histórias: não resolvem nenhum problema ou aliviam qualquer sofrimento — elas não podem dominar o passado de uma vez por todas ou desfazê-lo em nenhuma de suas partes. Mas podem, à maneira de Homero, manter vivo no tempo o sentido dos acontecimentos, relatando-os a nós mesmos e a outros.[16] Quando isso acontece, o relato do ocorrido se detém e acende, no leitor, o desejo de recordação. Recordar significa chamar de volta ao coração, encerrar algo dentro do coração. Contar histórias serve principalmente para isso: chamar de volta ao coração não só algo que aconteceu alguma vez e partiu, mas um pouco daquilo que ocorreu no passado, ainda está aqui, entre nós, e prossegue no futuro. E como não existe acesso ao passado sem mediação, o historiador vive à cata de documentos e arquivos; ele quer, a todo custo, intrometer-se num tempo que não é o seu, abrir portas e escarafunchar gavetas que não lhe pertencem, sentir com sentimentos de outras pessoas e fazer novas perguntas a uma sociedade que se desintegrou no final do século XVIII. É uma gente extravagante, eu sei. Mas toda história começa com uma pergunta. O que era ser republicano no Brasil Colônia?

1. E a República desembarcou no Brasil: Os vários significados para uma palavra

OS ARREMEDOS DE REPÚBLICA E A CONFEDERAÇÃO DE PALMARES

Por volta do ano de 1597, um grupo formado por cerca de quarenta africanos escravizados, todos fugidos de um mesmo engenho de açúcar, em Pernambuco, subiu a serra da Barriga, na Zona da Mata, no atual estado de Alagoas. O lugar, rodeado de montanhas e inteiramente despovoado, garantiu aos fugitivos um abrigo natural e uma muralha contra ataques. A palmeira, onipresente na região, forneceu-lhes sustento e conforto, incluindo a alimentação, o trançado de cordas para fabrico de armadilhas, as peças de vestuário e a cobertura dos casebres — como um poderoso ímã, a palmeira atraiu os cativos e batizou seu esconderijo. É bem verdade que não sabemos se as coisas se passaram exatamente dessa maneira. Alguns historiadores dizem que Palmares nasceu da fuga de diversos grupos de escravizados que atravessaram, a pé, Bahia e Sergipe. Outros garantem que o esconderijo surgiu após um levante ocorrido, ao final do século XVI, na vila de Santo Antônio dos Quatro Rios, atual Porto Calvo, uma povoação erguida sobre um morro fortificado e rodeado de brejos alagados, ao sul da capitania de Pernambuco, onde hoje é o estado de Alagoas.[1]

Em compensação, sabemos bem o que aconteceu depois. Na segunda metade do século XVII, a fama de Palmares tinha se alastrado por toda a América portuguesa e, a partir de 1654, as autoridades coloniais investiram pesado em uma estratégia de destruição sistemática — ataques anuais, envio de missões de reconhecimento e a eliminação das ligações entre o comércio das vilas e os quilombolas. Diante das dificuldades em liquidar, de uma vez por todas, o foco permanente de insurgência, o então governador da capitania de Pernambuco, Pedro de Almeida, encomendou, por volta de 1675, um longo relatório sobre Palmares que investigasse o que exatamente estava acontecendo ali, obtivesse o maior número possível de informações e apreendesse o significado daquilo. A "Relação das guerras feitas aos Palmares de Pernambuco no tempo do governador d. Pedro de Almeida" é uma "Memória", como se dizia então — um relato extenso e descritivo sobre um determinado assunto, que agrega os elementos para uma interpretação. Contudo, o governador estava às voltas com inúmeras decisões políticas urgentes: precisava enfrentar a desorganização socioeconômica da capitania, os excessos dos poderosos da terra, as infindáveis disputas que sacudiam o sistema de poder local — que motivo o levou a elaborar uma "Memória" sobre Palmares? Afinal, em qualquer parte do mundo onde existiu escravidão de africanos ocorreram fugas individuais e em grupo para o mato e surgiram quilombos; escrevendo, em 1594, por exemplo, André Álvares d'Almada já mencionava um refúgio de escravizados fugidos e levantados em armas existente na Alta Guiné — e outros deveria haver e mais antigos, sugere Alberto da Costa e Silva.[2] No continente americano e nas colônias inglesas, tinham o nome de *maroons*; nas francesas, *grand marronage*; na América espanhola, *cumbes* e *palenques*; e, na América portuguesa, eram chamados de *quilombos* e *mocambos*. A palavra "mocambo" significa esconderijo; já "quilombo" foi o termo utilizado em algumas regiões do continente africano, sobretudo em Angola, para designar um tipo de acampamento fortificado e fortemente militarizado, formado por guerreiros que passavam por rituais de iniciação, adotavam uma dura disciplina militar e praticavam magia.[3]

Quilombos brotavam como cogumelos depois das chuvas na paisagem política do Brasil colonial e, entre os séculos XVI e XIX, significaram uma alternativa concreta à ordem escravista. Mas na descrição da "Memória" encomendada pelo governador de Pernambuco, Palmares não foi só um quilombo, como os demais. Era outra coisa, e algo inquietante: um grupo de homens associados entre si pela adesão à mesma lei e a determinados interesses comuns. Havia ali "todos os arremedos de qualquer República", atentou o autor, identificando em Palmares os elementos básicos de constituição de uma comunidade política singular — dotada, inclusive, de um conjunto de leis e de "ministros de Justiça para suas execuções necessárias", como registrou na "Memória".[4] Não sabemos se d. Pedro de Almeida tinha experiência ou conhecimento das formas de organização e convivência política nos diversos estados africanos; mas a visão de uma "República" era algo que ele compreendia e sabia manejar, e sua atualização em Palmares pode ter servido de parâmetro ao governador para interpretar e dar sentido a um acontecimento político que lhe pareceu desnorteante. Seja como for, d. Pedro de Almeida não identificou no quilombo uma experiência republicana por conta da forma de governo. No seu registro, Palmares era uma República por desenvolver determinados atributos característicos de um tipo de associação de natureza política: era uma comunidade autogovernada, com seu próprio edifício institucional, um referencial coletivo de interesses e algum partilhamento de princípios norteadores da vida em comum — e, justiça lhe seja feita, até hoje esses atributos definem a República em sua generalidade.

O autor da "Memória", contudo, foi mais longe. Também descreve em Palmares algo semelhante a um formato institucional confederado como solução para o exercício do governo em um Estado livre, e havia uma dose de verdade nisso. O nome Palmares serviu para designar não um único refúgio de escravizados fugidos, mas uma extensa confederação de comunidades pequenas e grandes, vinculadas por acordo umas às outras, capazes de conduzir seus próprios negócios, dispor de autonomia e escolher seus líderes. Existiam o quilombo de Acotirene, batizado em homenagem à matriarca e conselheira dos líderes quilombolas; os quilombos de Dambrabanga, Osenga e Amaro, três dos principais comandantes militares; o quilombo de Zumbi, título concedido ao líder religioso e militar da comunidade; os quilombos de Aqualtune e o de Andalaquituche, respectivamente os nomes da mãe e do irmão de Zumbi; o quilombo de Subupira, base militar dos quilombolas. E, é claro, existia a Cerca Real do Macaco, o maior e mais importante quilombo de Palmares, onde se localizava seu núcleo político e atuava sua principal autoridade — "Ganga Zumba", o "Chefe Grande", que presidia o conselho formado pelas lideranças dos quilombos e regulamentava os assuntos da guerra e da paz.[5]

O termo "confederação" significa liga ou aliança de Estados em oposição a uma concepção centralizadora e unitária do poder, e a ideia de uma República confederada não era novidade na paisagem política do final do século xvii. Afinal, essa foi a alternativa adotada pelos revolucionários na Inglaterra, em meio à Revolução Puritana, entre 1649 e 1653, e assumiu a forma da Commonwealth of England. Aliás, a solução confederada já estava disponível ao republicanismo inglês bem antes do século xvii. Na ilha de Utopia, o relato quase realista de um futuro mais feliz para equilibrar as discórdias e reforçar a vida em comunidade, publicado por Thomas Morus em 1516, os ilhéus se distribuíam por 54 cidades que conduziam seus próprios negócios, exerciam as funções administrativas com inteira autonomia e escolhiam anualmente os gestores da coisa pública.[6] Na verdade, o termo "confederação" servia para batizar experiências muito diferentes entre si, na Europa, na Ásia ou nos Estados africanos, mas sempre realizadas em território limitado e em comunidades de pequenas dimensões — como, por exemplo, a Lícia, durante o século ii a.C., e, mais modernamente, a Liga Hanseática, os Países Baixos Unidos e a Liga Teutônica.

Por outro lado, pequenas comunidades com chefias próprias corresponderiam a uma espécie de confederação característica da estrutura de diversos Estados africanos, nos quais havia um rei dos reis — um soberano com algum tipo de autoridade sobre os demais. Era assim no reino ou império da Lunda, entre o norte de Angola e o sul do Congo, e, a considerar a concepção de d. Pedro de Almeida, a Cerca Real do Macaco provavelmente equivalia, no reino africano de Palmares, à cidade de Mussuma, capital do grande rei da Lunda, o Muata Ianvo.[7] Boa parte dos primeiros habitantes de Palmares veio da África, mais precisamente dos atuais Estados de Angola e Zaire; e embora durante seu período de maior crescimento Palmares tenha formado uma sociedade multiétnica que incluía negros e mulatos, livres ou escravizados, nascidos no Brasil, foi a população originária da África que chamou seu refúgio de "Angola Janga" — a "pequena Angola". O nome não parece ter sido escolhido apenas como recurso de identidade étnica. Ou, melhor dizendo, a escolha *desse* nome permitia aos primeiros palmarinos vivenciar sua filiação étnica, mas como fenômeno político. "Angola Janga" meio que reinventava um Estado africano na América portuguesa, indicava que seus habitantes se reconheciam estrangeiros no Brasil e confirmava que Palmares empregou o nome para denotar soberania sobre si próprio. Com um detalhe: essa soberania se alojava numa vida comunitária politicamente estruturada, dotada de administração pública, leis, forma de governo, organização militar e princípios religiosos e culturais que fundamentavam e fortaleciam a identidade coletiva. O governador de Pernambuco enxergava em Palmares um enclave com jeito e formato de República, temia suas consequências e sabia que o desfecho não seria fácil. Não estava nem um pouco enganado. Em seu momento de maior crescimento, a confederação quilombola chegou a abrigar uma população calculada em mais ou menos 20 mil pessoas — nesse total, cerca de 6 mil eram moradores da Cerca Real do Macaco, quase a população do Rio de Janeiro, estimada, por volta de 1660, em 7 mil habitantes, incluindo índios e africanos.[8] Palmares manteve intensa relação de comércio com vilas e arraiais vizinhos; ao mesmo tempo, estimulou fugas em massa de escravos, promoveu um sem-número de assaltos a engenhos, fazendas e povoações, e resistiu durante um século às incursões militares enviadas para destruí-la.

Nessa existência encarniçada estava a essência do problema. Um pragmático astuto como d. Pedro de Almeida não parecia ter dúvida de que, por vezes, era preciso usar de certas compensações para fazer o Império português funcionar — e talvez fosse chegada a hora de tentar um acordo de paz. Era um plano imaginoso e difícil de ajeitar, pois deixava subentendido o reconhecimento de que Lisboa tinha diante de si, e como adversária, a comunidade que dispunha de soberania própria *dentro* da América portuguesa. Mas não era inviável e, em 1678, uma comitiva de rebeldes enviados por Ganga Zumba e as autoridades portuguesas reuniram-se, no Recife, para definir os itens principais do acordo. Palmares comprometia-se a devolver para os representantes da Coroa os escravizados fugidos dos engenhos e das plantações — vale dizer, os moradores que não tivessem nascido nos quilombos — e, do lado português, o acordo escondia uma engenhosa duplicidade: se e quando celebrado, a devolução liquidaria em definitivo com os fortes laços de cumplicidade, identificação e reconhecimento entre quilombolas e fugitivos. Em troca, Lisboa garantia alforria e terras sob a forma de sesmarias, além de reconhecer como vassalos da Coroa os naturais de Palmares, com todos os privilégios embutidos. O acordo do Recife opôs Ganga Zumba a Zumbi, acabou com a unidade entre os quilombolas e deu início ao período mais violento da história de Palmares. Considerado traidor, Ganga Zumba foi morto, possivelmente envenenado; seus chefes militares, sumariamente degolados. Nos quinze anos que se seguiram, Zumbi liderou a guerra contra as autoridades coloniais, resguardou a soberania de Palmares e garantiu a liberdade de todos os moradores. A guerra só se encerrou em 1695, com a queda da Cerca Real do Macaco, após 42 dias de sítio feroz, a derrota e a execução de Zumbi, e a destruição, a ferro e fogo, de Palmares.

O QUE SIGNIFICA REPÚBLICA?

Palmares resistiu por cerca de cem anos e, pela primeira vez, um alto funcionário do rei português se utilizou da palavra "República" para nomear uma experiência de autogoverno em uma comunidade política instalada nas terras do Brasil — foi o que fez, com todas as letras, d. Pedro de Almeida, em sua "Relação das guerras feitas aos Palmares de Pernambuco". Contudo, o sentido que o governador de Pernambuco emprestou a essa palavra e deixou registrado na "Memória" que encomendou sobre Palmares tem significado muito diferente daquele empregado por frei Vicente do Salvador em sua *Historia do Brazil*. D. Pedro de Almeida creditava "República" a uma forma de comunidade política soberana e autogovernada por seus cidadãos; para frei Vicente, a palavra nomeava um tipo de administração zelosa do bem público. E ambos tinham razão; os dois significados são válidos à sua maneira. "República" é um termo antigo, não tem uma definição única e conserva sua ambiguidade até os dias de hoje, a despeito do longo e acidentado caminho que percorreu, desde seu primeiro emprego, em Roma, até sua recepção, em Portugal e na América portuguesa, entre os séculos XVI e XVIII. Não se sabe em que lugar exatamente esse caminho começou — talvez numa espécie de esquina imaginária entre Atenas e Roma. Também não sabemos datar com precisão seu surgimento — em algum momento entre 366 a.C. e 43 a.C., quando Platão e Aristóteles conferiram mais de um entendimento e de um significado à palavra "politeia", cujo sentido dúbio Cícero manteve ao traduzir "politeia" por "res publica".[9]

Cícero era um advogado excepcional, mas passou a vida metido com política — foi cônsul e senador em Roma. E refletiu sobre a República no momento de sua derrocada. Alvo da cobiça de poder de Júlio César, a República romana esvaziou-se de seu ideário mais próprio e acabou corrompida por seus senadores. Ao final, ela deixou de ser tanto uma forma política de resistência e prevenção às tiranias quanto uma associação de cidadãos, dotados de personalidade jurídica, que assumem integralmente a gestão de seus negócios comuns — momento em que os discursos de Cícero se tornaram mais categóricos em defesa das instituições republicanas. No registro grego, a palavra "politeia" designa, ao mesmo tempo, um tipo de regime político e a disposição associativa de um grupo numeroso de pessoas com o objetivo de exercer o direito de viver na comunidade política — a *polis* — e dela participar, em plena liberdade e independência. O termo "politeia" é ambíguo: tanto designa a maneira como se relacionam governo e governados quanto identifica a possibilidade de uma vida livre entre iguais.[10]

Na tradução de Cícero, "res publica" é o concentrado desses dois significados. O primeiro deles, de uso estreito, batiza a administração de um governo capaz de satisfazer as expectativas dos governados e realizar a boa gestão da coisa pública. Já o segundo significado, de uso bem mais largo, nomeia um tipo de comunidade, de natureza política, em que as pessoas se agregam visando ao bem, ao direito e ao interesse comum. A expressão "res publica" denota, nesse caso, um jeito próprio de pensar e fazer a vida pública que inclui desde a criação de princípios e de um vocabulário — o republicanismo — até a construção de um punhado de instituições capazes de vincular justiça e liberdade política, como motor do cotidiano da população. Mas não é só isso. "Res publica" também serve para nomear um conjunto de valores — como a virtude cívica romana ou, modernamente, a tolerância, a amizade, a solidariedade, a compaixão —, capaz de regular os modos de convivência entre pessoas que têm igual direito de fazer parte da mesma comunidade, apesar das diferenças que houver entre elas — e que hoje em dia compreenderiam as diferenças de status, gênero, classe social, etnia, religião e assim por diante. Além, é claro, de ser, nessa acepção, uma palavra que serve para manifestar profunda aversão às tiranias.[11]

Mas até aparecer escrita na "Memória", de d. Pedro de Almeida, ou em *Historia do Brazil*, de frei Vicente do Salvador, a palavra "República" ainda iria sofrer outra e decisiva modificação de sentido que acabou por estreitar um pouco mais seu campo de significações. A mudança aconteceu na segunda metade do século XVI, serviu para associar a expressão "res publica" com o sentido moderno da palavra "Estado" e tornou possível compatibilizar a ideia de República com qualquer forma de regime político — em especial com as monarquias absolutas modernas. Seu grande inspirador, Jean Bodin, publicou *Seis livros da República*, em 1576, com a intenção de reagir e fortalecer a autoridade da monarquia num contexto em que a França cambaleava em meio a uma profunda crise política e religiosa. Bodin era um homem de governo: foi deputado nos Estados-Gerais, o maior corpo representativo e o principal organismo consultivo da França, e relator no conselho privado do duque de Anjou e Alençon, irmão do rei francês Henrique III. E falava de República para argumentar em favor da monarquia. Afinal, dizia, República era só o atributo que dava a forma ao Estado e servia para designar aquilo que era de uso comum — portanto, cabia em qualquer regime político.[12]

Bodin tirou a maior vantagem possível desse argumento. Chama-se República, resumiu ele, a designação "do justo [*droit*] governo de diversos agregados familiares e daquilo que lhes é comum, com poder soberano".[13] Firmava-se aí um ponto de virada importante para a história do que viria a ser o repertório de acepções da palavra "República". Bodin sublinhava a necessidade de o Estado proceder a uma forte diferenciação entre os campos do público e do privado — campos que se mantinham até então indiferenciados do ponto de vista dos soberanos, que traziam do período medieval a indistinção entre aquilo que lhes pertencia no âmbito privado e o que, modernamente, viria a significar bem comum ou patrimônio público. Mas havia algo mais: ele infundiu à palavra "República" a caracterização de uma forma de governo que se distinguia decididamente da arte de governar uma família. O mundo da casa e dos negócios privados era um caso, explicava Bodin; outro, muito diferente, era a capacidade técnica de governar, isto é, de fazer funcionar a boa administração das coisas que são de interesse comum e podem ser partilhadas por todos — as coisas que são públicas, por assim dizer. Sem essa distinção, ele argumentava, "a única marca da República estaria perdida", uma vez que "não há qualquer coisa pública, se não existir alguma coisa privada; não se pode imaginar que não haja nada em comum, se não há nada particular".[14]

Bodin refletiu sobre a República para reagir a um torvelinho político em curso na França. Os *Seis livros da República* foram escritos apenas quatro anos depois do massacre do dia de São Bartolomeu, em 1572 — a matança cega de protestantes que eclodiu em Paris, após o casamento de Marguerite de Valois, uma católica, irmã do rei Carlos IX, com Henrique de Navarra, um aristocrata protestante da família Bourbon, que acabaria se tornando o rei Henrique IV. O casamento era um arranjo programado para impor a autoridade da monarquia às facções religiosas que dividiam a França, e não se sabe se o grupo de católicos radicais que concebeu o massacre como a solução final para essa divisão pretendia simplesmente se aproveitar da presença de um grande número de nobres protestantes pela primeira vez em Paris, ou se de fato acreditava estar se antecipando a um complô protestante para abater o rei.

Ou isso talvez não fizesse nenhuma diferença para eles. Na manhã de 24 de agosto de 1572, dia de São Bartolomeu, dobrou o sino da igreja de Saint-Germain-l'Auxerrois, vizinha ao Louvre, e foi o sinal para o início da chacina. A matança desenrolou-se ininterrupta nas ruas até o dia 27 de agosto, fugiu a qualquer controle, espalhou-se pelas províncias e levou o conflito entre facções religiosas, na França, ao ponto de ebulição — a guerra durou 25 anos, quase destruiu o país e só seria encerrada em 1598, com o Edito de Nantes, que estabeleceu o regime de tolerância formal da diversidade religiosa.[15] Arrastado para o olho do furacão, Bodin interpretou a situação com um livro que buscava encontrar os meios adequados para restaurar a ordem monárquica sobre bases completamente novas. Afinal, ele estava convencido — ou tinha pelo menos persuadido a si mesmo — de que a solução só poderia vir de um poder capaz de unir todos os súditos de um soberano e envolvê-los em um único corpo político: "o mais alto, perpétuo e absoluto poder",[16] descreveu. O poder estaria naturalmente nas mãos do rei; a República era só o nome do invólucro.

O livro de Bodin anunciava o novo mundo das monarquias europeias que a empresa absolutista iria animar, e embora suas teses não tivessem obtido sucesso de imediato na França, elas entraram em cogitação no debate político europeu e povoaram a cabeça de príncipes com disposição para estabelecer uma forma de soberania legislativa absoluta e imune a qualquer tipo de resistência. De diversas maneiras, essas ideias interessaram a inúmeros autores, contribuíram em suas abordagens sobre os modos de governar nas monarquias da França, Prússia, Inglaterra, Espanha e, como não podia deixar de ser, influenciaram o debate sobre qual seria a marca de um príncipe soberano em Portugal.

Bodin foi uma espécie de ideólogo do absolutismo, mas em Portugal, e sobretudo aos olhos dos jesuítas, que representavam uma tendência intelectual poderosa na orientação das definições e práticas políticas da monarquia, era considerado um personagem que andava na contramão — suas formulações perigosamente novas namoravam a heresia, punham a causa da monarquia acima de qualquer coisa, atropelavam a teologia e os interesses de Roma. A partir da segunda metade do século XVI, a ação dos doutrinadores da Companhia de Jesus ergueu uma barreira eficaz de combate à penetração de ideias avaliadas por eles como anticristãs ou incapazes de se integrar à política católica: a poderosa Universidade de Coimbra e, após 1559, a recém-criada Universidade de Évora, cuja administração havia sido entregue aos jesuítas por decisão do cardeal d. Henrique. A Companhia de Jesus condenava as ideias pelo odor satânico que nelas havia, arremessava ao Inferno seus autores, desconfiava profundamente da natureza ímpia do Estado moderno e tinha, portanto, razões de sobra, no campo político, para tentar inviabilizar a recepção do livro de Bodin em Portugal.[17]

Mas, a essa altura, era difícil não reconhecer sua influência: a enunciação do princípio da defesa da coisa pública como obrigação final do ofício de bem reinar compatibilizava a fórmula de Bodin para a República com as fontes de legitimidade da monarquia portuguesa. Entre 1640 e 1668, com a Restauração — a sequência de conflitos armados que pôs fim ao domínio da Espanha sobre Portugal, encerrou a União Ibérica e consolidou a família Bragança no trono —, o revigoramento da monarquia portuguesa obedeceu a uma lógica de legitimação política própria que afirmava o poder régio não de uma, mas de duas maneiras: a primeira, pela hereditariedade e pela ordem de primogenitura; a segunda, pela natureza do pacto firmado na origem da monarquia portuguesa, cuja causa final era a defesa do *bem comum* — entendido como os costumes, as prerrogativas e os privilégios e os foros do reino, isto é, os espaços de acesso público onde eram administrados os assuntos de interesse coletivo em cada localidade portuguesa.[18] Na conjuntura política portuguesa do século XVII, "bem comum" correspondia a um tipo de patrimônio de uso ou interesse geral — como uma ponte sobre um rio, por exemplo —, além de indicar uma determinada forma de compartilhamento da vida pública: que tipo de função cada parte do reino poderia oferecer em prol do benefício de todos?

A resposta para essa pergunta podia variar muito, mas resvalava sempre para uma mesma conclusão: tudo dependia do rei. Cabia a ele salvaguardar a ordem das coisas do reino, garantir a manutenção do patrimônio comum e incentivar na comunidade a busca do interesse coletivo. Só isso, porém, não bastava para enfeixar poder nas mãos de um monarca, e seria preciso alguma inventividade nesse domínio. A ideia de "bem comum" servia perfeitamente: passou a identificar a prática de um tipo de serviços prestados à monarquia por parte de membros de uma sociedade que muito depressa se tornou beneficiária e dependente dos favores do rei. Aliás, do ponto de vista da Coroa — o agregado de órgãos e de interesses que formava o sistema de governo português —, não havia conflito atravessando a separação entre público e privado; no conjunto, atribuía-se ao ofício de rei a prática das virtudes que fazem os soberanos conhecer e guiar os súditos na busca pela concretização do interesse coletivo. Além do mais, com um trono recém-obtido nas guerras de Reconquista, o rei precisava concentrar poder à sua volta, e parte da estratégia da monarquia portuguesa para se afirmar consistia no uso da repartição de terras e privilégios em troca de serviços prestados ao soberano na luta contra a Espanha.

Deu certo. A atenta partilha de favores implantada pela monarquia como instrumento de consolidação do poder régio robusteceu a lealdade de uma aristocracia sustentada por diversos tipos de rendimentos, como dízimos, direitos de foral e de foros enfitêuticos — este último, obtido por meio do arrendamento perpétuo, ou por vidas, de terras mediante o pagamento de um tributo anual. Mas nada contribuiu mais para reforçar essa lealdade do que a prática do sistema de mercês reais, uma espécie de recompensa real que incentivava o súdito a executar diversos tipos de serviços no paço, no Exército ou nas colônias em benefício do soberano. O sistema de mercês rejuvenesceu a autoridade política da monarquia portuguesa, e incluía desde a distribuição de terras e rendas ou a concessão de pensões, cargos e ofícios até a distribuição de títulos, comendas e hábitos das ordens militares, sobretudo da ordem de Cristo, a de maior prestígio. Isso era, naturalmente, uma ferramenta de dominação e precisava ser controlado de perto pelo soberano, tanto para impedir excessos quanto para evitar fraudes, mas o sistema de mercês irradiava sedução e alcançava desde os membros da aristocracia aos egressos de camadas sociais não nobres.[19]

O avanço da monarquia portuguesa sobre a noção de "bem comum", entendido como uma espécie de bem corrente da fortuna da Coroa, é evidentemente irreconciliável com o sentido de "propriedade do povo" que lhe foi atribuído, em Roma, por Cícero — e que corresponde ao nosso entendimento atual. Na verdade, a monarquia portuguesa era claramente capaz de distinguir entre os campos do público e do privado, sobretudo quando se tratava da afirmação de seu próprio poder; ela sabia da margem de separação entre os dois campos. Mas também se via por seus próprios padrões: avançar sobre o patrimônio do reino era um modo de exercer o poder que considerava o Estado como uma empresa pessoal do soberano. Para sobreviver bem, a monarquia portuguesa dependia de uma política hábil que lhe permitisse usar do patrimônio coletivo como forma de remuneração dos préstimos ao rei e reforçasse na sociedade algum tipo de entendimento de que a esfera do comum se identificava com a cessão de favores e com a estrutura do benefício e do privilégio. E, é bom lembrar, aos olhos do rei português, entre os séculos XVI e XVIII, não havia nada de surpreendente ou imoral nesse uso do poder. O termo "República" fazia parte dessa estrutura operacional: a palavra servia para designar uma espécie de técnica de governança que habilitava a Coroa a administrar em cada localidade do reino o patrimônio coletivo de seus habitantes.[20]

À altura do século XV, porém, os reis de Portugal começaram a sonhar alto: com a conquista de Ceuta, passaram a olhar através do estreito de Gibraltar para o lado oposto da Terra. O Império que eles viriam a controlar brotou, cresceu e se consolidou baseado no oceano, e não na terra, como os antigos impérios europeus que lhe poderiam servir de inspiração, e a palavra "República" velejou pela rede global de rotas marítimas e entrepostos comerciais que Lisboa estendeu entre o Índico e o Atlântico — a partir da segunda metade do século XVII, já era um termo definitivamente incorporado à cultura política portuguesa no ultramar, tendo sido registrado, em 1713, no *Vocabulario portuguez e latino*, de autoria de padre Bluteau, o primeiro dicionário em língua portuguesa.[21] O mundo tinha dado uma volta completa, mas, no entendimento da Coroa, o significado de "República" mantinha-se firmemente conectado à atividade de gestão de um patrimônio coletivo, e ela só poderia ser exercida graças à obtenção de um mandato diretamente emanado do soberano — era uma República que não tinha dentes, por assim dizer. E, ao desembarcar na América portuguesa, a palavra parecia não ter outra função afora qualificar o desempenho administrativo das câmaras municipais — a instância de governança responsável pela condução da vida cotidiana nas cidades e vilas no Brasil dos tempos coloniais.

REPÚBLICA DE RESULTADOS: A GESTÃO DAS VILAS E CIDADES NA AMÉRICA PORTUGUESA

"Viva o povo e morra o governador!"

O brado disparou o alarme na cidade. Quando a primeira luz da manhã do dia 8 de dezembro de 1660 delineou os contornos da praia da Piaçaba, em frente ao largo do Carmo, hoje praça Quinze, o local de chegada ao Rio de Janeiro, um grupo de fazendeiros armados, estabelecidos na Banda d'Além, a região norte da baía de Guanabara, atracou sorrateiramente. Pularam dos botes de madeira compridos e largos, apropriados para abrir caminho pela costa ou entrar nos rios, aos gritos de "Viva o povo", "Viva o rei", "Morra o governador". Antes que a guarda da cidade — cerca de 350 homens de infantaria que não recebiam o soldo havia meses — se recuperasse do choque, os fazendeiros rebelados tinham reunido uma multidão turbulenta no largo do Carmo e a empurraram a seguir em frente: invadiram a Câmara Municipal, destituíram seus membros, nomearam outros e, assim que tomaram fôlego, mandaram avisar, em Portugal, que o governador Salvador Correia de Sá e Benevides, com uma penca de antepassados ilustres na colônia — seu tio-bisavô, Mem de Sá, o terceiro governador-geral do Brasil, expulsara os franceses da baía de Guanabara e o primo, Estácio de Sá, fundara a cidade do Rio de Janeiro —, estava deposto.[22] A Revolta da Cachaça, como o episódio ficou conhecido, conquistou o Rio de Janeiro em um único dia, governou por seis meses, deixou Lisboa atônita, mas terminou mal para os colonos: o governador conseguiu retomar a cidade, os revoltosos foram derrotados e Jerônimo Barbalho Bezerra, o principal líder da rebelião, foi decapitado.

Os fazendeiros haviam tentado de tudo, de suborno e protesto até a revolta propriamente dita, para serem bem-sucedidos em sua principal demanda: suspender os novos tributos aplicados por Sá e Benevides, em especial o decreto da Coroa que proibia a produção de aguardente e restringia de maneira dura as condições de sua exportação para favorecer o consumo de vinhos chegados da metrópole. O controle de preços e serviços era parte das obrigações das câmaras municipais, e os fazendeiros do Recôncavo fluminense enxergaram na revolta a oportunidade de interferir nos processos de negociação dos interesses locais com Lisboa, em especial no que dizia respeito à cobrança de tributos, e no tabelamento e preço de produtos. Ao apertar o controle sobre a administração do Rio de Janeiro, o governador Sá e Benevides havia comprado uma briga de morte com os colonos. A gota d'água veio em 1660, com a decisão de proibir produção de aguardente e restringir sua exportação. Por volta dessa época, o Rio de Janeiro dispunha de quarenta engenhos de açúcar. A cana cultivada no Recôncavo fluminense rendia caldo em abundância e era aguada — tinha baixo teor de sacarose. Essa característica incidia diretamente na qualidade do açúcar produzido, muito inferior ao de Pernambuco e da Bahia, mas não fazia nenhuma diferença no caso de um subproduto importante da economia açucareira: a destilação de cachaça e de aguardente de cana. O açúcar podia ser de qualidade inferior, mas a aguardente encontrava mercado de exportação garantido — era moeda de troca no comércio de escravos com a África Ocidental, sobretudo Angola e Guiné.[23] A cinquenta dias de mar a partir da costa de Angola, o Rio de Janeiro já funcionava como ativo porto negreiro; o comércio do contrabando, por sua vez, se trazia prejuízos incalculáveis à Coroa, consistia em um dos pouquíssimos subprodutos da economia colonial que deixava seus lucros integralmente nas mãos dos colonos.

Os fazendeiros roncavam em fúria. Mas a hora tinha chegado; com a cidade de repente sob seu controle, seria possível viabilizar um programa de gestão que os incluísse também nas atividades de governança da vida local, vale dizer, nas funções administrativas e no exercício dos cargos da Câmara Municipal — os cargos camarários, como se dizia então. Fora isso, que não é pouco, os revoltosos pretendiam realizar novas eleições para preenchimento desses cargos, estendendo os critérios de qualificação de eleitores para toda a região do Recôncavo fluminense, sem esquecer, é claro, a Banda d'Além, que começava bem demarcada pela freguesia de São Gonçalo do Amarante e avançava para o interior com limites territoriais cada vez mais imprecisos.

Era um belo plano para quem pretendia governar o Rio de Janeiro, mas as câmaras não eram assunto exclusivo dos colonos naquela capitania. O sistema de governo municipal em Portugal seguia o molde estabelecido por um regimento de 1504; já sua implantação no ultramar dependia do consentimento da Coroa e correspondia a um modelo metropolitano específico — surgiram naturalmente diferenças e semelhanças quanto ao modo como evoluíram no território colonial.[24] Durante a segunda metade do século XVII, porém, as câmaras se tornaram uma instituição generalizada no Império Ultramarino português, tanto no Oriente quanto no Ocidente, e seu impressionante talento de adaptação para atuar de modo funcional em realidades muito diferentes — por exemplo, no caso dos empórios portugueses orientais — ajudou Lisboa a manter bem atados os laços de poder que articularam os seus extensos domínios na África, Ásia e América. Com teor variado de ajuste local, em qualquer ponto do Império as câmaras municipais compartilhavam tarefas comuns: garantir as condições locais de governabilidade; dotar de continuidade os procedimentos de administração no ultramar, estendendo-os para além da condição transitória típica do cargo de governador e das magistraturas; permitir o estabelecimento de canais de negociação entre os interesses locais e a metrópole; realizar a administração do dia a dia do espaço das cidades, arraiais e vilas d'El Rei. Embora as possibilidades de autonomia estivessem circunscritas aos limites do núcleo urbano e restritas à gestão do cotidiano, a capacidade de interferência das câmaras podia ser bastante generosa, já que cabia a elas a gerência de assuntos e serviços indispensáveis ao público: determinavam os preços para produtos alimentícios considerados essenciais, propunham medidas para o abastecimento da cidade, levavam a efeito a cobrança, suspensão e, eventualmente, a administração de determinados impostos, além de organizar boa parte das cerimônias e festividades locais. Na realidade, as câmaras eram um achado para a gestão do ultramar: em vez de reproduzir modos tradicionais europeus de organização centralizada do poder, o Império português montou um arranjo administrativo flexível que levava em conta as circunstâncias do lugar. Por meio delas foi possível à Coroa portuguesa transpor para o interior de uma rede global, que se estendia de Macau ao Rio de Janeiro ou a Salvador, um grande conjunto de leis, regras e corporações capaz de engendrar adesão política e coerência administrativa entre os diferentes territórios coloniais e ao reino. E graças à sua autonomia de gestão, essa seria a instituição responsável por manter localmente a dinâmica imperial de governo emanada por Lisboa.

A soma de autonomia disposta pela Coroa para funcionamento das câmaras municipais e a exigência de gestão do espaço urbano das vilas e cidades tornam fácil entender a razão do uso do termo "República" para caracterizar a atuação no ofício de gerentes. Em geral, seus integrantes transpiravam orgulho do cargo; os membros da Câmara do Rio de Janeiro, por exemplo, faziam questão de declarar: eles eram "a cabeça da República para o bem comum".[25] Na verdade, em nenhum momento as câmaras municipais deixaram de se autoassumir na condição de Repúblicas, e seu corpo governativo — formado por juiz (ordinário ou juiz de fora), procurador, vereadores, almotacés (uma espécie de fiscal de pesos e medidas) e escrivães — qualificava a rotina de atividades administrativas como parte das obrigações exigidas pelo ofício de gestores da República. Em São João Del Rei, como em qualquer outra vila colonial, isso incluía mandar consertar a ponte Real, construir uma boa calçada na rua do Rosário ou autorizar a realização da Festa de São Sebastião. Tudo muito prosaico, é verdade, mas, qualquer que fosse a rotina, havia ali um aprendizado: significava que por toda parte na América portuguesa um punhado de colonos se mostrava ocupado com a governança da coisa pública — e se habituava a pensar nela como uma cadeia de benfeitorias. Era a ênfase na boa gestão da coisa pública que conferia o engate com a ideia de República. Isso vinha registrado solenemente logo na abertura dos acórdãos e dos termos de vereança, e esse engate, até hoje, não tem nada de trivial: "Na Câmara de São João Del Rei onde se fazem os negócios da República, do que mais convinha ao bem comum dos povos".[26]

Contudo, a Coroa portuguesa manteve uma posição ambígua em relação às câmaras — estava de olho no seu potencial de movimentação política. Lisboa exigia lealdade dos ocupantes dos cargos camarários e cobrava deles a disposição para evitar, a qualquer custo, desordens ou ameaça de motins causados pela carestia, pela cobrança de tributos ou pelo aumento elevado nos preços dos produtos. A Revolta da Cachaça foi a primeira rebelião de colonos de que se tem notícia na América portuguesa, mas já apontava para a duplicidade que acompanharia a atuação das câmaras municipais: havia ali um potencial político e de contestação que poderia ser mobilizado cada vez com maior intensidade pelos colonos, especialmente por causa da onerosa carga fiscal portuguesa; ao mesmo tempo, porém, era real sua vulnerabilidade no interior da retorcida arquitetura de poder executada por Lisboa para dar conta da administração ultramarina.

As autoridades portuguesas equilibraram o dia a dia do Império no fio dessa duplicidade: insistiam no papel das câmaras como um espaço competente de negociação de interesses e de atualização, no território colonial, da presença, ainda que simbólica, do monarca; e também alimentavam constante receio em relação às possíveis consequências advindas do seu amplo potencial de movimentação política. Sempre preocupada em estabelecer mecanismos adequados ao alargamento da administração ativa e de sua política fiscal, Lisboa incentivava o papel de autoridade municipal das câmaras; em troca, foi colecionando muitos e bons motivos de inquietação diante da dinâmica política gerada por essa instituição como instância de poder local. Era um negócio arriscado para os dois lados, sem dúvida; afinal, corria-se no fio de uma navalha. À instituição camarária permitiu-se o uso reiterado de canais diretos de comunicação com a Coroa — já que detinha a prerrogativa de se corresponder com o soberano sem mediações — e, aos olhos de seus membros, esse era o indício seguro da soma de autonomia governativa que lhes fora concedida. Eles não percebiam, contudo, que, na ótica do poder real, a concessão dessa prerrogativa tinha outra utilidade: funcionava como estratégia capaz de facultar às autoridades metropolitanas a ampliação de seu leque de informações e de seu raio de controle sobre a política administrativa do Império. Por outro lado, a distância do reino e a ineficiência da máquina burocrática que sustentava a administração colonial garantiram, no mais das vezes, a venalidade, o sentimento de impunidade dos funcionários metropolitanos e a descrença dos vassalos no exercício da justiça do rei. E, como era de esperar, com o tempo os colonos passaram a falar com mais largueza contra o exercício da prepotência e a prática de delitos por parte dos funcionários régios e sobre a consecução da tirania e da injustiça na América portuguesa.

As inquietações da Coroa acerca do poder de subversão das câmaras, porém, nunca se concretizaram. Havia, é certo, um aprendizado de governança na atuação cotidiana desses órgãos, mas a natureza da República que eles encarnavam era estreita — nela não cabia a existência de uma comunidade autogovernante tecida na diversidade de seus cidadãos, como d. Pedro de Almeida identificou em Palmares. As câmaras municipais desfrutaram de variadas doses de autonomia, mas nem nos momentos de sedição ou revolta exerceram o autogoverno e, com exceção da revolta de 1710, em Olinda, e até a Conjuração Mineira, em 1789, nenhuma rebelião colonial ousou confrontar diretamente a autoridade da Coroa. Os funcionários metropolitanos, por sua vez, estavam especialmente atentos em fazer valer os limites dessa autonomia. No fim das contas, mesmo nas condições de uma monarquia como a portuguesa, que teve de se redefinir em função da circunstância política da Restauração e reconhecer tanto a existência de uma área autônoma de competência das instituições quanto o exercício regulado do poder real, o rei sempre manteve sua posição de "cabeça simbólica do reino".[27] E não foram poucos os poderes que ele conseguiu enfeixar em suas mãos: a concessão de mercês reais, o domínio sobre as coisas de uso comum e a imposição de tributos sobre bens de particulares. Aliás, o poder permanecia centralizado num soberano que controlava os três dispositivos institucionais com capacidade para intervir no âmbito das câmaras municipais: justiça, fazenda e milícia.

NESSA TERRA FALTAM REPÚBLICOS

Os fazendeiros da Banda d'Além atravessaram a baía de Guanabara, anunciaram a revolta e ocuparam a cidade do Rio de Janeiro, entre outras coisas, pelo direito de se fazerem representar num arranjo administrativo de governança local que seus membros iriam definir até o final do século XVIII como "os cargos honrosos da República".[28] Estavam enraivecidos, mas não foram os únicos que saíram atrás desse direito; e se a demanda parecia simples de conceber, também era diabolicamente difícil de realizar. A eleição do corpo governativo das câmaras sempre foi bastante específica, seguia o procedimento adotado nas legislações do reino e determinava que o preenchimento dos cargos disponíveis só devesse ser feito a partir de um círculo muito restrito de eleitores credenciados — a autodesignada "nobreza da terra", os *homens principais* das vilas coloniais.

"Nobreza da terra" era o modo como a nata dos colonos, fosse ela a política ou a econômica, encontrou para se legitimar, obter um naco de poder e garantir protagonismo social nas capitanias da América portuguesa. Ao final do século XVI, o termo passou a servir na metrópole para dar conta da progressiva expansão de um grupo social de origem plebeia e urbana que se notabilizou pela prestação de serviços ao soberano, especialmente no Exército e na conquista e ocupação dos territórios ultramarinos. Os membros desse grupo eram reconhecidos beneficiários dos favores do rei, expressos sob a forma de mercês: a concessão de postos administrativos ou militares, a doação de sesmarias, o gozo de privilégios mercantis, de isenção de taxas ou direitos alfandegários.[29] Essa era uma espécie de *nobreza de serviços*, por assim dizer, e o termo se equilibrava nas bordas que separavam a nobreza natural, assentada na linhagem, do conjunto dos homens da plebe. "Plebeu", por sua vez, aplicava-se a todos aqueles que exerciam qualquer tipo de atividade profissional com as mãos — o *povo mecânico*, como eram conhecidos, em Portugal, os carpinteiros, ourives, cirurgiões, ferreiros, sapateiros, livreiros, boticários, pintores, armeiros e torneiros.

Mas foi com o início da formação do Império português que muita gente da plebe teve, de fato, sua chance de ascender e sonhou tentar se transformar numa espécie de aristocracia do ultramar. Os colonizadores do Brasil vinham, na maioria dos casos, das classes populares. A presença de pessoas nobres por-

40

tuguesas nas capitanias era rala e excepcional; "nobreza da terra" foi o modo de essa gente se autoinventar de acordo com as circunstâncias locais e garantir, na colônia, a hierarquização de indivíduos e grupos sociais. Em Pernambuco, por exemplo, a elite açucareira da Zona da Mata tratou de combinar pelo menos três recursos conexos para conseguir se metamorfosear em "nobreza da terra": a insistência no uso generalizado do termo, a renarração da própria genealogia familiar e a criação de uma mitologia de autoengrandecimento nas lutas contra os holandeses. Em Minas, ao contrário, o ouro nobilitava, e o sujeito que levasse mais de oito arrobas de ouro minerado a uma das Casas de Fundição, onde era transformado em barras e cobrado o imposto devido à Coroa, ganhava o direito de ostentar no peito uma insígnia de ordem militar.[30]

"Nobreza da terra" foi uma invenção dos colonos, mas garantia um bom lugar na ordenação sociopolítica da América portuguesa. Conferia prestígio, status e, sobretudo, uma fatia de poder; assentada na fidalguia local, a "nobreza da terra" tratou de preencher o acesso aos cargos camarários — e, desse modo, garantiu a exclusividade no controle dos "negócios da República", como diziam os vereadores da Câmara de São João Del Rei. Nem sempre funcionava à perfeição — nas Minas, no início do século XVIII, existiram mulatos ocupando posições relativamente importantes na administração local.[31] Mas, no geral, pessoas excluídas de determinadas qualidades ou condição social — como ascendência familiar, pureza de sangue, posse de terras e de escravos, domínio das letras, conquista, povoamento e defesa do território colonial em nome do rei — eram sistematicamente impedidas de ocupar os cargos camarários. Seria preciso tempo, um rosário de queixas, alguma diversificação da riqueza produzida localmente e um punhado de novas revoltas até que produtores agrícolas, comerciantes, mercadores ou homens de negócios pudessem se arriscar a disputar — e levar — os cargos da governação municipal.

A monarquia portuguesa jogava e barganhava com o patrimônio do reino para amealhar poder — e fazia as regras do jogo. O uso do sistema de mercês, com sua extensa rede de troca de favores e benefícios, foi parte da adoção, pelo Império, de uma estratégia de governabilidade que se desenvolveu por meio de cadeias de negociação entre os poderes locais e o Estado metropolitano, e de redes pessoais ou institucionais que, articuladas, permitiam o acesso a cargos e a distinções do mundo público. Essas redes compunham a chamada "economia política de privilégios" — um termo construído pelos historiadores para relacionar o discurso da conquista e a lógica clientelística que afirmam o vínculo político entre vassalos ultramarinos e o soberano português e garantem coesão e governabilidade ao Império.[32] Sem dúvida, o sistema funcionava bem para os interessados e pouca gente discordava das vantagens envolvidas. A concessão de mercês efetivava a mistura entre o público e o privado; em troca, o vassalo se prontificava a realizar algo em benefício do rei. O passo seguinte firmava e selava sua nova identidade, fazia dele uma espécie de sócio menor da Coroa e abria o acesso aos cargos de governança municipal — a principal via de exercício da cidadania no ultramar.[33]

Uma voz dissonante e meio solitária era a do padre Antonil, talvez nosso melhor cronista sobre a época colonial, que entendia ser arriscado e economicamente pouquíssimo vantajoso, do ponto de vista dos senhores de terras e de escravos, transformar em objeto de cobiça ou disputa as funções e os cargos das câmaras municipais. "Quem se resolve a lidar com engenho, ou se há de retirar da cidade, fugindo das ocupações da república que obrigam a divertir-se, ou há de ter atualmente duas casas abertas com notável prejuízo", afirmou, sem rodeios.[34] Padre Antonil veio para o Brasil em 1681, a convite de padre Vieira, que ele conhecera alguns anos antes em Roma, e terminou de escrever *Cultura e opulência no Brasil por suas drogas e minas* em 1711, em meio a uma conjuntura difícil para a economia açucareira na colônia. Ele tinha o dom da observação, relatava o que via com precisão, pensava do ponto de vista do senhor de engenho, e seu livro guarda duas certezas: uma, de que as consequências da crise que atingia os engenhos de açúcar do Nordeste naquele momento poderiam desestruturar, de maneira irremediável, o empreendimento açucareiro na área colonial; a outra, de que o açúcar era a mais importante riqueza da América portuguesa, os engenhos funcionavam como campo decisivo de trabalho missionário na conversão de escravizados, e tudo isso estava em risco devido à descoberta do ouro das Minas, capaz de ameaçar essa riqueza, inclusive por provocar grandes deslocamentos migratórios.

Decerto cabia à Coroa portuguesa a responsabilidade de investir na lavoura açucareira e salvar o açúcar da crise. Mas seria de presumir, argumenta Antonil, que coubesse à "nobreza da terra" engajar-se de corpo e alma na administração dessa riqueza — sobretudo em decorrência da complexidade de funções necessárias para fazer funcionar plenamente um engenho de açúcar. Tornar-se cidadão e ocupar cargos camarários não era bom negócio, insistia

42

ele: obrigava o proprietário a se ausentar amiúde do cotidiano dos trabalhos no engenho; pior ainda, eram cargos demasiadamente dispendiosos para o seu ocupante. Aliás, um bom senhor de engenho precisava ser ativo no trabalho, prudente nos negócios e moderado nos prazeres; não tinha de se meter em festas nem ostentar riqueza. De mais a mais, "charameleiros, trombeteiros, tangedores e lacaios mimosos não servem para ajuntar fazenda, mas para diminuí-la em pouco tempo com obrigações e empenhos", exemplificava Antonil, irritadíssimo.[35]

No atacado, ele tinha razão. Realmente era custosa a ocupação dos cargos camarários, sobretudo por conta da atribuição de organizar as festividades que se realizavam na cidade, incluindo a obtenção de recursos financeiros e materiais para a sua realização; ele também estava certo quando argumentava que o preço a ser pago pela presença assídua na Câmara era a ausência frequente do dia a dia da lida do engenho. Padre Antonil parece ter se descuidado, nesse caso, do varejo. Afinal, vantagens concretas podiam ser obtidas no exercício das funções e dos cargos de administração municipal das câmaras, e a cobiça da "nobreza da terra" havia sido despertada precisamente pela possibilidade de usufruir essas vantagens.

Um oficial camarário recém-empossado conseguia alcançar algumas dessas vantagens quase de imediato. O cargo de cidadão articulava os membros da elite colonial à administração municipal e os qualificava de diferentes maneiras; e a cidadania foi, provavelmente, a mais influente via de acesso tanto para nobilitar o colono quanto para lhe abrir a oportunidade de exercer pressão sobre as autoridades metropolitanas com vistas à sustentação dos seus interesses ou na negociação das políticas a serem propostas para a colônia — em especial, aquelas políticas referentes à matéria fiscal e tributária.[36] Entre os privilégios desfrutados pelo cidadão na América portuguesa, diversos eram considerados monopólios da nobreza: a proibição de ser submetido à tortura ou preso em cadeia pública; a permissão de portar armas; a ausência de constrangimento seja para conceder abrigo a qualquer soldado ou tropa na eventualidade de deslocamento militar, seja para enviar seus criados e lavradores a servir nas guerras do Império.[37]

O exercício da cidadania abria ao colono o acesso à condição privilegiada de aliado do rei — e fornecia-lhe a garantia de receber, em troca, títulos, brasões e mercês de natureza diversa. O sistema de mercês, por sua vez, reconhecia no cidadão a fidelidade e a lealdade próprias ao vassalo, o que permitia e justificava o uso e a apropriação para fins privados dos bens e serviços públicos administrados pela Coroa e pelas câmaras.[38] Era também um arremedo de cidadania. Ser cidadão garantia um cargo e inúmeros privilégios — mas todas as honras, liberdades e benefícios desfrutados pelo cidadão haviam sido agraciados pelo rei de Portugal. O cargo entrava na disputa política local, assentava-se numa bem urdida rede de benefícios e se sustentava em uma economia de favores no interior da qual o público e o privado se misturavam no dia a dia da administração das câmaras e na definição do bem comum. O exercício da cidadania tampouco excluía o sujeito de viver em uma situação de dependência da vontade do outro — fosse ele o governo de um príncipe, de outra nação ou de outro Estado. Ao contrário, reforçava sua condição de vassalo, seu laço de submissão com o soberano.

Feitas as contas, frei Vicente do Salvador não deixava de ter razão. Havia República nas novas terras do Brasil, mas o termo era restrito: servia apenas para qualificar a administração das câmaras municipais, e, na prática, independia de seus membros zelarem ou não pelo bem público. Por outro lado, sobravam súditos, mas absolutamente não existiam repúblicos. Afinal, não havia quem estivesse disposto a priorizar o bem comum em um território onde o governo da Coroa preconizava um projeto de colonização de natureza predatória e a garantia de interesses privados, e onde todos viviam na condição de vassalos do rei. O sistema era engenhoso, os lucros em jogo eram imensos, a metrópole tinha estendido sobre o território colonial os mecanismos de controle de seu público político. Por quase duzentos anos a Coroa se ocupou preparando o caminho para o ultramar; e, no início do século XVIII, supostamente conseguia respirar aliviada. Mas Lisboa errou num detalhe: a palavra "República" pode mudar completamente de sentido, dependendo de quem a pronuncia.

Foi um erro fatídico.

2. Repúblicas à moda de Veneza

UMA PALAVRA PARA INFUNDIR MEDO AO REI

O ano de 1701 foi, em todos os sentidos, uma data significativa para o rei de Portugal, Pedro II. Marcou o começo de um novo século, como fez nos demais lugares da Europa, mas, em Lisboa, o monarca estava convencido de que o Império português entrava em uma nova fase. Ele enxergava alguns sinais como especialmente importantes. No front doméstico, a prolongada guerra contra a Espanha que se seguiu ao fim da União Ibérica e serviu para restabelecer a independência de Portugal — a guerra de Restauração — estava encerrada: os espanhóis foram derrotados na Batalha de Montes Claros, em 1665, e Madri se viu forçada a ratificar a paz. Além disso, com a vitória na guerra, a dinastia de Bragança não só havia se consolidado no trono como tinha conseguido garantir o fortalecimento do poder régio sobre todos os corpos políticos intermediários, em especial as Cortes portuguesas. Elas constituíam o único órgão considerado verdadeiramente representativo do reino, por abrigar a participação dos três estratos da sociedade — nobreza, clero, povo —, e que se reuniu, pela última vez até a chegada do século XIX, em 1697-8.[1]

Aos olhos do rei, o sinal mais auspicioso, contudo, vinha do Brasil. A agroindústria brasileira do açúcar, em crise durante a década de 1680, finalmente começara a apresentar indícios consistentes de recuperação, tanto em razão do aumento da procura na Europa quanto por força do esgotamento das reservas de açúcar acumuladas em Lisboa, ou ainda pelo reconhecimento da qualidade do produto brasileiro em comparação com as variedades cultivadas nas Índias Orientais, hoje Sudeste Asiático. Mas a evidência de que algo espetacular estava por acontecer partiu de uma região praticamente desconhecida, localizada no interior remoto da América portuguesa. Em meados de 1697, pepitas grandes como ervilhas, de coloração escura e meio fosca, foram achadas misturadas ao cascalho do córrego do Tripuí, na área central do atual estado de Minas Gerais, próximo de onde se encontra hoje a cidade de Ouro Preto.[2] Mesmo sem saber que o tempo da descoberta do mais rico manancial aurífero da América portuguesa tinha começado, Pedro II intuía que estava perto de validar seus sonhos e encontrar riquezas fabulosas no ultramar — o século XVIII começava bem para a Coroa portuguesa.

Mas havia quem discordasse. Na cidade de Salvador, em um prédio largo de alvenaria de pedra e cal, o palácio dos Governadores, João de Lencastro, governador-geral do Brasil, se perguntava se a descoberta do ouro era, de fato, um bom negócio para a Coroa. O governador mantinha-se cético quanto à extensão dos achados e à quantidade do ouro colhido — e duvidava de que os pedregulhos e o pó catados no fundo dos córregos compensassem o alto investimento de Lisboa na colonização ou servissem para realimentar o projeto imperial português. Lencastro suspeitava que as Minas, ao contrário do que imaginava Pedro II, viessem a ser um grandessíssimo problema para Portugal. Na longa e detalhada correspondência que endereçou ao rei, em 1701, o governador repassou as possibilidades — e começou apontando para o risco estratégico de desguarnecer militarmente o território colonial, a partir do súbito despovoamento da costa do Brasil. Ele tinha razão. Mas não existia força no mundo capaz de impedir que uma massa humana meio alucinada pela miragem da riqueza fácil se deslocasse para a região das Minas. Para aumentar a insegurança, crescia a ameaça concreta de que o ouro atraísse incursões de corsários e piratas no litoral brasileiro, além de acender a cobiça de potências europeias como a Holanda, a Inglaterra e a França, interessadas nos lucros do comércio marítimo e em constituir seu próprio império colonial — com poderio militar naval reconhecidamente superior ao de Portugal.

Entretanto, o alvo principal, que Lencastro denunciava de modo inequívoco, vinha do perigo representado pelas migrações e pelo deslocamento em massa de escravos para a zona de mineração.[3] O governador receava, nas Minas, nervosismo fácil, desordem social e violência desgovernada. Os portugueses deveriam temer pelo pior, agir com cautela e fazer o possível para garantir controle sobre a região — e ele enviou ao soberano um planejamento completo. Propôs isolar a zona dos achados fechando os caminhos de acesso para o interior, concentrar em Salvador o movimento comercial das Minas e submeter toda a área mineradora à jurisdição da Bahia.[4]

Escrever cartas diretamente ao rei com a pretensão de redirecionar a política oficial numa questão tão importante era algo delicado; Lencastro preocupou-se em retocar as lembranças, adequando-as à conjuntura da colônia, e tornou-as mais pitorescas ao infundir nelas suas opiniões pessoais. Suas cartas alertavam a Coroa sobre o modo como a descoberta do ouro deveria ser tratada, desencavavam os fatos capazes de determinar o quanto esse assunto andava fora do controle das autoridades metropolitanas e disparava algumas novidades assustadoras. Toda a riqueza produzida pelo açúcar e pelo tabaco poderia ir por água abaixo graças à descoberta das Minas, ameaçada, sobretudo, por grandes deslocamentos migratórios. "A praça do Rio de Janeiro se acha sem guarnição competente", escreveu Lencastro num tom de pânico calculado, "e pela banda do Sul sem as fortificações necessárias que a possam defender de qualquer nação pouco afeita, ou muito ambiciosa que a pretenda invadir, obrigado de fama, que presentemente se há de espalhar por toda a Europa, da abundância do ouro das ditas minas."[5]

Cinco dias depois, em nova carta, Lencastro repisou o alerta:

> Muitos daqueles que poderiam servir e ocupar-se nessas lavouras [do açúcar e do tabaco] as vão já desamparando, levados da ambição do ouro, em que acham maior lucro com menos trabalho, ou porque ao número de brancos que vão às minas sendo excessivo, se há de seguir muito mais excessivo o número de negros para lá servirem, do que resulta subirem estes já hoje a um preço demasiado que não só dificulta, mas impossibilitará as fábricas, inconveniente de que já chora Bahia, Pernambuco e Rio de Janeiro e sentirá talvez Portugal se não acudir com algum remédio a este particular.

Dez anos passados, em 1712, outro governador-geral, Pedro de Vasconcelos e Souza, iria confirmar que o antecessor, em 1701, enxergava muito e longe:

"Nenhuma [praça] da parte sul fica segura, nem esta da Bahia está [...]. A maior parte dos moradores desta cidade [de Salvador] e do seu Recôncavo foram e estão indo continuamente para as Minas",[6] constatou inquieto ao rei.

Lencastro sabia que se arriscava a despertar apenas ceticismo e não convencer ninguém; por uma centena de anos, Lisboa aguardara impaciente pelo ouro e, dessa vez, estava pronta para avançar. Mas ele esperava ardentemente que Pedro II acreditasse em tudo o que estava escrito e, para convencer seu principal leitor de que as informações que enviava correspondiam ao rumo efetivo dos acontecimentos, apostou no valor de choque das notícias: a sedição poderia se precipitar a qualquer momento sobre a América portuguesa como uma tempestade violenta — e o olho do furacão se localizava nas Minas:

> Nasce concorrer para aquelas terras com a ambição do ouro uma multidão de gente vaga e tumultuária, pela maior parte gente vil e pouco morigerada, onde vivem soltamente, sem o freio e o temor das leis e da justiça [...] tudo se pode esperar de semelhante gente e com grande fundamento [...]

Essa constante imaginação da catástrofe era sombria, mas Lencastro parecia convencido de que sua principal obrigação no cargo de governador era justamente ser sombrio e não perdeu tempo com sutilezas. Acertou em muita coisa. A novidade dos descobertos de ouro se espalhou rápida pela colônia, com as pessoas falando demais em São Paulo, Rio de Janeiro e Salvador e enviando mensagens alvoroçadas para parentes em Portugal. Com a notícia circulando, não havia mais o que fazer. Nem o esforço da Coroa em tentar manter segredo sobre a localização das Minas, receosa da cobiça das potências rivais, nem o susto das autoridades locais diante da debandada de moradores dos núcleos de povoamento do litoral, nem mesmo a aspérrima travessia da serra da Mantiqueira, recortada com cinco picos muito altos, "para que nas Minas não cheguem os fracos", como se dizia à época, nada nem ninguém conseguiria impor limite à ambição desatada pelo ouro. A "gente vaga e tumultuária, vil e pouco morigerada" anunciada por Lencastro se espremia desconfortavelmente no afã de se arriscar pelas trilhas de acesso às Minas e, no meio dessa gente, havia de tudo um pouco: os que até então careciam de esperança para sair da miséria, os que se deixaram levar pelo sonho da riqueza fácil, os que precisavam escapar do turbilhão político e religioso da época. Nesta última categoria se alinhavam desafetos do rei e da monarquia, judeus e cristãos-novos, bandos de ciganos, hereges de diversos matizes e pelo menos um milenarista, Pedro Rates Hanequim, que cogitava arrebanhar companheiros para o projeto de coroar o infante português, d. Manuel, como imperador da América meridional, e com ele levantar um "Quinto Império" no sertão das Minas, em meio às recém-descobertas lavras de ouro.[7]

A multidão desordenada pressagiava o perigo da sedição, mas Lencastro ainda não estava satisfeito. Ele sabia que a probabilidade de ser levado a sério dependia de persuasão e de argumentos que inflamassem a imaginação do rei e de seus ministros. O trabalho de um governador incluía decifrar os sinais de perigo entranhados nos recém-descobertos sertões das minas do ouro — a imagem final falaria por si. E, então, ele aumentou a pressão sobre o monarca:

> A este inconveniente [a sedição] acresce outro de não menor peso, que é formarem-se no remontado daquele sertão uma nova Genebra ou um valhacouto de criminosos, vagabundos e malfeitores que poderão vir a crescer pelo tempo adiante em tanto número que ponham em cuidado a todo este Brasil que será, se lhes der na cabeça, fazerem-se fortes e rebeldes naqueles sítios.[8]

Se o propósito de Lencastro foi apavorar Pedro II, ele escolheu a simbologia certa. A imagem de uma "nova Genebra" crescendo e se desenvolvendo em uma região de fronteira como as Minas, encapsulada no interior do continente americano, adversária da Coroa e associada aos inimigos de Portugal, podia ser facilmente compreendida em Lisboa — e era aterrorizante. Fundada em 1533, a República de Genebra conseguiu sobreviver permanecendo à margem das grandes monarquias europeias sem se dobrar ao absolutismo dos monarcas. Desde o século XVI até o final do século XVIII, Genebra se manteve uma cidade coincidente com sua moralidade política, com cidadãos capazes de ditar a si mesmos a própria lei e cumpri-la — de modo a reafirmar aquilo que Montesquieu viria a definir quase um século depois como o princípio que rege e domina as Repúblicas.[9] Em 1536, contudo, o Conselho Geral, uma assembleia dos cidadãos que funcionava como o órgão soberano da cidade, decidiu abolir a autoridade episcopal para adotar o pensamento político reformador e viver segundo a palavra de Deus — no mesmo ano, Genebra teve sua independência reconhecida pelos cantões suíços.

Era de esperar o choque e o escândalo; afinal, com essa decisão, a República de Genebra tornou-se a expressão estrategicamente localizada das ideias de Calvino. Foi ele quem combinou a doutrina luterana com uma nova forma de governo e de organização política baseada numa comunidade de crentes, impôs a sua marca pessoal às instituições de Genebra e instalou na cidade uma espécie de República teocrática sustentada por meio de uma estreita colaboração entre a Igreja reformada e o poder público. Fez mais: apoiou a adoção da forma republicana confederada e, por conta disso, os habitantes de Genebra passaram a ser chamados de *eidgenossen* (confederados), termo que o francês adaptou para "huguenotes". Para completar, Calvino garantiu o princípio da igualdade política amparada na rigorosa obediência à lei e em rígidos mecanismos de sanção popular. A República de Genebra era profundamente autoritária, mas, verdade seja dita, foi muitíssimo tolerante com refugiados políticos de todos os matizes — tornou-se uma espécie de "Roma protestante", nome pelo qual a cidade ficou conhecida a partir da chegada em massa de huguenotes perseguidos pela monarquia francesa, entre 1549 e 1587. Fervilhando de gente vinda de todos os cantos da Europa, Genebra abrigava uma mistura de publicistas, pregadores, dissidentes, reformadores e ativistas políticos que operavam em seus próprios ritmos ideológicos e a transformaram em um centro intelectual e político cosmopolita capaz de contrastar com a exiguidade de seu território e com a sua população reduzida.[10]

Aos olhos da ortodoxia católica que dominava o ambiente do poder político em Portugal, Genebra era uma aberração perigosa — e João Calvino, a própria encarnação de Satanás. Em Lisboa, a fama nefasta da República calvinista só fez aumentar. E, na onda de refugiados políticos abrigados em Genebra, a inclusão do mosaico de grupos revolucionários e seitas radicais que desempenharam papel decisivo na construção da experiência republicana na Inglaterra, além de toda sorte de deserdados da fortuna — mendigos, proletários, criados, *cottages, squatters* —, exprimia a face assustadora da "multidão vaga e tumultuária" pintada por Lencastro em sua correspondência ao rei. Mas Genebra se tornaria ainda mais assustadora a partir de 1660, quando a onda de refugiados ingleses trouxe para a cidade os sobreviventes do movimento pentamonarquista — a Fifth Monarchist —, um grupo ultrarradical que se reconhecia com a alcunha de "Santos" e defendia seu direito divino ao exercício do governo. O grupo dos Santos foi exterminado na Inglaterra após a Restauração e a execução post mortem de Cromwell; enquanto durou, esse foi o mais extremista dos grupos revolucionários ingleses: seus membros eram recrutados majoritariamente no Exército Parlamentar, contribuíram de forma decisiva para o regicídio e protagonizaram uma série de motins e sublevações com a intenção de implantar a República dos Santos — na qual o poder civil seria entregue à Igreja e o governo republicano deveria ser exercido em nome do direito dos eleitos de Deus.[11]

João de Lencastro era um homem frio, lúcido, sem paciência para novidades — e muito perspicaz. A imagem da "nova Genebra" carregava em si potencial revolucionário suficiente para ser usada como um efeito estimulante sobre a Coroa portuguesa — indicava que algo ainda mais grave poderia se somar ao risco da sedição. Afinal, Genebra não era só calvinista; era também uma República, e Lencastro jogou espertamente com a lembrança do medo que assombrava as monarquias europeias desde o final da década de 1640, quando, então, a República se transformou na mais sinistra e duradoura marca de memória produzida pela Revolução Inglesa de 1649 entre os soberanos do continente. A imagem da "nova Genebra" trazia para o território da colônia o eco mais radical da Revolução Inglesa e o início da longa folha corrida de lutas do republicanismo contra o absolutismo. As velhas monarquias do continente compreenderam perfeitamente entre os acontecimentos da Revolução na Inglaterra o momento em que ocorreu um ponto de viragem no significado do termo "República" e o republicanismo inglês assumiu-se como uma *constituição sem rei*, adotando um tom explicitamente antimonárquico para afirmar que valores do mundo público exigem instituições republicanas.[12]

Vale a pena relembrar o que aconteceu. Em janeiro de 1649, a Revolução chegou ao auge e o rei inglês Carlos I foi condenado à morte por um Parlamento que já havia sido depurado de seus membros mais conservadores. Pela primeira vez na história, um monarca, coroado de forma legítima, seria julgado por força de um decreto legislativo, condenado e executado em uma cerimônia pública. Ato seguinte, o ofício de rei, petulantemente qualificado de desnecessário e perigoso, foi abolido — em 19 de maio de 1649, a Inglaterra declarou-se uma Commonwealth com o acréscimo da denominação de Estado Livre. O ideário republicano, que até então não havia se destacado na cultura política inglesa, tornou-se uma alternativa viável para dar conta da feroz crise constitucional que se instaurou com o regicídio. A inspiração veio da mistura dos escritos de Maquiavel, Guicciardini, Cícero e Tácito, mas o tempero era especial e acrescentava diversas interpretações da Bíblia vernacular, acessível a todos os leigos alfabetizados e pregadores radicais, graças à sua versão impressa em língua inglesa — o maior patrimônio da Inglaterra protestante no século XVII.[13]

Os soberanos europeus fizeram do regicídio uma etiqueta assustadora para qualificar o percurso do republicanismo inglês, quer antes, quer depois da Guerra Civil de 1640 — até o final do Setecentos e, inclusive, nas colônias inglesas, os republicanos seriam identificados de maneira negativa e conhecidos, sobretudo, como os *king-killers*, os assassinos do rei Carlos I.[14] Uma das lideranças mais populares entre os *commonwealthmen*, Algernon Sidney, por exemplo, insistiu em reafirmar as consequências nefastas da monarquia para a liberdade, mesmo após a Restauração e o retorno dos Stuart ao trono inglês, em 1660 — quando, então, ser republicano passou a representar o fracasso de um projeto político e um iminente risco de vida. Sidney foi um revolucionário e tanto: participou dos debates no "Longo Parlamento", convocado em 1640, às vésperas do início da Guerra Civil, e que permaneceu reunido até 1653; combateu ferozmente o Protetorado de Cromwell; e consumiu seu tempo no exílio negociando o apoio de holandeses e franceses para a destituição da monarquia e a reinstauração da Commonwealth — até que, em junho de 1663, de volta a Londres, acabou preso e executado sob a acusação de liderar uma conspiração para depor o rei.[15]

No seu panfleto inacabado *Discourses Concerning Government*, o mais importante texto republicano desse período, Sidney repetiu exaustivamente que monarquia e República estão fundadas em princípios irreconciliáveis: a primeira sustenta o interesse privado de um soberano; a segunda garante o interesse público de toda a comunidade. Além disso, argumentava Sidney, a qualidade de um governo depende, no fundamental, da forma da Constituição escolhida — esta, sim, a única garantia capaz de fazer vigorar o império da lei. E a pior das formas constitucionais será sempre a monárquica, avisava aos leitores, seja por se sujeitar à vontade arbitrária de um só, seja por impedir a igualdade da participação política entre todos os cidadãos.[16]

O regicídio revelou aos reis europeus que, com a República no controle, podia-se temer tudo. E a Revolução Inglesa estava destinada a produzir pelo menos duas outras novidades de grande repercussão no continente — e terrivelmente perturbadoras aos olhos de qualquer monarca do Antigo Regime. A primeira delas: o surgimento das milícias parlamentares, mobilizadas, a partir de 1642, em defesa dos autores do *Grand Remonstrance*, o violento protesto dos principais líderes da Câmara dos Comuns contra a exigência de Carlos I de recrutar e comandar um Exército permanente. As milícias forneceram a base para a constituição do New Model Army — as tropas parlamentares, vitoriosas na Guerra Civil e responsáveis por garantir a instalação da Commonwealth, em 1649, e do Protetorado de Cromwell, em 1653. Boa parte de seus membros havia participado das rebeliões populares que eclodiram em vários condados, e muitos deles eram camponeses que se recusaram a pagar a renda da terra e trataram de invadir as reservas de caça da nobreza — para, em seguida, deslocarem-se no rumo de Londres, em grandes contingentes armados, com a evidente intenção de engrossar as forças militares leais ao Parlamento.[17]

Como se não bastasse a visão de camponeses que proclamavam em alto e bom som suas credenciais republicanas, havia ainda as ideias dos publicistas — os *English Commonwealths* eram a outra novidade ameaçadora embutida na experiência republicana inglesa. Encarnadas no catálogo de propostas radicais encabeçadas por um conjunto de autores que encontraram no republicanismo uma linguagem política pronta a defender o governo instalado após o regicídio, e compartilhado por diferentes grupos revolucionários, essas ideias partiam de um mesmo princípio: a existência de direitos e liberdades comuns a todos os homens livres que deveriam estar assegurados constitucionalmente.[18]

A marca registrada do republicanismo inglês podia ser efetivamente reconhecida nos panfletos redigidos pelo movimento dos Levellers, a principal força política revolucionária, com presença entre os soldados e oficiais do Exército Parlamentar. A escolha do nome, "Niveladores", foi obra dos monarquistas; tinha, é claro, uma conotação depreciativa e servia para apontar os defensores de uma maior igualação social e econômica da sociedade, acompanhada da abolição das formas de hierarquia e de propriedade. A partir de 1647, porém, as propostas dos Levellers reinaram quase absolutas sob o olhar dos republicanos ingleses. O movimento dispunha de um jornal — *The Moderate* —, financiado por contribuições regulares de seus membros, contava com um ativo comitê dirigente eleito que se reunia três vezes por semana numa taberna, no centro de Londres — The Whalebone Tavern —, e sua estratégia política incluía a realização de grandes manifestações populares, além da apresentação de petições ao Parlamento assinadas por milhares de pessoas. Mas, sobretudo, os Levellers dispunham de um punhado de autores responsáveis por redigir alguns dos panfletos que culminaram diretamente no regicídio e na defesa da criação de normas constitucionais capazes de estabelecer limites aos poderes do soberano, proteger direitos e liberdades naturais do cidadão, e garantir que a autoridade suprema da nação estivesse ancorada num corpo de representantes do povo eleito periodicamente para esse fim.[19]

Apesar do aparato revolucionário, e por diversas razões, a experiência republicana inglesa não suscitou nenhum movimento político contemporâneo de alcance expressivo a ela. Internamente, República significava Guerra Civil, os próprios ingleses sabiam o que isso queria dizer e não pretendiam recomeçá-la. Vista do ângulo do continente, contudo, a experiência republicana inglesa estava em franco conflito com a esmagadora realidade do resto da Europa, onde prevalecia a convicção de que a monarquia hereditária afirmada por direito divino seria a forma adequada e correta de vida política. Isso significava naturalmente reforçar a ideia de um Estado absolutista como única alternativa de exercício do poder e desconsiderar a existência tanto das antigas cidades-repúblicas italianas quanto das experiências republicanas de Genebra e Holanda. Em Londres, essa contradição atormentou a mente dos revolucionários. Em 1649, logo após a execução de Carlos I, John Milton — além de grande poeta, um publicista notável entre os *commonwealthmen* — assumiu uma das secretarias do Conselho de Estado e seu novo cargo incluía a difícil função de justificar para o resto da Europa a ação do Exército e do Parlamento. Milton demorou cerca de um ano, mas, no início de 1651, cumpriu integralmente a tarefa que lhe fora confiada. O panfleto *Pro populo anglicano defensio* foi publicado em latim para conseguir alcançar um público mais amplo, e tinha dois propósitos: defender o direito político do povo inglês de julgar, condenar e executar não um rei, mas um tirano; e tranquilizar as monarquias europeias de que não havia a menor intenção, por parte dos republicanos ingleses, de exportar sua revolução para fora da Grã-Bretanha.[20]

A República pode não ter vindo à superfície no continente, mas as ideias tinham um jeito espantoso de atravessar o canal da Mancha ou de se infiltrar nas principais cidades da Europa, não importava o que as autoridades fizessem para impedir. Elas continuaram a fermentar, a crescer e a se modificar muito tempo depois da Restauração, especialmente na Holanda, na França, na Alemanha ou na minúscula República de Genebra, seja pela atuação dos grupos de exilados produzidos no labirinto de rebeliões, golpes e restaurações que configuraram os diferentes momentos da Revolução Inglesa, seja pela frequente edição de panfletos revolucionários. Para azar do Antigo Regime, o legado das ideias republicanas dos anos revolucionários atravessou célere o Atlântico e foi reproduzido e adaptado à realidade política das Treze Colônias inglesas da América, onde serviu de fermento para a matriz norte-americana da tradição republicana.[21]

De modo surpreendente, o eco desse legado dispersado pelo Atlântico também viajou da Inglaterra para o mar e em direção sul, até os confins da América portuguesa. Foi esse eco que João de Lencastro capturou — e tratou de amplificar —, a fim de alertar Portugal e recomendar seu projeto de administração para a região mineradora. Ainda assim, em Lisboa, Lencastro não convenceu ninguém — a obsessão por montanhas de ouro e prata deixou surda a Coroa. Mas ele tinha razão: as Minas eram uma região de difícil acesso para a implantação do aparato burocrático metropolitano, iriam manter-se, desde o início, fortemente refratárias ao controle régio e muito depressa viriam a tornar-se a área de maior tensão política no interior do Brasil colonial.

João de Lencastro foi provavelmente o primeiro funcionário do rei a explorar o risco da associação entre "República" e "sedição" na América portuguesa. O uso do vocábulo "sedição" fixava uma larga escala de dissensões: motins, sublevações, resistência, levantes, rebeliões, insurreições, tumultos... Todas essas ocorrências tinham em comum uma conjuntura extraordinária, temperada por eventos sangrentos: "sedição" anunciava um tipo de comoção social em que acontecia luta política, o interesse coletivo estava envolvido, havia participação popular e a violência escorria pela capitania. Mas, juntas, "República" e "sedição" indicavam uma ameaça de tipo novo, capaz de sacudir Lisboa e modificar a vida da colônia. Nomeavam um acontecimento ou evento político repentino que dependia da força das armas, por meio do qual uma população subjugada sentia-se preparada para tomar duas graves decisões: contestar o poder do rei e a autoridade da Coroa; e alterar a forma de governo e as instituições políticas para desfrutar da possibilidade de viver em uma comunidade autogovernante.[22] A "nova Genebra" que Lencastro desenhou em sua correspondência ao rei parecia ser de fato uma variante especialmente anticlerical e sanguinária da descoberta do rosto da República, pela Coroa portuguesa, após a Revolução Inglesa — e as Minas marchavam para o desastre, anunciava o governador. Nas cartas que escreveu, o estilo corria caudaloso e havia muita especulação; contudo, ele acertou bem mais do que errou. Só se enganou gravemente num ponto: a República veio à tona, é fato, emersa da sedição; mas, quando ela se mexeu pela primeira vez entre os colonos, as autoridades sentiram a terra tremer em Pernambuco, e não em Minas.

"PARA QUE QUEREMOS NÓS REIS?" A SEDIÇÃO DE OLINDA

A sedição de 1710 em Olinda faz parte de um conjunto de eventos de ruptura da ordem pública e contestação da autoridade régia que sublevaram Pernambuco, entre 1710 e 1712, ainda hoje usualmente chamados de Guerra dos Mascates.[23] Foi provavelmente a nossa primeira conjuração — como já visto, um tipo de conspiração política em que os participantes estão dispostos a contestar o poder do rei por meio da ação violenta. Foi o único levante colonial, ocorrido entre o século XVII e a primeira metade do século XVIII, que pôs em questão a autoridade da Coroa. Desde a Revolta da Cachaça, em 1660, os motins e as rebeliões eclodiram com frequência na América portuguesa — em Sergipe, Maranhão, Pernambuco, Minas, Bahia; mas, em pelo menos um aspecto, tais eventos guardavam impressionante semelhança: nenhum confrontou de modo direto a Coroa portuguesa.[24] Os constantes surtos de descontentamento político serviram como instrumento de pressão para sustentar determinadas reivindicações dos colonos — especialmente aquelas relacionadas ao peso dos tributos e ao controle rigoroso do comércio. Ou, então, para atacar os abusos de autoridades locais, reagir contra a rigidez administrativa de Lisboa, pôr em xeque a lógica do exercício da administração colonial que autorizava — ou facilitava — violência, corrupção, venalidade e aumentava o sentimento de desamparo dos vassalos. Invariavelmente, porém, essas rebeliões tratavam de bradar, tão logo eclodiam, os gritos de "Viva o rei" e registrar, desde o início do movimento, o reconhecimento público da lealdade dos rebeldes ao seu soberano.

Contudo, a sedição de 1710 estava disposta a romper com Portugal; não aconteceu somente para confrontar a usurpação de direitos dos súditos diante de autoridades régias consideradas venais e despóticas. Seu ponto de partida — o tema da autonomia administrativa do Recife — radicalizou, no espaço da capitania de Pernambuco, duas zonas de tensão latente em todo o território colonial: as condições do desequilíbrio de poder entre grupos economicamente influentes; e o grau do conflito entre colonos em torno da disputa para participarem nas funções de governança local e no exercício dos cargos da Câmara Municipal —[25] cabe lembrar, o bilhete premiado que permitia ao felizardo desfrutar das vantagens da cidadania, tal como estabelecidas pela estrutura política do Império português.

A disputa pelo monopólio do poder no exercício da administração das câmaras municipais não foi exclusiva dos senhores de engenho e canaviais e da classe mercantil de Pernambuco; a tensão era latente em toda a América portuguesa, mas esteve mantida razoavelmente sob controle em capitanias importantes como as da Bahia ou do Rio de Janeiro — exceção feita, como já visto, à conjuntura em que eclodiu a Revolta da Cachaça. No caso de Pernambuco, porém, o nervosismo que vinha sendo cozido em um fogo crepitando de acusações de parte a parte desde o final do domínio holandês na capitania explodiu de uma só vez nos anos 1710 e se transformou em calamidade política: a violenta reação da elite açucareira da Zona da Mata diante da pressão para o acesso ao exercício da cidadania por parte dos comerciantes do Recife reintroduziu na cena pública da colônia o componente da sedição.

É bem verdade que nos acontecimentos de 1710 a conjura e a sedição assumiram a forma e a intenção de um conflito municipal: havia uma disputa concreta entre a pretensão da elite pernambucana do açúcar de limitar, em proveito próprio, o exercício do poder local na capitania, encarnado, principalmente, na Câmara de Olinda — e usando como justificativa para isso sua alegada pureza racial e sua trajetória de conquistadores da terra em nome do rei —, e os comerciantes do Recife, interessados em defender seu status de riqueza, sucesso comercial e sangue sem pátina de judeu convertido ou de negro escravizado. É também verdade que Olinda tinha muito a perder com a criação de uma câmara independente no Recife: além de fornecer acesso dos comerciantes à representação de seus interesses e gestão dos recursos fiscais, a criação da vila do Recife retirava da jurisdição da Câmara de Olinda as freguesias do Recife, Muribeca, Cabo e Ipojuca, vale dizer, toda a região portuária e a rica porção de terras açucareiras do sul. Os antecedentes da sedição de 1710 apontam para uma crônica de velhos antagonismos rancorosamente cultivados entre o florescente comércio reinol que sustentava o Recife e o declínio da vila de

Olinda, a fachada urbana para o círculo restrito dos senhores de engenho que, a despeito de suas alegações de "nobreza da terra", vinha sendo duramente pressionado, desde o final do século XVII, por uma série de problemas: queda nos preços e na produção do açúcar, aumento no valor da mão de obra escrava no mercado internacional, mudanças na política fiscal implantada pela Coroa para a economia açucareira — uma "nobreza da terra" que, a bem da realidade, estava cada dia mais dependente do capital e dos agentes comerciais instalados no Recife.[26]

A Coroa tentou fazer média com os setores conflitados. Elevou Recife à categoria de vila e dotou-a de autonomia, separando-a de Olinda, mas tratou de conservar estreitos os limites de jurisdição da nova Câmara dos recifenses, o que favorecia o poder dos senhores de engenho. O governador de Pernambuco, Sebastião de Castro e Caldas, se precipitou e deu o caso por encerrado: na noite de 14 de fevereiro de 1710, mandou subir no Recife o pelourinho, símbolo do poder das câmaras. O que era para gerar a concórdia causou um desastre: as medidas desataram a fúria de Olinda. A sedição de 1710 durou menos de um ano e incluiu a organização de milícias rurais arrebanhadas pela elite açucareira entre as camadas livres, mas pobres, da população do campo, que marcharam contra o Recife, ocuparam a cidade e trataram de queimar publicamente o cofre onde se guardavam os pelouros, as bolas ocas de cera usadas para depositar o voto em eleições camarárias; ato contínuo, os insurretos demoliram pedra por pedra o pelourinho e aboliram a autonomia da Câmara da nova vila. A revolta provocou a previsível fuga do governador para a Bahia e facultou o controle de boa parte da capitania para os rebeldes, que a essa área se restringiu.

Mas a Sedição de Olinda também conseguiu mobilizar um grupo da elite açucareira que alimentava ideias políticas radicais. Os membros desse grupo estavam envolvidos até o pescoço na liderança da revolta e buscavam formas de governo alternativas para enfrentar os problemas, cada vez mais dramáticos, experimentados no controle do exercício do poder local por parte dos senhores de engenho. O grupo era minoritário, mas diverso. O núcleo incluía a fina flor da "nobreza da terra" pernambucana, como Leonardo Bezerra Cavalcanti, metido na arrematação dos contratos de impostos, em especial do açúcar, e neto de um dos líderes do levante para expulsão dos holandeses, em 1645; um punhado de militares, como André Dias de Figueiredo, comandante de um tipo de unidade militar da época — as companhias do terço — na guarnição da praça de Pernambuco; alguns poucos bacharéis, como José Tavares de Holanda, formado em direito, na Europa.[27] Em novembro de 1710, com a sedição em marcha, as milícias já acampadas no arraial dos Afogados, a meio caminho entre Recife e Olinda, e a necessidade de estabelecer as condições prévias para a definição de uma nova forma de governo em Pernambuco, eles refletiram demoradamente sobre suas escolhas políticas:

> Começaram a duvidar como se haveriam na eleição de quem os havia de governar, se seria por república, se pelo mesmo Senado da Câmara que já existia, [mas] com [a inclusão de] dois conselheiros mais principais sujeitos daquela terra, sem cujos votos nenhuma ação se resolveria.[28]

Nas circunstâncias do debate que aconteceu nos Afogados, o uso do termo "República" fazia referência tanto às condições de gestão política da capitania — "levantar uma república" como se dizia então, com o sentido de organizar um novo governo — quanto aos procedimentos de administração da vida pública, os quais, na prática, consistiam basicamente em proceder a novas eleições e entregar o governo à Câmara de Olinda. "República", contudo, parecia ser também uma ideia inspiradora que amadurecia depressa entre os radicais. José Tavares de Holanda, por exemplo, não via a hora de dizer algo sobre o assunto e, meses antes de eclodir a sedição, durante um banquete que ofereceu em seu sítio da Piranga, nos arredores do Recife, tratou de fazer praça da adesão à causa da autonomia de Pernambuco: "Não me dirá você para que queremos nós reis?", divertiu-se ele, escandalizando um convidado que, mais tarde, iria denunciá-lo às autoridades; e, como o interlocutor se mostrasse incrédulo diante da possibilidade de existir "um povo que possa passar sem rei", Tavares de Holanda não deixou por menos: "Sim, senhor, há os pernambucanos que são muito capazes de se governarem a si", respondeu com uma grande risada.[29]

Era em torno de mesas enormes, onde se servia de tudo, ao mesmo tempo — sopas, carnes, toucinho, linguiças, arroz, farinha de mandioca, bolos e doces de frutas —, que os membros da elite pernambucana reuniam amigos, parentes, vizinhos e convidados estrangeiros para celebrar uma data festiva, trocar ideias, falar mal das autoridades portuguesas e até mesmo conspirar — os banquetes eram ocasiões importantes de sociabilidade política. José Tavares de

Holanda via na autonomia de Pernambuco a solução para a dominância política da elite açucareira, e na República a forma de governo capaz de resolver o problema do controle do poder pelos senhores de engenho — e disse isso com todas as letras ao seu convidado. Não estava sozinho. Poucos dias depois do encontro acontecido no arraial dos Afogados, nova reunião ocorreu, dessa feita em Olinda — a Assembleia de Olinda, como ficou conhecida depois. Nela, a "República" mudou de figurino: o uso da palavra revelou o sentido da elaboração política que andava pela cabeça de alguns dos comandantes da sedição, e o que era só alusão tomou forma e significado concreto. O giro foi definitivo: "República" passou a nomear uma experiência de autogoverno e se viabilizou como alternativa articulada à forma institucional de uma cidade soberana — mais precisamente, à República de Veneza.

A Assembleia de Olinda foi um acontecimento inédito na paisagem política colonial. Reuniram-se os membros da Câmara Municipal, os delegados de todas as freguesias de Pernambuco, as lideranças sediciosas, além de representantes vindos da vizinha capitania de Itamaracá — a assembleia tinha o propósito declarado de demarcar a configuração do novo governo e definir a pretensão dos rebeldes de assumir o poder em junta ou individualmente. Sob o fogo cruzado dos debates, Bernardo Vieira de Melo, um senhor de engenho que embarafustou pelo sertão enfrentando os tapuias, na região do São Francisco, e os paiacus, no Rio Grande do Norte, e era um veterano da campanha final contra Palmares, pediu a palavra e tratou de apresentar o projeto defendido pelos radicais: a constituição de uma República, em Pernambuco, a partir do modelo de Veneza. "E assim", arengou para uma assembleia atenta,

> era melhor constituir-se Pernambuco em República *ad instar* de Veneza, e que, nesse sentido, se combatesse por toda a parte e por todo o modo contra o ingrato senhor, que tão depressa esquecia o valor e a benevolência de vassalos leais, para entregá-los em cega obediência a forasteiros não menos ingratos.

Mas ele ainda não havia dito tudo o que queria sobre o assunto: "Se porventura a sorte da guerra lhes fosse contrária era preferível buscar o apoio dos polidos franceses a se submeterem aos malcriados mascates", concluiu, despreocupado em medir as palavras.[30]

Vieira de Melo comprometeu-se abertamente com a secessão de Pernambuco, só se dispunha a negociar com o rei português de bacamarte na mão e guardava algumas certezas. Uma delas: do ponto de vista militar, Lisboa encontrava-se despreparada em número e poder de fogo para encarar uma guerra em larga escala no território da colônia. A outra: os rebeldes detinham praticamente toda a capitania; além disso, estavam em condições de arrostar uma resistência prolongada, graças à existência de fortificações costeiras, como o forte do Brum ou a fortaleza das Cinco Pontas, ambas no Recife, e à possibilidade de recuar a população em segurança para o interior e deflagrar a luta de guerrilha ou a "guerra volante", como se dizia então.

E se fosse mesmo indispensável recorrer ao auxílio de Paris, era hora: em agosto de 1710, o francês Jean-François Du Clerc surgiu ameaçador na entrada da baía de Guanabara, à frente de uma esquadra de seis naus, 160 peças de canhão e uma tropa de cerca de mil homens. Du Clerc era um ladrão do mar com carta de corsário, vale dizer, tinha autorização do rei francês para saquear navios e colônias pertencentes às potências inimigas. Cruzou o Atlântico patrocinado por uma companhia de comércio, Chastelain de Neuville, instalada em Brest e em La Rochelle, interessada em bancar um ataque contra o mais cobiçado porto da América portuguesa — fazia tempo que os franceses estavam de olho no ouro e nas mercadorias que se acumulavam no Rio de Janeiro, Salvador e Recife, até serem transportados para a metrópole pela frota do Brasil, cuja partida anual passava por essas três cidades. Aliás, em 1708, o mesmíssimo Du Clerc já tinha se atrevido a atacar e capturar navios no litoral de Pernambuco e, àquela altura, o perigo francês era real: perder o Rio de Janeiro poderia desestabilizar o domínio português na América.[31]

A proposta de instituir em Pernambuco uma República à moda de Veneza defendida por Vieira de Melo foi derrotada no voto — mas, em muitos aspectos para os radicais de Olinda, tal modelo era uma solução engenhosa e poderia resolver, de uma vez por todas, os problemas de disputa de poder enfrentados pela elite açucareira. A inspiração vinha de longe e era antiga: possivelmente desembarcou no Recife misturada na bagagem de colonos florentinos que se fixaram em Pernambuco desde meados do século XVI. Alguns desses colonos descendiam de antigas famílias de comerciantes florentinos que haviam se decantado em oligarquia política, como demonstrou Evaldo Cabral de Mello, e enxergavam no modelo baseado na República de Veneza uma alternativa adequada para corrigir a forma de governo republicana de Florença, que consideravam demasiado plebeia e inclusiva. Os colonos aportaram na capitania com uma longa folha de ativismo político conquistada em Florença, cujo regime descreviam em termos de um processo de degradação das instituições republicanas, e, em pelo menos dois casos — as famílias Cavalcanti e Acióli —, sua descendência se engajou de corpo e alma na sedição de 1710. Tanto para os colonos florentinos recém-desembarcados no Recife quanto, anos mais tarde, para a elite açucareira de Olinda, o nó da questão estava nos critérios de qualificação para fazer parte do corpo de cidadão; na prática, todos enxergavam, no experimento de Veneza, a efetivação de um arranjo político-institucional capaz de garantir o acesso aos cargos públicos de governo para eles próprios, seus descendentes e para o conjunto de seus aliados. Mas a atração pelo modelo veneziano foi alimentada, também, pela nostalgia do passado: Pernambuco contemplava à distância a imagem de uma República perfeitamente equilibrada, obra-prima da estabilidade das instituições públicas, projetada no imaginário europeu desde o século xv.[32]

A força fundamental dessa imagem vistosa — e única no gênero — da perpetuidade da própria forma republicana provinha da crença de que era possível criar uma República perfeitamente harmônica — e, por consequência, imortal. A imagem que se cristalizou no "mito de Veneza" fez fortuna tanto nas cidades-repúblicas italianas quanto no resto da Europa e nas colônias inglesas da América, a partir da ideia de que esse modelo de República havia sido construído de modo a combinar duas coisas. Primeira, Veneza conseguiu a proeza de conter suas dissensões internas, logo após a constituição de governo estabelecida em 1297; segunda, a participação política e o provimento dos cargos públicos na República estavam restritos a um corpo numeroso, mas limitado, de antigas famílias, e a possibilidade de inclusão de novos personagens nos privilégios da cidadania permaneceu fechada entre os membros desse número fixo de famílias, tornando-se, com o tempo, praticamente um atributo hereditário — e esse foi um dos principais critérios utilizados por Maquiavel para desconfiar de Veneza e definir seu modelo de República como *governo stretto*, vale dizer, com um formato político-institucional que restringia a um número limitado de cidadãos a possibilidade de exercício de cargos públicos. O resultado dessa engenharia constitucional conciliou um sistema de governo fortemente aristocrático com um longuíssimo e ininterrupto período de liberdade e segurança políticas — e por obra dessa engenharia Veneza forjou para si mesma o epíteto famoso de *República Seneníssima*.[33]

O fascínio que o modelo veneziano exerceu sobre a imaginação política dos líderes radicais da sedição de 1710 é fácil de entender. Aos olhos dos senhores de engenho que formavam a elite açucareira de Pernambuco e insistiam em se autointitular "nobreza da terra", a imagem da República de Veneza lhes fornecia uma explicação e uma poderosa justificação para a sua própria e tenaz persistência em fechar instituições políticas ao ingresso dos recém-chegados — no caso, ao estrato mercantil de Recife. Além disso, no início do Setecentos, a elite açucareira pernambucana encontrava um problema adicional sempre que tentava perfilar suas credenciais de status, o qual surgia em duas situações específicas: quando constatava certa diluição de sua marca de prestígio — a mitologia da vida apoiada na grande propriedade rural e dedicada a assegurar a soberania portuguesa na região, por meio da conquista da capitania aos índios e do protagonismo na expulsão dos holandeses; e ao perceber a impossibilidade de sustentar essa pretensão de status pela hegemonia econômica.[34]

Nesse cenário, sobrou pouco à nobreza de Olinda, a não ser se apegar ferozmente à única coisa que podia lhe garantir status: o monopólio da cidadania. O modelo de Veneza era decerto um achado; o melhor meio pelo qual a elite açucareira poderia recorrer a uma ordem política calcada na distinção aristocrática — e, com isso, restabelecer sua credencial de status superior, perfilada pela condição de "nobreza da terra". Mas a imagem de uma *República Sereníssima* também contemplava outra possibilidade decisiva para viabilizar o projeto político da elite açucareira pernambucana: viabilizava uma forma de governo em que diferentes estratos da população conviviam em uma ordem harmonicamente estabilizada. Era a singularidade dessa marca que poderia fazer funcionar, em Pernambuco, o monopólio da cidadania como atributo e símbolo de nobreza da elite açucareira; e dela poderia resultar ainda a implantação de um dispositivo capaz de alcançar um pouco de equilíbrio entre as facções divergentes na capitania.

Além disso, inspirados no modelo republicano de Veneza, os sediciosos poderiam produzir mecanismos de negociação por meio dos quais a elite açucareira de Olinda concedia algum espaço de participação e representação, ainda que marginal, ao grupo mercantil do Recife. Aliás, do ponto de vista dos interesses dessa elite, não se tratava nem de destruir o comércio, nem de assumir funções mercantis; ao contrário, seu objetivo era garantir um compromisso entre facções, tanto capaz de sustentar uma ordem política apoiada na distinção aristocrática, quanto de não emparedar a tendência de crescimento econômico dos comerciantes pernambucanos. E vale anotar mais uma possível indicação da escolha desse rumo: o imediato atendimento, por parte da liderança sediciosa de 1710, de antiga reivindicação para a instituição do cargo de "juiz do povo" na capitania, uma agência específica de poder que era produto de inventividade institucional portuguesa e apontava tanto para o estabelecimento de graus reconhecidos de status entre a nobreza e o povo quanto para a atuação de dispositivos que pudessem trazer algum alívio ao problema da amplitude da participação política. Um "juiz do povo" tinha competência seja para se fazer representar junto ao Senado da Câmara e da autoridade régia, seja para levar ao rei "a lembrança do bem comum, do serviço de Deus e do bem do povo" — e sua instalação em Pernambuco certamente significaria um espaço de canalização da participação *plebeia* dos mascates.[35]

Nada disso deu certo. A sedição de 1710 terminou pessimamente para o projeto político da elite açucareira de Olinda. Em 1711, explodiu a rebelião dos mascates que ocupou o Recife, protagonizou combates no interior da capitania e recebeu reforços da frota vinda de Lisboa com o novo governador a bordo, encarregado de erradicar o espírito sedicioso em Pernambuco — elevada à condição de vila e dotada de sua própria Câmara Municipal, Recife acabaria destronando Olinda e se tornando sede da capitania. A frota que trazia o novo governador, Felix Machado, fundeou no Recife em outubro de 1711, e ele desembarcou com instruções claras da Coroa: era preciso repor as coisas nos eixos numa capitania que tinha se levantado em sedição e posto em jogo a segurança da administração portuguesa — a mão forte do governador fazia parte da política que Lisboa pretendia aplicar em Pernambuco. Entre 1712 e 1715, a repressão desencadeada por Felix Machado não deixou alternativa para inúmeros foragidos senão abandonar a capitania rumo ao sertão. A derrota estava consumada, muita gente tinha razões de sobra para estar amedrontada, e uma rota inevitável de fuga abria o rumo das Minas. Seria ingênuo não reconhecer a oportunidade; diversos líderes da sedição de 1710 largaram-se nessa direção, incluindo alguns integrantes do grupo radical, como Manuel Cavalcanti, José Tavares de Holanda, Sebastião de Carvalho de Andrade e Manuel Marques; além, é claro, de um grupo numeroso de "indivíduos de ânimo sedicioso", como se dizia à época — gente que, sem estar na chefia da sedição, também não se manteve alheia a ela.[36]

Na bagagem dos fugitivos talvez viajasse clandestina a República de Veneza.

A REPÚBLICA DOS 24 E SEU DOGE: A SEDIÇÃO DE VILA RICA

Do porto de Recife ou do porto de Salvador só existia um meio de se alcançar as Minas: pelo Caminho Geral do Sertão, também conhecido como Picada da Bahia ou Caminho dos Currais do São Francisco, a via de percurso mais longa entre as três grandes "bocas das Minas" — e esse era o caminho "geral para todas as povoações da Bahia, Pernambuco e Maranhão".[37] A picada, velha conhecida dos paulistas que começaram a se aventurar por ela já na primeira metade do século XVII, facultou a ocupação da região noroeste da capitania — os vales do rio São Francisco e do rio das Velhas —, pelas fazendas de gado que deram suporte de abastecimento de carne bovina para a área da mineração, e é tributária de três movimentos populacionais: o primeiro, originário de São Paulo; o segundo, da Bahia; o terceiro, de Pernambuco. A circulação de pessoas e mercadorias por essa via foi intensa durante as três primeiras décadas do século XVIII: desciam a Vila Rica os comerciantes de gado e subiam até Salvador as trilhas clandestinas do contrabando do ouro. Entre as duas sedes de capitania existia o sertão das Minas.

Mas "o sertão era outro mar ignoto", como iria resumir esplendidamente Raymundo Faoro, em seu livro *Os donos do poder*,[38] dois séculos depois: a terra firme além da costa, a inevitável solidão em meio a pedras agressivas, o abismo do desconhecido. No trânsito em direção às lavras de ouro, muita gente foi se desgarrando pelo sertão e ali se fixando: criminosos perseguidos pela Justiça, devedores insolventes, agricultores cujas terras já não produziam com a mesma abundância e homens pobres que nem terras possuíam. Deixavam a viagem pelo meio, apossavam-se de lugares ermos e avançavam no devassamento do território interior das Minas, contagiados pelas múltiplas possibilidades com que lhes acenava a jornada: índios predestinados à escravidão, míticas lagoas douradas e montanhas resplandecentes de ouro e pedras preciosas, a lonjura da lei — o sertão era o refúgio perfeito para quem quisesse escapar da miséria, conseguir terras, driblar a prisão ou ocultar crime de sedição.

Tudo gente execrável, diria João de Lencastro. Quase vinte anos após o envio de sua correspondência ao rei, outro alto funcionário da administração real, Pedro Miguel de Almeida Portugal, conde de Assumar, nomeado governador da capitania de São Paulo e Minas do Ouro, em 1717, finalmente faria eco de suas palavras; Assumar cuidou de registrar, de uma vez por todas, a legenda dessa Minas caótica, desatinada e irremediavelmente rebelde. Ele confirmou com todas as letras — e algum exagero — aquilo que João de Lencastro tanto apregoou: a população de Minas estava destinada a dar enorme trabalho à Coroa. O trecho é magnífico e serve de abertura ao *Discurso histórico e político sobre a sublevação que nas Minas houve no ano de 1720*, o testemunho mais importante sobre a revolta dos colonos contra a política fiscal do Império português, acontecida, em 1720, em Vila Rica, hoje Ouro Preto:

> Das Minas e seus moradores bastava dizer [...] que é habitada de gente intratável, sem domicílio, e ainda que está em contínuo movimento, é menos inconstante que os seus costumes: os dias nunca amanhecem serenos: o ar é um nublado perpétuo; tudo é frio naquele país, menos o vício, que está ardendo sempre. Eu, contudo, reparando com mais atenção na antiga e continuada sucessão de perturbações que nelas se veem, acrescentarei que a terra parece que evapora tumultos; a água exala motins; o ouro toca desaforos; destilam liberdades os ares; vomitam insolências as nuvens; influem desordens os astros; o clima é tumba da paz e berço da rebelião; a natureza anda inquieta consigo, e amotinada lá por dentro é como no inferno.[39]

D. Pedro de Almeida Portugal governou as Minas entre 1717 e 1721 e ficou célebre por bater duro na fama de insubmissão que grassava entre os colonos, sublinhar a centralidade do poder real e garantir a qualquer custo o exercício da autoridade administrativa metropolitana. O *Discurso histórico e político* era um texto anônimo, mas os autores foram, ao que tudo indica, o próprio d. Pedro e os dois jesuítas que o acompanharam durante a estadia nas Minas — José Mascarenhas e Antônio Correia. Até hoje, não sabemos exatamente a quem se destinava o manuscrito, uma vez que ainda não se encontrou registro desse documento nos órgãos administrativos da monarquia portuguesa com a comprovação de que o *Discurso* foi de fato entregue à Coroa, nem qual era a sua finalidade ou a que público se dirigia. Sabemos, contudo, como devemos encará-lo: uma peça de defesa política, cuja redação serviu para justificar a ferocidade da repressão que Assumar utilizou, em 1720, contra os sediciosos de Vila Rica. Sabemos também que o conde exagerou na costura do argumento, na apresentação dos fatos e na estridência das denúncias. Mas, se ele abusou, não foi sem propósito: o exagero era parte da sua estratégia de tentar justificar, em Portugal, os excessos cometidos durante a repressão à sedição. Assumar estava particularmente apreensivo quanto às repercussões, na metrópole, do grau de violência de que lançou mão contra alguns dos personagens envolvidos no levante: a queima das propriedades de Pascoal da Silva, um dos homens mais ricos da capitania e o principal líder do movimento, no arraial do Ouro Podre; a prisão e expulsão das Minas dos padres acusados de cumplicidade nos planos de sedição. E ele sabia que precisava explicar bastante bem em Lisboa, e no ultramar, as razões da execução sumária de Felipe dos Santos, um português, homem branco e livre, com direito a ser submetido a um julgamento por uma Junta de Justiça, com a presença de ouvidores das Minas ou juízes de outra região.[40]

Seja pela pauta de reivindicações, seja pelo escopo da ação, a Sedição de Vila Rica guarda os componentes típicos da maior parte das rebeliões que atormentaram as autoridades metropolitanas entre a segunda metade do século XVII e a primeira metade do século XVIII — foi, ao seu tempo, uma reação dos colonos contra as formas de tributação executadas na América portuguesa pela política fiscal do Império. E foi, também, a terceira rebelião séria enfrentada por Assumar: os mineiros já haviam se amotinado em Catas Altas, entre 1717 e 1718, e em Pitangui, entre 1717 e 1720. A Sedição de Vila Rica exigia da Coroa suspender o estabelecimento das Casas de Fundição, onde se assentava e se registrava o ouro em barras e se deduzia o quinto por arroba, o imposto devido ao rei. Mas essa era só a principal reivindicação; havia outras, e para não deixar margem a dúvidas os rebeldes enviaram à Câmara de Vila Rica, por escrito, uma comprida lista de exigências: sustar a criação de novos contratos e do pagamento dos direitos de entrada no registro de Borda do Campo; frear os abusos de poder cometidos pelos membros da Câmara Municipal; eliminar o ônus que recaía sobre a população da capitania responsável por garantir o pagamento para alimentação dos soldados e o cuidado com os cavalos utilizados pelo corpo militar dos dragões — uma espécie de infantaria montada, fácil de identificar pelo fardamento azul forrado de vermelho e acordoamento em amarelo, que se deslocou de Portugal para a região do ouro, a pedido do conde de Assumar, em 1719.[41]

A sedição espantou as Minas pela exibição pública da disputa de poder. Existia uma guerra surda entre o governador, o ouvidor de Vila Rica e a elite local — a peleja era entre os *homens principais* da capitania. Os sediciosos estavam preparados para a briga e roubaram a cena com a *assuada*: ao cair da noite, homens armados e encapuzados irrompiam abruptamente em bandos nas encostas do morro do arraial do Ouro Podre, e desciam em direção ao centro de Vila Rica, ao rufar de tambores e aos gritos de "Viva o povo e morte aos enviados d'el-rei".[42] No trajeto, os embuçados tomavam as ruas de assalto, descompunham os moradores que corriam espavoridos para se esconder dentro das casas, partiam para a pancadaria generalizada, pilhavam e saqueavam. A residência do ouvidor-geral, por exemplo, foi destruída; seu proprietário, personagem odiado nas Minas, escapou por um triz do linchamento e escafedeu-se para o Rio de Janeiro. Já da parte do governador, a exibição do poder mediu-se pela violência da repressão. Em três dias, Assumar acertou as contas com os mineiros que não lhe deram sossego durante os quatro anos de seu governo: fechou os caminhos de entrada em Vila Rica, prendeu os protagonistas do levante e os enviou presos ao Rio de Janeiro. Autorizou a população a exterminar os encapuzados, prometeu arrasar e queimar as casas e vendas do arraial do Ouro Podre, de onde partiam os bandos de mascarados, e cumpriu o prometido: deu ordem aos dragões de tocar fogo nas propriedades de Pascoal da Silva Guimarães, o principal líder da revolta. A violência do conde foi espetaculosa o bastante para ficar encravada na memória das Minas: até hoje, durante as madrugadas sem lua, moradores de Ouro Preto creem escutar o tropel dos cavalos de fogo enviados pelo governador com a missão de lavrar, pela eternidade afora, o incêndio do arraial do Ouro Podre, o Morro da Queimada, como hoje é conhecido.[43]

Mas Assumar ainda não tinha terminado. Reuniu a população de Vila Rica no largo da Câmara e mandou executar sumariamente Felipe dos Santos — um personagem que, se não tinha status para participar do círculo de mando dos poderosos locais, dispunha, em compensação, de talento e oratória em doses suficientes para *mover o povo*, como se costumava dizer à época, no rumo da sedição. Por conta desse talento, Felipe dos Santos comandou praticamente todos os tumultos e agitações que deram corpo à Sedição de Vila Rica; pela mesma razão, tornou-se alvo principal e vítima do suplício público e exemplar com que o conde de Assumar celebrou a justiça do rei.

Assumar sabia que tinha ido longe demais. Além do *Discurso*, ele afiou seus argumentos de defesa em pelo menos duas cartas: uma escrita ao juiz ordinário de Vila Rica e a outra enviada ao governador da capitania do Rio de

Janeiro. Se o conde não inventou nada, existe nessa correspondência uma revelação bombástica: a pauta de reivindicações da Sedição de Vila Rica escondia um projeto de República. Tomava corpo entre os rebeldes de Vila Rica a autopercepção de que poderiam governar a si mesmos à sua própria maneira, escreveu Assumar, usando o termo "República" para nomear a engrenagem que assegurava a marcha da sedição. Na primeira carta, escrita ao ouvidor de Vila Rica, ele advertia sobre o tom estridente das reivindicações que os rebeldes haviam endereçado à Câmara, onde davam

> a entender que s. mag. não tinha mais domínio neste país que o que lhe concedessem os procuradores das câmaras como se o seu poder não fosse monárquico, mas aristocrático e popular, cuja matéria era para mim de grande ciúme, porque com todas as forças devo defendê-lo e impugná-lo por razão, por obrigação, e por juramento, maiormente depois que veio a memória de alguns deste governo que havia Repúblicas no mundo, esquecendo-se que Deus lhes dera um monarca, a quem deviam cegamente obedecer, e eu tenho a honra de representar a sua pessoa.[44]

Já na segunda carta, endereçada ao governador do Rio de Janeiro, Ayres de Saldanha Albuquerque e Noronha, Assumar carregou nas tintas. Estava em franca preparação, em Vila Rica, um projeto de República inspirado no modelo das cidades italianas do final do século XIV e início do século XV, denunciou, sombrio. Pior: os sediciosos mineiros andavam em franca negociação com potências estrangeiras rivais de Portugal. Achou pouco e deu um passo além, arrematando a carta com uma advertência vaga, mas palpável, de perigo onipresente: toda a América portuguesa estava em risco, caso um projeto de sedição desse porte conseguisse se concretizar e escapar das Minas:

> Segundo o que se vai averiguando, a República que os cabeças queriam formar de 24 pessoas era com o fim de se dar as mãos com esta cidade [Rio de Janeiro] e levantarem-se para fazerem porto franco aos estrangeiros, para que el-rei os não castigasse evitando-lhe os portos do mar e o comércio.[45]

Até hoje, quase tudo o que se sabe sobre a Sedição de Vila Rica vem dos escritos do conde de Assumar; e ele pode estar exagerando descaradamente sobre o enunciado republicano dos sediciosos. Se o conde exagerou em seus escritos, o uso do termo "República" pode até não ter sido de fato mobilizado pelos rebeldes durante os eventos ali ocorridos no ano de 1720; mas seu emprego nos textos do governador é decisivo para indicar que acontecimentos localizados, ou mesmo de influência restrita ao contexto de sua ocorrência, foram essenciais para revelar as diversas significações de "República" que estavam vivas na língua política da América portuguesa. A palavra "República" dispunha de um coeficiente dinâmico e seu campo semântico se mantinha em pleno movimento nas circunstâncias da conjuntura política da colônia, durante a primeira metade do século XVIII: por trás de uma trajetória de desordens sociais e motins estava se abrindo a oportunidade de tomar corpo nas Minas a associação entre as ideias de "República" e "sedição" — e, nesse aspecto, o ponto forte intuído pelo conde de Assumar era que, muito concretamente, essa associação também conseguia produzir uma linguagem política nova. Surgiam por toda parte sinais de perigo, alertava nas cartas. E desfiava exemplos: o referencial de significações para o termo "República" incluía um vocabulário capaz de operar, no centro, com a experiência do autogoverno e, nas bordas, conceder espaço para a participação dos setores intermediários da população colonial na vida pública. Ou então: "República" poderia, quase naturalmente, transformar-se no gatilho capaz de acionar paixões e interesses que, de diferentes maneiras, revelavam insatisfação com o domínio português por parte de comunidades afastadas do monarca. Como extirpar o problema pela raiz?, perguntava-se o conde. Naturalmente ele tinha uma resposta. Não era admissível aos funcionários do rei desconhecer e não reagir à altura diante da extensão do abalo que a associação entre as ideias de República e sedição poderia provocar nos princípios da colonização, ao soberano e à soberania da metrópole, escreveu, na defensiva, Pedro Miguel de Almeida Portugal.

Mas foi com a redação do *Discurso histórico e político sobre a sublevação que nas Minas houve no ano de 1720* que o conde de Assumar e seus auxiliares fundamentaram de vez o argumento capaz de exibir as nefastas consequências da associação entre "República" e "sedição" — e, com ele, justificar a necessidade da forte dose de repressão mobilizada pelo governador para encerrar a revolta em Vila Rica. O tema da sedição abre o *Discurso*; contudo, é apenas na sua associação com uma nova e perigosa compreensão da ideia de República, capaz de provocar um tipo de levante, no interior do qual o vassalo ambiciona transformar-se em senhor, que o texto do *Discurso* se prepara para dar forma ao perigo de uma sublevação de novo tipo nas Minas:

> Vários têm sido os motins e sublevações que em diversos tempos houve nas Minas, mas nenhuma de tão perniciosas consequências, e tanto para temer, como a presente do ano de 1720, pelo temerário e inaudito fim a que se encaminhava e dirigia, qual era alçar a obediência ao seu príncipe, usurpar ao patrimônio real esta rica porção, e introduzirem-se nela despoticamente soberanos os mesmos que ainda eram indignamente vassalos.[46]

O crime de sedição era velho conhecido das autoridades de Lisboa; e era considerado particularmente perigoso por conta de sua capacidade de intrometer-se em toda parte e muito depressa contaminar a vida pública de uma comunidade. O léxico português do século XVIII costumava usar da imagem das ribeiras, "que quanto mais correm, mais crescem", para expressar essa visão extensiva e corrosiva de uma conjuntura de eventos de natureza sediciosa. Era um tipo de crime em que existe o perigo de contágio, anotava padre Bluteau, em seu *Vocabulario portuguez e latino*.[47] Nas Minas não foi diferente, frisavam, por sua vez, os autores do *Discurso*. Sedições ocorriam com frequência, não eram eventos especialmente difíceis de reprimir e terminavam provocando espasmos de violência infrutífera. Diferente e peculiar não era o crime de sedição em si; era a própria natureza do lugar, capaz de provocar um giro completo no espírito, na disposição e no ânimo dos homens:

> Quem viu um, pode seguramente dizer que tem visto todos os mineiros juntos; porque até alguns, que tiveram melhor educação, e fora das Minas eram de louvável procedimento, em chegando a elas ficam como os outros, e quais árvores mudadas, seguem a natureza da região, a que se transplantam.[48]

Tudo se inverte no território das Minas, a começar por seus habitantes, argumentam os autores do *Discurso*. E "se os homens assim andam trocados [...] não é possível que deixe de andar nelas tudo às avessas e fora de seu lugar"[49] — inclusive, e sobretudo, a vida política. Aliás, em um cenário como esse, onde o clima e a topografia são capazes de virar ao avesso a natureza dos homens, é fatal que ocorra a degeneração da vida política: os mineiros se metamorfosearam por força da inversão na figura do "mau vassalo", falho em virtudes, incapaz de compartilhar valores, infenso aos mecanismos da governabilidade.[50] Na realidade, a República começa no nível dessa paisagem tumultuária característica das Minas, centrada em sua marca essencial de reviravolta e inversão:

> Cícero chegou a persuadir-se que a Sibila Délfica incitava a profetizar notória violência, e força oculta da terra; porque me não persuadirei eu também que nas Minas são naturais os motins, e que o hálito, que a terra de si lança e emite por tantas catas e socavões, os está comunicando e refundindo nos ânimos de seus moradores?[51]

Graças aos ingredientes reunidos e misturados por essa topografia maléfica, a República é uma solução possível, mas politicamente insuportável: sacudida pelos excessos da sedição, corrompida pelo comportamento vicioso da população, enrijecida pela violência, ela se desvia depressa em direção a sua forma degenerada. O resultado desse desvio deságua no seu oposto, não a ótima República, mas a *péssima* República, capaz de reunir em si a soma dos vícios correspondentes ao regime que foi degradado. "Uma república sem virtudes", esbraveja Assumar. E acrescenta: uma "república em que está armado o atrevimento, e os direitos quase sempre desarmados".[52]

D. Pedro Miguel de Almeida Portugal, o conde de Assumar, era um personagem complexo, um homem truculento, feroz, autoritário — e culto. Tinha interesse no mapa político da Europa moderna e acompanhava com atenção os debates que caracterizaram o pensamento sobre o poder em Portugal na passagem para o século XVIII — a teoria escolástica, a ortodoxia católica, o humanismo, a soberania do poder régio. Também demonstrava curiosidade pelas novas tentativas dos homens de letras, sobretudo na Grã-Bretanha e na França, de examinar a moral, o conhecimento e a política a partir do exercício livre do pensamento. Com tantos interesses, não é de estranhar que Assumar fosse proprietário de uma biblioteca bem cultivada — uma "livraria", como se dizia então —, onde existia espaço aberto para as ciências, os saberes profanos e um pouco contaminada pela ilustração.

O conde possuía obras, entre outros, de Cícero, Políbio, Virgílio, Santo Agostinho, Bossuet, Grotius e Puffendorf,[53] e só aí já é possível identificar um grupo respeitável de autores que forneceram conteúdo de diferentes matizes para a modelagem da tradição republicana: os dois primeiros assentaram as bases para a reflexão política sobre a República romana; os dois últimos propuseram, ainda no século XVII, uma linguagem dos direitos naturais de caráter universalista, concebível fora do domínio da Igreja e passível de ser aplicada como condição de sustentação do contrato social. Os critérios para a seleção de obras na livraria de Assumar definitivamente não obedeciam aos padrões estabelecidos pelos censores do Estado português. Na segunda metade do século XVIII, por exemplo, um volume de *O espírito das leis*, de Montesquieu, publicado em 1748, faria ingresso em sua biblioteca; ao tempo da Sedição de Vila Rica, era possível encontrar nela escritos de Charles de Saint-Evremond, o libertino erudito do século XVII que influenciou Montesquieu. E, vale lembrar, a característica marcante da libertinagem erudita do final do século XVI e no século XVII é, ao contrário daquela que se impõe durante o Setecentos europeu, a disposição para tratar todos os assuntos sem se curvar aos dogmas e preceitos da religião, dos costumes e da moral vigentes.[54]

Com essa biblioteca ao alcance das mãos, decerto o conde sabia do que estava falando quando os autores do *Discurso* sublinharam o ingrediente maléfico de uma República em si corrompida. E, provavelmente, ela o ajudou a ir além. A inclusão da obra de Políbio entre seus livros sugere a possibilidade de que Assumar possa ter recorrido à sua tipologia sobre os modos pelos quais as formas de regime se corrompem e mudam, para apresentar ao leitor do *Discurso* seu próprio modelo de degradação do governo da República nas Minas.

Políbio foi um historiador original, preocupado em construir uma interpretação das coisas políticas; sua *História* tinha um alvo concreto: investigar as razões que permitiram aos romanos, severamente castigados pela guerra contra Cartago, conseguir, em um período espantosamente rápido — 53 anos incompletos —, a submissão de toda a península Itálica e conquistar a hegemonia no Mediterrâneo. A resposta que ele encontrou para explicar esse feito estaria na forma de governo adotada por Roma, isto é, naquilo que define as qualidades políticas, o perfil ético e a maneira de viver de uma cidade — as instâncias de vida pública que Políbio condensou no vocábulo "constituição".[55] E para compreender as razões da originalidade e da excelência da constituição de Roma, Políbio retomou o princípio grego de que, como todas as coisas vivas, também as espécies de governo estão fatalmente destinadas a se degenerar — ou por causas externas, ou por causas internas. Há, na construção do seu argumento, uma afinidade bem estabelecida de comportamento entre o mundo fabricado pelos homens e o movimento cíclico e infinitamente repetitivo da natureza — afinidade que se manifesta como crescimento e declínio. Todas as coisas naturais circulam em imutável repetição; tal como o dia segue a noite, a vigília segue o sono, a morte segue a vida — faça chuva ou faça sol. Também procede dessa maneira o ciclo completo das formas políticas: a natureza própria de cada regime será corroída internamente pelos apetites que circulam no mundo público; ela muda, inverte-se e transforma-se até retornar ao seu estágio original, seguindo a lei natural que governa o ciclo e fixa a sucessão de cada fase:

> Assim como a ferrugem é para o ferro, e os cupins e as cracas são para a madeira princípios de corrupção que lhe são naturais, pelos quais estes materiais, mesmo que escapem a todos os danos externos, se corrompem por obra de tais agentes congênitos do mesmo modo, para cada constituição política, está conectado por natureza um determinado vício congênito: para a realeza, a tendência denominada monárquica; para a aristocracia, a conectada à oligarquia; para a democracia, o domínio selvagem da violência.[56]

Já nas Minas, onde corre "tudo às avessas, e fora de seu lugar",[57] território axial da inversão, a situação é ainda mais complicada, argumenta o *Discurso*: qualquer foco de corrupção, mesmo o menor, espalha-se rapidamente e degrada o corpo político por inteiro. Tal é a fragilidade intrínseca a esse território; graças à celeridade com que ocorre o processo de degradação, um evento nefasto, a sedição, consegue reunir em um projeto degradado, a República, não as virtudes, mas os vícios correspondentes a essa forma corrompida. Para enfrentar esse mecanismo perverso que não cessa de se repetir, também só havia um remédio: onde tudo é comandado pelo desejo, sem regra, medida ou grau, torna-se impossível à autoridade da Coroa governar dentro da normalidade das regras da lei. Reside aí a fina astúcia do raciocínio apresentado pelos autores do *Discurso*. Nas Minas, República é o poder hiperbólico, levado ao excesso e cuja desmedida exige inevitavelmente uma oscilação brutal em direção ao excesso contrário. Em um mundo de inversão encarnada, não existe alternativa possível: viciosa, a República só pode ser contida se for reprimida pela autoridade régia — por meio do terror, da intimidação e do castigo exemplar.[58]

Como argumentou magistralmente o conde de Assumar, neste mundo governar é reprimir.

Contudo, não há República sem ideias. Se os autores do *Discurso* não exageravam os abusos que denunciaram, em Vila Rica planejou-se "uma sublevação geral, com intentos de matar o ouvidor, expulsar o conde e os demais ministros de el-rei, ficando reduzido o estado a uma república de 24, e seu doge".[59] A afirmativa parece extravagante, a oportunidade dessa República era uma ameaça à soberania portuguesa, as autoridades avaliavam que a forma republicana estava em si corrompida — e, caso fosse bem-sucedida, de quebra obrigaria os habitantes da capitania a um tipo de despotismo doméstico próprio dos "24 sátrapas desta imaginada república", como não deixou de augurar perfidamente aos mineiros o conde de Assumar.[60] Pode até ser verdade. Mas sua estratégia retórica foi a de evocar medo ao rei — como, aliás, já havia tentado João de Lencastro, vinte anos antes. No texto do *Discurso*, o medo se deixa ler como um objeto determinado, ao qual seria possível fazer frente. Medo evitável, medo contido, mas que pode, de súbito, mostrar-se a descoberto e ser enunciado muito claramente: em 1720, a motivação dos sediciosos de Vila Rica era de natureza republicana, escreveu Assumar; hábil, construiu a cena da sedição de modo a criar no leitor o sentimento generalizado de que a República é o lugar do medo.

Diante desse cenário sinistro, sobram, então, duas possibilidades. A primeira é a de que a inspiração republicana dos rebeldes de Vila Rica não deve ser levada a sério e precisa ser descartada como um exercício de ficção, fruto da estratégia retórica do conde de Assumar para justificar seus excessos. "O estabelecimento de uma República em Minas, só na cachola de d. Pedro de Almeida se radicou, e, no seu naufrágio governamental, não haveria melhor tábua de salvação senão tal sugestão", ironizou, dois séculos depois, Feu de Carvalho, um pioneiro na análise do levante de 1720.[61] A ironia de Carvalho deitou raiz e fez escola entre os historiadores que se seguiram. Mas sempre existe a segunda possibilidade: um conteúdo típico do repertório republicano talvez tenha, de fato, inspirado os rebeldes de Vila Rica. Nesse caso, há mais: se isso aconteceu, é possível supor que as afinidades dos líderes rebeldes mineiros com a ideia de República podem ter sido irradiadas, ainda que parcialmente, através de ideias reconfiguradas a partir de duas fontes intelectuais de origens bastante distintas.

A primeira fonte viria de Portugal e era produto da inventividade institucional da Coroa. A criação da Casa dos Vinte e Quatro, como o instituto ficou conhecido — e foi mobilizado pelo conde de Assumar em seu argumento —, é obra do mestre de Avis e data de 1384. Seu propósito foi conceder representação política a dois grupos sociais urbanos intermediários entre nobreza e plebe: comerciantes e artesãos. Em cidades importantes, como Lisboa e Porto, esses grupos elegiam 24 representantes entre os integrantes de cada corporação; além disso, quatro membros escolhidos entre eles ganhavam o direito de votar nas estruturas político-administrativas locais, especificamente nas câmaras municipais — as "Repúblicas", assim denominadas, como já visto, tanto no reino quanto no ultramar —, e seu membro mais velho recebia o título de "juiz do povo". Tal como ocorreu em Pernambuco durante a sedição de 1710, talvez a elite de Vila Rica também estivesse interessada em garantir o apoio dos grupos intermediários urbanos ao seu projeto político — e, nesse caso, o cargo de "juiz do povo" servia de canal para regular as demandas dos estratos sociais sem condição de acesso à representação política nas câmaras.[62]

Já a segunda fonte de inspiração dos sediciosos de Vila Rica aponta diretamente para o modelo da República de Veneza e teria chegado às Minas pelo Caminho Geral do Sertão — como a confirmar, uma vez mais, o prognóstico sombrio de João de Lencastro acerca do perigo da abertura dos caminhos de entrada na região do ouro. Embora o termo "doge" — em latim, *dux* — seja utilizado para indicar o primeiro magistrado eleito tanto na República de Gênova quanto na de Veneza, não resta dúvida de que os autores do *Discurso*, ao evocá-lo, estão se remetendo ao vistoso arranjo institucional de Veneza e adicionando a ele suas próprias expectativas de poder. Afinal, o cargo de doge era vitalício, mas a República era precavida e o equilíbrio de poder, em Veneza, se sustentava na existência do Grande Conselho — o *Maggior Consiglio* —, com cerca de quinhentos membros eleitos entre as famílias nobres para o exercício das funções legislativas — arranjo que poderia satisfazer boa parte da pauta de reivindicações dos rebeldes.

E, como já dito, se ideias republicanas afloraram em Vila Rica envolvendo o exemplo de Veneza durante os primeiros vinte anos do Setecentos, é provável que elas tenham aportado na região graças à migração de colonos pernambucanos que debandaram para as Minas. Todos atraídos pelos encantos do ouro, decerto; mas, convenhamos, alguns entre eles também deviam estar empenhadíssimos para tentar escapar do acerto de contas político e da repressão régia desencadeada pelo governador de Pernambuco, Felix Pacheco, em 1712, em represália às duas sedições civis que levantaram a capitania entre 1710 e 1711.

AS MODULAÇÕES DO MEDO

O mito da República de Veneza serviu bem à "nobreza da terra" de Olinda em 1710, e talvez tenha servido aos sediciosos de Vila Rica em 1720, pelos mesmos motivos: garantia um arranjo de poder monitorado pela elite local e facultava canais de participação política controlada aos estratos intermediários da sociedade. Era uma alternativa política que poderia ser levada a sério em Pernambuco, mas também em Minas, onde a estrutura social se distribuía em camadas e era menos aberta do que parecia: no topo, os grandes proprietários de lavras e terras, o grupo de letrados, os altos funcionários da Coroa e os poderosos contratadores; na base, os escravos; entre essas duas camadas, movimentavam-se, ruidosos, mineradores, tropeiros, comerciantes, soldados, artesãos. Abaixo dela, quase como se não existissem, trafegava a extensa população de homens pobres e vadios.[63]

Contudo, quão ameaçadoras eram essas ideias na realidade? A questão não pode ser resolvida em definitivo — não foi ainda rastreado seu caminho de fuga pelo sertão das Minas e ponderado seu impacto em Vila Rica. Uma coisa, porém, é certa: mesmo que não se saiba hoje o que verdadeiramente ocorreu em 1720, havia pouco ou nada na então curta história dos mineiros que lhes pudesse servir de motivo ou de inspiração republicana. O que sempre reluziu nas Minas, desde o início, eram as lembranças da infidelidade dos paulistas à Coroa e de suas exageradas pretensões de mando político sobre o território das lavras de ouro — como, aliás, o próprio João de Lencastro cansou de advertir em sua correspondência ao rei. Tão arraigada foi a imagem de insubmissão dos paulistas, tão característica a sua errância pelo sertão, tão inexpugnável parecia ser a geografia do planalto de Piratininga que, desde meados do século XVII, soavam na Europa os sinais de alerta sobre os efeitos da combinação entre o excesso de poder concentrado nas mãos dos paulistas e a ausência formal do Estado português: "Se há juntado [na vila de São Paulo] um grande número de homens de diferentes nações, ingleses, holandeses e judeus que, em liga com os da terra, como lobos raivosos, fazem grande estrago no novo rebanho de vossa santidade", escreveu, apavorado, em 1637, frei Cristóbal, bispo do Rio da Prata, ao papa Urbano VIII.[64]

Os jesuítas foram grandes fomentadores da imagem de insubmissão dos paulistas; e cuidaram de reforçá-la com o argumento da inexpugnabilidade de seu refúgio na vila de São Paulo, estrategicamente protegido da interferência da autoridade régia instalada no Rio de Janeiro, graças a uma poderosa muralha natural construída pela impressionante sequência de morros e de mata fechada que, então, formavam a serra do Mar. Mas eles não foram os únicos a acreditar nela. Ainda no final do século XVII, o beneditino francês Joseph Vaissette superestimou a realidade e retratou uma vila de São Paulo quase republicana, capaz de operar seu cotidiano praticamente como uma cidade livre e independente:

> Seus habitantes, que se diziam livres, foram governados em República por espaço de dilatado tempo debaixo da autoridade de el-rei de Portugal, ao qual eles pagavam um tributo de quase oitocentos marcos de prata todos os anos pelo quinto do usufruto de seu domínio, onde eles têm minas de ouro e prata que são cercadas em roda de altas montanhas, e fechadas por um espesso bosque. Eles admitiam consigo aventureiros de todas as nações da Europa; porém não permitiam a entrada dos estrangeiros na sua República.[65]

Frei Vaissette criou uma narrativa fantasiosa para conseguir explicar a fama de autonomia e a decantada habilidade dos paulistas para encontrar ouro no sertão das Minas. Contudo, havia um grão de verdade em sua história: era precisamente assim que os moradores da vila de São Paulo costumavam ser apresentados aos viajantes estrangeiros — a imaginação de boa parte dos habitantes da América portuguesa seiscentista os enxergava dessa maneira. Em 1698, por exemplo, o viajante francês François Froger, depois de ouvir e recolher opiniões, no Rio de Janeiro, sobre os paulistas, não teve dúvidas — e nenhuma simpatia — na hora de descrevê-los:

> Um conjunto de salteadores de todas as nações, que pouco a pouco formaram uma grande cidade e uma espécie de República, onde, por lei não se reconhece o

governador de forma alguma. Nessa República circundada por altas montanhas, não se pode nem entrar nem sair senão por um pequeno desfiladeiro fortemente guardado.[66]

As autoridades portuguesas batiam na mesmíssima tecla. Ao final do século XVII, o então governador do Rio de Janeiro, Antônio Paes de Sande, se preocupou em informar ao rei de Portugal sobre os perigos advindos do excesso de independência dos habitantes da vila de São Paulo, uma gente que ele reputava "adversíssima a todo ato servil".[67] D. Antônio era um funcionário leal ao seu soberano, com fortes opiniões a respeito da utilidade dos paulistas na descoberta de riquezas minerais e sérias críticas à ausência da imposição de limites por parte da Coroa para refrear seus arroubos de autonomia. No relatório que escreveu ao rei, ele insistia na necessidade urgente de impor limites a esses arroubos. E sublinhava: "O governo quase livre que [os paulistas] tinham de sua República há de ser sujeitado".[68] Paes de Sande sabia do que estava falando — esse *quase* faz toda a diferença. Em 1701, João de Lencastro, por sua vez, olhava para a serra do Mar e, como sempre, via perigo por todo lado. Os paulistas, escrevia ele ao rei,

> têm deixado em várias ocasiões, suspeitosa a sua fidelidade, na pouca obediência com que observam as leis de v. mag. c. e ser gente por sua natureza absoluta ou vária e a maior parte dela criminosa; e sobretudo amantíssima da liberdade [...] e vendo-se hoje com opulência e riqueza que a fortuna lhes oferece [...] são capazes de apetecer sujeitar-se a qualquer nação estrangeira, que não só os conserva na liberdade e insolência com que vivem, mas de que suponham podem ter aquelas conveniências que a ambição costuma facilitar a semelhantes pessoas.[69]

A representação dos paulistas insubmissos fez adeptos e fincou raízes no tempo. Ainda no começo do século XX, Taunay reproduziu a mesmíssima imagem que transmutava a

> vila de São Paulo [na] capital de um estado republicano e por assim dizer independente, tratado com deferência pelos reis de Portugal receosos de que tão belicosos e altanados súditos rompessem os laços de solidariedade lusitana confiantes na inexpugnabilidade de seu planalto, abroquelado pela serra do Mar.[70]

O risco de ver emergir essa cidade-república autônoma no alto das montanhas da serra do Mar, tal como indicado pelas narrativas de jesuítas, beneditinos e outros viajantes, ou pela correspondência dos funcionários do rei, nunca se confirmou. Mas a insistência na sua evocação reafirma a intensidade das alterações que vinham acontecendo no interior do campo semântico definido pelo termo "República" desde o século XVII: o acervo das representações sobre os paulistas, quando diretamente relacionado ao uso da palavra "República", indica que esse campo era dinâmico, já se configurava como um grave problema político para as autoridades coloniais e estava em pleno movimento nas circunstâncias da conjuntura política da América portuguesa — coisa, aliás, que o conde de Assumar iria perceber, anotar e reverter a seu favor, no argumento do *Discurso histórico e político*.

Na realidade, entre o final do século XVII e a primeira metade do século XVIII, ocorreram pelo menos três alterações relevantes no entendimento do termo "República". A primeira incide sobre as variações de significação — com ênfase nas nominações de autonomia, independência e insubmissão. A segunda assinala a possibilidade de convergência dessas variações na direção do desenvolvimento de uma forma de vida política em conflito com o regime monárquico. A terceira registra que sua variante anticlerical e politicamente radical, fruto das ondas de ressonância geradas pela experiência republicana inglesa no território europeu, estava presente no espírito das autoridades portuguesas e era utilizada como alavanca para espalhar o medo em Lisboa.

À exceção de Pernambuco, porém, todas essas evocações foram suscitadas por um ponto de vista externo — e a decantada fama de insubmissão dos paulistas era propaganda; não desembocou em sedição e muito menos no projeto de uma cidade-república desafiadoramente plantada nos muros altos da serra do Mar. Já nas Minas, sua mais antiga experiência direta de confrontação com a Coroa portuguesa — o levante emboaba — foi, sem dúvida, um fato decisivo e com desdobramentos para a história da construção da autonomia da América portuguesa, sobretudo por projetar, tanto no território colonial quanto em Lisboa, o imaginário da insubmissão política dos mineiros. Entre 1707 e 1709, paulistas enfurecidos meteram-se em guerra pelo controle das Minas, contra os emboabas.[71] O termo "emboaba", de origem indígena, significava "galinha de pés cobertos de penas" e era aplicado a qualquer forasteiro, em especial português, cujas bocas refolhadas das calças cobriam os pés calçados à moda de penas da galinha, ao contrário do natural da vila de São Paulo de Piratininga, que andava em geral descalço. Era insulto gravíssimo — tão grave que até pouco tempo atrás, ao ouvir um estampido à distância, havia quem resmungasse, em Minas, o dito antigo: "Ali morreu cachorro ou emboaba".

Até onde se sabe, porém, o levante emboaba foi incapaz de executar a associação entre as ideias de República e sedição. Provavelmente essa é uma das consequências do fato de que, nas Minas, ocorreu um levante com características muito ambíguas em termos políticos: não houve sedição contra a Coroa — a autoridade régia foi desrespeitada, mas não contestada.[72] É certo que paulistas e não paulistas passaram o resto do século XVIII cultivando o próprio ressentimento e se enfrentando por todos os lados no território das Minas, ainda que agregassem novos motivos à antiga disputa pelo poder local: controle da concessão de cargos da administração, divisão das datas para mineração, distribuição de sesmarias e acesso aos benefícios provenientes dos favores do rei. Mas é certo também que, desde meados do século XVII, os paulistas trataram de desenvolver padrões de negociação com a Coroa portuguesa que desembocaram em um complexo jogo de acomodação com a autoridade régia — e não de autonomia —, capaz de manter a autoridade dos potentados locais e garantir a permanência de seus polos de poder privado.[73]

Mais de vinte anos passados da Sedição de Olinda e cerca de dez anos após os eventos que conduziram ao levante de Vila Rica, o então governador interino das Minas, Martinho de Mendonça de Pina e de Proença, encontrou-se às voltas com uma nova rebelião, agora na região noroeste da capitania. Em 1736, os Motins do Sertão levantaram a população às margens do rio das Velhas e do rio São Francisco em mais uma revolta de natureza antifiscal — dessa vez, contra o pagamento do quinto do ouro, a ser cobrado pelo sistema de capitação, um tipo de imposto que incidia sobre cada morador e sobre todas as atividades econômicas: taxava ofícios, lojas, vendas e hospedarias, além de cada escravo empregado na capitania. No auge do levante, com reuniões noturnas acontecendo nas fazendas dos poderosos criadores de gado, arraiais sendo invadidos aos brados de "Viva el-rei, viva o povo e morra o governador" por grupos de insurretos e com embuçados percorrendo as ruas, dispostos a moer de pancadas, caso encontrassem, o cobrador encarregado do recolhimento de impostos, Martinho de Mendonça recebeu uma mensagem de acautelamento. Em carta ao governador, o juiz do arraial de São Romão, talvez remoendo a lembrança da recente ocupação do lugar por cerca de novecentos amotinados raivosos e armados, alertou que aquilo era um indício inequívoco do que estava por vir: caso os motins atingissem as "abas das Minas" e alcançassem a região das lavras de ouro, "disto poderia resultar a Coroa e República", escreveu, apavorado.[74]

Martinho de Mendonça, porém, menosprezou a força da sedição. Avaliava que os grupos de amotinados eram formados principalmente por homens pobres, vadios, negros e índios — *gente miúda*, dizia ele, incapaz de sustentar o fôlego militar de um levante — e decidiu que as reivindicações eram inegociáveis. O governador estava convencido de que, caso a associação entre República e sedição viesse a acontecer, seria algo restrito às Minas, o resultado abominável, mas exclusivo, da "má qualidade" dos habitantes dessa capitania, como se apressou em informar ao governador do Rio de Janeiro, Gomes Freire de Andrade.[75] Os Motins do Sertão só foram enfim controlados por volta de 1737, pela força das devassas e da violência das tropas de dragões portugueses; e diante das prisões lotadas, Martinho de Mendonça não teve alternativa senão reconhecer o equívoco: "Esta conspiração foi maior do que parece...", lamentou.[76]

Não foi seu único erro. Martinho de Mendonça não se deu conta, mas, em 1736, a palavra "República" já tinha escapulido ao controle dos altos funcionários da administração real que, à maneira de Lencastro e Assumar, manobravam seu uso e arriscavam os próprios prognósticos ao enviar suas reflexões ao rei. A partir de então, e ao longo de todo o século XVIII português, na correspondência das autoridades na colônia, a palavra "República" passou a ser pronunciada num tom grave de ameaça e desapreço para evocar as circunstâncias de crise política: uma sombra suspeita, inquietante, que acendia na imaginação de Lisboa a possibilidade de um governo de hereges, insubordinados e vadios, sustentada na violência política e que se confundia com os excessos gerados em um cenário de convulsão social. O perigo crescia, poderia contaminar capitanias inteiras no interior da América portuguesa e o medo iria acabar sendo proporcional à ameaça. Esses funcionários não se enganaram. Afinal, fazia já algum tempo que os colonos espiavam, com um olho, o próprio futuro. Embora ainda não preparados para isso, estavam prestes a concluir que a palavra "República" também servia para revelar o quanto o poder é vulnerável.

3. A República dos letrados

UMA SOCIEDADE DO PENSAMENTO NAS MINAS SETECENTISTAS

Naquele domingo de junho de 1788, o poeta Tomás Antônio Gonzaga estava afobadíssimo. Nove horas da manhã! Ia chegar atrasado à missa, na matriz de Nossa Senhora da Conceição de Antônio Dias, em Vila Rica. Manhã fria com chuva fina pedia traje adequado ao tempo, e ele custou a se decidir: calções de cetim amarelo-tostado, verde-periquito, cor de pessegueiro ou cor do bicho-da-couve? Enfiou às pressas um colete de seda branca, fraque de algodão aveludado roxo lavrado, capote cor de vinho, sapatos pretos de cordovão — um tipo de couro curtido de cabra — com enormes fivelas de prata, meias e gravata pretas de seda. Atou a cabeleira em rabicho, meteu na cabeça o chapelão de tafetá preto. Enluvou-se, apanhou a bengala com castão de ouro lavrado e, esbaforido, ganhou a rua.

Não sabemos, é claro, se em uma das suas manhãs de domingo, em Vila Rica, Gonzaga se comportou dessa maneira — a cena foi imaginada pelo escritor Eduardo Frieiro, em seu livro *Como era Gonzaga?*, publicado em 1950. Mas, se a cena não se deu, bem que podia ter se dado. Ouvir missa nas Minas setecentistas era coisa séria: significava participar de um ritual de reconhecimento do lugar que o sujeito ocupava na sociedade e indicava, com absoluta precisão, quanto de prestígio e de poder cabia a cada um. Qualquer detalhe servia para reforçar as diferenças de hierarquia. Durante a cerimônia religiosa o ambiente das igrejas ficava carregado de mensagens veladas que os fiéis prodigalizavam nos gestos, no posicionamento dos assentos, na cor das roupas, na riqueza dos tecidos. Gonzaga, por sua vez, era vaidoso, gostava de se vestir com apuro, costumava gastar o que tinha — e, sobretudo, o que *não* tinha — com vestuário. Seu guarda-roupa vivia abarrotado: as peças foram minuciosamente descritas no inventário de apreensão e sequestro dos seus bens, apenso aos *Autos da Devassa* da Conjuração Mineira. O cargo que ocupava estava no topo da sociedade na capitania, e ele se mostrava atento a tudo que engrandecia e prestigiava sua autoridade. E poderia ter, talvez, outro propósito imediato e bem mais frívolo, ataviando-se com pressa de ouvir a missa: seu assento predileto numa das tribunas da igreja era perfeito para namorar, de longe, com manobras de chapéu e meneios de leque, uma das muitas Marílias que amou — ou supôs amar — em Vila Rica.[1]

Em 1788, fazia seis anos que Tomás Antônio Gonzaga, então com 38 anos, chegara a Vila Rica de Nossa Senhora do Pilar de Ouro Preto, nomeado para o cargo de ouvidor-geral, corregedor e provedor das fazendas dos defuntos, ausentes, capelas e resíduos daquela comarca. Gastou quinze dias a cavalo do Rio de Janeiro até apear em Vila Rica, a povoação mais populosa e das mais abastadas das Minas. A população da comarca girava, à época, em torno de 80 mil habitantes — num total estimado de 320 mil pessoas espalhadas pela capitania e excluída a população indígena. Seus moradores transitavam por uma paisagem urbana irregular, entre palácios de pedra argamassada a óleo de peixe e cal, sobrados com telhados de cunhais de pedra, edifícios baixos e de madeira, casas de adobe e pau a pique, ruas planas, becos tortos, vielas íngremes e alguns largos onde se faziam os avisos públicos e se abrigava o pelourinho. No começo da década de 1780, Vila Rica já havia construído seu belíssimo chafariz do largo dos Contos e substituído suas precárias pontes de madeira por construções em alvenaria, acrescidas de arcos, parapeitos, assentos e pilares — tudo em pedra, como ainda pode ser visto na ponte de Antônio Dias, talvez a mais bonita entre as cinco construídas no século XVIII. A cidade era cortada por duas freguesias — Ouro Preto e Antônio Dias — e já havia levantado as paredes e recoberto de ouro e de ornamentos igrejas capazes de tirar o fôlego de qualquer viajante: São Francisco de Assis, matriz do Pilar, Nossa Senhora da Conceição de Antônio Dias.[2]

84

Com a chegada de Tomás Antonio Gonzaga a Vila Rica, estava praticamente completo o núcleo principal do grupo de homens letrados que iria alterar de maneira decisiva a vida política na América portuguesa. O grupo esbanjava talento literário, tinha concepções estéticas e políticas próprias e funcionou à moda de uma sociedade de pensamento, frequente nos centros europeus e bem adaptada à realidade das Minas. Seus membros reuniam-se regularmente em festas, cerimônias públicas e serões, trocavam correspondência, compartilhavam livros, expunham seus pontos de vista com habilidade e foram capazes de estabelecer uma fortíssima relação de complementaridade entre os textos que escreviam e as práticas e formas de intervenção política que adotaram — além de ampliarem consideravelmente o vocabulário da vida pública na colônia por meio da ressignificação de palavras que convergiram para a tópica do republicanismo, como, por exemplo, "pátria", "América", "corrupção", "justiça", "bom governo".[3] Mas, à medida que o século avançava, a crise econômica se instalava com o esgotamento da produção do ouro e os colonos se tornavam mais reivindicativos e menos cautelosos em face da autoridade régia, os membros desse grupo conseguiram ir mais longe: descobriram no uso da palavra "República" a ferramenta capaz de afirmar o valor do caráter político da ideia de liberdade.

O grupo demorou em se constituir. Em 1775, Inácio José de Alvarenga Peixoto chegou à vila de São João Del Rei, nomeado ouvidor da comarca do Rio das Mortes. Já José Álvares Maciel, estudante, em Coimbra, de filosofia natural — que incluía conhecimentos em metalurgia —, regressou à capitania apenas em 1788, vindo da Inglaterra, no mesmo ano em que Domingos Vidal de Barbosa Lage retornou de seus estudos de medicina, em Montpellier e Bordeaux, na França, para se fixar em Juiz de Fora. Luís Vieira da Silva, proprietário de uma livraria formidável, tornou-se cônego erudito e era professor de filosofia no Seminário de Mariana desde 1757, enquanto Carlos Correia de Toledo e Melo só se transformou no vigário apreciador de música da vila de São José Del Rei em 1776. Domingos de Abreu Vieira, por sua vez, era havia muito cliente do advogado Cláudio Manuel da Costa nas questões relativas ao contrato dos dízimos, ao passo que o tenente-coronel Francisco de Paula Freire de Andrade assumira, desde 1779, o comando do corpo militar dos dragões. E somente em 1787 o contratador João Rodrigues de Macedo, talvez o homem mais rico da região, responsável pela arrecadação dos tributos das "entradas"

— cobrados sobre as mercadorias em circulação na capitania —, deu por terminada a construção de seu magnífico sobrado em Vila Rica — a Casa dos Reais Contratos das Entradas, hoje Casa dos Contos —, com alicerces de pedra, uma escadaria monumental em cantaria, pinturas de forro, mirante, janelas e portas em profusão — a quantidade indicava o status do proprietário. Fez dele o palacete mais admirado em toda Minas Gerais e o local privilegiado dos serões letrados.[4]

Cláudio Manuel da Costa, que viria a se tornar amigo e vizinho de Gonzaga, era o decano do grupo — e ao lado do cônego Luís Vieira da Silva, possivelmente sua principal referência intelectual. Pouco a pouco, esse núcleo original foi se alargando e agregando um número cada vez maior de participantes, mas o conjunto devia muito de sua existência a Cláudio Manuel, empenhado, havia anos, em estimular o desenvolvimento de uma sociabilidade letrada na capitania das Minas. Em 1768, ele arriscou seu grande passo: tentou instalar, em Vila Rica, a Arcádia Ultramarina, um instituto aglutinador — e pedagógico — para letrados que quisessem cultivar as musas, trocar impressões sobre novas e velhas concepções estéticas, exercitar a apreensão do belo e gastar o tempo em debates interessados. Tudo isso era coisa nova, além de ser também, é claro, um antídoto eficaz para o estreito cotidiano da cidade, repleto de maledicências e intrigas que animavam as conversas dos seus moradores.

Com a Arcádia Ultramarina, Cláudio Manuel da Costa pretendia constituir, na América portuguesa, uma espécie de filial da Arcádia Romana — ou colônia, termo utilizado à época para designar os núcleos secundários da academia, que se espalhavam fora de Roma — e vincular-se de maneira mais orgânica a uma vida cultural que desfrutava de maior prestígio do que a portuguesa. O grêmio literário italiano, criado em 1690, em homenagem à rainha Cristina da Suécia, costumava reunir nos salões do palácio Corsini, em Roma, um grupo variado de aristocratas, literatos, poetas e intelectuais, e era por esse círculo que Cláudio Manuel da Costa ambicionava ser reconhecido como poeta. Mas no qual, para sua grande decepção, ele não conseguiu nunca ser formalmente admitido, ao contrário do que aconteceu com outro poeta, também mineiro, Basílio da Gama, doze anos mais moço, com quem dividiu o interesse na criação da colônia ultramarina de Minas Gerais.[5]

Construir um laço com outros intelectuais do seu tempo sempre foi causa e propósito de Cláudio Manuel da Costa. Em 1759, ele já estava associado à

Academia Brasílica dos Renascidos, fundada na Bahia em 1724, sob a proteção da Coroa, por um punhado de letrados com disposição para promover um programa de escrita da história da América portuguesa — uma "História brasílica", diziam — e com a qual manteve correspondência durante boa parte de sua vida. Salvador era uma cidade portuária com centralidade em uma rede global de rotas marítimas e circuitos de informação que se estendiam entre o Brasil e outras partes do Império — o lugar apropriado para se forjar uma sociabilidade letrada na colônia, com um empurrão de Lisboa. Nos confins das Minas, ao contrário, a possibilidade de estreitar relações com outros homens de letras parecia ser só um projeto mirabolante. De maneira surpreendente, não era. A Arcádia Ultramarina podia até ser Cláudio Manuel da Costa, "e é ele tão somente", como defendeu Sérgio Buarque de Holanda.[6] Mas se o poeta era "um árcade sem Arcádia" — para usar da expressão certeira de Alberto Faria [7] —, isso não o impediu de ser um ativo integrante de uma improvável e muito peculiar "República de letrados", que ajudou a pôr em funcionamento nas Minas, ao final do século XVIII. O cotidiano dessa República modelou o padrão de uma sociabilidade que transbordou das preocupações literárias para a política, extravasou de seus quadros associativos para se expandir em diversas formas de ativismo sedicioso e estendeu-se para além do núcleo administrativo de Vila Rica e Mariana, de maneira a incluir as duas regiões mais prósperas da capitania: o Distrito Diamantino e a comarca do Rio das Mortes.

Respublica litterarum era um movimento inspirado na vida intelectual das cidades italianas do final do século XIV e serviu para indicar o trato um tanto híbrido que escritores italianos aplicaram ao campo das coisas públicas e aos assuntos privados. Encontrou seu apogeu precisamente durante o século XVIII — com particular ênfase no período francês pré-revolucionário. Na França, a expressão "République des lettres" apareceu publicada, talvez pela primeira vez, em 1664, nas páginas de *Nouvelles de la République des Lettres*, periódico erudito editado por Pierre Bayle, que cuidou de incluir a expressão no seu *Dictionnaire historique et critique* a partir da segunda edição, datada de 1702. O uso do termo identificava uma comunidade autoproclamada, real ou imaginária, capaz de persuadir, propagar e pôr ideias em circulação para além das fronteiras nacionais, e era constituída por *litterati* — homens cultos, preparados para o poder, ávidos por adquirir conhecimento e por debater e aplicar o que haviam aprendido com o estudo e a reflexão. Fora da França, nem sempre deu certo. Comparada com a experiência francesa, em Portugal — como na Espanha — a expressão "República literária" foi banalizada no decorrer da segunda metade do século XVIII, tanto em consequência do artificialismo e da pomposidade da vida na Corte de Lisboa quanto por força da imensa sombra projetada pelo Estado português sobre os letrados, principalmente durante a administração pombalina — e isso também ajuda a entender o desinteresse de Cláudio Manuel da Costa em se associar à Arcádia Lusitana, fundada em 1756, em Lisboa.[8]

O PRINCÍPIO DA IGUALDADE

O que fez um grupo de letrados, vassalos de posses, em princípio bem integrados ao mundo colonial do Antigo Regime português, constituir-se em *República* foi, ao menos em um primeiro momento, sua remissão a um conjunto de valores de conteúdo moral e não propriamente político, mas que encontrava forte ressonância em certa maneira de ser e de pertencer a uma determinada comunidade — em certo éthos republicano, por assim dizer. No interior da tradição republicana esse éthos se originava tanto da matriz clássica greco-romana quanto da matriz renascentista, e ele reapareceu, nas Minas, entre o grupo de letrados, por força da adesão desse grupo aos valores da amizade e da vida política — os valores da *philia* e da *vita activa* — e da adoção de um comportamento de cariz igualitário que independia de nascimento ou linhagem e nivelava as distinções de status social entre seus integrantes.[9]

Na prática, essa adesão significava muita coisa. É certo que a sociedade das Minas não se organizava como expressão direta de Portugal — nela sempre existiu espaço para alguma fluidez e porosidade social. Mas é certo, também, que os letrados, em geral, faziam parte do estrato mais alto da sociedade mineira: ou filhos de senhores de lavras e fazendas que haviam se formado em universidades europeias — em geral, Coimbra e Montpellier —, ou altos funcionários da administração real, ou ainda integrantes do clero secular e do aparelho militar da colônia.[10] Em qualquer dos casos, a referência mental e o grau de pertencimento entre os membros dessa elite nas Minas se reportavam à sociedade portuguesa: hierárquica, centrada na noção de privilégio e integralmente dependente do sistema de mercê real. Mas eles não estavam imunes ao diálogo, à interação pessoal, à troca de correspondência e de livros — mensagens que fluem pelos circuitos de intercâmbio intelectual. Confinados a um pequeno grupo, os letrados mineiros evidentemente levavam em conta sua dependência e fragilidade numa sociedade dominada por redes de proteção da riqueza e do nascimento, mas haviam aprendido a pensar em si próprios como exceção e, por essa razão, admitiam passar por cima da origem social de cada um. Na prática, o mecanismo era simples: como só eles eram capazes de manejar com destreza a palavra falada e escrita, poderiam se relacionar de igual para igual.

No início da segunda metade do século XVIII, o ideal de excelência estava debutando entre os letrados mineiros, mas no seu eco sobrevivia o traço de um costume romano: a sistemática emulação pública e privada dos cidadãos que se destacavam na República, como, aliás, observava Políbio, é recorrente nas cerimônias fúnebres e tem o efeito de atiçar nos espectadores o desejo de buscar a mesma glória, de atingir idêntica reputação e reconhecimento. Em Roma, o princípio da igualdade política modelado pelo valor da excelência não garante nem o nivelamento social nem a extensão da participação a todos, e sim o reconhecimento da distribuição de responsabilidades entre os admitidos no cotidiano da cidadania romana. O ideal de excelência preservava a qualidade cívica da vida na República e a condição de realização daquilo que Cícero definiu como *concordia ordinuum*, isto é, a possibilidade de incorporar todas as partes da sociedade na comunidade política, preservando aquilo que é próprio a cada uma delas.[11]

Para os letrados nas Minas, estava ótimo. A adoção de um procedimento igualitário entre eles, modelado pelo valor da excelência no manejo da palavra e na convicção de que ilustravam a colônia produzindo literatura, forneceu-lhes uma forma de distinção capaz de mitigar o desconforto pela inexistência, na capitania, de um ambiente cultural. Também lhes serviu de porta de ingresso em uma teia de relações de grande utilidade na disputa por cargos e posições de poder no interior da administração régia, na troca de favores e na reivindicação de privilégios. Às vésperas da Conjuração Mineira, boa parte dos integrantes da "República dos letrados" estava ligada ou se mantinha como dependente da múltipla — e, muitas vezes, difusa — rede de atividades econômicas e interesses financeiros que se espalhava pela capitania e ficava inteiramente sob o controle da elite local. Os letrados eram especialmente inseparáveis dos poderosos contratadores e dos grandes fazendeiros — os primeiros, responsáveis pela exploração da receita dos diamantes e das "entradas"; os segundos, proprietários de um tipo característico de latifúndio capaz de integrar a lavra aurífera com a grande lavoura, o engenho de açúcar e/ou a pecuária.[12]

Apesar de sustentar um igualitarismo bem temperado por uma estrutura de sociabilidade entre notáveis, o ideal de excelência martelava entre os letrados mineiros uma constatação inquietante: o acesso à igualdade não dependia nem de um absoluto transcendente, nem surgia como obra da natureza; era, ao contrário, um artifício intelectualmente razoável, um construído convencional que exigia consenso entre os membros de uma comunidade. Essa percepção de que os homens podem se organizar de acordo com a própria vontade e deixar de lado o comando do costume iria incidir sobre a forma ou tipo de igualdade que eles praticavam no âmbito das suas relações sociais. No contexto de uma sociedade desigualmente construída, assentada na linhagem e defensora, como instância de legitimidade monárquica, da hereditariedade do poder régio delegado por Deus, o reconhecimento feito por Tomás Antônio Gonzaga, por exemplo, de que as nossas diferenças não se devem às nossas origens indicava, no mínimo, que havia gente nas Minas questionando as bases de sustentação do Antigo Regime:

> *Maldito seja aquele, que só trata*
> *de contar, escondido, a vil riqueza,*
>   *que, cego, se arrebata*
> *em buscar nos Avós a vã nobreza,*
> *com que aos mais homens, seus iguais, abata.*
>   *Graças, ó Nise bela,*
>   *graças à minha Estrela!*[13]

Gonzaga não foi particularmente original nesses versos. Afinal, a laicização do direito natural que sustenta a condição de acesso à igualdade circulava na Europa desde o século XVII, em autores como Hugo Grotius, um jurista calvinista holandês, ou em seu seguidor Samuel Pufendorf, professor de direito natural em Heidelberg, na Alemanha, ou ainda em John Locke, forte opositor da monarquia dos Stuart — Grotius e Pufendorf, como já dito, propugnavam uma linguagem dos direitos naturais de caráter universalista, concebível fora do domínio da Igreja e passível de ser aplicada como condição de sustentação do contrato social; John Locke, por sua vez, reconhecia ao povo a legitimidade da resistência a um governo tirânico, além de defender a tese de que a única fonte legítima para o poder é o consentimento expresso dos governados.[14] A importância política dos versos de Gonzaga, contudo, não estava na originalidade do argumento, mas em sua enunciação em voz alta: em Portugal, o acesso a essa literatura era proibido e as ideias só se mexiam de maneira escorregadia, por canais subterrâneos. A leitura de Grotius foi liberada em Coimbra apenas a partir da reforma de 1772. E, pelo menos até 1770, a Real Mesa Censória, criada pelo marquês de Pombal para substituir os três tribunais de censura — o Tribunal Ordinário, a Inquisição e o Desembargo do Paço —, manteve a condenação de boa parte da obra de Pufendorf. Já o argumento revolucionário de John Locke, defendendo a criação de uma sociedade por acordo mútuo entre indivíduos livres, transitou em Portugal de duas maneiras: clandestinamente, por iniciativa e risco dos grêmios estudantis; ou moderadamente, embutido na obra de Luís Antônio Verney, o *Verdadeiro método de estudar*, uma inacreditável compilação de praticamente todas as áreas do saber e tributária do pensamento de Locke, em especial do *Ensaio sobre o entendimento humano*, publicado em 1690.[15]

Tomás Antônio Gonzaga, portanto, conhecia a força normativa do princípio da igualdade política, traficado embaixo de capotes pelos estudantes de Coimbra, onde recebeu, em 1768, o grau de doutor em leis. Cinco anos depois, já morando em Lisboa, escreveu um longo texto acadêmico: o *Tratado de direito natural*. Com ele, Gonzaga pretendeu ingressar em concurso para professor da Faculdade de Leis da Universidade de Coimbra. Até por conta disso, cuidou de compor o texto — um trabalho didático, escrito para servir de compêndio aos estudantes de direito e cuja pretensão era ser o primeiro nessa área, no reino — com extrema cautela, uma vez que estava teorizando sob as vistas do Estado do Antigo Regime português: formulou uma conscienciosa noção de sociedade civil submetida à condição de obediência passiva, reafirmou a origem teológica cristã dessa sociedade e atestou sua adesão incondicional às reformas pombalinas.[16] De resto, não havia alternativa. Trabalhos análogos ao seu do mesmo período — o *Tratado elementar de filosofia moral*, de Antônio Soares Barbosa, ou a *Recreação filosófica*, de padre Teodoro de Almeida — apresentam arquitetura ideológica praticamente idêntica às justificativas de autoridade e supressão dos poderes concorrentes do Antigo Regime expostas pelo *Tratado de direito natural*. Pactuar com a orientação doutrinária pombalina de tipo dominantemente católico e defender suas reformas era, naquele contexto, a principal condição de ascensão aos cargos públicos e a garantia de alcance de prestígio social.[17]

Mas ele também deu um jeito de contrabandear para dentro do texto que estava escrevendo uma ou outra proposição sobre as quais fez recair a ênfase na suposição de que homens livres são homens iguais — a liberdade reside no exercício da igualdade política. Evidentemente, a suposição era perigosa e sua redação, uma operação complicada. Exigia astúcia e talento para evitar encrencas, escandalizar quase todo mundo ou enraivecer as autoridades, e Gonzaga se moveu de forma precavida. No *Tratado de direito natural*, o princípio da igualdade política é mencionado sempre por meio de um desvio no argumento principal. Aparece, em geral, sob a forma de afirmativas esparsas construídas como se o autor procurasse uma maneira oblíqua de tocar em um ponto sensível:

> Todos os homens são iguais e têm direito a que outro não o sujeite; por isso, não basta somente o ânimo e a ocupação para sobre eles se constituir um império. Segue-se logo que quem fizer uma guerra sem justa causa e ocupar o reino por meio dela, que este não adquire mais direito nele do que adquire o ladrão no adquirido, por meio dos seus roubos e violências.[18]

São assertivas que pedem ao leitor diferença e nuance. Surgem, de repente, no meio de uma exposição de defesa da ordem convencional, como se o autor quisesse insinuar a fragilidade dessa ordem, deixando o livro, por um momento, fora do código de autoridade hierárquica que o consagra: "As gentes são todas iguais, e o que uma constituiu não pode fazer direito para as outras",[19] afirma Gonzaga, peremptoriamente, para precipitar, em seguida, o mesmo argumento na direção oposta, por meio de uma crítica sem nenhuma indulgência.

A escrita do *Tratado de direito natural* exala um tom desafinado. Gonzaga era um grande poeta, tinha noção do próprio talento e sempre confiou que tudo valeria a pena para publicar seus versos, mas nunca se interessou em editar esse trabalho, cujo manuscrito permaneceu inédito no arquivo da Universidade de Coimbra até o final do século XIX. Não é possível saber o que andava pela sua cabeça e quais foram os motivos que o levaram a abandonar o *Tratado de direito natural* na gaveta; também é difícil saber se, nesse livro, ele optou por praticar um tipo de adulação própria ao mundo do poder: palavras contra favores.[20] Ou se, ao contrário, certos rasgos do texto são o resultado de um esforço deliberado para desembaraçar a escrita política que a sombra do Antigo Regime português não detém. Seja como for, faz parte da estratégia argumentativa de Gonzaga travar um debate acirrado — que, enquanto combate, cuida de analisar e revelar — com as ideias de Grotius, Heineccius ou Pufendorf, os principais autores responsáveis por definir, ainda no século XVII, a concepção do uso dos direitos naturais separadamente da vontade de Deus. Também cabe nessa sua estratégia a prática do desvio diante do que teria sido perigoso nomear às claras — e que ele só faz pela via oblíqua: o rei prestava conta de seus atos apenas a Deus; contudo, o poder do soberano precisava estar sujeito a limites para que não desandasse em tirania. A linha da escrita do *Tratado de direito natural* é sinuosa, o argumento é oblíquo, a estratégia, retorcida. E o resultado apanha de surpresa o leitor:

> A minha opinião é que o rei não pode ser de forma alguma subordinado ao povo; e por isso, ainda que o rei governe mal e cometa algum delito, nem por isso o povo se pode armar de castigos contra ele. [...] Ora isto não é dizer que o rei pode fazer tudo quanto lhe parecer, porque isto seria ser sequaz de Maquiavel o qual afirmou que ao rei era lícito tudo quanto lhe agradava [...]. Há outra opinião que afirma uma mútua sujeição, pondo ao povo obrigado a sujeitar-se ao rei, enquanto governa bem, e ao rei a sujeitar-se ao povo, governando mal; porém essa opinião não é menos errada e nociva ao público sossego, pois sendo o povo de mui diversos sentimentos, uns entenderiam ao contrário dos outros, e daqui se seguiriam contínuas guerras e desordens [...].[21]

O AFETO DA AMIZADE COMO FUNDAMENTO DO MUNDO PÚBLICO

A outra face de um *éthos* republicano que encontrou lugar na "República dos letrados" nas Minas estava associada à *philia* — a amizade civil grega. Na cultura política da cidade grega que está na origem da matriz clássica da tradição republicana, a noção de *philia* se dissociou da sua acepção afetiva, vinculada às relações de proximidade, intimidade ou parentesco — e bem mais próxima do significado que hoje estamos acostumados a atribuir à amizade —, para se tornar parte constitutiva da vida pública dos cidadãos: servia para designar o que é comum para além dos particularismos familiares e requeria uma forma específica de convivência que inclui o compartilhamento de interesses na busca do conhecimento. Por essa razão, a amizade civil é o reflexo da cidade na vida dos indivíduos: acaba por unir em um mesmo laço todos os cidadãos e está inseparavelmente ligada à dimensão política da vida, ao papel que cada um desempenha na organização dos negócios públicos.[22]

A noção de *amicitia* romana, por sua vez, introduziu duas alterações na concepção de *philia*. Na primeira delas, o significado de *amicitia* passou a incluir tanto as formas de associação de natureza política criadas entre os membros da aristocracia para se apoiarem em assuntos públicos quanto as relações que estabeleciam entre si ou com outros grupos sociais, para preservar ou adquirir força política. Na segunda alteração, a noção de *amicitia* deslocou-se para o coração da República e ancorou o seu significado na concepção de virtude civil, vale dizer, na excelência cívica — e, graças a esse deslocamento, em Roma, a prática da *amicitia* jamais poderá opor-se aos interesses da coisa pública, ou seja, da *res publica*.[23]

A amizade republicana que sobreviveu ao longo do século XVIII, a despeito da irremediável decadência econômica e da perda de peso político das antigas Repúblicas europeias — Holanda, Gênova, Veneza ou Florença —, era dotada de um combinado de valores originários tanto da noção de *philia* quanto da concepção de *amicitia*. Por obra desse combinado de valores, a relação de amizade que existiu no ambiente setecentista ainda orientava o indivíduo para o grupo e sustentava a base do intercâmbio político que permitia a pessoas desiguais se tornarem parceiros iguais em um mundo comum. A prática da amizade podia ser razoavelmente aquecida por sentimentos de lealdade, gratidão ou esperanças de fortuna — não era um afeto estritamente privado, nem precisava de um campo doméstico para se manifestar. Além disso, essa era uma prática que cobria sem dificuldades a esfera da atividade pública, uma vez que a relação da amizade republicana fornecia a quem se envolvia nela o elemento de igualdade e o vínculo com a virtude cívica, ambos expressos pelo reconhecimento do mérito na realização da excelência a serviço da comunidade.[24]

No momento em que nascia a República na França, durante as fortíssimas condições de disputa de interesses que estava em jogo no decorrer da década de 1790, Louis-Antoine Léon Saint-Just, um dos líderes mais jovens da Revolução Francesa, que passou a vida mergulhado no turbilhão da inovação política, retomou o tema da amizade republicana para defini-la como uma rede de afinidades publicamente declaradas e indissolúveis: todo cidadão estava obrigado a declarar perante a comunidade quem eram seus amigos, e essa declaração deveria ser anualmente renovada. Saint-Just ia direto ao cerne da questão: a amizade, dizia ele, era a garantia da solidez da virtude dos cidadãos e da coesão do corpo social diante dos inimigos que ameaçavam a Revolução. Com uma visão de mundo distinta da de Saint-Just, mas com o mesmo objetivo declarado de conferir uma dose de valor moral e coesão social ao vazio de uma sociedade fundada na circulação de mercadorias, Adam Smith também mobilizou, em 1759, o tema da amizade como solução para ocupar a zona indistinta da fronteira que separa o mundo público da esfera do privado. No argumento de Smith, a amizade é uma virtude moral com função de integração social e está articulada a uma concepção generalizada da atração entre os homens — faz parte do composto de valores que modela a sua tese sobre a simpatia.[25]

Os letrados, em Minas, não tiveram tempo para discutir o argumento de Saint-Just — a repressão à Conjuração Mineira ocorreu em 1789. Mas é fácil compreender por que o valor da amizade serviu de liga para definir um círculo mais amplo e complementar de relacionamento para esse grupo. Amizade era o que se podia contar em um sistema de sociedade ainda sustentado no intercâmbio da relação de pessoa a pessoa — seja no comércio ordinário, seja no manejo da arte complexa da linguagem, tal como produzida na corte. Ela forneceu aos letrados o reconhecimento do vínculo de igualdade entre pares, um ideal de virtude que se manifestava na excelência e em certo treino na arte de julgar. E, por serem amigos, os letrados mineiros conseguiram tecer laços muito próprios à instância do político. No tipo de relação de imbricação produzida pela amizade, cada um dos amigos precisa aprender a ver o mundo do ponto de vista do outro — e é precisamente no modo como a maior variedade possível de realidades se abre a várias opiniões que a qualidade pública do mundo pode ser evidenciada.[26]

O afeto da amizade aliviava o ônus de viver em Vila Rica e servia de alavanca em uma sociedade como a que se formara nas Minas, característica do século XVIII, que operava numa zona intermediária, na qual público e privado ainda não haviam se separado por completo. Nem a elegância disciplinada dos salões patrocinados pela aristocracia europeia, nem o burburinho anônimo dos cafés parisienses, aberto a todos e que politizava gradualmente as conversas. Nas circunstâncias das Minas, as formas de relacionamento social guardavam a ambiguidade de um tempo de transição, e foi entre as quatro paredes da residência doméstica — mas a um passo da rua —, nos serões em casa de Cláudio Manuel da Costa, Tomás Antônio Gonzaga, padre Toledo ou João Rodrigues de Macedo, que a "República dos letrados" encontrou um terreno relativamente autônomo para que pessoas privadas lograssem atravessar a fronteira do mundo político e experimentassem uma forma de convivência pública.[27]

Os serões aconteciam em um ambiente seleto onde se cultivavam as musas em companhia de amigos. O ambiente incluía alguma frivolidade e a discreta troca de lisonjas entre uma e outra partida de gamão. Seus frequentadores também poliam versos, emprestavam livros, compartilhavam favores e, com certa frequência, especulavam sobre os acontecimentos políticos na Europa e na América inglesa, em busca de encontrar algum sentido para o mundo onde viviam. Os serões cabiam como uma luva no espírito cultivado do grupo de letrados: versos eram lidos, manuscritos, corrigidos, e seus integrantes testavam a possibilidade de exacerbar a superfície igualitária da sociedade. E, naturalmente, neles também se praticava a crítica. A arte de avaliar de maneira adequada a matéria literária ou estética incide, ainda que indiretamente, sobre o mundo público — e, a partir daí, adquire significado político.[28] A prática da crítica transformava o ambiente dos serões letrados nas Minas em espaço de debates por vezes acalorados — e, por consequência, em um espaço inevitavelmente tendente à politização. Ainda que lhes escapasse, ao menos de início, o sentido do procedimento que estavam criando, quando a crise de autoridade régia se instalou na capitania das Minas, e os letrados se viram obrigados a encontrar suas próprias soluções para enfrentá-la, o front de sua atuação política já estava aberto havia algum tempo.

O VALOR DA *VITA ACTIVA*

O laço da amizade amarrou o compromisso dos letrados com o espaço da cidade — e Vila Rica os atraía como um ímã. Mas foi o valor da *vita activa* — o desejo de viver uma vida propriamente política — o motor responsável por liberar a energia que eles despenderam na busca de alternativas para os problemas vividos pela capitania das Minas, sobretudo a partir dos anos de 1760, quando a decadência do ouro se tornou irreversível e a Coroa se mostrou irredutível em suas exigências. A *vita activa* possibilitava conhecer as pessoas certas, abria caminhos para o serviço público, garantia a promoção social — afinal, eles foram letrados de carne e osso, desejosos de equilibrar o orçamento e vencer na vida. Mas era também um valor que estimulava uma visão positiva das atividades da vida pública; definia uma causa, dava dramaticidade à ousadia dos letrados em definir novos rumos para a capitania e fornecia o reforço final para a modelagem de uma forma idealizada de representação da cidade que andou junto com a produção intelectual do grupo, fez do ambiente urbano das Minas um lugar de enunciação poética e remeteu essa representação da cidade a uma especulação sobre o seu passado.

O valor da *vita activa* ganhou proeminência na tradição republicana a partir do Renascimento italiano e, de maneira mais precisa, no interior do novo horizonte de ideias políticas formulado em Florença: o humanismo cívico. Ao surgir, no final do século xiv e início do século xv, o humanismo cívico redirecionou o fenômeno cultural representado pelo humanismo renascentista para a esfera do pensamento político; sua prática combinou elementos próprios ao republicanismo clássico com a necessidade de oferecer respostas ao desafio de encontrar formas estáveis para o exercício do poder político em Florença — uma República em franca expansão, mas ameaçada pela guerra e pela ambição dos tiranos do norte da Itália.[29] A *vita activa* é, provavelmente, o principal elo entre a "República dos letrados" nas Minas, a matriz renascentista da tradição republicana e a criação de um vocabulário do mundo público que forneceu recursos retóricos para fixar o termo "República" na forma de uma linguagem política adequada às condições da América portuguesa setecentista. Tal como a amizade, a *vita activa* é um valor característico da cidadania: serve para identificar a adoção, por parte do indivíduo, de uma determinada maneira de viver aberta aos problemas da comunidade, privilegia a sua decisão de participar do debate sobre a definição dos interesses da cidade e considera a superioridade de uma vida política sobre o advento da vida contemplativa proposta pelos valores morais do cristianismo.[30]

Nas origens do humanismo cívico, Petrarca foi um dos primeiros autores de Florença a assumir uma perspectiva ética nova em face da tendência dominante na teologia cristã de valorização da *vita teorética* ou *vita contemplativa*. Embora a sua argumentação estivesse ainda abrigada no contexto do pensamento medieval e Petrarca jamais tenha se permitido conferir autonomia moral à *vita activa* — no seu modo de entender as coisas, ela necessariamente tinha de vir acompanhada de um autêntico espírito cristão —, o pensamento que ele desenvolveu já apontava dois componentes decisivos para a caracterização do humanismo cívico: a extraordinária valorização do diálogo com os pensadores da Antiguidade grega e romana, entendidos como uma fonte em torno da qual gira a redescoberta do apreço pela vida na cidade; e o fim do antagonismo insuperável entre a *vita contemplativa* e a *vita activa*, que, no caso específico do argumento de Petrarca, procurava revitalizar os espaços de convivência com o outro, o preceito cristão do amor ao próximo e, sobretudo, a arte do diálogo.[31]

Cláudio Manuel da Costa, por sua vez, foi o mais sensível entre os letrados mineiros à influência da raiz renascentista e ao humanismo característico de Petrarca, que explora com as armas do passado o horizonte do presente e abre para os homens de letras o elogio de seus hábitos urbanos e civis. Entre todos os novos poetas formados em Coimbra, eram seus versos os que melhor se apoiavam na exuberância formal do Renascimento para, por meio dela, expressar o gosto pelo uso da rima sonora, da lógica imagética e da importância da metáfora herdadas do Barroco.[32] Ele era um poeta que a literatura do século XVIII reconduziu aos autores *trecentistas* e *quatrocentistas* italianos, em especial ao próprio Petrarca e a Jacopo Sannazaro, o autor de *Arcádia*, o primeiro romance pastoral do século XVI e, também ele, um autor de estilo petrarquiano.

Mas Cláudio Manuel da Costa não foi o único letrado nas Minas a associar o valor da *vita activa* à sua manifestação mais evidente: o cotidiano de cumprimento das obrigações do cidadão para com a cidade. Praticamente todos os membros do seu grupo de letrados experimentaram algum tipo de engajamento institucional no trato com as coisas de interesse público. Um dos resultados mais expressivos obtidos por esse engajamento foi a expansão do conhecimento produzido sobre as Minas. O médico e naturalista José Vieira Couto, por exemplo, proprietário de uma biblioteca capaz de impressionar tanto pela abrangência quanto pela quantidade de livros considerados heréticos ou sediciosos, tinha sido designado pela Coroa portuguesa para estudar as potencialidades mineralógicas da capitania; o engenheiro militar José Joaquim da Rocha, também a serviço da Coroa, produziu os registros cartográficos mais precisos sobre o território das Minas; José Álvares Maciel e José de Sá Bittencourt e Accioli receberam da Junta de Real Fazenda a tarefa de avaliar a diversidade dos minérios — enquanto Maciel concentrou suas pesquisas nas regiões de Sabará e Vila Rica, Accioli investigou a área próxima de Caeté.[33]

Os quatro personagens participaram da Conjuração Mineira, embora só Álvares Maciel tenha sido formalmente acusado pela Coroa, e vários outros conjurados podem ser incluídos no grupo dos letrados, como o naturalista Simão Pires Sardinha e o geógrafo Antônio Pires da Silva Pontes Leme. O envolvimento político de todos eles fazia muito sentido. O conhecimento obtido por meio de mapas, como os produzidos por José Joaquim da Rocha, ou da descrição dos recursos naturais da capitania e da diversificação de sua produção, detalhada em *Memórias*, à semelhança da que foi escrita por José Vieira Couto, não tinha como ser controlado pela Coroa.[34] Além disso, a difusão desse conhecimento foi particularmente útil na formação de uma visão mais ampla e mais complexa do que poderia significar "bem público" para os habitantes das Minas. Já Alvarenga Peixoto, Luiz Ferreira de Araújo e Azevedo, Cláudio Manuel da Costa e Tomás Antônio Gonzaga praticaram a gestão das coisas públicas na comarca do Rio das Mortes e na Câmara de Vila Rica — o que incluía o exercício da administração das relações de interesse da sociedade local e a prestação de serviços públicos municipais. E, ao menos em um aspecto, o valor da *vita activa* acabou recebendo um inesperado impulso por parte do marquês de Pombal — ainda que o próprio marquês provavelmente jamais tenha suspeitado disso. O projeto pombalino de permitir o acesso da elite local aos cargos de gestão e aos postos burocráticos na administração colonial — parte integrante do conjunto de suas reformas — tinha, é claro, um objetivo estratégico importantíssimo do ponto de vista da Coroa portuguesa: cooptar essa elite e fazer dela aliada no projeto e na defesa dos interesses do Império.

Mas o projeto de Pombal trazia embutido um grande inconveniente: ele deslocava o olhar dos membros da elite local, da metrópole para os arraiais e as vilas da colônia. Por força desse olhar, a administração municipal e o trato com as coisas públicas assumiram nova importância para os colonos, animaram a disputa entre os nascidos no reino e os naturais da América portuguesa, e fizeram da cidade colonial um espaço atravessado por novas relações de poder. Uma vez remetida para uma forma de atuação mais larga dentro da cidade e com sua prática política e sua condição de acesso aos privilégios e mercês reais definidas por ela, era inevitável que, em algum momento desse processo, a elite local chegasse a uma conclusão inquietante: a de que seus interesses poderiam — ou não — coincidir com a defesa dos interesses da Coroa.[35]

VILA RICA OU O ELOGIO DA FUNDAÇÃO

"Tenho de partir Mondego; outro rio há de se formar só das lágrimas que choro."[36] Em versos, Cláudio Manuel da Costa despediu-se das águas do Mondego já em Minas, possivelmente alguns anos após seu regresso, em 1754, graduado em cânones — equivalente ao atual curso de direito — por Coimbra. Voltava para casa, desconsolado; havia mudanças demais em sua vida: a perda do pai e de um irmão, a família menos próspera. Os planos de talvez permanecer na Europa se desfaziam. Sorte madrasta, ele deve ter pensado. Seu adeus ao rio coimbrão fazia parte do protocolo de despedida; os estudantes moravam nas ruelas que desciam do morro onde se erguia a universidade até as margens do Mondego, e a evocação do rio era indispensável para qualquer um deles: servia para anunciar a partida, manifestar gratidão e ativar a recordação e a saudade. Cláudio Manuel retornou ao arraial de Nossa Senhora do Carmo, onde nasceu, hoje a cidade de Mariana, mastigando o que foi perdido. A viagem de volta era comprida, demorada e penosa: comportava a travessia marítima entre Lisboa e o Rio de Janeiro, e o acidentado percurso pelo Caminho Novo que conduzia o viajante até a parte mais interna do território das Minas. A sensação de deixar para trás a vida mais cosmopolita e intelectual das cidades europeias ou mesmo do Rio de Janeiro para mergulhar em uma região extrema da América — e em seu interior profundo — há de ter deixado marcas na sensibilidade do poeta, para sempre ambivalente entre sua formação europeia e metropolitana e seu amor à terra natal, americana e colonial. "Não são essas as venturosas praias da Arcádia",[37] escreveu depois, provavelmente ainda impressionado com as beiradas do caminho que percorreu: a áspera paisagem pedregosa das Minas, as chuvaradas constantes, a onipresente companhia dos mosquitos, os rios cerrados, o mato fechado, a lonjura infernal, a inevitável solidão entre montanhas…[38]

Não importa. Quase vinte anos depois, bastaria a Cláudio Manuel da Costa compor um único poema. Com os versos que fez para *Vila Rica*, concluído, provavelmente, em 1773, ele destampou de vez a força das palavras, escancarou o engajamento do grupo de letrados no trato com as coisas de interesse público, reivindicou uma ética centrada no espaço urbano das Minas e preconizou uma reflexão sobre as virtudes que deveriam ancorar o passado de uma cidade — no caso, Vila Rica. O autor tinha pouco mais de quarenta anos, e o poema carrega na sua história duas marcas significativas. A primeira, a de haver-se composto no interior da obra de um poeta cujos versos são também atravessados pelo sentimento profundamente melancólico de se perceber estrangeiro em terra natal — sentimento cuja presença, quase dois séculos mais tarde, Sérgio Buarque de Holanda iria reconhecer na raiz da formação histórica brasileira.[39] Essa foi sua persona, a personalidade poética que ele escolheu para se equilibrar numa posição oscilante entre a colônia e a metrópole. Cláudio Manuel sentia-se irremediavelmente preso ao território das Minas; era um poeta que jamais deixou de exprimir a consciência dilacerada de se perceber "na própria terra peregrino":

> *A vós, Pastor distante,*
> *Bem que presente sempre na lembrança,*
> *Saúde envia Alcino, que a vingança*
> *Da fortuna inconstante*
> *Do bárbaro destino,*
> *Chora na própria terra peregrino.*[40]

A segunda marca: ser expressão dessa desconcertante condição dos letrados na colônia, um grupo que fez do processo de construção de seu pensamento crítico o lugar para a execução de um trânsito intelectual constante entre a realidade áspera da capitania que os abrigou, a formação culta europeia e o esforço de oferecer uma nova dignidade à representação poética das Minas. Certamente, *Vila Rica* é uma reação do poeta contra a sua própria e melancólica experiência de desterro; é também um formidável enfrentamento contra a humilhante submissão da poesia à métrica do reino. Mas é também expressão dessa singularíssima condição de letrados: mais conscientes, dia após dia, do antagonismo e do conflito latente que ia se formando entre a empresa colonizadora e a vida citadina mineira; entre os interesses dos nascidos no reino e os dos naturais da colônia; entre suas próprias aspirações intelectuais e existenciais e a frustração de vivê-las submetidos ao crivo da censura imposta pela Coroa portuguesa e pela atmosfera cultural pomposa, provinciana e conservadora que pesava sobre Lisboa.

Entra-se no poema como quem dobra a Mantiqueira e chega às Minas. Na constituição urbana de *Vila Rica* as estruturas, as fachadas e os volumes edificados são cantados em função dos acontecimentos humanos que lhe oferecem legitimidade; a cidade está poeticamente referida ao polo do público. Seu ambiente arquitetônico assume um caráter quase que inteiramente cívico, já que precisava abrigar os homens e lhes oferecer condições técnicas e funcionais para uma vida melhor. Estão espalhados pelos versos do último canto — o "Canto x" — as fontes e os chafarizes de mármore que dão conta do abastecimento de água; as muitas pontes que ampliam o quadro de serviços e o equipamento urbano; a belíssima torre do Relógio, marcada pela qualidade do padrão construtivo das Minas; as igrejas magníficas — mas figuradas em uma magnificência talvez excessiva aos olhos do poeta, uma vez que a crise saltava aos olhos e nelas "se hão de esgotar tantos erários".[41]

Mas *Vila Rica* é também o instrumento de um combate ético e pedagógico, e o poema está empenhado em desenhar a arquitetura de uma cidade condizente com a organização social e política que o poeta especulava para ela. Vistos de perto pelo leitor, os monumentos e edifícios projetados no "Canto x" interagem uns com os outros e assumem o papel de protagonistas: são eles, afinal, que repercutem e propagam pela cidade os valores do mundo público. E então, quando o poema está prestes a se encerrar, a mais representativa dessas construções — o Senado da Câmara — assume o centro da página; sua entrada em cena serve para estabelecer a prevalência do valor que esse prédio representa — o exercício da justiça e a defesa do bem comum — no jogo de proporção desenhado pelo conjunto arquitetônico da cidade de Vila Rica:

> *Trajando as galas da maior decência*
> *Na casa do Senado o Herói entrava* [...]
> *Manda o Herói que se extraiam dentre um vaso*
> *Os nomes dos primeiros a quem toca*
> *Reger a Vara que a Justiça invoca* [...]

Ansioso o Povo às portas esperava
  Pela alegre notícia, e já clamava
  Viva o Senado… Viva! *Repetia*
  Itamonte, que ao longe o eco ouvia.[42]

Há um programa político embutido no poema. A arquitetura pública de *Vila Rica* é a resposta que permanece incompleta diante da pergunta que Cláudio Manuel da Costa se faz e que atravessa, implicitamente, o último canto: o que transforma um grupo de homens, famílias ou clãs em uma cidade?[43] Afinal, *Vila Rica* está quase vazia de vida civil: o diálogo entre os edifícios e monumentos públicos e o espaço da cidade pode servir para nortear o futuro e determinar os valores maiores a serem seguidos pelos seus habitantes, mas não resolve o problema do exercício cotidiano de uma vida pública, capaz de fornecer ao seu morador os hábitos urbanos e civis que o poeta tanto preza. A ausência do movimento buliçoso da cidadania nos versos do poema tem, contudo, sua razão de ser. Para compreender *Vila Rica* é preciso não esquecer de que se trata do elogio do poeta à sua cidade. Mais precisamente, trata-se do elogio feito para exaltá-la em uma determinada circunstância de sua história: *Vila Rica* é o elogio da origem, o canto de fundação da cidade.

No seu regresso às Minas, Cláudio Manuel da Costa encontrou desterro — mas sua poesia buscava raízes. Nessa tentativa de se arraigar,[44] recheou *Vila Rica* com dois artifícios historiográficos: uma abundância inusitada de notas e de referências históricas, geográficas e documentais; um "Fundamento histórico" concebido, ao menos em parte, com o material recolhido pelo poeta durante a viagem que empreendeu pelo interior da capitania, acompanhando, na qualidade de secretário de governo, o então governador Luís Diogo Lobo da Silva. O giro — como essas viagens eram então chamadas — aconteceu entre 20 de agosto e 3 de dezembro de 1764. A comitiva percorreu cerca de 2,6 mil quilômetros do território mais remoto ao sul da capitania e teve diversos propósitos: acertar a presença da administração colonial no interior das Minas por meio de medidas de caráter administrativo, fiscal e militar, conter a qualquer custo o contrabando do ouro e, razão principal da jornada, demarcar as ricas lavras recém-descobertas nos arredores dos arraiais mineradores do sertão do rio Jacuí — até então uma terra de ninguém entre São Paulo e Minas, disputada a bala pelos paulistas. A aventura rendeu a Cláudio Manuel da Costa uma polpuda conta de despesas jamais ressarcida pela Coroa, a redação de um relatório com a descrição detalhada da viagem e uma participação meio a contragosto na elaboração da carta topográfica que o governador enviou ao Conselho Ultramarino.[45] Rendeu-lhe também a oportunidade de conhecer um bom pedaço do território das Minas — e sua variedade topográfica, hidrográfica, vegetação e fauna — e muita amostra de matéria poética que seria posteriormente mobilizada por ele para a composição de *Vila Rica*. Além da redação de um minucioso "Fundamento histórico" que precede o poema e funciona à guisa de introdução do texto poético, como uma espécie de *memória* da capitania das Minas.

Artifícios historiográficos à parte, porém, o retorno do poeta ao momento da fundação de *Vila Rica* não é, de maneira alguma, uma busca do passado nos moldes do que estamos acostumados a ver realizado pelas ferramentas modernas da história: existe muito de obviamente fictício no retrato traçado pelo poema. Nem era intenção de Cláudio Manuel fazer outra coisa: *Vila Rica* não foi concebido para ser um exercício poético de reconstituição histórica, ou uma celebração dos feitos heroicos que, aos olhos do autor, recomendariam sua cidade à imortalidade. Seus versos se resolvem no entrecruzamento de retórica e história, retórica e política, e pretendem sincronizar o leitor não com a reconstituição de uma "imagem de cidade", mas com uma "ideia de cidade",[46] de modo a atribuir significado político a uma série de eventos que marcaram o momento da fundação de *Vila Rica*. Na métrica da colônia isso era novidade e, para aprender a manobrar esse tipo de recurso que combina o tema da fundação de uma cidade com a adoção de um modelo característico de escrita da história, Cláudio Manuel da Costa ia precisar de ajuda — de preferência vinda dos autores renascentistas italianos que tinham peso e significado para sua literatura.[47]

Na disposição conceitual definida pelo humanismo cívico — e retomada por seus sucessores, Maquiavel em particular —, as duas questões estão juntas: pensar a fundação da cidade significa compreender o momento inaugural de uma trajetória que é comum aos seus moradores; e significa, também, compor uma história capaz de narrar para os homens a importância da sua participação na criação de uma identidade política para a cidade que habitam. Na escrita da *Laudatio florentinae urbis* [Elogio da cidade de Florença], de Leonardo Bruni, um texto fundamental para a consolidação da temática republicana no interior do pensamento político produzido pelo humanismo cívico, a fundação da cidade e a escrita da história se combinam. O traçado de um amplo painel sobre a vida em Florença — que agrega desde as referências geográficas até as descrições dos monumentos e a sua localização no espaço urbano — deságua no elogio à cidade. E ela recebe esse elogio de Bruni tanto por conta de sua origem quanto por sua capacidade de agir, no presente, em conformidade com essa origem: Florença é herdeira de Roma e, como tal, sua herança é a liberdade instituída pela República romana. Mas Florença é também digna desse legado por sua vocação para a grandeza, sua disposição de criar leis, derivar delas a organização do povo e das instituições políticas e governar, no tempo presente, em estrita consonância com elas.[48]

Ao seu modo, o poema de Cláudio Manuel da Costa maneja estratégia semelhante à de Bruni. A herança de Vila Rica — seu passado de autonomia — foi o imenso legado dos fundadores paulistas aos habitantes da cidade. E se a visão do paulista insubmisso, infenso às leis do Império e disposto a perambular livremente pelo sertão, dizia, à maneira de Bruni, "menos do que a verdade inteira",[49] também conservava o que existe de mais político na historiografia traçada pelo poema: uma exigência de soberania que confere às Minas o direito de agir em conformidade com sua própria história. Era preciso admitir duas coisas na origem das Minas, reivindicava Cláudio Manuel da Costa: as lavras de ouro foram descobertas e exploradas pelos paulistas; ao se beneficiar disso, a Coroa portuguesa precisava pagar a fatura e confirmar publicamente a legitimidade do direito que cabia aos descobridores:

> ... Estas conquistas,
> A quem se deverá mais que aos Paulistas?[50]

Mais uma advertência do que só uma reivindicação? Difícil dizer. Mas, para ratificá-la, o poeta requisitou a voz de Antônio de Albuquerque — o protagonista de *Vila Rica*. Escolheu o personagem a dedo. Ele foi o primeiro governador da capitania de São Paulo e Minas do Ouro, então recém-separada da do Rio de Janeiro, e havia sido pinçado cuidadosamente pela Coroa portuguesa para realizar a proeza de pôr fim ao levante emboaba. Albuquerque distribuiu entre os paulistas rebelados uma avalanche de postos, cargos e patentes com o intuito de cooptá-los, garantiu a integridade do território das Minas e fincou as bases locais do poder real, organizando a justiça e a cobrança de impostos através da criação de três sedes de comarca — as circunscrições civis da capitania —, em 1711: Vila Rica — que se formou a partir da reunião dos núcleos mineradores de Ouro Preto, Antônio Dias, Padre Faria e Tripuí —, o arraial de Nossa Senhora do Carmo e o arraial do Sabarabuçu — hoje as cidades de Ouro Preto, Mariana e Sabará.[51]

Com tudo isso, o protagonismo de Antônio de Albuquerque em *Vila Rica* é oportunismo deslavado do poeta: serve para confirmar, em voz alta e pela boca do representante máximo do rei, o valor e o significado político das ações empreendidas pelos paulistas. Para o poema ser politicamente eficaz, Albuquerque *precisa* reconhecer a simetria entre os serviços prestados pelos paulistas à Coroa e a obrigação que lhes é devida por parte do Império: a conquista e a exploração das Minas é um episódio tão decisivo para Portugal e de tal forma grandioso que a relação de poder entre súditos paulistas e rei português não poderia ser mediada pela desigualdade. Cláudio Manuel da Costa relembra isso amiúde ao seu leitor: num território até então mergulhado em desordem e impermeável à vida civil, Albuquerque propagou o reconhecimento de que os paulistas, muito mais do que vassalos, eram, talvez, no limite da formalização do acordo que negociou entre eles e os forasteiros das Minas, e que serviu para encerrar o levante emboaba, os principais aliados da Coroa portuguesa na administração da capitania.

Para o argumento do poema é um problema secundário se os acontecimentos narrados se passaram dessa maneira. *Vila Rica* tem outra pretensão: seu material histórico está comprometido com a criação de um sentimento de compartilhamento cívico entre a cidade e o seu morador — e é esse comprometimento da história que faz de *Vila Rica* uma espécie de canto público da fundação da cidade.[52] A narrativa contada nesse poema pode muito bem não ser inteiramente verdade, mas não é inteiramente falsa, parece avisar Cláudio Manuel da Costa. Afinal, ele levou a sério o ensinamento de Petrarca: a eloquência implica a redescoberta do espaço da vida pública e de seus valores mais elevados.[53] A composição poética de *Vila Rica* encarou a retórica como um instrumento decisivo para fazer a argumentação do poema convincente e verossímil, e abrir espaço à sensibilidade e à imaginação do leitor. Por outro lado, se tudo vale para garantir solidez ao seu argumento, é preciso reconhecer que o poeta era, também, um hábil historiador do seu tempo: é por intermédio da rememoração que os homens partilham e recuperam um espaço de reconhecimento que lhes é comum. A memória, por sua vez, é o lugar, por excelência, da retomada inventiva da origem, essa invenção que a história não pode garantir, mas que tudo chama a se realizar e por meio da qual a cidade encontra sua identidade.[54]

Vila Rica é, portanto, e de maneira singular, a expressão máxima de uma *memória* sobre a capitania das Minas: a projeção poética de certa essência do passado que, uma vez rememorada, torna possível reconstituir os princípios de autonomia que presidiram a fundação da cidade. Evidentemente, a consequência desse gesto é política e prevê um desastre que ainda iria arrepiar as autoridades portuguesas: afinal, sempre existe a chance de os mineiros agirem em conformidade com a sua própria história... Mas, e se isso ocorresse? E se, ao final do século XVIII, os moradores das Minas, descontentes com a administração metropolitana, ousassem pensar e falar publicamente de sua insatisfação? E se eles decidissem agir em conformidade com a herança recebida pela voz do poeta — a reivindicação de soberania que vinha sendo gestada desde a epopeia paulista? Em qualquer dos casos, a Coroa poderia ir a pique nas Minas, sob a violência do ímpeto da conjuração. Nesse aspecto, o poema era apenas uma espécie de prelúdio necessário à execução do gesto:

> *Ó grandes sempre, ó imortais Paulistas!*
> *Embora vós, Ninfas do Tejo, embora*
> *Cante do Lusitano a voz sonora*
> *Os claros feitos de seu grande Gama,*
> *Dos meus paulistas louvarei a fama.*[55]

Vila Rica é um poema difícil, de versos enredados e de narrativa intrincada. O protagonista é o português Antônio de Albuquerque, alto funcionário da administração régia; mas seus heróis são os paulistas. A fidelidade à Coroa portuguesa e ao seu propósito de estender a ordem do Império às Minas é confirmada reiteradas vezes; contudo, o grande legado de *Vila Rica* é o seu passado de autonomia. A carta dedicatória inscreve a homenagem do autor ao conde de Bobadela, o poderoso funcionário do Império que enfeixou nas mãos o governo da porção sudeste e sul da colônia, administrou as Minas e estava à frente do Rio de Janeiro ao tempo que o poeta adolescente iniciava por lá seus estudos no Colégio dos Jesuítas; por trás do expediente adulatório, porém, Cláudio Manuel da Costa entrega ao leitor outra dedicatória: "Poema da fundação de Vila Rica, capital das Minas Gerais, minha pátria".[56] *Vila Rica* pode até encenar essa estrutura narrativa labiríntica, feita de recusa, avanço e recuo e que, a cada momento, parece alertar o leitor a respeito do que poderia esperar do poema e de como lê-lo. Contudo, o uso de certos vocábulos — "pátria", por exemplo — marcados, com precisão, pelo poeta também revela que *Vila Rica* era um poema sedicioso à sua maneira, encaixava ideias como peças de um mosaico, e Cláudio Manuel esperava que o leitor do século XVIII fosse capaz de entender a maioria delas.

Na América portuguesa, o vocábulo "pátria" apontava de modo indistinto para a terra, a vila, a cidade ou o reino, mas era comumente usado com o objetivo de indicar o lugar onde se nasce. Ser português era indissociável da condição de ser súdito do rei de Portugal e de ser cristão; já "pátria" produzia uma identidade gentílica, muito restrita, que servia para designar um indivíduo de acordo com o seu local de nascimento. Ainda assim, "pátria" era um termo que podia ser empregado de diferentes maneiras. Em associação com "país", como acontecia com frequência, servia para indicar um território com extensão geográfica mais extensa — o país das Minas, por exemplo.[57] Além disso, as palavras são ardilosas — transmitem mais de um significado no âmbito de uma linguagem compartilhada. O vocábulo "pátria" também costumava ser utilizado durante o século XVIII em referência a um afeto político cultivado desde a República romana como sinal de cidadania, bravura e decoro cívico: o amor à pátria.[58] Esse amor à pátria era a razão pela qual o cidadão sentia-se compromissado com seus deveres para com a comunidade política — a defesa do bom governo, das leis e da liberdade. Expressava a responsabilidade do indivíduo por uma comunidade limitada e se traduzia, naturalmente, na lealdade à República que provê e reproduz o bem comum. "Pátria", nessa acepção, é uma instituição moral e política que pode — ou não — estar associada às exigências de uma terra natal dependente da necessidade de auxílio.

A partir do momento em que os republicanos ingleses se dispuseram a morrer pela pátria para livrá-la de um rei tirano, durante a primeira fase da Revolução Inglesa, na década de 1640, o termo "patriota" passou a ter um entendimento francamente subversivo em suas conotações, pelo menos aos olhos das monarquias europeias. E então, ainda na primeira década do século XVIII, quando o visconde de Bolingbroke redigiu *The Idea of a Patriot King*, tanto para defender o equilíbrio constitucional sustentado na separação dos poderes e obtido a partir da Revolução Gloriosa de 1688 quanto para apresentar as virtudes heroicas de um rei patriota no combate à corrupção,[59] o significado de "pátria" na linguagem política acabou por se consolidar. O uso do termo "patriota" passou a circular pelo século XVIII dissociado do lugar de nascimento; evocava um amor generoso e compassivo pela cidade onde se hospeda o bem comum, como foi expresso por Cláudio Manuel da Costa nos versos para *Vila Rica*, e por seus habitantes que lhe são caros porque compartilhava com eles coisas importantes: as leis, a liberdade, o Senado da Câmara, as fontes e os chafarizes de mármore que abasteciam de água a população, os edifícios e as pontes de uso público, uma memória comum feita de vitórias e derrotas, as esperanças e os medos. Naquele momento, ser "patriota" significava igualmente uma paixão política compromissada com o combate à tirania, e com as novas formas de insurgência, sobretudo nas colônias da América inglesa e na Irlanda. Ao final do Setecentos, os jacobinos fariam desse afeto uma paixão que definia o modo como eles se viam e como desejavam ser vistos: incluía o apreço à igualdade, uma dose radical de espírito cívico e uma inquebrantável unidade em torno da República.[60]

E, naturalmente, "patriota" era termo de uso insurgente também nas Minas setecentistas. Com a conjuração pegando fogo, as reuniões se sucedendo, sobretudo em Vila Rica, São João Del Rei e São José Del Rei, e as conversas se tornando cada dia mais públicas, uma de suas lideranças, padre Toledo, preocupou-se em avalizar o ingresso de mais um ativista no círculo mais restrito dos conspiradores que armavam a revolta. Toledo tinha o candidato em alta conta, considerava seu engajamento na conspiração indispensável, esperava o aval dos demais e deu o primeiro passo: o recém-chegado era um "patriota", atestou. O novo conjurado chamava-se Joaquim Silvério dos Reis, um português que se instalou nas Minas por volta de 1776, fez fortuna rápido demais, estava embrulhado até o pescoço em dívidas para com a Fazenda Real e se tornaria o mais famoso entre os delatores da Conjuração Mineira — delatou em troca do perdão das dívidas.

"Violência só se deve fazer quando a dívida tem risco", explicou Silvério dos Reis, certa vez, ao seu procurador.[61] Em abril de 1789, ele deve ter concluído que o caso era esse, e decidiu-se pela traição. Atravessou o alto portão de entrada do palácio onde residiam os governadores das Minas — um casarão imponente erguido na encosta de um dos morros do entorno do arraial de Cachoeira do Campo, distante dezoito quilômetros de Vila Rica. Apeou do cavalo no pátio interno, passou pelo vestíbulo e subiu depressa a larga escadaria de pedra — precisava ver o visconde de Barbacena. Contou tudo ao governador, tanto verbalmente quanto por escrito: os planos de conspiração, o nome dos líderes, a estratégia militar do levante. Em determinado ponto de sua delação é fácil de ver: as ressonâncias políticas do termo "patriota" haviam mesmo migrado da Europa para as Minas e o uso que se fazia desse termo na capitania vinha associado menos à ideia de pátria como local de nascimento e mais aos laços de reciprocidade política e de interesses que emergem entre indivíduos dispostos a compartilhar concreta e intencionalmente a vida em uma comunidade:

> Este vigário — que é cheio de todas as luzes — me recomendou todo o segredo neste negócio, dizendo-me logo que, já na comarca de Sabará, ele havia mandado matar um homem por se julgar que queria descobrir este segredo; e que esperava, na minha [pessoa] a fidelidade desse negócio, pois tinha o risco e o melindre da empresa; e suposto eu era filho de Portugal, que espera que seguisse este partido [em] que todos eram filhos da América, porém que era seu patriota — por estar cá há muitos anos e estabelecido e em vésperas de tomar estado —, e, sobretudo, [porque] ficava isento do que devia à real fazenda.[62]

Padre Toledo não podia adivinhar o tamanho do erro que acabava de cometer ao apostar que seu mais novo parceiro de conspiração era também "seu patriota", mas a compreensão da ideia de que o amor à pátria é um afeto compósito, capaz de articular uma adesão emocional a uma virtude civil, servia bem de metro para os conjurados — indicava tanto o português que eles não queriam mais ser quanto a identidade coletiva que desejavam ver emergir nas Minas. E, no caso dos versos de *Vila Rica*, o uso do termo "pátria" como uma disposição afetiva — o cultivo da paixão pelo lugar de origem, pela terra onde se nasce — ganha escala política. Isso acontece, em parte, porque no poema a definição de terra natal incluía não apenas a vila de Mariana, onde o poeta de fato nasceu, mas delimitava todo o território das Minas; e existe uma forte dose de simbolismo nesse processo de reelaboração poética de uma identidade reinícola — ser português e súdito do rei de Portugal, ainda que nascido na América — para outra gentílica, a ser assumida pelos naturais das Minas. Mas o poema ganha escala política, em parte, também, porque Cláudio Manuel da Costa fez recair o acento do termo "pátria" sobre uma forma muito específica de associação humana: a cidade de *Vila Rica*, um ambiente urbano poeticamente referido ao polo do público — e articular a terra onde se nasce à cidade onde se compartilha uma vida em comum fornece ao poema a dobradiça capaz de associar ao termo "pátria" o amor tanto à terra natal quanto à virtude civil. Nesse sentido, a obra é uma ferramenta crítica: com ela, Cláudio Manuel confrontou os homens de seu tempo com um quadro de valores ideais. Ainda não era um projeto de poder. *Vila Rica* estava próxima da realidade; não obstante, o seu apelo político era da ordem do *dever ser*. O poeta, contudo, parecia esperar muito do poder transformador de suas palavras:

> *Enfim serás cantada, Vila Rica.*
>> *Teu nome impresso nas memórias fica*
>> *Terás a glória de ter dado o berço*
>> *A quem te fez girar pelo Universo.*[63]

UM VOCABULÁRIO PARA A VIDA PÚBLICA

O poema *Vila Rica* é a demonstração mais eloquente daquela que seria a principal característica da "República dos letrados" nas Minas: a combinação entre estética literária e a construção de um vocabulário da vida pública — executada, no mais das vezes, por meio da prática de versejar. A poesia foi o principal, mas não o único, suporte para a construção desse vocabulário. As *Memórias* escritas pelos letrados sob encomenda da Coroa incluem uma série de propostas e estratégias reformistas para a administração das Minas, e nelas é também possível perceber o processo de criação e circulação de novos vocábulos para a vida pública na capitania. Mas é provável que essa combinação entre o verso e a política seja resultado do estatuto recebido pela arte poética durante o século XVIII: a poesia era reconhecidamente uma atividade ao mesmo tempo discursiva e imitativa, isto é, uma atividade que procurava exprimir a verdade das coisas sob o artifício do fingimento — e, por essa razão, os versos vinham a público impregnados das emoções humanas, da realidade social, da história e, é claro, do debate de ideias em circulação naquele contexto.[64]

Os poetas das Minas consideravam-se árcades, quer dizer, ligavam-se ou se julgavam ligados à poesia bucólica, a preferida do século XVIII em toda a Europa culta ocidental. A convenção clássica desse tipo de literatura — o Arcadismo — exigia o ideal galante, a paisagem natural amena habitada por pastores, e refletia situações episódicas vividas no jogo pastoril que o poeta fixava em versos. Todos eles aceitaram e praticaram com grande maestria o temário, os torneios e a linguagem estabelecidos pela poesia bucólica europeia. Mas os poetas mineiros também foram suficientemente cosmopolitas para incorporar aos seus versos os elementos característicos da realidade local — sua natureza, aspirações e costumes — e exprimir, dentro da tópica do Arcadismo, as condições próprias da realidade em que viviam e dos problemas que enfrentavam, e cujas soluções Lisboa não demonstrou, em nenhum momento, disposição para compartilhar de maneira eficaz com os habitantes da capitania.

Os três grandes poetas que atuaram nas Minas no final do século XVIII — Cláudio Manuel da Costa, Tomás Antônio Gonzaga e Alvarenga Peixoto — não deixaram a terra e seus habitantes passar em branco. É comum nos versos de Gonzaga, por exemplo, a presença ostensiva do ambiente colonial que desliza com sutileza para dentro da paisagem idílica e da singeleza amaneirada dos árcades. Também é própria da sua poesia uma agilidade e uma leveza nos versos curtos que ele mistura aos longos, em um mesmo poema, para quebrar sua monotonia rítmica; e da qual parece repontar, lá no fundo, o compasso da modinha e de sua então quase variante, o lundu-canção setecentista — além, é claro, de uma história de amor que se confunde e importa para a compreensão de sua obra poética.[65] O mais popular dos poetas árcades, Gonzaga experimentou a possibilidade de nomear nos seus versos o esforço do trabalho escravo como força motriz do sistema produtivo colonial. Introduziu também em seus poemas a ousadia de certas palavras características do cotidiano das Minas, como, por exemplo, "bateia", "capoeira", "cascalho" e "fumo", palavras que forneceram à sua poética um timbre local, particularmente realista e de fácil trânsito entre diferentes estratos sociais:

> *Tu não verás, Marília, cem cativos*
> *Tirarem o cascalho e a rica terra.*

Ou dos cercos dos rios caudalosos
Ou da minada Serra.
Não verás separar ao hábil negro
Do pesado esmeril a grossa areia
E já brilharem os granetes de ouro
No fundo da bateia.

Não verás derrubar os virgens matos,
Queimar as capoeiras inda novas,
Servir de adubo à terra a fértil cinza,
Lançar os grãos nas covas,
Não verás enrolar negros pacotes
Das folhas secas do cheiroso fumo;
Nem espremer entre as dentadas rodas
Da doce cana o sumo.[66]

A poesia árcade era eficaz como forma de comunicação e os letrados foram suficientemente criativos para exprimir um modo de pensar a realidade colonial sustentado pela defesa de um estatuto de paridade com a Europa. A defesa desse estatuto contribuiu para difundir as possibilidades econômicas das Minas e o seu potencial de autonomia, favorecendo a passagem das preocupações estritamente literárias de sua poesia para as escolhas políticas. No momento dessa passagem, os letrados reajustaram velhas ideias e configuraram novos argumentos sobre o valor e os problemas da capitania das Minas que extravasaram o campo literário, contribuíram para a criação de um novo vocabulário do mundo público e, no limite, acenderam o pavio da conjuração.

Uma parte expressiva desses novos vocábulos veio à tona por meio da poética do encômio — a poesia de louvação. Gênero integrante do discurso poético setecentista, o poema encomiástico era um protocolo obrigatório para o letrado que pretendia sobreviver na sociedade portuguesa, sempre à mercê do Estado e de sua burocracia — em especial, quando se tratava de um letrado sem fama, emprego ou posição familiar.[67] Evidentemente, louvar um poderoso do Império continha sua dose de risco: o poema podia falhar. O motivo para a falha acontecer era sempre o mesmo: no encômio, os versos estão sustentados em um tipo de troca no qual o poeta transfere para a palavra o poder de criar determinada imagem em que o seu destinatário se reconheça — e tenta obter, a título de retribuição, prestígio social, relevância política e proteção financeira. A eficácia do discurso do encômio dependia, portanto, da capacidade de o poeta escapar do abuso da hipérbole: louvar sem correr o risco da adulação, sem comprometer a confiança do público.[68]

Para funcionar a contento, a poesia do encômio precisava se afastar da simples lisonja e da atenção frívola dedicada a um determinado personagem — e esse afastamento só era possível por força de três componentes decisivos na construção de seu código poético. Em primeiro lugar, o encômio celebrava valores profundamente vinculados à *vita activa*: o louvor orientava-se pelo merecimento das ações desenvolvidas pelo assunto do poema, e o alvo de seus versos seria sempre aquele personagem que se dispusesse a fazer com excelência, manuseando seus talentos e habilidades, atos que servissem à sua comunidade. Em segundo lugar, o encômio fornecia uma pedagogia da vida pública: a glorificação dos modelos de virtude civil e da fama daqueles que realizaram feitos para servir à comunidade instruía todos os seus membros pela força do exemplo. Em terceiro lugar, seu autor desempenhava uma função distintiva do homem comum no seio dessa comunidade: para apresentar a virtude, ele falava de mais longe ou de mais de cima contra as imposturas, os vícios e, é claro, contra os modos de governo que os fazem prevalecer.[69]

Nas Minas, a poesia de encômio ganhou uma peculiaridade decisiva para assumir a forma de um discurso dotado de substância política: a apresentação dos versos era predominantemente pública e ocorria em ocasiões comemorativas ligadas à família real, à chegada e partida de altos funcionários da administração régia ou, ainda, às datas festivas do Império. Nessas ocasiões, sob o espetáculo da louvação, vinham à tona elementos formadores de uma tópica importante na elaboração de um vocabulário para o mundo público, com forte inflexão nas diferentes matrizes da tradição republicana: a tópica do "bom governo".[70] Em geral, os letrados acertavam no tom. No código poético do encômio, a louvação feita por Cláudio Manuel da Costa a diversos representantes da Coroa — como Gomes Freire de Andrade, Luís Diogo Lobo da Silva, Rodrigo de Menezes ou Antônio de Noronha — sublinhava invariavelmente, na figura do administrador do rei, o executor do "bom governo". O poeta se interessava em agradar, e depois em obter: recomendava, quase sempre de forma direta, que esse funcionário levasse à sua melhor realização uma administração bem-ordenada, sob o princípio da sabedoria na aplicação da lei — a justa medida

— e com sua distribuição orientada em benefício de todas as pessoas, seja por delegação real, seja por valor próprio, ainda que dissociado de sanção régia.[71]

Cláudio Manuel da Costa foi um mestre no manejo da poesia do encômio. Sob as camadas de louvação que oferecia ao eventual destinatário de seus versos, sua argumentação política guardava algo da cultura retórica que Cícero forneceu ao humanismo cívico como fundamento e critério do "bom governo": sustentado nos benefícios do bem comum e personificado no governante que estendia esses benefícios à comunidade, buscando, como fim verdadeiro, a realização da justiça.[72] Para seu desalento, contudo, no caso das Minas, a sucessão de governadores mantinha-se impermeável à ambição dos letrados de convencerem a Coroa a considerar seriamente um projeto de reformas na capitania — a exceção foi d. Rodrigo de Menezes. Portugal nem freou a desordem nem reconheceu a especificidade da realidade da capitania e, sobretudo, não acatou nenhuma alternativa ao problema da decadência da produção do ouro, além da preservação do sistema tributário. O jeito era virar esse revés a seu favor e Cláudio Manuel enxertou uma novidade no protocolo do encômio — abriu no corpo da louvação o espaço da reivindicação:

> *O vasto empório das douradas Minas*
> *Por mim o falará: quanto mais finas*
> *Se derramam as lágrimas no imposto*
> *De uma capitação, clama o desgosto*
> *De um país decadente; e ao seu gemido*
> *Se enternece piedoso o esclarecido,*
> *O generoso Herói: ao Soberano*
> *Conduz a queixa, representa o dano.*[73]

Na poesia de encômio praticada por Cláudio Manuel a astúcia estava escondida em um artifício retórico: as adversidades do meio natural e a vertiginosa decadência das Minas, reiteradas vezes apontadas no correr de sua obra, são o lugar por excelência de onde ele fala a linguagem da reivindicação, revela seu sentimento de insatisfação e lança seu apelo por reformas — que, em sua opinião, deveriam começar com a Coroa enviando uma administração competente e adequada às necessidades da capitania. Diz exatamente isso na "Ode", composta em 1768, para louvar a posse do conde de Valadares no governo da capitania. Nos versos desse poema tudo começa como o previsto e a lisonja do autor se harmoniza às mil maravilhas com a vaidade cortesã do homenageado. De chofre, porém, e já no longo título do poema, o poeta expõe a crueldade da situação das Minas ao seu leitor — ou ouvinte — e incita-o a compartilhar de uma exigência que, a bem da verdade, a Coroa portuguesa não tinha a menor intenção de satisfazer:

Na imagem de ũa Nau soçobrada se pinta
o decadente estado das Minas, e se lhes auspicia
felicíssimo reparo.[74]

Nos versos de Cláudio Manuel da Costa, a reivindicação se revela de maneira astuta, no próprio corpo da louvação. Já na moldura encomiástica do "Canto genetlíaco", de Alvarenga Peixoto, a reivindicação do estatuto de paridade entre Portugal e as Minas também se faz presente, mas sob outra forma: o poeta solicita ao leitor um julgamento sereno. A mudança não é só no tom de conivência com o destinatário. O "Canto genetlíaco" introduz uma visão nova das Minas: seu potencial de riquezas é revelado a partir de *dentro* — do mais profundo da terra, do mais interno à capitania.[75] É essa revelação, a descoberta e a compreensão do que se esconde e se guarda nas profundezas das Minas, que põe em evidência o núcleo de significação política do poema: a relação de poder entre a capitania e a metrópole não poderia mais ser mediada pela desigualdade, principalmente porque eram as riquezas das Minas que pagavam as contas de Portugal.

Alvarenga Peixoto compôs o "Canto genetlíaco", em 1782, para celebrar o nascimento de José Tomás de Menezes, filho de d. Rodrigo José de Menezes, então governador da capitania — na linguagem do século XVIII, "genetlíaco" designa uma variante do poema de encômio e a palavra é aplicada aos casos em que esse poema foi composto especificamente para celebrar o nascimento de um príncipe.[76] D. Rodrigo governou as Minas entre 1780 e 1783 e, uma novidade para a época, trouxe consigo a mulher, Maria José Ferreira d'Eça e Bourbon. O governador tinha prestígio entre os membros do grupo de letrados, que enxergaram nele um administrador comprometido com a recuperação econômica da capitania. A recíproca era verdadeira. O grupo recebeu boa acolhida tanto por parte de d. Rodrigo quanto de sua esposa, e não foram poucas as vezes que ele foi anfitrião dos letrados em palácio para conversar, ouvir música ou declamar poemas — com a sociedade da terra sendo eventualmente convocada pelo governador a dar o devido apreço aos versos de seus poetas.[77]

Difícil perder a ocasião — afinal, o governador lhes propiciava o prazer de serem distinguidos e lhes fornecia o reflexo de seu próprio valor. Apesar disso, o "Canto genetlíaco" não precisou ser um poema complacente. D. Rodrigo foi um governador reformista capaz de visualizar alternativas para conter a decadência da mineração e de insistir junto ao Conselho Ultramarino na necessidade de se levar em conta o conhecimento sobre a realidade das Minas na hora de formular sua política colonial. Ao final do século XVIII, seu governo representou o melhor momento de equilíbrio entre os interesses da capitania e a administração régia. Graças a essa condição de equilíbrio, a oportunidade da incorporação da elite local à esfera de poder metropolitano pareceu, de fato, ser uma possibilidade concreta — sobretudo por reafirmar o projeto pombalino de criação de um corpo de funcionários luso-americano capaz de operar com competência a burocracia do Estado.

Nesse contexto, reivindicar um estatuto de paridade entre as Minas e Portugal podia até parecer razoável, sobretudo depois de uma conversa entre o jantar e um recital de música, e os versos de Alvarenga Peixoto apostavam no quanto poderia ser benéfica para os dois lados do Atlântico a configuração de um real equilíbrio nas relações de poder entre a área colonial e a metrópole portuguesa — assumindo a forma, talvez, de um grande Império luso-americano.[78] Ainda assim, salta aos olhos, no argumento do "Canto genetlíaco", uma informação decisiva. Pois o que preocupa Alvarenga Peixoto e seus amigos letrados — e o que os preocupará cada vez mais — é a forma e o tipo de poder que se exercem nas Minas e a sua relação de descaso com a grande potencialidade produtiva da capitania:

> *Bárbaros filhos dessas brenhas duras,*
> * Nunca mais recordeis os males vossos;*
> *Revolvam-se no horror das sepulturas*
> *Dos primeiros avós os frios ossos:*
> *Que os heróis das mais altas cataduras*
> *Principiam a ser patrícios nossos;*

E o vosso sangue, que essa terra ensopa,
Já produz frutos do melhor da Europa. [...]
Aqueles matos negros e fechados,
Que ocupam quase toda a região dos ares,
São os que, em edifícios respeitados,
Repartem raios pelos crespos mares.
Os coríntios palácios levantados,
Dóricos templos, jônicos altares,
São obras feitas desses lenhos duros,
Filhos desses sertões feios e escuros.[79]

Em 1782, Alvarenga Peixoto provavelmente não estava ansioso por ressaltar o potencial de riquezas das Minas para apostar na separação — ele ainda parecia acreditar ser possível garantir uma saída negociada e tentar harmonizar as demandas das Minas com as respostas vindas de Lisboa. Mas Alvarenga era um poeta de gênio, capaz de ouvir o que os habitantes da capitania tinham a lhe contar. A engenhosidade de seu poema foi precisamente capturar o tom de um duplo sentimento ainda difuso que se espalhava nas Minas: contrariedade em relação às exigências da metrópole e convicção do potencial econômico da capitania para enfrentar a crise da produção aurífera, à luz de suas riquezas naturais. O passo seguinte iria levar os colonos a uma segunda conclusão, mais perigosa para Lisboa. Existia, de fato, uma real incompatibilidade entre a defesa de seus interesses e o Império português. Faltava pouco para os letrados indagarem sobre o mais difícil: as Minas poderiam viver sem Portugal?

4. República florente

O PAÍS MAIS FELIZ DO MUNDO

Possivelmente ainda era noite quando a notícia da prisão de Tiradentes, ocorrida alguns dias antes, em 7 de maio de 1789, no Rio de Janeiro, chegou à fazenda da Ponta do Morro, entre a vila de São José Del Rei e o arraial de Prados. A fazenda estava localizada nas proximidades da principal rota de trânsito para as Minas — o Caminho Novo — e exibia os sinais de vitalidade econômica característicos da região. A possibilidade de abastecer o mercado do Rio de Janeiro e embarcar mercadorias pelo porto mais importante do sudeste da colônia ajuda a compreender as razões do deslocamento do eixo econômico da capitania das Minas, na segunda metade do século XVIII, em direção à comarca do Rio das Mortes, e a fazenda era um tipo de latifúndio capaz de integrar a grande lavoura, o engenho de açúcar e a pecuária. A riqueza da Ponta do Morro se media em terras, escravos, cabeças de gado, produção agrícola diversificada, transporte e venda de alimentos para o mercado interno e em inúmeras benfeitorias: casa de fazenda assobradada com vinte janelões de frente, paiol, senzala, oficinas, capela, engenho de cana e alambique para destilar cachaça — tudo "coberto de telhas", como se dizia à época para indicar o alto valor da propriedade.[1]

A notícia impensável deve ter atordoado a proprietária, naquela ocasião sozinha em casa — o marido, Francisco de Oliveira Lopes, um fazendeiro gordíssimo, um pouco tolo e de mente tacanha de acordo com os relatos da época, tinha viajado para Vila Rica. Hipólita Jacinta Teixeira de Mello andava por volta dos quarenta anos de idade e, em companhia do marido, estava inteiramente envolvida na conjuração. A localização estratégica à beira do Caminho Novo transformara a fazenda em ponto de reunião onde se juntava, com alguma regularidade, um punhado de conspiradores — Tiradentes, padre Toledo, Alvarenga Peixoto, Silvério dos Reis, José de Resende Costa (pai e filho), Luís Vaz de Toledo Piza, Domingos Vidal de Barbosa. Até hoje, pouco se sabe sobre Hipólita Jacinta, mas uma coisa salta aos olhos: era mulher destemida. A Conjuração Mineira estava indo a pique; contudo, ela acreditava que o plano ainda era muito bom e não fazia sentido esperar mais — tinha de agir. "Dou-vos parte, com certeza, de que se acham presos, no Rio de Janeiro, Joaquim Silvério dos Reis e o alferes Tiradentes, para que vos sirva ou se ponham em cautela", mandou avisar aos conjurados. Não ficou só no aviso; era preciso decidir-se a enfrentar a Coroa olho no olho: instruiu trazer a tropa do Serro para o lado da sedição, largar o brado de "Viva o povo" — uma espécie de proclamação quase ritual que servia de incitação para qualquer sublevação nas Minas desde o levante emboaba — e deflagrar a rebelião em vários pontos da capitania; caso contrário, haveria uma catástrofe. Hipólita Jacinta parece conhecedora de todo o planejamento da conjuração, incluindo sua estratégia militar. Também é possível imaginá-la uma mulher desconfiada de que é sempre mais fácil falar do que fazer; ela é direta no arremate: "Quem não é capaz para as coisas não se meta nelas", escreveu. Despachou o aviso por um mensageiro de confiança, para o marido e para pelo menos duas outras pessoas: padre Carlos Correia de Toledo e Melo, um dublê de vigário paroquial, proprietário de terras e homem de negócios que se tornou a liderança mais importante da conjuração na comarca do Rio das Mortes e que havia algum tempo se dedicava a arregimentar adeptos para o levante armado, sobretudo entre os fazendeiros da região; e o tenente-coronel Francisco de Paula Freire de Andrade, comandante do corpo militar dos dragões e provável chefe militar da rebelião. Depois, foi queimar os papéis que julgou comprometedores.[2]

Infelizmente, não deu certo. Ou a mensagem chegou tarde demais e não havia mais tempo para empurrar as Minas no rumo da sublevação, ou os conjurados desatinaram com a notícia de que a conspiração havia sido descoberta, recuaram e pensaram em salvar a própria pele. Seja como for, a conjuração desandou e o clima de medo generalizado se instalou na capitania, com as autoridades farejando por todos os lados em busca de informações. Quando acumulou dados suficientes, o visconde de Barbacena começou a disparar — e Hipólita Jacinta não iria escapar. Ele concebeu uma punição exemplar — e cruel — para a mulher que se achava dona do próprio nariz, a ponto de se envolver numa conspiração: ordenou o sequestro total dos bens do casal sem direito a partilha conjugal. Só ela, entre as esposas dos conjurados, foi castigada dessa forma. Com o marido preso e condenado ao degredo perpétuo em Angola, perdeu tudo. Barbacena calculou bem, mas nem ele nem as autoridades em Lisboa conheciam Hipólita Jacinta. Nos dez anos seguintes, ela aprontou o diabo: subornou funcionários da Coroa, aliciou parentes e compadres, escondeu patrimônio, queimou documentos, mentiu deslavadamente aos inquiridores do rei — em 1804, tinha conseguido reaver a quase totalidade dos bens que lhe pertenciam.[3]

Hipólita Jacinta era uma mulher rica, respeitada e com uma posição social muito bem consolidada na capitania — qual foi o motivo que a levou à conjuração? Difícil responder. Em torno dela não gravitam versos líricos, nem existe uma história de amor, como aconteceu com Maria Doroteia Joaquina de Seixas — a mais conhecida entre as "Marílias" de Gonzaga — ou com Bárbara Heliodora, mulher de Alvarenga Peixoto. Seu nome tampouco evoca o enredo meio clandestino de uma paixão e de uma família fora da norma e dos padrões, como o que viveram Cláudio Manuel da Costa e Francisca Arcângela — a negra pobre que o poeta amou até o fim da vida, mas nunca teve a coragem de assumir publicamente.[4] É surpreendente que, ao redor de Hipólita, só exista política. Tanto na América portuguesa como na Europa, os usos e costumes do século XVIII não recomendavam às mulheres se arriscarem para fora da esfera doméstica; se fosse o caso de tentar, elas podiam até ganhar a vida com o próprio trabalho, sustentar o marido ou, na Europa, manter salões ilustrados. Mas de jeito nenhum deveriam reivindicar participação política[5] — e o proibido é cobiçado. Possivelmente os jogos de gamão em que, conta a lenda, Hipólita fez fama, acompanhados pelas conversas em tom sedicioso que animavam as reuniões na fazenda da Ponta do Morro e se estendiam por vezes até o início da madrugada, serviram de porta de entrada — contudo, por qual motivo ela não recuou e se manteve em segurança, confinada na domesticidade do lar e do casamento? Não sabemos. Mas em algum momento, a partir da segunda metade da década de 1780, Hipólita Jacinta se deixou encantar por um projeto de soberania das Minas que ela levou muito a sério e que viu emergir sob a forma de República — uma "República florente", como definiu Joaquim José da Silva Xavier, o "Tiradentes", em 1789.[6]

Tiradentes usava o termo "florente" de duas maneiras que se completavam: no sentido de fazer desabrochar a República — a República "em flor", como ele dizia; e para indicar que, uma vez instalada, esta seria uma República "próspera", "florescente", já que sustentada pela extraordinária riqueza natural das Minas. Ele foi o melhor e mais veemente defensor das condições de autossuficiência da capitania, estava empenhado de corpo e alma nesse tema e expunha um argumento que prometia muito e cheirava a pólvora: as Minas "eram um país, como não havia outro, que tinham todas as riquezas em si", explicava, entusiasmado, ao tenente-coronel Francisco de Paula Freire de Andrade, "e que não precisavam doutro país para sua subsistência". Tiradentes sabia do que estava falando; ele sustentava a argumentação no conhecimento produzido pelos letrados que confirmavam abertamente o potencial econômico da capitania, sem a necessidade de nenhum empurrão de Lisboa: "José Álvares Maciel havia de mostrar isso melhor com os conhecimentos que trazia e com os exames que havia de principiar a fazer", insistia.[7]

Ao final dos anos 1780, a decadência do ouro nas Minas parecia irreversível aos olhos de qualquer morador da capitania e era natural que letrados e não letrados confabulassem uns com os outros: já não era hora de reconhecerem que o potencial econômico e social do lugar onde viviam também lhes dizia respeito?[8] Insistentemente repetida, a pergunta escapuliu dos serões, virou conversa de rua e Tiradentes tornou-se mestre em lançar mão dela em seus discursos — acabou decidindo a direção dos argumentos em favor da sedição. A resposta, por outro lado, revelava mais uma novidade dessa conjuração que se distinguia na comprida lista de sublevações que ocorriam de tempos em tempos nas Minas: ela não era só o levante de armas ou a violência que alguns conjurados pretendiam executar contra as autoridades, como cortar a cabeça de Barbacena e exibi-la ao povo no dia do levante — "Não há levante sem cabeça fora", diziam.[9] A conjuração também era desvio que, mediante o conhecimento produzido pelos letrados e graças a ele, se instaurava com relação às determinações da Coroa portuguesa e corroía sua política. O próprio Tiradentes sempre insistiu em afirmar que essa interpenetração de conhecimento e sedição seria a marca do movimento. Aliás, ele não perdia a oportunidade de demonstrar isso. Metia-se entre a soldadesca e o povo e sacava da algibeira um dos mapas elaborados pelo cartógrafo José Joaquim da Rocha — outro letrado comprometido com a Conjuração Mineira, e em cuja casa Tiradentes era visto com frequência. O "Mapa das almas", como o documento se tornou conhecido depois, registrava o tamanho real da população da capitania. Graças a ele, os conjurados sabiam que ela era superior a 300 mil habitantes — 20% da população da América portuguesa. Sabiam também que a capitania abrigava "perto de 400 mil pessoas divididas pelas suas respectivas classes, brancos, pardos e negros, machos e fêmeas"[10] — número mais do que suficiente, avaliava Tiradentes, para garantir um projeto de futuro para as Minas. Os mineiros poderiam subsistir sozinhos, argumentava. Havia riqueza suficiente e era viável explorar com sucesso as possibilidades econômicas oferecidas pela capitania. A perspectiva era boa, mesmo que o custo fosse alto num primeiro momento. E se, ainda assim, o interlocutor não estivesse convencido, Tiradentes sacava outro argumento da mesma algibeira onde carregava o "Mapa das almas", dessa vez sobre o comportamento predatório das autoridades portuguesas, ocupadas em desfrutar as riquezas da capitania e deixá-la destruída: "Excelentíssimos generais de três em três anos traziam uma quadrilha, a que chamavam criados, que depois de comerem a honra, a fazenda, e os ofícios que deviam ser dos habitantes, se iam rindo deles para Portugal", fulminava. Vez por outra ele ainda acrescentava uma pitada de segredo na conversa, para intensificar o efeito do que dizia e acender a imaginação de quem o ouvia: "O Rio de Janeiro já estava com os olhos abertos e as Minas Gerais pouco a pouco os havia de ir abrindo".[11]

Nem todo mundo concordava. Ao menos a se dar crédito ao que está assentado nos *Autos da Devassa*, os tribunais especiais secretos de inquirição instalados no Rio de Janeiro e em Vila Rica, conduzidos por magistrados indicados pelo vice-rei do Brasil e pelo governador das Minas, para apuração do crime de traição contra o rei, seus representantes ou a segurança do Estado. Depois que a conjuração foi descoberta — os autos registram —, um bocado de gente avaliou excessivas as arengas de Tiradentes. Vicente Vieira da Mota, guarda-livros e tesoureiro do poderoso contratador de impostos João Rodrigues de Macedo, dizia que Tiradentes era um boquirroto: "Andava falando pe las tabernas, quartéis, por onde se achava que essas Minas Gerais podiam vir a ser uma República". E, além de falastrão, era um exagerado: aumentava descaradamente "a beleza, formosura e riqueza deste país de Minas Gerais, asseverando que era o melhor do mundo, porque tinha em si ouro e diamantes, acrescentando que bem poderia ser uma República livre e florente".[12] Não se conhece a opinião de Vieira da Mota *antes* de ser inquirido pelos juízes devassantes; pode ser que fosse outra. Afinal, os dois mantiveram relações mais do que cordiais até a hora fatal da prisão: a conversa mencionada pelo guarda-livros aconteceu em sua casa, com Tiradentes embarafustando-se sem cerimônia pelo quarto do outro e desandando a falar abertamente de política, como quem retoma um diálogo interrompido na véspera: "Esta capitania podia viver independente do governo de Portugal; que podia ser uma República e conseguirem a liberdade [...]. Só lhe faltava [a esta capitania] ter grandes e utilíssimas fábricas para não precisar de coisa vinda da Europa [...]".[13]

Tiradentes era cheio de conversa, bons argumentos e uma causa. E tinha uma ideia de felicidade que coloria seu projeto político: se nas Minas existisse "outro governo e fosse uma República, assim como a América inglesa, seria o país mais feliz do mundo", garantia.[14] A ideia de felicidade era parte do debate político do século XVIII — foi formulada por Francis Hutcheson, na Escócia, Cesare Beccaria, na Itália, Voltaire e Rousseau, na França, Jeremy Bentham, na Inglaterra. E, é claro, por Thomas Jefferson, na Filadélfia, em 1776. A expressão "busca da felicidade", no preâmbulo da Declaração de Independência da América inglesa, traz embutida uma deliberada imprecisão entre felicidade pública e privada, e indica os quatro significados substanciais que estão em conexão direta com os princípios políticos do republicanismo norte-americano: a felicidade — como de resto qualquer direito — não é uma evidência natural, mas algo a ser deliberadamente perseguido como meta ao longo da vida; sua busca no curso cotidiano da existência humana tem o sentido de garantir o bem-estar individual e proporcionar a cada pessoa o desenvolvimento de si mesma; o prolongamento dessa busca para além da satisfação do indivíduo deságua na noção de felicidade pública, isto é, no gosto em reivindicar participação na condução dos negócios públicos; o autointeresse individual, quando exercitado em uma prática comunitária justa, facilita ou mesmo assegura a oportunidade de trânsito entre duas espécies de felicidade, a tranquila intimidade da vida doméstica e o desejo meio turbulento de ser incluído no espaço das atividades e das práticas do mundo público.[15]

Depois de publicada, a Declaração de Independência se espalhou como fogo pelos sistemas de circulação e troca de informações nacionais e internacionais; Tiradentes, por sua vez, se interessava por tudo que dizia respeito aos acontecimentos da América inglesa, andava bem informado e conhecia esse texto. Sua "busca da felicidade" tinha um fraseado despretensioso, mas capturava bem o espírito do argumento de Jefferson. "Ele havia de fazer feliz a essa terra, e também ele havia de ser muito feliz",[16] decretou, num tom de solenidade comovente, para uma morena de 21 anos, Simplícia Maria de Moura, costureira e prostituta, com quem andou se engraçando, em Vila Rica, por volta de 1787. A conversa prosseguiu: "Ia ao Rio na diligência de aí fazer construir muitos armazéns e introduzir naquela cidade certas águas; e que ainda esperava ter de renda mais de 50 mil cruzados", confidenciou.[17] Não tagarelava à toa; era isso mesmo. Projetava construir no porto do Rio de Janeiro um trapiche de madeira que avançaria da praia o mais possível para dentro do mar, facilitando o embarque de animais; ao lado, queria instalar um grande armazém para abrigar gado e mercadorias. Também planejava canalizar as águas do rio Andaraí, da nascente até um imenso chafariz na cidade, para acabar com o trabalho interminável dos escravos que subiam e desciam as trilhas do maciço da Tijuca com barris nas costas — e, de quebra, sepultar o ganho dos inúmeros vendedores ambulantes de água. Não satisfeito, Tiradentes ainda pretendia construir moinhos para aluguel. E seus planos não tinham nada de delirantes: em 1817, d. João se encarregou de mandar realizar a canalização do Andaraí em moldes semelhantes aos do projeto idealizado por ele.[18]

Tiradentes sonhava muito e sonhava alto. O Rio de Janeiro estava cheio de oportunidades e ele calculava embolsar entre 20 mil e 50 mil cruzados por ano, caso o Conselho Ultramarino aprovasse algum de seus projetos. Afinal, ele não era rico. Mas também não era pobre. Em Vila Rica morava bem instalado, na rua de São José, a dois passos do palacete de João Rodrigues de Macedo. Além disso, era proprietário de onze pequenas sesmarias — meia légua quadrada cada uma — na comarca do Rio das Mortes, e de inúmeros lotes demarcados em região de produção aurífera — as datas — nas imediações do porto do Menezes, próximo ao rio Paraibuna, já na descida da serra da Mantiqueira em direção ao Rio de Janeiro.[19] Só não tinha recursos suficientes para explorar suas terras do jeito que queria. Felicidade era seu modo de transformar ação em palavras: representava uma meta que acompanhava o curso cotidiano da vida, incluía multiplicar os bens e fruir de maneira duradoura as condições de bem-estar e de fartura; mas envolvia também uma disposição de combinar a esse desejo particular certa vontade de deliberar sobre questões públicas e sobre as finalidades do governo, visando a uma vida que é potencialmente a melhor para todos, numa mesma comunidade e território. Antes de tudo, Tiradentes estava disposto a ser feliz — a questão era saber se isso incluía almejar a constituir um lugar para a felicidade pública nas Minas. Ele achava que sim e que qualquer experiência de felicidade seria algo que só se experimentava plenamente quando combinada a uma boa dose de engajamento público e ativismo político — o que, no seu caso, quase dava no mesmo.

Tiradentes foi o mais ativo propagandista das ideias que sustentaram o projeto político da Conjuração Mineira e o grande responsável por colocá-las em circulação no interior de uma rede formada pelo entrecruzamento de diferentes grupos sociais. Vivia se movendo de um lado para outro — era o "Corta-Vento", dizia dele Cláudio Manuel da Costa.[20] Tempos difíceis o empurravam para a estrada: levou gado pelo Caminho Geral do Sertão, andou pelo norte da capitania e talvez tenha chegado até Salvador; mais adiante, passou a comprar e vender mercadorias entre a comarca do Rio das Mortes e o Rio de Janeiro. No final do ano de 1775, fez sua grande investida para mudar de vida: alistou-se no Esquadrão de Cavalaria da Guarda dos Vice-Reis, uma das companhias que viria a formar o Regimento Regular de Cavalaria das Minas, instituído nesse mesmo ano, para ampliar o volume de força militar existente na colônia. Recebeu a patente de alferes, a primeira gradação do oficialato, correspondente ao atual segundo-tenente, e manteve o pé na estrada: foi encarregado de guardar o Registro de Sete Lagoas, um dos postos para cobrança de tributos e fiscalização do rei, estrategicamente posicionado na boca de entrada do Caminho Geral do Sertão, que ligava Minas aos portos de Recife e de Salvador — a mais importante via de contrabando do ouro.[21]

Em 1781, a vida melhorou um pouco mais e ele recebeu novo comando: assumiu a Patrulha do Mato, encarregada de vigiar as picadas e atalhos do Caminho Novo, coalhado de quadrilhas de salteadores formadas por homens livres brancos, mamelucos, mulatos, negros alforriados — a notícia dos assaltos corria solta, o medo crescia na estrada e não eram poucos os viajantes que tratavam de deixar pronto o testamento antes de encetar viagem para o Rio de Janeiro. Tiradentes deve ter ganhado a gratidão eterna de todos eles quando desbaratou o bando mais famoso da região — a Quadrilha da Mantiqueira. Liderada por José Galvão, mais conhecido pelo apelido "Montanha", um gigante de pele morena, cabelos compridos e barba cerrada que muita gente dizia ser de origem cigana, a quadrilha tinha uma rede de informantes espalhados pelas vilas: todos de olho na passagem de comboios transportando grande quantidade de ouro ou de comerciantes carregados com várias canastras de mercadorias — indício certo de que levavam consigo muito dinheiro. Antes de bater em vão os matos à procura dos salteadores, Tiradentes primeiro rastreou a rede de informantes, comparou as informações na busca de coincidências e só então levou os soldados ao alto da serra; o anúncio das prisões seria suficiente para "trazer de volta o sossego, principalmente aos negociantes interessados no comércio das Minas", cantou vitória em carta ao governador da capitania, d. Rodrigo José de Menezes.[22]

A vida intermitente na estrada forneceu a Tiradentes o conhecimento do território das Minas, a localização de picadas e atalhos, o relacionamento com todo tipo de gente. Mas foram seu préstimo e habilidade tanto "na arte de pôr e tirar dentes" quanto na prática da cura, na receita de medicamentos e no conhecimento das plantas medicinais que o conduziram através das camadas de uma sociedade menos fluida do que parecia, do mundo dos contratadores, contrabandistas, funcionários públicos, doutores e fazendeiros ao dos grupos intermediários dedicados ao abastecimento, comércio e serviços e ao do povo miúdo que se espremia nas vilas e arraiais. No dia a dia de toda essa gente, Tiradentes era um personagem familiar e indispensável, que entrava nas casas, fazia prognósticos, praticava curas: coletava ervas para produzir os próprios remédios sob a forma de chás, tisanas e unguentos, trazia alívio às enfermidades e às longas semanas de dor constante e conseguia pôr fim ao pavor dos dentes estragados — ele era bom curador, tinha "alguma inteligência de curativo", dizia.[23] Não é só conversa de quem precisava impressionar positivamente o interlocutor — no caso, os juízes devassantes. Numa de suas viagens ao Rio de Janeiro, o capitão José de Souza Coelho, vereador da Câmara da Vila de Pitangui, localizada quase na entrada do sertão mineiro, na direção de Goiás, deparou com Tiradentes numa curva do Caminho Novo e seguiu com ele parte do percurso; quando aportou de regresso, registrou suas impressões da viagem. Dedicou bastante espaço ao companheiro inesperado de jornada. Tiradentes era:

senhor de variadas aptidões: inteligência de mineria, um tanto cirurgião e tira-dentes, entendedor de ervas para curar chagas e febres, perito em calçadas, pontes, moinhos e encanamentos, além de conhecer, como a palma da mão, aquelas grotas e serras e bem assim distinguir pelos respectivos nomes e apelidos todos os seus habitantes [...] todos os que passavam o saudavam cortesmente [...]. Numas voltas do caminho, aquele senhor Tiradentes que assim o saudavam os viandantes, apeava para colher ervas que nos oferecia com recomendações sobre suas qualidades medicinais.[24]

Essa era uma forma de mobilidade que a Coroa não conseguia policiar adequadamente. Além disso, Tiradentes impressionava pela desenvoltura — um pouco gabola decerto, mas um tipo simpático. E, como se diz hoje, sabia fazer política de massa: era capaz de persuadir o outro não apenas apelando à razão, mas cutucando suas emoções. Nunca descuidou de burilar a habilidade retórica: escolhia com cuidado as frases com que devia aliciar novos partidários, conforme percebia as características e os interesses de seu interlocutor. A depender do local e do tipo de público, talvez entremeasse pregação sediciosa com alguém ao lado dedilhando modas ao violão — e "moda", no século XVIII, tanto em Portugal quanto no Brasil, servia para designar canções populares, qualquer que fosse o gênero. Ainda que as coisas não se passassem exatamente dessa maneira, algum sucesso ele fazia nos lugares de sociabilidade frequentados pela população pobre das Minas: pousadas, tavernas, estalagens, prostíbulos — as "casas de alcouce", como se dizia então — e nas vendas, onde se misturava o pequeno comércio e o lazer e que, por isso mesmo, atraíam toda espécie de gente — local de festa e de amores, abrigo para escravos fugidos, varadouro de vadios e de vagabundos.[25] Claro, às vezes não dava certo: numa determinada noite, em 1788, na Ópera do Rio de Janeiro, a decantada eloquência de Tiradentes capengou e ele recebeu uma vaia inesquecível que o deixou injuriado. A vaia pode ter sido encomenda dos comerciantes de água e proprietários de moinhos, seus concorrentes nos planos de abastecimento para a cidade; mas ele não perdoou. Passou a execrar os cariocas. "Eram uns vis, patifes e fracos, que estavam sofrendo o jugo da Europa, podendo viver dela independentes", vociferou, algum tempo depois, a um colega de farda. "Uns bananas com muito medo do ilmo. e exmo. vice-rei",[26] sentenciou. Evidentemente, nessa conversa Tiradentes se referia às dificuldades para conseguir a adesão do Rio de Janeiro à conjura mineira — mas talvez, no fundo, ainda lhe doesse a vaia.

Tiradentes era uma força poderosa na rede de comunicação e sociabilidade política que anunciava a conjuração e a fazia movimentar-se dentro da capitania e no Rio de Janeiro, mas não atuava sozinho; essa era uma rede cheia de nós que não se deixavam pegar com facilidade pelas autoridades e informava de modo eficaz um público comum cada vez mais amplo. As ideias de autossuficiência econômica, autonomia política e poder republicano trafegaram, pela capitania, a partir de três centros nervosos de transmissão: as comarcas de Vila Rica, Rio das Mortes e Serro do Frio.[27] As ideias se movimentavam e as informações se espalhavam de boca em boca e por dentro da estrutura social graças à singularidade de um ambiente urbano em que públicos distintos se cruzavam e andavam ombro a ombro por toda parte. Eram levadas a sério e podiam suscitar reações vigorosas entre os membros da elite econômica, além dos letrados, padres e das patentes militares; mas circulavam também entre a faixa mais heterogênea da população e tinham o poder de erodir a lealdade de mineradores, pequenos comerciantes, músicos, artesãos, clérigos, tropeiros e lavradores para com a Coroa portuguesa.

A fácil circulação de ideias nesse ambiente socialmente misturado aconteceu por uma razão simples: elas informavam sobre assuntos que afetavam indiscriminadamente os interesses de boa parte da população. A maneira como a sociedade mineira deu sentido aos acontecimentos da conjuração e reuniu informações sobre eles alimentou-se, sobretudo, da palavra oral e se difundiu por todo lado. Um roceiro como Antônio João de Oliveira, por exemplo, com roça vizinha ao arraial de São Gonçalo, não precisava ir longe de casa para colher notícias frescas — bastava uma caminhada pelos arredores, com os ouvidos abertos. Preso e submetido a interrogatório, ele forneceu aos juízes uma explicação detalhada sobre o modo como as informações viajavam e repercutiam na capitania:

> ao procurar a um seu devedor por nome Francisco Luís dos Santos [...] o qual reside no córrego da Onça [...] encontrou no caminho, onde chamam a Mata do Macaio, a um Francisco Ferreira Peso, casado com uma sobrinha dele testemunha que tinha loja de fazendas nas Lavras do Funil, e costumava girar nas suas cobranças por toda aquela comarca, e ainda outras desta capitania; o qual depois de se cumprimentarem lhe contou que havia a novidade de se quererem levantar as Minas e tudo o mais que no dito referimento se menciona.[28]

As informações se espalhavam, alimentavam um sem-fim de rumores, discussões e mexericos, acumulavam forças e voltavam a circular. Exatamente como descreveu ao visconde de Barbacena o tenente-coronel Basílio de Brito Malheiro do Lago, um dos delatores da conjuração, sobre o diz que diz que no salão cheio de hóspedes da Estalagem das Cabeças, em Vila Rica: "Estando a sala com bastante gente", detalhou a Barbacena,

> me disse sem cautela alguma um moço que está na mesma estalagem, o qual tinha vindo do Rio das Mortes para sentar praça de soldado de cavalo [...] "aqui disseram hoje que está para haver um levante nas Minas" [...] e não lhe respondi mais do que: "Só se for um levante de putas" e fui entrando para o meu quarto [...].

Malheiro do Lago era um delator e seu relato é tendencioso, é claro, mas ele pode ter mesmo reagido dessa maneira — o que não quer dizer que o tom das conversas tenha refluído. Algum tempo depois, ao passear na varanda da estalagem, quase não podia acreditar no que estava ouvindo:

> Um mulato do Serro do Frio chamado Crispiano que estava conversando com outro mulato por nome Raimundo Correia que é major do Regimento dos Pardos do Tejuco e lhe disse o tal Crispiano que já dessa vila se tinha escrito para que lá se levantassem e não pagassem os dízimos[,]

contou, surpreso, ao governador.[29] Malheiro do Lago delatou tudo o que podia, o visconde de Barbacena entrou em ação para acabar com aquilo de prostitutas, negros e mulatos conversarem tranquilamente sobre a eclosão de um levante na capitania mais rica da América portuguesa, e a cadeia de Vila Rica ainda iria ficar abarrotada com os antigos hóspedes da Estalagem das Cabeças. Mas para azar das autoridades, as informações viajavam depressa e o sistema de comunicação oral nas Minas do século XVIII funcionava de fato na velocidade e da maneira descrita por Malheiro do Lago em sua delação:

> um moço do Rio das Mortes, digo das Congonhas do Campo, que andou em Coimbra e diz que está para ir para Portugal [...] a esse moço ouvi dizer que um moço chamado Claro de tal, ou fulano Claro, o qual é sobrinho do padre Carlos

Correia, vigário de São José do Rio das Mortes, e mora em Taubaté na capitania de São Paulo; o tal Claro, disse o outro, que apanhara o cônego Luís Vieira, o coronel Alvarenga, o dr. Cláudio, o dr. Gonzaga, o Tiradentes e outros, a falar em um levante que está para se fazer nas Minas; e o Claro já foi para Taubaté [...].[30]

FILHOS DA AMÉRICA

Mas não sabemos quando isso começou; não há acordo entre os historiadores sobre a data precisa em que a conjuração tomou forma. Provavelmente em algum momento entre 1781 — o ano em que estudantes da América portuguesa, em Coimbra, juraram dedicação à causa da soberania da colônia — e 1788 — quando o projeto de criar uma República nas Minas passou a ser expressamente debatido em reuniões realizadas na capitania. O gatilho que deflagrou a conjuração combinava fatores de natureza distinta — política e administrativa, econômica e cultural — com capacidade de impacto variada, mas capaz de atingir todas as camadas da estrutura social da capitania. Existia, de longa data, o rigor de uma política metropolitana que desconsiderava a realidade da queda da produção do ouro e descartava a criação de projetos alternativos para a exploração do potencial econômico das Minas. E, é claro, havia fatores de natureza conjuntural. Um deles foi o desastre político representado pela administração do governador Luís da Cunha Menezes, que envolveu seus apaniguados na tarefa de monopolizar a lucrativa rede de contrabando e afastou a elite local das possibilidades de ganhos oferecidas por essa atividade. O outro fator: a "Instrução" escrita por Martinho de Melo e Castro, ministro da Secretaria dos Negócios da Marinha e Domínios Ultramarinos, para o visconde de Barbacena, o novo governador da capitania, que impunha um retrocesso na relação entre as Minas e a Coroa. Num momento de recessão provocado pelo declínio da produção do ouro, Melo e Castro insistia na imposição da "derrama", o tributo cobrado por Lisboa no intento de compensar a queda brusca da renda real do ouro originalmente fixada pela Coroa em uma cota de cem arrobas anuais. A derrama desconsiderava a situação de crise, visava neutralizar o déficit crescente do sistema de cota e completar as cem arrobas devidas — para tanto, era um tributo que incidia sobre toda a população. A "Instrução" também anulava o sistema de contratos — o emprego de particulares na cobrança das receitas da capitania que arrematavam essa atribuição em leilão —, além de restringir o acesso da elite local a postos da administração régia. Não se sabia ao certo como seria a cobrança, mas havia muita especulação; e era o caso de fazer as contas: se Lisboa resolvesse cobrar todas as parcelas atrasadas, a fatura poderia sair por volta de oito toneladas de ouro — em torno de 46 gramas de ouro a serem pagos por homem livre da capitania. Já a cobrança da dívida dos contratadores subia a 5,1 toneladas de ouro.[31] Impor taxas e criar impostos sempre foi uma alternativa fácil para o governante tentar resolver uma crise, mas essa alternativa também costuma provocar reações viscerais, sobretudo quando aplicada a uma capitania surrada e dilapidada. Era possível identificar sinais de um desastre iminente; o ar estava carregado de rumores e a temperatura política chegou ao ponto de ebulição.

Com tudo isso, nenhum ativista da Conjuração Mineira, letrado ou não, sentia-se genuinamente preparado para transformar ação política em palavras. Assim como nas Treze Colônias inglesas, havia, entre eles, contrabandistas, fazendeiros, homens de letras, militares, padres e contratadores; mas não havia escritores políticos, nem eles se pareciam com um grupo de *philosophes* à moda mineira. A escrita pública — a redação de textos realmente políticos, com o objetivo de pôr ideias em uso, ou criar a modelagem de uma forma de governo, ou, ainda, dar novo significado às questões da vida coletiva — não foi sequer uma atividade planejada por eles. Antes, deve ter soado como uma exigência incomum no dia a dia daqueles homens, subitamente às voltas com a necessidade de fornecer argumentação política para aquilo que o seu senso comum já proclamava, havia algum tempo, nos serões literários de Vila Rica, Rio das Mortes e Serro do Frio.[32]

Os conjurados ziguezaguearam e seguiram por conta própria no esforço de tentar construir um vocabulário do mundo público, recorrendo ao que era mais esclarecedor e mais apropriado às suas necessidades. Eles esquadrinharam um repertório político e intelectual cosmopolita que mobilizava autores próprios da tradição republicana, com influência formadora sobre suas duas matrizes modernas, a norte-americana e a francesa, como ocorreu no caso de Montesquieu, um autor que estava na estante de pelo menos três bibliotecas decisivas para a construção do repertório dos conjurados: a do advogado Cláudio de Queiroga, habituado a trocar livros com seu amigo Cláudio Manuel da

Costa; a de Luís Vieira da Silva, considerada a mais completa das Minas; e a de José Vieira Couto, talvez a de composição mais eclética e variada entre as três.[33] Alguns entre eles alimentaram sua sensibilidade política com temas característicos do humanismo cívico e, naturalmente, muitos colonos identificavam-se com o repositório originário da cultura política portuguesa — a natureza pactária de sua monarquia, por exemplo. Também os aproximavam os argumentos de autonomia retirados no interior de suas próprias tradições, como o propósito de reatualizar o pacto político com a Coroa portuguesa, reavivando a mitologia em torno do autoengrandecimento dos paulistas, durante o levante emboaba, sob a justificativa de que haviam conquistado e ocupado a capitania para o Império — aliás, como disse com todas as letras Cláudio Manuel da Costa em *Vila Rica*.

Eles não optaram, porém, pela simples importação de ideias. Os conjurados mineiros recorreram a esse repertório como um conjunto de ferramentas e recursos intelectuais que podiam ser mobilizados, selecionados e reelaborados conforme suas possibilidades de explicar e intervir na conjuntura em que estavam vivendo. E quando foi preciso alinhavar escolhas e construir soluções para planejar estrategicamente o cenário de ruptura com a metrópole e para dar forma institucional aos princípios que deveriam orientar um novo tipo de governo nas Minas, eles acrescentaram a esse repertório de teoria, argumentos, opinião e polêmica uma linha de ideias original, contemporânea e, sobretudo, aplicada com sucesso aos problemas de uma área colonial no século XVIII: o composto inédito de formas de pensar e de agir surgidas em meio à experiência revolucionária que se iniciou com o enfrentamento entre os colonos da América inglesa e a Grã-Bretanha. Vitoriosa, a Revolução Americana encontrava-se, nos anos que antecederam a Conjuração Mineira, em pleno processo de criação institucional, buscando construir estruturas republicanas de governo capazes de expressar os princípios que os colonos haviam defendido na luta contra o Império britânico.[34]

Chegar à decisão de romper com a monarquia nunca foi uma questão fácil — nem para os revolucionários norte-americanos nem para os conjurados mineiros. A vitória da Revolução Americana foi um assunto de enorme interesse em todo o mundo atlântico, e a fascinação pela América ia assumindo significados distintos, variando de lugar para lugar, na medida em que servia às necessidades das lutas políticas travadas para decidir o destino de realidades específicas.[35] Nas Minas o interesse foi intenso, com os conjurados procurando encontrar na outra ponta da América colonial recursos políticos e intelectuais para projetar uma forma republicana de governo, além de critérios e soluções para gerar as condições de reconhecimento de sua própria afirmação de soberania — interna e externamente. Afinal, se independência significava separação política e a criação de uma comunidade autônoma, a palavra "América" bem poderia servir para afirmar, numa língua comum, distinção e diferença em face da metrópole.

Mas o que ela significava? Ao menos à primeira vista, havia uma estreita variabilidade semântica depositada sobre o termo "América" que restringia o seu significado à definição geográfica — a quarta parte do mundo. A essa definição, porém, Bluteau, em seu *Vocabulario portuguez e latino*, já havia associado o pertencimento colonial e, com isso, enunciado a carga de conteúdo político contida no uso propriamente geográfico da palavra, vinculando-a à formação dos impérios coloniais. Em um verbete razoavelmente longo, Bluteau enumerou as colônias e possessões das monarquias europeias, indicou os seus habitantes originais — "povos que não têm reis" — e confirmou a posse portuguesa: "A um português deve esse mundo o descobrimento daquele novo mundo".[36] No final do século XVIII, o termo "América" podia ser utilizado para nomear o espaço geográfico das Minas ou a extensão territorial da colônia. Mas seu uso, como indicou Bluteau, estava longe de ser neutro: "América" servia para designar a área colonial e era aplicado em oposição ao termo "Europa" — este último, em geral, um sinônimo para "Portugal". Era o emprego da palavra que revelava a sua carga política: "América" servia para nomear quem estava dentro e quem estava fora de uma determinada comunidade.

A referência ao termo "América" como uma experiência compartilhada de marginalização, nas relações de poder entre metrópole e colônia e na esfera dos interesses de diferentes setores da sociedade colonial, foi algo que os conjurados mineiros não tiveram nenhuma dificuldade para compreender. "Ora aqui tem todo este povo açoitado por um só homem, e nós a chorarmos como os negros, ai, ai. E de três em três anos, vem um e leva 1 milhão, e os criados levam outro tanto; e como hão de passar os pobres filhos da América?", indagava, sardônico, Tiradentes.[37] O significado de "América" atualizava, no seu argumento, a contenda com Portugal sobre o destino das Minas, e era utilizado para materializar o sentimento de compartilhamento de uma mesma região geográfica, exposta a idênticos sintomas de subordinação colonial. Não aconteceu só com Tiradentes. "América" também serviu para acender na imaginação de Cláudio Manuel da Costa o país que ele queria ver nas Minas. Em uma reunião na casa de Tomás Antônio Gonzaga, quando se cogitou criar uma bandeira para a República, a mais importante forma simbólica inventada pelos conjurados mineiros, Cláudio Manuel de fato se entusiasmou — símbolos dão clareza ao que está em jogo numa luta política e a palavra "América" mostrava a direção que as Minas deveriam tomar:

> Em casa [de Tomás Antônio Gonzaga] se falou em umas bandeiras, que o alferes Joaquim José da Silva Xavier tinha ideado para servirem na nova premeditada República [...]. E lembrou o dr. Cláudio Manuel da Costa das bandeiras da República Americana Inglesa, que era um gênio da América, quebrando as cadeias com a inscrição — *Libertas aequo Spiritus* — e que podia servir à mesma [...].[38]

A VIRTUDE DOS INTERESSES

A simbologia da bandeira evocada por Cláudio Manuel da Costa reforça o argumento de que foi determinante a influência da Revolução Americana no pensamento e na sensibilidade política dos conjurados; além disso, sugere que o republicanismo anglo-americano teve algo capaz de tocar corações e mentes dos mineiros e de inspirar seu compromisso em lutar por um governo livre. A inscrição sugerida pelo poeta possivelmente está transcrita de maneira incorreta nos *Autos da Devassa*: deve ser lida como "*Ab eo Libertas a quo spiritus*", vale dizer, "Aquele que dá a vida dá a liberdade", e é originária do panfleto inacabado de Algernon Sidney, *Discourses Concerning Government* — como já visto, o mais importante texto republicano do século XVII.

Os panfletos de Sidney foram republicados na Europa durante a década de 1750. Desde então, os revolucionários norte-americanos não encontraram nenhuma dificuldade para identificar nele um herói e um mártir da liberdade civil, e sentiam-se suficientemente próximos de suas ideias para fazerem delas quase uma espécie de "livro-texto da revolução". Os escritos de Sidney encabeçavam, por exemplo, a restrita lista de autores que John Adams costumava citar em toda parte sobre os princípios fundamentais do bom governo e sobre os requisitos institucionais para alcançá-los — os outros nomes elencados por Adams eram Harrington, Locke, Milton, Nedham, Neville, Burnet e Hoadly, todos eles autores da literatura de oposição inglesa na forma que adquiriu no século XVII e na virada para o século XVIII. Já um fervoroso patriota de Boston, Josiah Quincy Junior, porta-voz da mais influente associação política do período revolucionário, os Filhos da Liberdade, acreditava que os escritos de Sidney forneciam uma inspiração maior para seus concidadãos, fortalecendo neles o sentimento de que poderiam impedir a degeneração da República em qualquer forma de tirania; por essa razão, deveriam ser firmemente inculcados nas gerações mais jovens: "Deixo para meu filho, quando ele chegar à idade de quinze anos, as obras de Algernon Sidney, as obras de John Locke, as obras de Lord Bacon, *Tacitus*, de Gordon, e *Cato's Letters*. Que o espírito da liberdade pouse sobre ele!", escreveu em seu testamento, em 1774. Mas quando Thomas Jefferson adotou a frase de Sidney como lema e divisa para sua vida pública e a incluiu em seu próprio selo usado para sua correspondência — e, mais tarde, em seu brasão presidencial —, ela provavelmente se tornou mais notória, foi além da Europa e talvez tenha ganhado acesso a lugares improváveis e remotos, como, por exemplo, as Minas.[39]

A simbologia sugerida por Cláudio Manuel da Costa indica que os mineiros tinham à mão e faziam uso de uma generosa porção de ideias do repertório revolucionário norte-americano, mas não funcionou para estampar a bandeira da Conjuração Mineira. O modelo final foi obra de Tiradentes e não incluiu nenhuma alusão à América inglesa. O triângulo vermelho em fundo branco aparentemente exprimia uma evocação religiosa às três figuras da Santíssima Trindade, à qual Alvarenga Peixoto acrescentou uma legenda com os versos de Virgílio em latim: "*Libertas quae sera/ Tamen respexit inertem*", isto é, "A liberdade, embora tardia,/ Mesmo assim olhou para o fraco". Contudo, a ideia de liberdade com seu enorme significado político e sua importância emocional tinha uma genealogia e raízes mais fundas. Não estava só associada por afinidade eletiva à independência das Treze Colônias ou encarnava os atributos da soberania e da autossuficiência econômica. Ela estabelecia suas próprias linhas de conexão com o repertório de princípios da Revolução Americana, inclusive naquele ponto decisivo em que esse repertório foi responsável pelo ingresso da tradição republicana na modernidade política: a ideia de que os interesses tanto quanto as virtudes possuem um papel de agregação, e de sua defesa também se pode definir a liberdade política na República. Nem os conjurados mineiros nem os revolucionários norte-americanos estavam dispostos a renunciar aos bens que se criam e se trocam, entendiam que um lugar teria de haver na República para os interesses particulares e trataram de assumir uma conduta política orientada pela utilidade. Imaginavam a liberdade à maneira de Montesquieu — como "um bem que permite gozar todos os outros bens"[40] — e se aproximaram da forma republicana a partir do reconhecimento abrangente de que os interesses possuem valor de agregação com potencial de formação da vida pública.

As duas pontas da América colonial compreenderam depressa a virtude dos interesses. Nas Treze Colônias inglesas, os grandes comerciantes que lutaram contra o efeito devastador provocado no comércio pelas taxas Townshend, de 1767, e os poderosos plantadores sulistas cujas operações dependiam de um sistema de crédito sobre o qual não tinham nenhum controle estavam motivados por suas próprias conveniências — a exasperação com a concessão de monopólios em favor de companhias ou indivíduos ingleses forneceu a base da associação entre o interesse e o espírito da cidadania ativa. Não foi diferente do procedimento adotado no meio dos pequenos comerciantes e artesãos que formaram um dos principais vetores de expansão da rede de solidariedade e ativismo político da Revolução Americana: as crises financeiras provocadas pela Lei do Selo, em 1765, e pela Lei do Chá, em 1773, e o seu efeito imediato de bancarrota generalizada produziram o gatilho que disparou, entre eles, o ciclo da pedagogia virtuosa dos interesses.[41]

Comportamento semelhante aconteceu nas Minas. Graças ao descompasso entre as exigências de Lisboa e a realidade da capitania, evidenciado a partir da década de 1760, com a crise do ouro e a ascensão de Martinho de Melo Castro ao comando da política colonial portuguesa, a esfera dos interesses de diferentes setores da sociedade da capitania acabou sendo duramente atingida. Mas esse descompasso ensinou duas coisas aos mineiros. Uma, que a defesa dos seus interesses não se resumia à ganância; ao contrário, podia ser um princípio louvável de ação e a motivação para construir o futuro das Minas. A segunda coisa: os homens que conceberam ou participaram da Conjuração Mineira deixaram atestado o gosto pela estabilidade de seus negócios e desejavam a liberdade também para cuidar de seus próprios assuntos — a ideia de liberdade, definida a partir de sua função transitiva, é característica do republicanismo norte-americano. Os colonos na América inglesa estavam convencidos de que o comércio e o consequente alastramento da economia monetária criavam laços de relacionamento político, e isso não era ruim. O apego aos interesses privados também era forte nas Minas, sobretudo entre os membros de uma elite envolvida com uma multiplicidade de atividades bastante vinculadas à economia regional e relativamente bem-sucedida na exploração das oportunidades comerciais ainda reguladas pela metrópole. Ao final do século XVIII, os dois extremos da América haviam formado uma ideia nova a respeito do que estavam fazendo: não existia nenhum problema em tentar ganhar mais ou em preferir um bem maior a outro bem pequeno; e uma atenção prudente do indivíduo aos seus interesses particulares podia reverter em benefício de todo o grupo.

Na realidade, eles estavam aprendendo com a própria experiência a reconhecer a importância de uma conduta política orientada pela utilidade, e esse não foi um aprendizado fácil. Significava extrair, do contato de troca dos homens uns com os outros, a base para a criação de negócios comuns. A adesão mais espetacular a esse tipo de conduta veio de onde menos se esperava: dos vários conjurados que estiveram mais profundamente envolvidos com o contrabando. A atividade de contrabando nas Minas, durante o século XVIII, era praticada, de uma maneira ou de outra, por toda a elite local, significava subtrair, deliberadamente, receita, poder e controle de comércio ao Estado português e, por consequência, exprimia, mesmo que de um jeito enviesado, já que nem sempre intencional, um padrão de conduta político em que cada um dos envolvidos estava pronto para lograr e passar a perna no rei.[42]

Aliás, como fazia de forma diuturna o padre José da Silva e Oliveira Rolim. Conjurado belicoso e possivelmente o principal responsável pelo planejamento estratégico e militar do levante no Distrito Diamantino, padre Rolim passou boa parte de sua vida cometendo fraudes contra a Coroa: falsificou moeda, subornou autoridades — inclusive as eclesiásticas —, emprestou dinheiro a juros e desviou diamantes do Tejuco, da rota oficial de Lisboa, para a trilha clandestina do contrabando que terminava em Amsterdam. Ele foi, sem dúvida, uma mistura fascinante e muito explosiva de contrabandista, agiota, aventureiro temerário e violento e, de quebra, sedutor incorrigível — um personagem rocambolesco e, certamente, pouquíssimo disposto aos sacrifícios cegos em nome das virtudes republicanas. Era um sujeito que estava pronto para explorar em benefício próprio cada brecha aberta pela sorte ou descuido alheio, e dava como certo que, se pudesse trapacear no pagamento de tributos à Coroa, faria isso. Mas ele também era alguém vocacionado pelas luzes do cálculo. Para Rolim, e para seus amigos garimpeiros e faiscadores fora da lei que infestavam as montanhas do Serro do Frio, liberdade era algo concreto, fácil de identificar e tinha face local: significava a abolição integral da legislação do Distrito Diamantino, acrescida da determinação de que os diamantes seriam de propriedade de quem soubesse garimpá-los — aliás, duas medidas legislativas defendidas por ele e previstas para serem imediatamente implantadas na oportunidade do sucesso da conjuração.[43]

Foi Alexis de Tocqueville, um aristocrata francês que esteve na América entre maio de 1831 e fevereiro de 1832, com o pretexto de conhecer o sistema penitenciário, e de volta à França publicou, em 1835, *A democracia na América*, quem primeiro descreveu — e teorizou — como os norte-americanos conseguiam de alguma maneira utilizar a mediação dos interesses na formação do cidadão; ao fazer isso, eles acionaram a chave que atualiza, para a modernidade política, a antiga virtude republicana sustentada por Montesquieu. Tocqueville investiu pesado na compreensão desse mecanismo: o direito às coisas inclui um cálculo de interesse pessoal; este, por sua vez, induz à percepção de que, ao tratar em comum os negócios comuns, cada indivíduo consegue compreender que não é tão independente como supunha no princípio, e que para obter o apoio de seu semelhante precisa prestar-lhe cooperação.[44]

Nesse caso os colonos falavam a mesma língua — estivessem instalados na América inglesa ou nas Minas. Era preciso escolher a trajetória com maior probabilidade de garantir independência política e crescimento da riqueza, e os conjurados mineiros deram um jeito de se exercitar no "aprendizado do gosto do bem comum",[45] disparando o gatilho de uma pedagogia capaz de transformar o interesse em escolha, o instinto em cálculo, a necessidade em virtude — suas preocupações legislativas começavam por reforçar a defesa da liberdade de negócios e de comércio, e, com isso, conseguir encerrar o contrabando. Também lhes convinha lembrar ao futuro cidadão da República que, a despeito de seus negócios particulares, ele não poderia passar sem os outros para executá-los de modo satisfatório:

Se porventura esses países [Minas Gerais e Rio de Janeiro] chegassem a ser independentes, fazendo as suas negociações sobre a pedraria pelos seus legítimos valores; não sendo obrigados a vender escondido pelo preço que lhe dessem, como presentemente sucedia pelo caminho dos contrabandos, em que cada um vai vendendo por qualquer lucro que acha, e só os estrangeiros lhe tiram a verdadeira utilidade, por fazerem a sua negociação livre [...]. E levado o ouro ao seu legítimo valor, ainda ficava muito na capitania, e escusavam os povos de viver em tanta miséria.[46]

A LIBERDADE É AMÁVEL

A ideia de liberdade evocava independência, soberania e autossuficiência econômica; invadiu o cotidiano das pessoas e abriu campos nunca imaginados para o exercício do poder. Mas só isso não era suficiente. Os conjurados mineiros infundiram à palavra "liberdade" um afeto que expressa mais do que um propósito de poder. Em um de seus depoimentos às autoridades, durante os interrogatórios da Devassa, o irmão mais novo de padre Toledo, Luís Vaz de Toledo Piza, ele próprio um ativo propagandista da conjuração, confessou seu delito do ponto de vista de um sujeito determinado a seguir um apelo que acendia o credo na liberdade: confirmou a adesão ao movimento porque, como lhe explicaram outros conjurados, a participação na vida pública era algo extraordinário e, quando alguém toma parte na execução de uma ação política, abre para si uma dimensão nova e exaltante da experiência humana. "A liberdade era amável", resumiu.[47] O amor pela liberdade evocado por Luís de Toledo Piza talvez seja surpreendente por muitas razões, mas principalmente por comprometer os conjurados com um sentimento do mundo público que faz exigências políticas: ele se manifesta numa presteza de partilhar o mundo com outros homens. Se os conjurados de fato deram atenção a esse afeto como afirmou Toledo Piza, também encontraram nele a base para incluir, na pauta do debate político das Minas, outro princípio formulado pela matriz do republicanismo norte-americano: a positivação de direitos considerados inerentes ao indivíduo e aplicáveis a todos, exclusivamente por conta de seu status como seres humanos.

A manifestação dos direitos naturais sob a forma de uma invenção histórica — isto é, pela constatação de que os indivíduos podem se organizar de acordo com a sua vontade e razão, sem depender de um absoluto transcendental — é, evidentemente, anterior à Revolução Americana. O tema começou a circular com o formato de uma linguagem política de aplicação universal na periferia das grandes potências europeias ainda no século XVII, e sua formulação como base de sustentação do corpo político republicano está diretamente associada ao argumento de Rousseau em *Do contrato social*, obra que começou a ser lida na França em 1762. A materialização da expectativa dos direitos constituiu um poderoso vetor de luta política nos dois lados do Atlântico e carregou consigo potencial genuinamente revolucionário, já que demandava uma até então inédita condição irrevogável e inalienável de proteção inerente ao indivíduo, em substituição ao princípio de legitimidade dinástico, próprio das monarquias hereditárias.[48]

O republicanismo norte-americano não sustentou sua defesa dos direitos em Rousseau nem criou os direitos universais de todos os homens; em compensação, apresentou, pela primeira vez, uma lista precisa desses direitos, e deu a eles a materialidade de um fundamento irrevogável da República. Os conjurados mineiros, por seu lado, não encontraram maiores dificuldades em aceitar a ideia de que o caráter natural dos direitos compõe a vida em sociedade, e as pessoas deveriam ser vistas como indivíduos separados, capazes de sentir empatia pelos outros. O aceno à lei natural dependia de um apelo emocional e era fácil ressoar dentro do repertório de um poeta como Tomás Antônio Gonzaga, com habilidade para construir, em alguns poucos versos, o mecanismo elegante de transferência que lhe permitia expressar as qualidades políticas inerentes aos direitos — que devem ser iguais, naturais e universais —, usando para isso, estrategicamente, do vocabulário do lirismo erótico:

> *Todos amam: só Marília*
> *Desta Lei da Natureza*
> *Queria ter isenção?*[49]

Além disso, os conjurados haviam se metido em uma situação inédita na América portuguesa, e o reconhecimento de direitos representava um anseio de proteção e uma maneira de estabelecer limites ao abuso de poder. O preço a pagar pela autonomia era pesado e vinha carregado de incerteza: a ruptura com a metrópole anunciava tanto o fim da condição de vassalos quanto o término das prerrogativas que os colonos usufruíam na posição de súditos portugueses. Associar "República" e "autonomia" poderia ser a senha para viabilizar o futuro das Minas. Mas decididamente trazia junto uma boa dose de imprevisibilidade e inquietação: em caso de sucesso, essa associação retirava dos colonos as honras, liberdades e privilégios desfrutados pela cidadania própria ao Antigo Regime português.[50]

Era um território inteiramente novo — e segurar o fio dos direitos podia ser uma boa maneira de não se perder nele. Entre o típico cidadão do Império e sua rede de benesses, até a afirmação de que direitos são os mesmos para todos os homens e todos devem possuí-los igualmente apenas por causa de sua posição como seres humanos, porém, seria preciso dar um passo gigantesco que não se completou durante o século XVIII na América portuguesa. A despeito do potencial de conflito e da heterogeneidade da sociedade mineira setecentista — ou, mais provavelmente, por isso mesmo —, a definição do atributo da igualdade entre os conjurados estava sustentada pela forma política herdada da matriz clássica da tradição republicana: ninguém pode ser livre a não ser entre os seus pares. A extensão da cidadania se sustentava no reconhecimento de que, para ser membro da comunidade política, era preciso possuir certos vínculos com os demais, além das qualidades necessárias para mantê-los.[51] Não havia divergência entre os conjurados quanto à necessidade de a futura República expandir o horizonte igualitário em uma sociedade desigualmente construída — desde que fosse mantida alguma precedência de status no interior da comunidade política.

Na realidade, faltava ocorrer uma mudança crítica no pensamento sobre a pressuposição da igualdade — e isso não aconteceu. Padre Carlos Correia de Toledo e Melo, por exemplo, estava disposto a virar as Minas pelo avesso; mas tinha algo menos inclusivo em mente quanto se tratava de subverter a desigualdade de direitos. Ele era francamente favorável a estender a igualdade legal a todos os habitantes da capitania; ao mesmo tempo, considerava a extensão da igualdade de poder uma completa irresponsabilidade. Seu argumento sobre a melhor maneira de garantir aos mineiros a possibilidade de simplesmente tornarem-se mais iguais era outro: abolir privilégios e tornar intoleráveis para todos os grupos as pretensões sociais aristocráticas. "Os nobres não haviam de vestir senão das fazendas próprias do país, e que os de inferior qualidade vestiriam das que quisessem, e deixava-se-lhes essa liberdade na esperança de que estes seguiriam o exemplo daqueles",[52] defendeu junto aos companheiros de conjura.

Padre Toledo parece estar convencido de que a vivência da experiência igualitária sustentada a partir da abolição da forma mais transparente de desigualdade social — o vestuário — era suficiente para assegurar um impulso decisivo em direção à igualdade legal: serviria tanto como corretivo para impedir a expressão radical das diferenças sociais quanto como aprendizado político extensivo a toda a sociedade. Ele podia até não perceber todas as implicações do argumento que apresentava com tanto entusiasmo, mas agia segundo a convicção de que a República não tinha necessidade de distinções nem mesmo de trajes. E estava inventando nas Minas um novo elemento de linguagem investido de sentido republicano para ser incluído na composição de um vocabulário do mundo público: a maneira de se vestir e o tecido do vestuário tinham, ambos, eloquência política própria.[53]

Contudo, o argumento de padre Toledo pode ir mais além e sugere a possibilidade de a conjuração, no caso de ser bem-sucedida, efetuar uma expansão controlada do fundamento da igualdade legal. Ele parece bastante convencido de que a futura República não sobreviveria sem uma faixa mais extensa e bastante heterogênea de população educada em termos políticos — ainda que ela atuasse em uma cidadania nitidamente delimitada em suas fronteiras. Mas os direitos continuariam sendo menos que iguais e naturais, em caso de vitória dos conjurados — nem todos os homens da capitania deveriam ou poderiam ser politicamente iguais. Na realidade, padre Toledo tinha sérias dúvidas sobre a capacidade legislativa de determinados grupos de cidadãos e repelia a ideia de que seria possível confiar a eles a preservação da República. Simplesmente se recusava a acreditar que homens em condições morais, de renda, propriedade ou educação baixas ou bastante desiguais em relação aos outros cidadãos, com suas atenções voltadas para objetos distintos de interesses, e economicamente dependentes de outros homens, poderiam exercer o governo sem destruir a liberdade.

Mas, no final do século XVIII, o problema era muito maior: os direitos estavam emaranhados com a escravidão. A retração do princípio da igualdade reproduzia, no cenário político da capitania das Minas, o que muitas vezes seria considerado, contemporaneamente, o grande paradoxo do republicanismo norte-americano: estruturar a linguagem pública dos direitos e demandar que esses direitos são universais, nas circunstâncias de uma sociedade ancorada na exploração do trabalho escravo como cerne da sua força produtiva. Mesmo reconhecendo a virtual universalidade do princípio de igualdade política, a Declaração de Independência da América inglesa — e, posteriormente, a Constituição de 1788 e a Carta de Direitos de 1789 — refreou sua aplicação e forçou a população indígena, as mulheres, os escravizados e os negros livres a continuarem vivendo no território americano, mas do lado de fora da República.

Esse paradoxo, contudo, também pode ser formulado de outra maneira: apesar das circunstâncias históricas de uma sociedade escravista, foi possível a grandes fazendeiros e senhores de escravos trazer para a cena pública e sustentar em um documento que se pretendia ser a norma inaugural estabelecida no momento da fundação da República a experiência da liberdade positivada na linguagem dos direitos.[54] Afinal, os signatários da Declaração de Independência tinham pleno conhecimento de duas coisas. A primeira, de que a autoridade da norma provinha desse momento original e era precisamente essa autoridade que permitiria às gerações seguintes aumentar, desenvolver e ampliar os fundamentos de justiça enumerados pelo preâmbulo do documento que haviam assinado. A segunda: todos eles sabiam que a ação de declarar direitos de maneira aberta e formal fazia deslocar sua base emocional e produzia efeitos imprevisíveis — uma vez feita, a promessa dos direitos pode não ser cumprida, mas não morre mais. Não surpreende, portanto, que alguns deles, como John Adams, reagissem com veemência, em 1776, aos riscos inerentes ao ato de firmar um catálogo de direitos no preâmbulo da Declaração de Independência. Numa carta que escreveu em agosto daquele ano, Adams foi, a bem da verdade, agourentamente presciente:

> Isso não terminará nunca. Surgirão novas reivindicações. As mulheres exigirão o voto. Os garotos de doze a 21 anos pensarão que seus direitos não são suficientemente considerados, e todo homem sem um tostão exigirá uma voz igual a qualquer outra em todas as leis do Estado.[55]

Ao final do século XVIII, a escravidão era uma força poderosa nos dois lados da América, com potencial para expansão territorial, desenvolvimento econômico e sustentação política — não era ainda uma instituição arcaica des-

144

tinada a perecer sob a ação do mercado. A França revolucionária, por exemplo, concedeu direitos políticos iguais aos negros livres em 1792 e emancipou os escravizados em 1794, mas refugou e a abolição definitiva da escravidão nas colônias francesas só ocorreu em 1848, com a Segunda República. E poucas foram as vozes de prestígio intelectual na Europa ou na América inglesa durante o século XVIII que puseram a escravatura em debate e a condenaram. Não era fácil romper com a força intimidadora da lógica escravista e, tal como os revolucionários norte-americanos, também os conjurados mineiros evitaram interferir num sistema de trabalho que funcionava como a base da economia das Minas, unia interesses comerciais, mineração e latifúndio e que consideravam essencial para o desenvolvimento das atividades econômicas da capitania e das imensas riquezas que ela produzia.[56]

Nas circunstâncias em que se encontravam, objetava José Álvares Maciel a Alvarenga Peixoto, numa reunião em que os conjurados pararam para pensar sobre a escravidão e a lógica implacável do sistema escravista, com a crise da produção aurífera e a dependência estrutural da mão de obra escravizada para executar projetos de melhoramento ou reforma interna, "não ficaria em boa ordem o serviço das Minas",[57] caso ocorresse qualquer alteração nesse sistema. O desequilíbrio seria inevitável, dizia Álvares Maciel, na oportunidade tanto da adoção de uma medida radical, como a abolição, quanto da aceitação da proposta muito mais conciliadora de emancipação parcial, sugerida por Alvarenga Peixoto. O debate entre os dois revela um argumento comum entre os conjurados: todos temiam interferir no sistema escravista por razões econômicas, é certo; mas também por medo de que qualquer alteração nesse sistema servisse para fomentar a insurreição escrava. Este último argumento era decisivo e, com ele, Álvares Maciel sublinhava os motivos da resistência generalizada quando o tema era a emancipação dos escravizados: "Havia um grande obstáculo, que era o número dos negros ser maior do que o dos brancos, e que para conseguirem a liberdade, tomariam o partido contrário, matando os brancos", insistia.[58]

A linha de argumentação de Álvares Maciel era convincente, previsível e deixava pouca escolha a homens que viviam em uma sociedade construída sobre a escravidão, habituada a reconhecê-la como algo natural e persistentemente assombrada pela existência de quilombos. Com tudo isso em jogo, o surpreendente, no caso, é a Conjuração Mineira ter conseguido debater sobre a escravidão sem separá-la de uma reflexão política. Ela era a contraface da liberdade — e, com esse argumento, Alvarenga Peixoto abriu uma brecha inesperada de discussão com Álvares Maciel. Se fossem declarados livres os escravos nascidos nas Minas, dispostos a portar armas contra Portugal e em apoio à conjuração, argumentou Alvarenga, isso não servia apenas para resolver o problema estratégico do número de homens necessários ao levante militar; serviria também para distinguir o que significava viver sob grilhões ou em um estado de liberdade — e ele apostava nessa distinção para afastar a ameaça do potencial levante de escravizados anunciado por Álvares Maciel.[59]

Alvarenga Peixoto viveu numa sociedade escravista e era, pessoalmente, um grande proprietário de escravos e fazendas na comarca do Rio das Mortes. Seu debate com Álvares Maciel não tinha a intenção de deflagrar a morte da escravidão nas Minas setecentistas; mas ele foi capaz de compreender uma conexão perturbadora entre a tópica da liberdade e o estatuto da escravidão. Como já foi dito, nos versos do "Canto genetlíaco", composto em 1782, Alvarenga estava comprometido com o raciocínio de que havia no braço escravizado uma força transformadora da natureza física da terra, imprescindível à criação da cultura e equiparável aos grandes heróis da memorialista grega e helenística. Seu poema prega, sem rodeios, a favor de uma dignidade existente no trabalho do escravizado, que é valorado fora da esfera privada na qual eram vistos como uma forma de propriedade e na qual o direito de possuí-los estava naturalmente garantido.

> *Estes homens de vários acidentes,*
> *Pardos e pretos, tintos e tostados,*
> *São os escravos duros e valentes,*
> *Aos penosos trabalhos costumados:*
> *Eles mudam aos rios as correntes,*
> *Rasgam as serras, tendo sempre armados*
> *Da pesada alavanca e duro malho*
> *Os fortes braços feitos ao trabalho*
> *Porventura, senhores, pôde tanto*
> *O grande herói que a antiguidade aclama,*
> *Porque aterrou a fera de Erimanto*
> *Venceu a Hidra com o ferro e chama?*

Ou esse a quem a turba grega o canto
Fez digno de imortal e eterna fama?
Ou inda o macedônico guerreiro,
Que soube subjugar o mundo inteiro?[60]

Com o "Canto genetlíaco", Alvarenga Peixoto reconheceu o resultado do trabalho do escravizado como um valor do mundo público — e, portanto, como valor de um mundo mediante o qual são produzidos o ambiente humano e todas as coisas que nele existem. Não seria suficiente para um pensamento abolicionista, decerto; mas era uma visão até então muito pouco usual no repertório político da América portuguesa e abria reparo na maneira com que a escravização se apresentava — natural, concorde com a razão e essencial à ordem econômica e social da capitania. Ou, talvez, a escravidão, de alguma maneira, assombrasse os poetas. Afinal, foi outro poeta, Tomás Antônio Gonzaga, quem acrescentou a força de um afeto — a compaixão — como parte inseparável de uma reflexão política sobre a escravidão nas Minas setecentistas. O afeto da compaixão ingressou na linguagem política do republicanismo, sobretudo por obra de Rousseau. Sua manifestação perseguiu e motivou os revolucionários da época e, com mais intensidade, aqueles que fizeram a Revolução Francesa — ela significava a descoberta de uma sensibilidade diante do sofrimento alheio. Não sabemos se Gonzaga leu Rousseau, mas ele sabia manejar a força desse afeto. Em um cenário como o das Minas, em que a miséria abjeta e degradante estava presente por toda parte, na forma da escravidão e do trabalho do escravizado, a compaixão só poderia se apresentar integralmente se ingressasse no domínio da política: um afeto natural comprometido com a preocupação elementar de que não se impõe sofrimento a outrem. Seu pressuposto é necessariamente político: a compaixão elimina a distância entre os homens; ela abre o coração do indivíduo no instante exato em que ele vê o sofrimento do seu semelhante, por mais distante de si que possa estar o sofredor.[61]

O impacto da compaixão na linguagem política do século XVIII foi duplo. Em uma ponta, ela abriu as portas do domínio público e o poeta pôde confrontar a sociedade com o intenso sofrimento dos miseráveis e dos destituídos — no caso da sociedade das Minas, com a condição abjeta dos escravizados. Na outra ponta, a compaixão reforçava o elo de Gonzaga com os direitos do homem — por natureza, igualmente livres — ao descerrar, no coração dos indivíduos, espaço suficiente para o reconhecimento do sofrimento do outro. É certo que um poeta como Tomás Antônio Gonzaga estava comprometido somente com a compaixão; ele não abordou em sua poesia a incompatibilidade da instituição da escravidão com a implantação da liberdade. Mas é certo também que, em seus versos, a experiência da compaixão associada à tópica do escravismo contribuiu para que o autor revelasse algo dessa incompatibilidade: seja ao escancará-la à visão pública para que sua intensa penúria fosse do conhecimento comum, seja ao fermentar no coração de seu leitor o sentimento de repugnância inata ao reconhecer, naquele estado de abjeção desmedida a que o escravizado foi condenado, o sofrimento de alguém semelhante a si próprio. Gonzaga era um grande poeta; soube tomar a compaixão em chave poética e mantê-la, ainda assim, intensamente política:

> *E sabes Doroteu, quem edifica*
> *essa grande cadeia? Não, não sabes.*
> [...]
> *E sabes para quem? Também não sabes.*
> *Pois eu também to digo: para uns negros,*
> *que vivem, quando muito em vis cabanas,*
> *fugidos dos senhores, lá nos matos.*
> [...]
> *E manda a um bom cabo que lhe traga*
> *a quantos quilombolas se apanharem*
> *em duras gargalheiras. Voa o cabo,*
> *agarra a um e outro, e num instante*
> *enche a cadeia de alentados negros.*
> *Não se contenta o cabo com trazer-lhe*
> *os negros que têm culpas, prende e manda*
> *também nas grandes levas, os escravos,*
> *que não têm mais delitos que fugirem*
> *às fomes e aos castigos que padecem*
> *no poder de senhores desumanos.*
> [...]
> *No pelourinho a escada já se assenta,*
> *já se ligam dos réus os pés e os braços,*

já se descem calções e se levantam
das imundas camisas rotas fraldas,
já pegam dous verdugos nos zorragues,
já descarregam golpes desumanos
já soam os gemidos e respingam
miúdas gotas de pisado sangue. [...][62]

A Conjuração Mineira foi "uma conspiração de poetas", diria algum tempo depois frei Raimundo da Anunciação Penaforte, um dos nove franciscanos que assistiram os conjurados em confissão e acompanharam a execução de Tiradentes.[63] Com isso, ele provavelmente queria argumentar aos juízes devassantes que as palavras são inofensivas, que o crime de Inconfidência, portanto, talvez não se provasse e a infração não seria tão horrorosa assim, a ponto de condená-los à forca. Frei Penaforte só não disse — e, convenhamos, nem era o caso de dizer — que, entre poetas, a palavra pode quase sempre equivaler à ação. Ainda assim, o compromisso de Gonzaga com a compaixão, embora perturbador, não foi suficiente para criar uma reação visceral contra a condição abjeta dos escravizados — faltou aos poetas o pensamento antiescravista. Toledo Piza, por seu lado, estava certo. Os conjurados procuravam enxergar qual seria o futuro das Minas, seus olhos estavam presos a algo completamente novo na colônia — uma forma de governo que exigia autonomia, justiça e um bocado de igualdade —, e a liberdade era mesmo amável. Mas ele não se deu conta de que esse amor foi discutido antes em termos singulares que plurais; não se entrelaçavam os afetos, as pontas estavam soltas. A escravidão continuava sendo praticada sem remorsos; e tudo o que dela decorria política e socialmente permanecia na sombra e no mesmo lugar. Do lado de fora da República.

5. Qual República? Forma e distribuição do poder

CORRUPÇÃO: O VENENO DA REPÚBLICA

Eram oito da noite quando alguém — não se sabe se homem ou mulher — foi visto caminhando pelas vielas empinadas e torcidas de Vila Rica. Vestia capa preta comprida, um chapelão desabado sobre os olhos, sapatos enlameados nas poças que brotavam do mau calçamento de pedra. Levava uma lanterna e tinha pressa. Mês de maio, soturno e frio. A neblina pode cortar-se à faca. Tudo ermo. Dobrou uma esquina, desceu a rua de trás de Antônio Dias, esgueirando-se cheio de cautela. Foi à casa de Cláudio Manuel da Costa e o avisou da porta que a conjuração tinha sido descoberta, Tiradentes estava preso e eles corriam perigo. Na casa de Gonzaga, deixou recado com Antônia da Costa, negra forra que cuidava dos afazeres domésticos. Afoito, na urgência de informar o tenente-coronel Domingos de Abreu Vieira sobre a prisão de Tiradentes, errou de endereço, encontrou uma porta entreaberta e entrou no vizinho. No topo da escada deparou com a esposa do dono da casa, percebeu o engano, praguejou baixinho e precipitou-se para a rua. Desapareceu no ar como a neblina. Nunca mais se soube dele.

O Embuçado, nome pelo qual o personagem ficou conhecido, percorreu Vila Rica possivelmente durante a noite de 17 de maio de 1789, e estava bem informado.[1] Avisou aos conjurados do desastre, recomendou cautela, aconselhou que queimassem papéis: plataforma legislativa, planos de governo, esboço da Constituição, tudo quanto pudesse lhes comprometer. Ao que parece, foi feito. Mas alguma coisa sempre fica para trás — afinal de contas, papéis se perdem em sacos e baús. Dos inúmeros documentos que serviram de combustível para inflamar um projeto de República na imaginação dos conjurados, restaram dois. Um livro de tamanho pequeno, com formato um pouco maior que o de uma caderneta de capa dura, fácil de fazer sumir nas barbas de uma autoridade xereta — uma coletânea de leis constitucionais "das colônias inglesas confederadas sob o nome de Estados Unidos da América Setentrional", publicado em Paris, em francês, em 1778; e um panfleto desabusado, anônimo, escrito em versos, que circulava na capitania desde o final da década de 1780 — as *Cartas chilenas*.

As *Cartas chilenas* não foram o único panfleto a circular nas Minas nesse momento. Em sua delação ao visconde de Barbacena, Basílio de Brito Malheiro do Lago fez alusão a outros libelos manuscritos, pregados em muros, nas ruas de Mariana: "Tudo o que for homem do reino há de morrer. E só ficarão algum velho e clérigos",[2] ameaçavam. Não se sabe se o propósito de Malheiro do Lago era enfeitar a própria delação ou se ele estava, de fato, bem informado, mas acrescentou um detalhe inquietante: os panfletos foram obra de quilombolas. Nas Minas, onde se comercializavam escravizados africanos em grande número para atender à demanda do ouro, os quilombos eram tão frequentes que pareciam ter sido caprichosamente cultivados para completar a fereza natural da paisagem — o medo estava por toda parte, real, imaginário ou fomentado pelas autoridades portuguesas como recurso de manutenção do próprio sistema escravista, mas sempre provocado por aquela escravaria que não parava de crescer. Predominavam quilombos relativamente pequenos, mas nem por isso menos perigosos: costumavam brotar nas proximidades dos núcleos urbanos. Se Malheiro do Lago não enfeitou nada, a proveniência dos panfletos talvez seja de quilombos instalados na região de Vila Rica, como o de São Bartolomeu ou o da Caza Branca, estrategicamente posicionados no alto da serra, abrigos de quilombolas salteadores em quantidade suficiente para atormentar os viajantes que seguiam pelo Caminho Novo, em direção a Vila Rica, a Mariana e ao arraial de Cachoeira do Campo.[3]

Tampouco as *Cartas chilenas* tinham o poder de, por si, transformar a cena política da colônia e provocar o curso da conjuração, à maneira de *Senso comum*, o panfleto que Thomas Paine publicou em 1776, propondo abertamente a separação das colônias americanas da Inglaterra e reunindo algumas das ideias que fermentavam na base do republicanismo norte-americano: a justificativa do direito de resistência à autoridade britânica, a retórica de um igualitarismo radical e a defesa do princípio da tolerância religiosa que ajudou a colocar na pauta das Treze Colônias inglesas o discurso dos direitos. A engenhosidade de Paine foi precisamente capturar o tom dessa grande conversa continental sobre a questão da liberdade, ainda difusa, mas já ruidosa e espalhada pelo território colonial por meio de discussões nas tavernas e de assembleias nas vilas e condados. De certo modo, seu texto catalisou essa conversa e forneceu a moldura para a percepção, por parte do público, de que as Treze Colônias inglesas estavam prontas para a independência. Em outras palavras: seu panfleto deu sentido àquilo que o discernimento dos colonos já proclamava.[4]

As *Cartas chilenas* tinham outro propósito. Pretendiam fixar uma perspectiva sobre o passado recente das Minas, formar um clima de opinião, estabelecer a imagem de uma monarquia crivada por abusos de autoridade. O panfleto denunciava o enriquecimento ilícito dos funcionários do rei, a desfaçatez da justiça, a cobrança de taxas e impostos excessivos e arbitrários, o monopólio de gêneros básicos. Também debochava do poder — e o riso que esse texto mobilizou como arma política produziu estragos irremediáveis na imagem de suas vítimas. As *Cartas* são até hoje um panfleto formidável por tudo isso; e também por outra razão crucial: compõem a mais completa denúncia do que representava a sinistra infiltração da corrupção no interior do sistema de administração colonial português. Aliás, o panfleto vai adiante: toma posição a favor da crença de que a forma da distribuição do poder e o sistema de privilégios estavam por trás da corrupção na cena política colonial, e era do particular interesse dos colonos interferir nos procedimentos que regiam essa prática para retornar aos princípios normativos da lei e da justiça que deveriam existir na origem do próprio Império português. E, além de identificar, entre as práticas adotadas pela Coroa e nas ações de seus funcionários, um padrão ostensivo de comportamento político e administrativo propenso a velhacarias, as *Cartas chilenas* apresentam um punhado de bons argumentos para demonstrar o quanto o sistema imperial português foi suscetível à corrupção e sobre o papel central e dinâmico desta espécie de patologia política no interior da administração colonial. De quebra, ainda apontam as maneiras como um governo, mesmo legítimo, pode se corromper e se tornar um flagelo.

"Corrupção", na linguagem do século XVIII, era termo de uso corrente tanto na América inglesa quanto nas Minas, e tinha o mesmo significado: venalidade e perturbação das condições políticas necessárias ao exercício da virtude e da liberdade do homem.[5] Tanto poderia corroer o equilíbrio do Parlamento inglês, levando-o a abandonar a Constituição para instituir uma vontade legislativa arbitrária e despótica, como acusavam os colonos norte-americanos, quanto produzir uma apropriação privada da autoridade pública, eliminando quaisquer direitos às coisas e sobre as coisas por parte dos colonos, como denunciavam os conjurados mineiros. Nos dois casos, a suspeita é a mesma: a ameaça da corrupção contra a liberdade estava concentrada na natureza dinâmica, intrusiva e longamente expansiva do poder. Os colonos acertaram em cheio: o poder não é só ameaçador ou caprichoso; ele também é ganancioso e intrometido. Nas duas pontas da América havia leitores atentos de Montesquieu e eles percebiam que, mesmo sob certas condições de controle e qualquer que seja o sistema político, o poder tende naturalmente a se expandir para além dos limites que lhe foram fixados e a ir se intrometendo, pouco a pouco, entre as outras esferas do mundo público — engolindo, nessa intromissão, a liberdade e a lei. É precisamente a compulsão para estar presente em toda parte da vida pública que torna o poder suscetível à corrupção e lhe permite conspirar contra a liberdade de diversas maneiras: por meio da criação de impostos inconstitucionais; pela atuação de funcionários capazes de driblar a lei para servir a seus interesses particulares; por obra da multiplicação de cargos e pensões públicas; pela usurpação da autoridade pública; para instituir um legislativo tirânico.[6] Os colonos da América inglesa associaram o problema da corrupção ao Parlamento, em Londres — e, por essa razão, trataram de negar sua soberania legislativa. Em 1765, essa negativa só podia ser justificada a partir da tese de que a instituição parlamentar era em si mesma corrupta, o resultado mais evidente da degeneração de seus princípios normativos. Os norte-americanos não apenas avaliaram como inaceitável o modo como o Parlamento inglês queria legislar por eles; na formulação de seu próprio pensamento político, eles apresentaram a prática parlamentar britânica como reiteradamente corrupta e estavam preocupados sobretudo em refletir sobre as maneiras conhecidas de tornar a sociedade apta a se reencontrar com o *bom governo*, vale dizer, com uma ordem pública regida por leis que assegurem a liberdade e impeçam o descomedimento dos homens e das instituições.[7] Já os conjurados mineiros repudiaram a autoridade da Coroa portuguesa adotando a tese de que ela era leniente com a usurpação de poder promovida pela administração colonial — e, nesse caso, a estrutura administrativa do Império, em si mesma, tendia à corrupção. Seguiam uma lógica que também se aproxima do argumento de Montesquieu: o governo corrompido é aquele que se esvai de seus princípios e cuja prática institucional está marcada pela desordem, pela venalidade e pela usurpação. Na opinião de Tiradentes, por exemplo, era isso mesmo. A administração portuguesa havia gerado, na capitania, uma vida de baixa qualidade pública e moral, consequência direta do comportamento vicioso dos funcionários da Coroa:

> [...] as Minas estavam perdidas, e que os governadores vinham enviados de Portugal para acabrunharem os homens e nunca os deixar levantar a cabeça. E cada governador que vinha, ia cheio, e cada três anos vinha um com máquina de criados, indo todos cheios de dinheiro, e os ministros da mesma forma, sendo os filhos de Portugal os senhores de todo o ouro que se tirava nesta terra, e que assim que estavam cheios se iam embora ficando sempre essa terra miserável, pois tudo saía dela.[8]

Por mais detestáveis que fossem os tributos, eles eram só parte do problema; a outra parte vinha de um corpo de funcionários régios arrogantes, gananciosos e irresponsáveis, que prosperavam na colônia e corrompiam o sistema administrativo do Império *por dentro*, agindo no interior de sua estrutura, reiteradamente — aliás, como denunciara padre Vieira, ainda no século XVII. Não sabemos se Tiradentes leu o suficiente para colocar as coisas dessa maneira, mas, intuitivamente ou não, seu argumento se aproximava muito do diagnóstico feito por Montesquieu: alguma coisa no comportamento das instituições do Império português havia se corrompido e o propósito político da conjuração incluía considerar a urgente necessidade de um movimento de retorno à autoridade da lei.[9] A insistência renitente de Tiradentes no uso da palavra "restaurar" se encaixa muito bem no tom do argumento de Montesquieu: "'Vossa mercê fala assim em levante? Se fosse em Portugal, Deus nos livre que tal se soubesse.' Ao que o dito alferes [Tiradentes] respondeu cheio de paixão:

'Não diga levantar; é restaurar".[10] Sem dúvida, o propósito de Tiradentes nada tinha de "restaurador", no sentido raso do termo — ele não pretendia, nesse caso, nem reafirmar hierarquias nem retornar posições de poder. Tratava-se de garantir, antes de qualquer coisa, uma volta ao princípio normativo da lei para recuperar algo muito essencial, mas que fora perdido. Era preciso restaurar uma antiga ordem de leis inscritas na natureza das coisas que havia sido perturbada e violada pelo despotismo de monarcas absolutos, por abusos do governo colonial ou por ambas as situações:

> Sabe o que ele [Tiradentes] diz, senhor doutor? "Isto não é levantar; é restaurar a nossa terra; que fazem de nós negros. Este governador, que agora veio, trouxe ordem para não deixar ter homem de Minas mais de 10 mil cruzados; e que os traga sempre sopeados; e que os prenda e os mande para lá." Então o clérigo, cheio de medo, disse: "Eu não sabia disso; se é assim podem pôr-se fora da obediência de um rei tirano".[11]

Identificar a marca da corrupção era fácil; muito mais difícil foi definir o que precisava ser feito para deter o seu rápido progresso, e esse era o ímpeto político das *Cartas chilenas*. Sem deixar de lado, é claro, a pretensão de chocar, denunciar, provocar e divertir o leitor. Escritas provavelmente entre 1786 e 1789 e compostas em versos decassílabos brancos, as *Cartas chilenas* são de autoria atribuída a Tomás Antônio Gonzaga e, muito possivelmente, contaram com uma demão de Cláudio Manuel da Costa e Alvarenga Peixoto na fixação de alguns temas e no aprimoramento dos versos. O panfleto circulou de modo clandestino pela capitania, e parte do manuscrito se perdeu ou foi destruída por Gonzaga após a visita do Embuçado — a "Carta 6" e a "Carta 7", por exemplo, estão incompletas; da "Carta 13", sobraram apenas 29 versos. O panfleto tinha também um alvo preciso: o exagero de abusos de poder e fraudes cometidos pelo governador Luís da Cunha Menezes.[12]

Cunha Menezes não foi, evidentemente, o único funcionário do rei interessado em embolsar o máximo possível na colônia para desfrutar vida tranquila no regresso a Portugal. O governador do Funchal, Duarte Sodré Pereira, por exemplo, que ocupara a mesma função em Pernambuco na década de 1730, tratou de montar uma esplêndida rede comercial, paralela à burocracia régia, que atuava entre Boston, Nova York e Filadéfia até a Bahia, Recife e Rio de Janeiro, passando por Curaçau, Barbados, Jamaica, Angola, Açores, Hamburgo e Amsterdam, e comercializava, em proveito próprio, todo tipo de produto: cereais, vinhos, tecidos, açúcar, azeite, escravos, armas, munição. Outro burocrata disposto a encher os bolsos, Sebastião de Castro e Caldas, que governava Pernambuco no exato momento da eclosão da Sedição de Olinda, em 1711, já desembarcou na capitania para assumir o cargo carregando a acusação de contrabando com navios franceses, e fugiu de Olinda levando a suspeita de estar mancomunado com os mascates do Recife em uma série de ações ilegais e lucrativas.[13]

A Coroa simplesmente fechava os olhos às falcatruas cometidas por seus agentes, desde que não atentassem contra as receitas régias e, de preferência, praticassem a gatunagem de maneira discreta, através de testas de ferro escolhidos, em geral, entre os criados ou os comerciantes locais. Mas até para os padrões permissivos da cultura política do Império português, Cunha Menezes exagerou — ele fez por merecer as *Cartas chilenas*. Tão logo chegou a Vila Rica, entrou em rota de colisão com o ouvidor — no caso, Tomás Antônio Gonzaga em pessoa — e com o intendente, a propósito do lucrativo sistema de arrendamento das entradas na capitania. O novo governador decidiu se imiscuir no assunto para favorecer os amigos e seus próprios testas de ferro, os membros da Câmara de Vila Rica obviamente também os tinham, e o conflito tornou o privado público, especialmente a partir do momento em que Cunha Menezes indicou um de seus apaniguados para a função de cliente arrendador das entradas — diante da recusa, tratou de pressionar os oficiais camarários, de modo a garantir que o indicado por ele receberia o contrato de qualquer maneira. O contrato em jogo era um ótimo negócio para as partes envolvidas: a arrecadação compensava o custo e gerava o lucro para o sujeito que o arrematava em leilão; a Coroa abocanhava o valor do leilão e os impostos. Já o governador costurava por dentro: pretendia embolsar um gordo quinhão dessa história sob a forma de propina. O principal contrato era precisamente o das entradas, maior até que o dos dízimos, e incidia sobre o peso de todas as mercadorias que chegavam às Minas, fossem elas secas, como, por exemplo, ferramentas, couro, tecidos, joias e escravos, ou molhadas, isto é, destinadas à alimentação. Cunha Menezes talvez não fosse mais venal do que outras autoridades de nomeação régia ou alguns membros da Câmara de Vila Rica, mas tinha pressa de enriquecer e quebrou uma regra fundamental da Coroa — agir com um mínimo de discrição. Ele atuava descaradamente: envolveu seus áulicos na tarefa de monopolizar a lucrativa rede de contrabando de diamantes do Distrito Diamantino, removeu a elite econômica e cultural das Minas dos postos lucrativos da administração, distribuiu patentes militares em troca de suborno e passou a recolher diretamente os proventos correspondentes aos custos e às remunerações legais que cabiam à magistratura. Para piorar ainda mais as coisas, o governador levou de Gonzaga a namorada — Maria Joaquina Anselma de Figueiredo, uma loura bonita para quem o poeta fez um punhado de versos e com quem teve um filho, Antonio Silvério da Silva Mursa, em 1785.[14]

Gonzaga deu o troco. As *Cartas chilenas* desenharam um retrato feroz dos desmandos do governador; e elas significaram, também, um acerto de contas dos letrados e da elite local com as arbitrariedades e prevaricações de Cunha Menezes. O panfleto, porém, sacava de um fundo de denúncias mais sólido para dar voz às denúncias de corrupção e ao desmascaramento da hipocrisia da Coroa: expunha o argumento de que a lógica perversa que permitia a uma autoridade régia transgredir os limites da lei e do direito, a fim de satisfazer sua ganância, não podia ser compreendida fora dos parâmetros do Estado português. Cunha Menezes não era uma excrescência; a lógica que sustentava seu furor e seu arbítrio estava inscrita no próprio funcionamento do sistema de administração do Império. Era essa inscrição que facultava ao mais alto representante da Coroa nas Minas fazer uso da estrutura administrativa, militar e fiscal da capitania em proveito próprio e no de seus apaniguados.[15]

As *Cartas chilenas* foram compostas com capricho. Desde o início, seu leitor está persuadido de que lê, de fato, "cartas" enviadas por "Critilo", morador de Santiago do Chile, sede de uma capitania do Império espanhol, para "Doroteu", um letrado espanhol que residia na corte, em Madri. As cartas são um chamariz e uma advertência: avisam ao leitor o que deve esperar do panfleto e como lê-lo. O século XVIII concedeu especial atenção à correspondência como gênero literário, capaz de exprimir a importância dos laços que estavam sendo construídos para além da esfera familiar, já que a atividade de escrever cartas permitia o uso de uma gama variada de formas de comunicação: a troca de mensagens entre o rei e seus vassalos, o comércio de ideias, o ensinamento das regras de civilidade, o cultivo da amizade, o relato das impressões de viagem — além de facilitar, é claro, a inclusão de mexericos, a revelação de alguns segredos íntimos e a troca de confidências entre os missivistas sobre suas experiências de amor.[16]

Os correspondentes se apresentavam como residentes no Império espanhol, o alvo eram as Minas, mas a estratégia literária das *Cartas chilenas* está próxima do modelo oferecido pelas *Cartas persas*, publicadas por Montesquieu, na França, em 1721. Ambos compartilham do uso do anonimato que faculta às cartas falarem por si mesmas, do apagamento da marca ficcional que permite criar o artifício da credibilidade, do recurso à informação inesperada que abala a segurança proveniente do costume e, naturalmente, da mordacidade do gracejo inesperado que fere e faz rir.[17] O bom funcionamento e a eficácia dessa forma de comunicação, porém, dependiam da concordância tácita entre remetente e destinatário sobre o manejo de dois procedimentos: a palavra é apresentada como garantia da verdade do que é dito; o remetente é encarado à maneira de um orador cujo desempenho retórico deveria convencer por completo o destinatário. Este é o grande artifício literário das *Cartas chilenas*: insistir na autenticidade das cartas. O autor precisa negar a proveniência imaginária do relato, fornecer credibilidade o mais vigorosamente possível à narrativa e persuadir seu leitor de que ele está diante de um *documento* — além de, é claro, sustentar esse artifício no estatuto de verossimilhança e cumplicidade próprio à atividade de escrever cartas. Cabe ao leitor acreditar. O elemento da cumplicidade é decisivo na estratégia de composição do panfleto e sua importância decorre do acordo tácito que sustenta: na palavra do remetente reside a confiança do destinatário na verdade do que é dito. Com um acréscimo: o efeito de verdade produzido por esse gênero de escrita não tem de ser provado ou demonstrado. Ela pertence inteiramente ao olhar do sujeito que escreve; esse olhar à margem, íntimo, que parece surpreender os acontecimentos quase à revelia de seu autor.

É esse o olhar de Gonzaga nas *Cartas chilenas*, que ele faz girar sobre as coisas e o mundo que vê. Seu olhar se interessa por tudo — tudo o impressiona e o faz refletir. Os locais públicos de Vila Rica estão sempre fervilhando de gente nas ruas, contaminados pelas múltiplas e tumultuadas funções da vida urbana, e Gonzaga oferece ao leitor uma visada minuciosa desse burburinho. Negros domesticados à força de chicote e muito sangue ergueram as grossas paredes da Casa de Cadeia e Câmara, enquanto brancos e mestiços vadios perambulam a esmo no arruamento torcido de Vila Rica tentando escapar da vigilância das autoridades, conta o autor das *Cartas chilenas*. E o poeta segue adiante, como quem pega o interlocutor pelo braço e vai caminhando: um mulato morreu antes de tocar sua rabeca nos festejos em homenagem ao casamento do infante d. João com a princesa de Espanha, d. Carlota Joaquina, mas a cidade se manteve indiferente — a festa ritualizava as diferenças, neutralizava o conflito e suprimia a vilania graças à atmosfera de júbilo. Taberneiros, tendeiros e negras quitandeiras continuavam sonhando enriquecer com o ouro que já fora fácil; sapateiros, alfaiates e almocreves ainda insistiam em ingressar em corporações militares para, um dia, quem sabe, alcançarem outra posição social.[18]

Ao contrário do cenário quase deserto da praça, das ruas e dos edifícios com que Cláudio Manuel da Costa fundou *Vila Rica*, existe um bulício de vida pública na representação citadina das *Cartas chilenas* que deixa aflorar certa intenção, trai certo artifício, algum cálculo ou malícia do autor. Mas o jeito de ver do poeta parece elaborar uma construção em eco, já que coloca o leitor na posição de voyeur, para surpreender intimidades e segredos — ele *precisa* saber do que sabem os protagonistas das cartas. À maneira das *Cartas persas*: ao lado de um motivo evidente, outro motivo se esconde.[19] O olhar de Gonzaga sublinha, com um rasgo conclusivo, mordaz, meio aristocrático, e não poucas vezes moralista, tudo aquilo que, em Vila Rica, se oferece à curiosidade do visitante: as cavalhadas, as procissões, as peças levadas em cena na Casa de Ópera. Aliás, quando Gonzaga resolve ser moralista, não é de meias medidas: seus comentários desdenhosos à profunda mestiçagem que envolve todos os estratos sociais da capitania, seu desprezo diante da mulata que, em trajes masculinos, dança no "quente lundu e no vil batuque" revelam o que ele considera de péssimo gosto e moralmente vicioso.[20] Contudo, nada disso impede que o poeta lance esse segundo olhar que bisbilhota a geografia oculta de Vila Rica, seus espaços furtivos, sua natureza mestiça e torna tudo domínio público. Não escapa coisa alguma: nem as "tabernas fedorentas" em cujas prateleiras se amontoam "os queijos, a cachaça, o negro fumo", nem as "belas moças movidas do balanço, dão no vento milhares e milhares de embigadas". O sol de outubro, por sua vez, se deixa ver livre do disfarce da convenção árcade e carrega consigo nuvens de tanajuras, "formigas que criam com as chuvas longas asas"; por último, na praça, a Cadeia, um soberbo edifício, "sobre ossos de inocente construído", serve de opróbrio ao governador corrupto e brutal que mandou erguê-lo.[21]

De certa maneira, então, o olhar de Gonzaga pensa; e nas *Cartas chilenas* parece interrogar a superfície citadina de Vila Rica, para indicar ao seu destinatário o jogo, a máscara, a bufonaria, a burrice satisfeita, por trás, acima, além dela... É como se o poeta avisasse ao seu leitor: tudo o que é dizível é público, pode ser distorcido e é ambíguo; por trás do que é visto está o que se cala e o que se esconde. Também, nesse caso, é possível proceder a uma aproximação com o modelo fornecido pelas *Cartas persas*: pois, para cumprir o efeito de *desmascarar*, as *Cartas chilenas* são, afinal, o momento de zombaria de Gonzaga. Mais precisamente, elas são o momento em que o poeta tratou de explorar as conexões entre o riso e o desprezo, herdados da cultura retórica italiana renascentista, e de atingir com o ridículo tudo aquilo que, nas Minas, pretendia impor-se unicamente por meio da força e da autocracia.[22] O riso proposto pelo panfleto é, basicamente, uma expressão de sarcasmo e de escárnio diante de coisas ridículas, e tudo que é ridículo, insiste Gonzaga, é desonesto — a soberba de Cunha Menezes, a charlatanice e a venalidade de seus auxiliares, a degradação dos costumes, o farisaísmo dos padres. Ao mobilizar o riso, o panfleto vira seu argumento ao avesso: ele não cuida somente de escarnecer do mando exercido por um governador desprezível, ou da submissão experimentada pela sociedade das Minas diante aquilo que a intimida — nas *Cartas chilenas*, o riso vai além e deboucha do vício.

Esse establishment que o riso de Gonzaga condenou não era nem absurdo nem em essência injustificável; era um establishment de falsificação de valores. Aos olhos do poeta, ele era injusto, vale dizer, desobediente às injunções dos princípios originais de justiça e de razão sob os quais deveria ser sustentada a autoridade autêntica. Diante da suspeita de que a corrupção da autoridade da lei estava se tornando manifesta dentro do Império e assumindo sua própria voracidade nas Minas, por intermédio dos representantes da Coroa, é sob a etiqueta da restauração que Gonzaga constrói o seu argumento: na antinomia virtude versus corrupção que ele compôs para o entrecho das *Cartas chilenas*, o reencontro com a virtude pressupunha uma volta para trás, era alguma coisa para a qual se remonta — algo que se recupera como fundamento da lei na origem de uma comunidade que se pretenda livre. Na tentativa de expulsar a corrupção da sociedade das Minas por meio do riso, os letrados iriam pôr-se de acordo com o argumento de Tiradentes: a República não poderia se fundar entre eles senão recorrendo a uma ação restauradora, uma *restitutio ad integrum*, para usar, mais uma vez, a linguagem de Montesquieu.[23]

A FORMA DA REPÚBLICA

As *Cartas chilenas* revelam a corrupção — dão a conhecer a patologia política que envenena a República. Já o outro documento que sobreviveu à queima de papéis comprometedores recomendada pelo Embuçado — o livro contendo a coletânea de leis constitucionais dos Estados Unidos da América —, se não tinha nada de incompatível com o ponto de chegada das *Cartas chilenas*, obrigava os conjurados a parar para pensar sobre um campo de problemas no qual havia um punhado de questões imediatas para responder: Qual é a forma da República? Quais são os usos do poder, os procedimentos e as práticas políticas que dão sentido a um governo republicano?

Eles simplesmente não sabiam todas as respostas. Afinal de contas, ninguém antes deles havia se disposto a ir tão longe para acabar com o domínio português numa capitania da América. O livro era importante porque lançava luz sobre uma visão de futuro: o que é uma República, o que ela deve ser e o que é possível realizar — sobretudo no caso de os conjurados conseguirem montar seu próprio empreendimento político, na conjuntura das Minas. O livro foi publicado em francês, a língua internacional da época, sua edição contou com o discretíssimo apoio do governo da França, interessado em enfraquecer a Grã-Bretanha com uma derrota na Guerra de Independência da América inglesa, e se intitulava *Recueil de loix constitutives des colonies anglaises confédérées sous la dénomination d'États-Unis de l'Amérique-Septentrionale*. Tinha o objetivo de promover a Revolução Americana para além de suas fronteiras e seu conteúdo era letal para o Antigo Regime. Continha os documentos constitucionais fundadores da República nos Estados Unidos da América: a Declaração de Independência, os Artigos da Confederação, as Constituições de seis dos treze Estados que formavam a República — Pensilvânia, Nova Jersey, Delaware, Maryland, Virgínia e Carolina do Sul —, além de alguns documentos avulsos, como o juramento da baía de Massachusetts, a instrução ditada pela cidade de Boston ao Congresso Geral, o Ato de Navegação das Colônias Unidas, o Censo de 1775 das colônias inglesas.[24]

Em 1788, dois exemplares do *Recueil* desembarcaram clandestinos no Rio de Janeiro e foram levados para Minas. Vinham escondidos na bagagem de uma dupla de estudantes — José Álvares Maciel e José Pereira Ribeiro — que retornava ao Brasil, encerrados seus estudos na Europa. Álvares Maciel acabara

161

de se graduar em filosofia natural em Coimbra, tinha passado quase dois anos na Inglaterra, especialmente em Birmingham, o berço da Revolução Industrial inglesa, para conhecer máquinas a vapor, caldeiras e fornos e, de volta ao Rio de Janeiro, encontrou Tiradentes. A afinidade entre os dois foi imediata, havia interesses demais em comum e Maciel não teve dúvida: emprestou seu exemplar do *Recueil* para o amigo. Dias antes de ser preso, certo de que estava sendo seguido a mando do vice-rei do Brasil, d. Luís de Vasconcelos e Souza, Tiradentes entregou o *Recueil* a um subordinado seu, Francisco Xavier Machado, com a recomendação de que o levasse aos conjurados, provavelmente Cláudio Manuel da Costa ou Tomás Antônio Gonzaga, em Vila Rica. O exemplar não chegou ao destino; acabou nas mãos do visconde de Barbacena. Alarmado, Barbacena mandou abrir uma investigação urgente, sigilosa e separada da Devassa em Minas: havia ali um bocado de documentos revolucionários que tornavam acessíveis princípios e direitos, além da maneira de criar uma estrutura de governo para a República — como é que uma publicação ilegal e potencialmente incendiária tinha conseguido abrir brechas em sua administração e estava circulando clandestina entre o Rio de Janeiro e Minas?

Apenso aos *Autos da Devassa*, por obra de Barbacena, o exemplar do *Recueil* sobreviveu. Foi enfiado, junto com os demais documentos das devassas, dentro de um enorme saco de pano verde e quase todo mundo esqueceu o assunto por setenta anos nos arquivos da secretaria do Império, no Rio de Janeiro. Em 1860, o diretor da Biblioteca Nacional, Alexandre de Mello Moraes, decidiu bisbilhotar o processo da conjuração de Minas e topou com o *Recueil*; ao que parece, ele resolveu fazer política paroquial com o patrimônio histórico: doou o exemplar à biblioteca pública da cidade de Desterro, hoje Florianópolis. "Quando tive notícia de que a capital de Santa Catarina diligenciava livros para formar sua biblioteca lhe mandei de presente o exemplar das Constituições, apenso ao processo original de Tiradentes", ainda se deu ao trabalho de escrever no próprio verso da capa do *Recueil*. Passado pouco mais de um século, a certa altura do ano de 1984, o então governador de Minas, Tancredo Neves, soube da história de um pequeno tesouro perdido e não titubeou: mandou pedir ao estado de Santa Catarina o exemplar de volta. Depois de tantas peripécias, o *Recueil* é hoje o documento mais importante do acervo do Museu da Inconfidência, em Ouro Preto.[25]

Mas o que aconteceu com o segundo exemplar? Conhecemos quase nada sobre ele: chegou intacto a Vila Rica e José Pereira Ribeiro o levou a um dos conjurados. Bacharel em leis e proprietário de uma livraria invejável, não é difícil imaginar que Ribeiro o tenha dado de presente ao amigo Cláudio Manuel da Costa, com quem habitualmente trocava livros; e que Cláudio Manuel, depois, tenha emprestado o exemplar ao cônego Luís Vieira, ou a Tomás Antonio Gonzaga — os três liam francês e alinhavavam, em suas conversas, uma nova forma política para o governo das Minas. "Já se faziam as leis para se governar, [e] estas se faziam em casa do desembargador Gonzaga", confirmou algum tempo depois, da cadeia, o tenente-coronel Domingos de Abreu Vieira em sua delação aos juízes devassantes.[26] As pistas terminam aí, e é possível que o destino do livro seja idêntico ao dos demais papéis destruídos após a visita do Embuçado. Ou não. Quem sabe, a história não tenha se passado exatamente assim, outras providências para evitar acusações e suspeitas tenham sido tomadas e o exemplar do *Recueil*, entregue para pessoas próximas, sem visibilidade na conspiração, por exemplo. Não sabemos. Mas alguma coisa diferente do que já conhecemos pode ter acontecido ao livro. Afinal, quase trinta anos após o fracasso da Conjuração Mineira, um volume do *Recueil*, escrito em francês, com referências de publicação idênticas às do exemplar que José Pereira Ribeiro levou para Minas, apareceu no Recife e andou virando a cabeça dos membros do governo revolucionário provisório, no auge da Revolução de 1817.

Seria capaz de ter saído do bolso de qualquer um, é fato. O êxito da experiência republicana norte-americana oferecia sentido e forma política à vocação autonomista de Pernambuco, e o *Recueil* detalhava aos revolucionários de 1817 o projeto constitucional e a estrutura de governo de uma República Confederada — isso explica o interesse dos pernambucanos pelo livro, embora ninguém soubesse dizer exatamente como foi que ele apareceu por lá. A história não termina por aqui, contudo. Circulando no Recife na mesma época estava um sujeito vindo das Minas. Luiz Fortes de Bustamante tinha então cerca de sessenta anos, era natural de Vila Rica e, no disse me disse dos círculos revolucionários da cidade, corria a informação de ele ter andado pela orla da Conjuração Mineira. É bem possível. Bustamante foi contemporâneo de Álvares Maciel e de José Pereira Ribeiro em Coimbra e abandonou as Minas logo após o início da repressão, em 1789, em algum momento entre a prisão de Tiradentes e a chegada a Vila Rica das tropas enviadas pelo vice-rei — talvez intuindo que o fio do novelo desfiado por Barbacena poderia acabar chegando nele. Estabeleceu-se por pouco tempo no Rio de Janeiro, subiu para Pernambuco e arrumou uma maneira de submergir. Até que reapareceu, em 1817, animadíssimo e de bacamarte na mão: participou dos combates que levaram à conquista do forte do Brum, no Recife, onde tinha se refugiado o governador Caetano Pinto de Miranda Montenegro, foi um dos oito signatários de sua rendição, participou do Conselho da República recém-criada e figurou com destaque entre os ativistas da revolução. Quando sobreveio a derrota dos revolucionários seguida pelo acerto de contas da Coroa, Bustamante sabia que não iria escapar — seu nome foi incluído no rol dos proscritos e a prisão não tardaria. Antes que os soldados batessem à sua porta, deu um jeito de escapulir, de novo, de uma região conflagrada pela sedição e não olhar para trás — só que dessa feita decidiu que o risco era grande demais e embarcou com os filhos direto para os Estados Unidos.[27]

Tudo isso pode até ter sido coincidência, mas o duplo reaparecimento do *Recueil* e de Bustamante no Recife em 1817 revela que as ideias de República se espalhavam internamente na colônia e cresciam à medida que se propagavam, formando novas e inesperadas teias de conexões. Os conjurados mineiros foram abastecidos de informações sobre as inovações constitucionais produzidas pelo republicanismo norte-americano durante o período da Confederação graças a um sistema semelhante, mas de interação atlântica: envolvia o Brasil, a América do Norte e a Europa, entre os anos de 1776 e 1792 — e o *Recueil* foi um dos seus mais importantes suportes de divulgação. O livro endossava as pretensões revolucionárias das Minas, talvez menos por conta de uma discussão doutrinária do que por fornecer um composto inédito de formas de pensar e de procedimentos políticos que naturalmente foi submetido a considerações de ordem prática, e pôde ser reinterpretado e transformado em uma linguagem política adequada à conjuntura de uma capitania meio falida e escorchada pelos tributos impostos por Lisboa. Sua contribuição mais notável aos olhos dos mineiros — a inovação constitucional de uma República Confederada — tinha especial interesse para os integrantes de uma conspiração com vocação autonomista, que pretendia declarar sua separação de Portugal e evoluir para a condição de uma comunidade política autogovernada e consciente de si mesma.

A expectativa dos conjurados de que podiam criar seus próprios governos e governar a si mesmos, à sua maneira, permitiu-lhes dar atenção às duas opções disponíveis que faziam parte dos referenciais políticos mobilizados pela experiência do republicanismo norte-americano: República ou monarquia constitucional eletiva. Ainda que a balança da conjuração penda notavelmente a favor da República como forma de governo, havia entre os conjurados uma disposição favorável a examinar a adequação do regime monárquico à nova conjuntura da capitania; e essa disposição não expressava nem crise nem ruptura no interior da linguagem política do republicanismo que vinha se formando na América portuguesa. Ao contrário. Estabilizar a soberania das Minas sob a forma de uma monarquia constitucional, como chegou a propor reiteradas vezes o cônego Luís Vieira, não soa dissonante, mas chama a atenção para dois argumentos fortes no contexto da história da tradição republicana. O primeiro argumento: o outro da República, no decorrer do século xviii, não era a monarquia, mas a tirania — e sua forma mais acabada, ao menos na compreensão dos revolucionários de então, ainda se chamava monarquia absoluta.[28] O segundo argumento: o vínculo estreito entre forma de governo e liberdade, característico da tradição republicana, não estava ausente da experiência da monarquia parlamentar inglesa herdada das revoluções do século xvii. A alternativa *quase republicana* da Constituição inglesa, que tanto atraiu Montesquieu quando buscou, em sua época, o modelo de organização institucional mais adequado para reformar as instituições francesas, indica que os conjurados mineiros — ou, pelo menos, alguns dentre eles — estavam atentos a um problema em tudo semelhante ao que vinha sendo enfrentado pelos revolucionários norte-americanos: se independência significava autogoverno, a liberdade tinha uma face institucional. Vinham daí a importância e a legitimidade de se travar o debate que, de fato, ocorreu, nos dois lados da América, sobre a pertinência da monarquia derivada do experimento constitucional inglês como a melhor forma de governo.[29]

Alexander Hamilton, por exemplo, foi de longe o melhor orador da Revolução Americana. Em 1787, durante seis horas ininterruptas, ele apresentou à Convenção Constitucional, num discurso impecável, o seu próprio projeto de construção de um governo nacional — projeto que impunha, como principal característica do *bom governo*, a criação de um Executivo enérgico, vigoroso e com mandato vitalício. A poderosa retórica de Hamilton visava afastar qualquer reserva. Mas sua defesa da necessidade de um presidente vitalício ou reelegível indefinidamente, capaz de acumular cada vez mais poderes e de conduzir o governo nacional por sua própria decisão e de alguns conselheiros, parecia-se demais com o padrão de construção da monarquia inglesa para não provocar desconforto entre seus próprios companheiros. O discurso evocava o fantasma da Coroa britânica, observou Charles Pinckney, delegado da Carolina do Sul — na proposta de Hamilton havia o risco de os delegados estarem produzindo "uma monarquia da pior espécie, isto é, eletiva". Pinckney podia até ter razão, mas Hamilton não deixou por menos. Sua obsessão era construir um Estado americano nacional poderoso e com completa autoridade sobre dinheiro e armas: Executivo forte, capacidade de legislar, controle de um sistema estável de arrecadação de impostos e manejo de uma completa estrutura de poder militar, naval e civil; a ideia de que esse projeto de Estado pudesse ser identificado com uma República ou com uma monarquia eletiva significava, para ele, um problema rigorosamente secundário.[30]

O horizonte político das Minas não era evidentemente o da Convenção Constitucional da Filadélfia, mas os conjurados estavam muito interessados nas inovações criadas pela Revolução Americana a partir da adoção da forma constitucional de uma República Confederada. O assunto importava demais para o cônego Vieira, que pregava a soberania das Minas com um olho posto na Revolução Americana e o outro no próprio pragmatismo político, e não se furtou a imaginar um status de império para a América portuguesa, como modo de regular as relações com Portugal. Vieira empregava o termo "império" — e não "reino" —, precisamente para denotar a soberania da colônia sobre si própria:

> Sempre via empregado aquele cônego, dos sucessos da América inglesa, lendo a sua história; a uma natural complacência no êxito que os ditos rebeldes americanos tiveram; e à desmedida paixão que o mesmo denunciava pelo seu país, ouvindo-lhe dizer algumas vezes que, se no tempo da aclamação do senhor rei d. João IV, viesse esse príncipe para o Brasil, que a essa hora se acharia a América constituindo um formidável império; e ainda seria felicíssimo este continente se viesse para ele algum dos príncipes portugueses; mais, que a suceder assim, sempre corria risco de o quererem cá aclamar; e que o melhor de tudo seria mudar a rainha a sua corte para a América.[31]

O cônego Vieira era um entusiasta da Revolução Americana e, como ele mesmo gostava de repetir aos amigos, apreciou imensamente "que os americanos ingleses tivessem dado aquele coque a Inglaterra", mas hesitava em adotar a República como forma política porque as pequenas Repúblicas europeias que sobreviveram ao século XVIII tinham pouca expressão e não inspiravam um modelo de governo.[32] Nesse aspecto, o *Recueil* era um achado: trazia embalada para uso a forma inédita da criação de uma República Confederada expandida. Uma solução notável e, deve ter pensado o cônego, se com a independência o futuro das Minas podia até ser promissor, mas desconhecido, com a República seria possível aplicar coque semelhante ao da América inglesa no Império português:

> [...] o cônego Luís Vieira, este não encobre a paixão que tem de ver o Brasil feito uma república; abonou o Tiradentes de um homem animoso e que, se houvesse muitos como ele, que o Brasil era uma república florente; e que um príncipe europeu não podia ter nada com a América que é um país livre; e que el-rei de Portugal nada gastou nesta conquista, que os nacionais já a tiraram dos holandeses, fazendo a guerra à sua custa sem el-rei contribuir com dinheiro algum para ela; depois disso os franceses tomaram o Rio de Janeiro, que os habitadores da cidade lha compraram com seu dinheiro; e ultimamente concluiu que essa terra não pode estar muito tempo sujeita a el-rei de Portugal, porque os nacionais também dela querem fazer corpo de república; proferindo estas e outras solturas sediciosas, encaminhadas todas ao fim da liberdade.[33]

Não era coisa pouca. No momento em que o Congresso Continental recomendou a cada uma das antigas Treze Colônias britânicas a aprovação de uma Constituição própria, em 10 de maio de 1776, foi posta em questão a própria aplicabilidade da tradição republicana. Ela ainda não havia se defrontado com o precedente histórico de fundar a República em um território potencialmente continental e com uma população numerosa. A proposta era grande demais para a imaginação política da época, que até então considerava sua viabilidade somente em pequenos territórios.[34] Essa possibilidade descortinou o futuro na cabeça dos conjurados mineiros porque a solução favorecia enormemente o aspecto mais ambicioso de seu próprio projeto político: a solução confederada era a melhor maneira disponível naquela circunstância de tentar formar e manter uma República, em outro espaço territorial também de proporções continentais — a América portuguesa —, por meio da associação entre várias capitanias, dispostas a se organizarem como comunidades políticas livres e soberanas.

A pretensão dos mineiros de estender as articulações políticas da conjuração para outras capitanias, em especial Rio de Janeiro e São Paulo, tinha, evidentemente, um forte sentido estratégico: por maior que fosse a aposta no potencial de autossuficiência das Minas, com a capitania isolada supunha-se que seria inviável manter a independência por um período considerável. A confederação viabilizava a conjuração e os mineiros reconheciam isso, mesmo quando resolviam reverenciar a própria vaidade e disputar protagonismo político com os vizinhos: "Havia cinco ou sete negociantes do Rio de Janeiro que queriam que a revolução começasse por lá; e que lhe tinham mandado responder que essa glória a queriam eles para cá", resmungou Domingos Vidal de Barbosa, no auge da conspiração.[35]

As capitanias sempre existiram como entidades separadas, tinham história e interesses distintos e cuidavam de seus próprios assuntos. Não havia necessariamente nada de errado nisso, supunham os conjurados, a não ser o fato de essas capitanias, que, em comum, guardavam sobretudo a dependência para com Portugal, relutarem em afirmar sua soberania na condição de comunidades políticas livres, à moda mineira. O problema não era o propósito de ampliar para fora das Minas uma rede de articulações e alianças, mas a dificuldade de se obter um apoio concreto à conjuração por parte de outras capitanias. Para vencer essa dificuldade, valia lançar mão de qualquer recurso, inclusive de uma inusitada — e, possivelmente, muito convincente — ameaça de calote contra os comerciantes do Rio de Janeiro, responsáveis por sustentar o maior volume de comércio com as Minas:

> Naqueles conventículos, se havia deliberado que tivesse as Minas o brasão de saírem primeiro; e que, feito o levante, deputaria a república enviados ao Rio de Janeiro dizendo que, se queriam que as Minas satisfizessem o que se devia àquela praça, praticassem ali o mesmo[,]

explicou, aos juízes devassantes, o marido de Hipólita Jacinta, Francisco de Oliveira Lopes, que apostava no estilo caloteiro como a melhor saída para o impasse.[36]

Tiradentes continuava cético. Tinha os demais colonos da América portuguesa em péssima conta — como se sabe, os cariocas em especial. Eles não se dispunham a ceder nada, hesitavam em chegar a uma separação final de Portugal, estavam cheios de medo. Tiradentes fazia jogo duro, denunciava as promessas vagas dos comerciantes do Rio de Janeiro, mas percebia que o caso era de paciência e de insistência — seria preciso defender melhor a busca por alianças. Além do mais, ele também sabia que uma República confederada era a opção militar mais adequada — os soldados do rei de Portugal simplesmente não tinham condições de subjugar um continente. Os conjurados sustentaram seu planejamento militar baseado na premissa de que estratégica e logisticamente Portugal estava em desvantagem: não seria fácil, nem barato, manter o deslocamento de tropas através do Atlântico e, em seguida, por terra, para o interior da América portuguesa. A posição estratégica de Minas — entre o litoral e o interior e entre o Rio de Janeiro e Salvador — e a proteção natural das montanhas permitiam a montagem de um sistema defensivo em profundidade que incluía duas pontas. Uma, o fechamento das "bocas" de Minas: o Caminho Velho e o Caminho Novo pelos conjurados da comarca do Rio das Mortes; o Caminho dos Currais do São Francisco pelos conjurados da comarca do Serro do Frio. A outra, a utilização do recuo tático e da "guerra volante", que hoje chamamos guerrilha, nas montanhas do Distrito Diamantino, onde imperava gente da pior espécie e decidida a tudo, ao menos aos olhos das autoridades metropolitanas: os garimpeiros, as quadrilhas de salteadores e os contrabandistas — para azar da Coroa, boa parte envolvida no emaranhado de relações sediciosas estabelecidas por padre Rolim. Era um planejamento que guardava semelhança estratégica e parecia inspirar-se no êxito norte-americano na Guerra de Independência. A expectativa não era vencer no campo militar e expulsar as tropas portuguesas; era exaurir Portugal, inclusive economicamente, forçando Lisboa a negociar.[37]

Mas Tiradentes também sabia que, dadas as circunstâncias, e independentemente da vacilação dos vizinhos, era prioritário utilizar do poderoso efeito de persuasão que a notícia do apoio de outras capitanias alcançaria nas Minas: "Vossa mercê não sabe o que vai?", segredava, de um para outro, com sua petulância habitual. E entregava o segredo como quem dá uma piscadela e transforma o interlocutor em cúmplice da trama: "Pois está para haver um levante tanto nesta capitania como nas do Rio de Janeiro, Bahia, Pernambuco,

Pará, Mato Grosso etc.".[38] Na realidade, Tiradentes percebia que eles não tinham alternativa. A existência de estados independentes na América portuguesa, com capacidade de criar contratos de governo e tratados com outros estados, não seria só um acontecimento excepcional; essa era a única solução viável para a sobrevivência econômica e política das Minas, em longo prazo. A Conjuração Mineira estava restrita a uma população e a um território; se a forma de governo lhes permitisse redefinir suas relações com as outras capitanias, isso tornaria praticável a independência e garantiria estabilidade à República — além de significar uma inovação tão importante, à sua maneira, quanto o fora a Revolução Americana. Para usar um termo caro às posições intelectuais do cônego Vieira, a América portuguesa ainda poderia vir a se organizar com o feitio de um "império". Afinal, além de leitor apurado de Montesquieu — para quem o termo abrange todas as comunidades políticas em expansão, sejam Holanda, as Ligas Suíças ou o Império da Alemanha —, Vieira usava a linguagem política do século XVIII e, nela, a palavra "império" costumava ser aplicada tanto a uma República quanto a qualquer espécie de confederação.[39]

Conceber a República era uma questão de grande importância para os conjurados e o *Recueil* foi possivelmente sua melhor ferramenta: tornava mais claras as inovações constitucionais e identificava algumas soluções que as pessoas comuns podiam escolher para determinar a maneira pela qual o governo deveria ser exercido. Sob esse aspecto, os mineiros partilharam com os revolucionários norte-americanos pelo menos duas formulações características do republicanismo que se formou na antiga América inglesa: a convicção de que a força de equilíbrio da República vem da sua disposição institucional em fatiar o poder de maneira equânime e a certeza de que o Legislativo é a principal unidade de sustentação da soberania na República.[40] Os Artigos da Confederação eram a chave para esse procedimento. Eles foram redigidos em 1776, aprovados pelo Congresso Continental em 1777 e adotados por todos os estados recém-independentes, vigorando até 1788 como a primeira formulação de poder constitucional na República norte-americana. Ao contrário das antigas *constitutions*, anteriores ao século XVIII, cuja função era dirigir a maneira de viver na cidade ou compilar leis, os artigos expressavam uma novidade no entendimento de seu papel constitucional: eles determinavam o modo pelo qual o governo deveria ser exercido, em uma República cujo organismo institucional não seria singular, mas composto.[41]

A elite das Minas havia chegado bastante longe na administração local, estava farta do Estado colonial português e reconhecia algo sólido e adequadamente paroquial num argumento que trazia como marca registrada a recusa a um governo central ávido de poder e a certeza de que a divisão de autoridade na República repousava no protagonismo político do Legislativo. O argumento de que a soberania era legislativa, o poder devia ser fragmentado e a chave para frear seus excessos permanecia sob o controle da comunidade política era desconcertantemente familiar aos conjurados, e padre Toledo caprichou na criação de um modelo local ao mesmo tempo apto a concentrar o poder nos organismos legislativos e devidamente adaptado à realidade das Minas: "Quando [ele] viera a Vila Rica, achara uns poucos conjurados a fazerem um levante e a reduzirem as Minas a uma República, fazendo vários parlamentos, um na dita vila, outro na de São João, e outros mais, ficando a vila de São João sendo a capital",[42] confirmou João de Resende Costa Filho em seu depoimento aos juízes devassantes. Uma vez instalada a República, raciocinou padre Toledo ao seu interlocutor, o braço legislativo seria claramente dominante: "Havia de existir nela [República] sete parlamentos, sendo a capital São João Del Rei".[43]

Até a década de 1770, a ideia do funcionamento da uma pluralidade de Legislativos era uma subversão política e uma impossibilidade real. Não havia vocabulário a que recorrer; a solução tinha de ser inventada. Na experiência revolucionária do republicanismo norte-americano, essa solução surgiu de uma cultura política emersa da vivência colonial, cujos traços descentralizados permitiram intensificar a tradição do governo comunal expressa na relativa — e inédita para o contexto europeu — condição de autonomia das assembleias provinciais.[44] Já nas Minas, o ponto de apoio para padre Toledo espalhar casas legislativas por toda a capitania das Minas viria da estrutura original das câmaras municipais; e é de uma lógica política impecável a maneira como os conjurados reelaboraram a solução norte-americana à luz de sua própria experiência de vida colonial. Na América portuguesa, como vimos, as câmaras eram a única experiência de "República" que os colonos conheciam, tanto pelo grau significativo de autonomia local quanto por sua disposição administrativa para exercer a gestão do bem comum no espaço urbano das vilas e cidades — e foi no cotidiano das câmaras que muitos conjurados aprenderam a exercitar o valor da *vita activa*. Mas as câmaras eram bem mais do que isso. Elas, efetivamente, dispunham da qualidade adequada para funcionar como suporte na criação de estruturas legislativas em comunidades pequenas: no dia a dia de suas práticas administrativas, concentrava-se a essência da vida pública dos colonos, com todos os seus vícios e virtudes.[45]

Os Artigos da Confederação publicados no *Recueil* possuíam um atrativo inegável para a imaginação política dos conjurados mineiros; contudo, o recurso a esse repertório foi, como sempre, seletivo. Na República que eles conceberam, até onde se sabe, não coube o pressuposto do Legislativo popular funcionando como fiador da liberdade republicana. A convicção de que quem governa é a comunidade, por intermédio do cidadão virtuoso, marcou a qualidade da vida pública da Confederação norte-americana e produziu uma impressionante onda democrática que varreu os estados. As decisões políticas não somente tinham de ser aprovadas pelo conjunto do povo, como esse povo — entendido como as pessoas comuns — foi incluído, de maneira expressiva, na condução dos assuntos legislativos. Ocorreu um crescimento significativo no comparecimento de votantes nas eleições estaduais, um aumento impressionante do número de eleitores e uma considerável alteração na composição social dos eleitos para os Legislativos estaduais, que passaram a conter entre seus membros representantes dos estratos sociais inferiores da população, em especial artesãos, pequenos comerciantes, sapateiros e ferreiros, conhecidos por *mechanics*, além, é claro, do "povo do campo", os pequenos fazendeiros e plantadores da região rural — desdenhosamente alcunhados de caipiras.[46]

Os conjurados mineiros não tinham como ignorar o componente igualitário presente nos Artigos da Confederação e em algumas Constituições estaduais. Na Pensilvânia, por exemplo, um importante laboratório de experimentação política do republicanismo norte-americano, quem legislava era o conjunto do povo reunido em convenção, em comitês distritais ou mesmo em uma multidão, não importava, mas desde que permanentemente mobilizado para a tarefa de discutir e aprovar — ou não — projetos legislativos que só então poderiam ser convertidos em leis.[47] Contudo, os conspiradores mineiros estavam convencidos de que, se o apelo à liberdade é oposto à tirania, ele também é diferente do recurso à participação popular direta na vida institucional. Eles não podiam adivinhar o que viria pela frente, mas nessa questão continuavam muito próximos dos debates que iriam definir a paisagem política da Confederação e preparar a adesão dos estados à realização da Convenção Constitucional, em maio de 1787, na Filadélfia. Afinal, a invenção que Madison viria a apresentar na Convenção Constitucional — o "esquema da representação" — visava precisamente redefinir a forma da República para filtrar os apetites imediatistas da população e contrabalançar o peso da participação popular: de uma comunidade política com participação direta do cidadão na vida pública para outra que delega o tratamento dos negócios comuns a um pequeno número de cidadãos eleitos pelos demais — aliás, um ponto central da contundente crítica dos antifederalistas, responsáveis pela valente enxurrada de panfletos que combateu duramente a proposta constitucional de Madison e seus companheiros.[48]

Mas quando a hora chegou, os conjurados estiveram sozinhos. Nenhuma capitania na América portuguesa aliou-se a eles. O contexto internacional, por sua vez, foi especialmente desfavorável aos seus propósitos. Eles bem que tentaram. Existiu uma ligação direta entre a conjuração de Minas e Thomas Jefferson. Em 1786, emissário da República norte-americana em Paris, Jefferson trocou correspondência — e no ano seguinte se encontrou secretamente — com José Joaquim Maia e Barbalho, estudante em Coimbra e, depois, em Montpellier. Amigo de Álvares Maciel, Barbalho nasceu no Rio de Janeiro e, ao que tudo indica, foi incumbido por comerciantes de lá a entrar em contato com Jefferson e garantir o apoio dos Estados Unidos ao levante nas Minas — pelo visto, havia mesmo um projeto de sedição entre os cariocas e talvez fosse mais sólido do que o ressentimento de Tiradentes permitia supor.

Barbalho agiu conforme o combinado, e não mediu palavras na correspondência que manteve com Jefferson: "[...] estamos decididos a seguir o admirável exemplo que acabai de dar-nos e, por conseguinte, quebrar as nossas cadeias e fazer reviver a nossa liberdade, que está de todo morta e oprimida pela força, que é o único direito que os europeus têm sobre a América", revelava. Aproveitou a oportunidade para dizer a Jefferson por que sua revolução tinha valor e inspirava compromisso, apesar de acontecer do outro lado do oceano:

> Mas cumpre que haja uma potência que dê a mão aos brasileiros [...] é a vossa nação que julgamos mais própria para ajudar-nos, não somente porque foi quem nos deu o exemplo, mas também porque a natureza fez-nos habitantes do mesmo continente e, por conseguinte, de alguma sorte compatriotas; pela nossa parte estamos prontos a dar todo o dinheiro que for necessário e a manifestar a todo o tempo a nossa gratidão para com nossos benfeitores.[49]

Thomas Jefferson, por seu lado, foi cauteloso e não prometeu nada no encontro secreto que manteve com Barbalho, ocorrido em 1787, possivelmente entre o final de abril e o início de maio, na cidade de Nîmes, na França, mas prestou atenção na proposta. Após o encontro, ele de pronto despachou, em 4 de maio de 1787, um relatório detalhado a John Jay, então secretário das Relações Exteriores da Confederação, e solicitou que informasse seu teor ao Congresso. O tema era caro a Jefferson: "As Minas de ouro", escreveu a Jay,

> acham-se no meio de montanhas inacessíveis a qualquer exército, e o Rio de Janeiro é tido como o porto mais forte do mundo depois de Gibraltar. [...] Como Portugal está desprovido de Exército e Marinha não poderia tentar uma expedição antes de um ano. À vista dos meios exigidos por essas forças é provável que nunca Portugal tentasse segunda expedição. Na verdade, interceptada a fonte de sua riqueza, mas poderia tentar o primeiro esforço. A parte sensata da nação está tão persuadida disto que considera a separação inevitável no tempo.[50]

Jefferson era um revolucionário inquieto, identificava no seu próprio país recém-nascido o vínculo com um mundo mais amplo e acreditava que apoiar ideias de independência também era um jeito de consolidar a República e fortalecer a liberdade. Ele não estava nem um pouco disposto a perder o futuro para as monarquias absolutistas da Europa, e seu relatório a Jay sugere que uma América portuguesa fervilhando de sedição não deixava de ser uma boa maneira de se tentar resgatar o amanhã republicano:

> Os homens de letras são os que mais desejam uma revolução [...] a maior parte [do povo] sabe ler e escrever, possui armas e está acostumada a servir-se delas para caçar; os escravos tomarão o partido de seus senhores, pois efetivamente, em matéria de revolução, a opinião do país é unânime; mas não há quem seja capaz de conduzir uma revolução, ou quem queira arriscar-se à frente dela, sem o auxílio de alguma nação poderosa visto que a gente do país pode falhar-lhe. [...] O meu informante é natural do Rio de Janeiro, a presente metrópole, onde ele mora, e que conta 50 mil habitantes. Ele conhece bem São Salvador, a antiga capital, assim como as Minas de ouro que se acham no centro do país. Todas estas partes são favoráveis à revolução, e como formam o corpo da nação, as demais partes hão de acompanhá-las.[51]

Não funcionou. Em que pese a disposição encorajadora de Thomas Jefferson, a República norte-americana enfrentava seus próprios problemas internos, precisava tocar seus negócios, queria ansiosamente um tratado de comércio com Portugal — que, aliás, foi assinado pelo próprio Jefferson, em 1786 — e não pretendia se arriscar em um projeto de futuro promissor, mas incerto, na América portuguesa. A França, por seu lado, onde alguns conjurados, como Alvarenga Peixoto, apostavam suas melhores fichas e cujo apoio à Revolução Americana foi essencial, estava politicamente imobilizada em sua capacidade de interferir no cenário internacional, mergulhada em sua própria revolução.[52]

Em 1789, a Conjuração Mineira fracassou. Entre março e junho desse ano, ocorreram as delações e, a partir de então, uma parte dos conjurados foi presa. Sobrevieram a Devassa, os interrogatórios, a morte suspeita de Cláudio Manuel da Costa na prisão — não sabemos se suicídio ou assassinato a mando das autoridades portuguesas —, o desterro na África, a prisão perpétua em Portugal para réus eclesiásticos e o enforcamento de Tiradentes. Com o furor repressivo da Coroa e o esforço que fez para esconder a conspiração de Minas, inclusive da atenção internacional, não era para sobrar nada. À primeira vista, deu certo. Em setembro de 1789, o enviado britânico a Lisboa Robert Walpole informou a Londres num tom neutro que as notícias sobre agitações no Brasil eram tão vagas,

> no que diz respeito aos fatos, e mesmo aos lugares onde se afirma terem acontecido, que não se pode chegar a nenhuma conclusão confiável. Dá-se certo crédito à informação sobre uma resistência, acontecida em alguma região de mineração no interior do país, a uma medida que o novo governador recebeu ordens de incrementar.[53]

Além do mais, a Conjuração Mineira não entregou boa parte do que prometeu. Não produziu uma declaração de independência, não fez eclodir o levante armado, não trucidou nenhuma autoridade portuguesa em um ritual de execução pública como forma de espetáculo, não ensaiou uma experiência mesmo curta de autogoverno. Tampouco suscitou outros movimentos políticos diretamente vinculados a ela. É bem verdade que os conjurados acrescentaram novos significados a alguns termos de uso no vocabulário político na colônia, como "América", "pátria", "autogoverno", "corrupção" — e, graças a eles, a palavra "República" firmou-se no centro de uma linguagem do mundo público. E ela continuou a ser falada, em voz alta, em outras capitanias, por colonos que resolveram afirmar o valor da liberdade e da participação do cidadão na construção de uma vida comum e a declarar sua firme disposição de viver sem Portugal. Uma vez esmagada a Conjuração Mineira, sobraram só as ideias e a estranha potência das palavras,[54] e isso talvez pareça pouco para o olhar do historiador contemporâneo.

Mas não é. Os colonos estavam a cada dia mais atrevidos, sobretudo no Rio de Janeiro e em Salvador. E as revoltas nunca mais seriam as mesmas no Brasil.

6. República do Tagoahy

O LOUCO DESEJO DE LIBERDADE

O sol estava forte naquela manhã de sábado, 21 de abril de 1792, mas o céu devia ser de um azul transparente, como costuma acontecer nessa época do ano no Rio de Janeiro. Tiradentes saiu pela última vez da cela abafada e úmida e foi conduzido, já com a alva e o capuz do condenado, para fora da cadeia pública da cidade, onde hoje existe o palácio Tiradentes, sede da Assembleia Legislativa do estado. Eram onze horas da manhã quando ele subiu devagar os vinte degraus da escada para a forca, erguida quase dois metros acima da rua, e pediu ao carrasco que fosse rápido. O trajeto foi curto: da rua da Cadeia até o local da execução, no campo de São Domingos, atual praça Tiradentes, um enorme descampado alagadiço em dias de chuva, em frente à igreja de Nossa Senhora da Lampadosa — o nome da irmandade de pretos que ergueu e batizou a igreja em homenagem aos negros escravizados provenientes da ilha de Lampadosa (ou Lampedusa), no mar Mediterrâneo, próxima da costa da Tunísia, com larga tradição religiosa e guerreira. À espera, havia uma audiência ansiosa e excitada: colchas de seda ou damasco carmesim enfeitavam desde cedo as janelas das casas, os sinos do convento do Carmo começaram a dobrar mal despontara o sol no horizonte e as autoridades coloniais marcaram presença montadas em cavalos engalanados: crinas trançadas com fitas cor-de-rosa, arreios de prata dourada, estribos de veludo escarlate e franjas de ouro. A soldadesca era muita e espalhada. Três regimentos completos estavam dispostos de ponta a ponta, em alas, nas ruas por onde viria caminhando o preso e, após sua passagem, fechariam a retaguarda do acompanhamento; os demais regimentos, postados no largo, cercavam a forca — de costas para o patíbulo, de frente para o povo e com as cartucheiras providas de pólvora e bala.[1]

O espetáculo foi cuidadosamente concebido pelo novo vice-rei do Brasil, José Luís de Castro, conde de Resende. Ele tomara posse do cargo em 1790, em meio ao desenrolar do processo contra os conjurados mineiros, e estava decidido a ritualizar o acontecimento para afirmar aos colonos a autoridade da Coroa portuguesa — ao mesmo tempo absoluta, temível, espetaculosa. Encerrado o ato de execução, mandou formar a tropa e exigiu de cada soldado e oficial, individualmente, um juramento, em voz alta, da "fidelidade devida aos soberanos"; comandou três vivas à rainha, Maria I, distribuiu patrulhas nas ruas e só então recolheu os regimentos aos quartéis. Depois, fez festa durante uma semana. Decretou três noites de luminárias na cidade do Rio de Janeiro e todos os edifícios públicos e residências particulares se iluminaram em regozijo pelo acontecimento — a luz transformava o ambiente urbano, vencia a escuridão, prolongava o dia e simbolizava a fidelidade da população para com a Coroa.[2]

O mais perturbador para o vice-rei, porém, era o fato de que havia mal-estar na cidade. "A plebe frágil, indiscreta e mal instruída sentia comiseração pelos prisioneiros das Minas",[3] anotou depois frei Raimundo da Anunciação Penaforte, um dos nove franciscanos que assistiram os conjurados em confissão e acompanharam a execução de Tiradentes. Entre a leitura da sentença, em 18 de abril, e a execução, dois dias depois, "a cidade, sem discrepar de seus deveres políticos, não pôde esconder de todo a opressão que sentia", relatou frei José Carlos do Desterro, outro franciscano do grupo de confessores, que percebia um sopro de hostilidade no Rio de Janeiro contra as autoridades:

Muita gente se retirou ao campo, muitas famílias sentindo-se sem valor fizeram o mesmo, outras tomaram cautelas contra as notícias que corriam [...]. Nesses dois dias diminuiu sensivelmente a comunicação; as ruas não foram frequentadas da gente mais séria e a consternação parece que se pintava em todos os objetos [...]. Vista a sentença — atendida a atrocidade do crime — ninguém mais concebia esperança alguma de remédio.[4]

O conde de Resende desconfiava da lealdade dos cariocas e tratou de controlar de perto o efeito que as solenidades iriam provocar em todos que nelas tomassem parte. Chamou o bispo, mandou oficiar uma missa solene, na igreja da Ordem Terceira do Carmo, que deveria ser encerrada com um te-déum — o hino sacro cristão de ação de graças. E talvez desconfiasse ainda mais dos padres: determinou, por escrito, o tema do sermão. A cerimônia seria de alegria e gratidão dos colonos pelo duplo benefício concedido por Deus: aos povos das Minas, por permitir a descoberta da conjura a tempo; aos do Rio de Janeiro, por não ter sido a cidade contaminada pelas ideias dos conjurados. A igreja da Ordem Terceira do Carmo foi escolhida a dedo. Tinha uma legião de fiéis, seus altares estavam cheios de imagens devocionais muito populares e o vice-rei empenhou-se em fixar duas lembranças tangíveis na consciência da população: o horror do enforcamento de Tiradentes e a noção clara não só do malogro dos conjurados, mas de como a Coroa esmagava o crime de Inconfidência — como já visto, o nome dado ao delito cometido pelo súdito que se torna infiel ao seu soberano. Para coroar a retórica pedagógica, encomendou uma nova alegoria a ser instalada no arco pleno da capela onde teve lugar a cerimônia de te-déum — o ponto de melhor visibilidade do prédio, que separa o centro do altar principal. A estrutura côncava da nave acentuava a profundidade da capela-mor, de modo a lembrar um palco, o altar interior, de feição rococó, coberto de querubins e anjos mulatos, valorizava o resultado final e, como se tratava de uma alegoria destinada a penetrar a alma dos colonos, toda grandiosidade era pouca: o vice-rei mandou acender mais de duzentas velas em torno do arco, reuniu os melhores cantores da cidade para a cerimônia, determinou o comparecimento das autoridades, encheu a igreja de gente e foi ele próprio se ajoelhar em frente ao altar. A mensagem da alegoria era clara: nela, a rainha de Portugal, com a mão esquerda, tocava o próprio peito, e com o cetro, na mão direita, apontava para a

figura da América, que aos pés do trono, posta de joelhos, muito reverentemente lhe oferecia uma bandeja de corações que simbolizavam o amor e a fidelidade dos americanos. Mais ao longe, e como em campo muito distante, se viam os sublevados, representados na figura de um índio posto de joelhos, despojado de seus vestidos e armas, com as mãos erguidas, e em um braço uma cobra enrolada, protestando a eterna vassalagem, e suplicando a piedade da soberana: a qual dava a conhecer que atendia mais aos influxos de sua clemência, do que aos impulsos da justiça.[5]

Os rituais de execução pública como forma de espetáculo eram assustadores e o enforcamento de Tiradentes alcançou grande repercussão. Mas alguma coisa havia se alterado de maneira radical na cabeça das autoridades portuguesas. Afinal, em 1789, quando a Conjuração Mineira foi descoberta, a atitude foi outra: tribunais secretos de inquirição e o esforço para esconder a conspiração da atenção de todos. O conde de Resende concebeu um quadro vívido do rito de submissão dos colonos capaz de infundir medo generalizado por um único motivo: o mundo estava mudando rapidamente e Lisboa não estava preparada para essa mudança. Entre 1789 e 1792, a Revolução Francesa virou a Europa de cabeça para baixo: os Estados-Gerais foram instalados, a Assembleia Nacional Constituinte proclamada, a Bastilha derrubada, a Declaração dos Direitos do Homem e do Cidadão aprovada, o rei francês achava-se preso. Pior: os acontecimentos da França começaram a repercutir de modo espetacular na América e a oportunidade revolucionária apareceu do lado de cá do Atlântico. Em 1791, eclodiu a grande revolta dos escravos na colônia francesa de São Domingos — hoje o Haiti — que implantou a primeira República de africanos fora de seu continente, se tornou uma ameaça para as sociedades escravistas e uma inspiração para os escravizados dos outros lugares.

As autoridades portuguesas julgaram e sentenciaram os conjurados mineiros com os olhos postos nesse mundo que mudava de maneira tão calamitosa para o Antigo Regime, e os modos como o significado da conjuração nas Minas foi reavaliado fazia muito sentido a essa altura. E se da lembrança da conjuração surgisse algo maior?, pareciam se perguntar a todo momento. A época era perigosa e o conde de Resende iria gastar boa parte de seu tempo e de seu governo manejando o medo para tentar preservar a América portuguesa do contágio com aquilo que frei Raimundo da Anunciação Penaforte, o confessor de Tiradentes na prisão, chamou de "o louco desejo de liberdade".[6]

O vice-rei do Brasil considerava-se um funcionário bem informado sobre os acontecimentos que sacudiam a Europa e as Américas e farejava perigo —

talvez não nos fatos, que, no final das contas, não seriam mais do que matéria morta na colônia, mas nas ideias. Eram ideias de conjura e República que poderiam adquirir nome e corpo, escapar de seu território de origem e ameaçar o Império — como ocorreu nas Minas, em 1789, ou na conjuração de Goa, capital do Estado português na Índia, em 1787, e cuja plataforma republicana também foi inspirada pela Revolução Americana. O Atlântico havia se tornado um mundo tomado pela incerteza, seria necessário reconsiderar a vulnerabilidade da América portuguesa, e o conde de Resende não desprezava nenhum tipo de medo — nem aquele que ele se propunha a provocar nos colonos, nem o medo que o acossava e que seria preciso, de qualquer modo, tornar controlável. E ele estava amedrontado: as ideias tinham um jeito medonho de atravessar o Atlântico e jorrar no território da América portuguesa, não importava o que as autoridades fizessem a respeito para impedir.[7] Para complicar ainda mais as coisas, o problema começava bem defronte de sua casa, na outra ponta do largo do Paço, onde se situava a residência dos vice-reis e a sede do governo: no porto da cidade do Rio de Janeiro, desde 1763 a capital do vice-reino do Brasil.

Nas três últimas décadas do século XVIII, a vida urbana do Rio de Janeiro girava em torno do porto. A cidade havia se transformado no principal entreposto comercial entre o Brasil e as outras partes do Império português e no maior centro de distribuição de produtos para o interior da colônia. Com o comércio transatlântico cada vez mais intenso, desembarcavam no Rio de Janeiro, inclusive para serem reexportadas, mercadorias de todo tipo, entre elas remessas de livros clandestinos e uma quantidade razoável de informação impressa sobre o que estava acontecendo no mundo. O fluxo de notícias que manava no porto semana a semana pelos canais do comércio era para ser levado a sério pelo vice-rei, e uma boa parte dele chegava através da imprensa. Os abomináveis e destrutivos princípios de liberdade originários da Revolução Francesa, por exemplo — as "francesias", como eram chamadas numa mistura de desprezo e receio pelos funcionários do Império —, passaram a circular, na América portuguesa, entre 1789 e meados da década de 1790. As francesias viajaram da Europa para o mar e em direção sul para o porto do Rio de Janeiro, impressas em jornais: o *Correio de Londres*, a *Gazeta de Lisboa*, o *Courrier de l'Europe* e o proibidíssimo *Mercure de France*.[8]

A *Gazeta de Lisboa* informou regularmente seus leitores sobre os principais acontecimentos da França — a convocação dos Estados-Gerais, a proclamação da Assembleia Nacional Constituinte, a abolição dos direitos feudais — até setembro de 1789. Sua mal disfarçada simpatia pela Revolução Francesa teve vida curta, e a publicação de notícias sobre o assunto foi rapidamente proibida pela Real Mesa da Comissão Geral do Exame e Censura dos Livros. O apetite do público para descobrir o que estava acontecendo na França, porém, era cada vez maior e, em outros jornais, a cobertura continuava intensa, além de corrosivamente perigosa — os exemplares podiam ser obtidos, com algum risco, mas sem muita dificuldade, por meio de remessas clandestinas ou mesmo legais. O *Courrier de l'Europe*, uma gazeta internacional editada em francês, e o *Correio de Londres* eram considerados especialmente confiáveis, noticiavam em detalhes as sessões dos Estados-Gerais e das Assembleias que lhe sucederam e tinham como referência uma bem estabelecida reputação de cobertura de notícias parlamentares. Além disso, o *Correio de Londres* se vangloriava de trazer para o leitor um mosaico de informações e a novidade do emprego de títulos em tipo maior para identificar o assunto das matérias.[9]

Os jornais ingleses já assumiam a fisionomia de uma nova imprensa — não se pareciam mais com livros. Mas, se fosse para o leitor escolher um único jornal, com grande circulação e capaz de abordar os mais variados assuntos, incluindo política e Revolução, nada se comparava ao *Mercure de France*. O jornal descendia de uma publicação literária do século XVII que ressurgiu, em 1778, com 48 páginas e se interessava por todo tipo de notícia: cobria as capitais europeias, transmitia o andamento da Revolução Americana, publicava resumos das principais gazetas e incluía a publicação da partitura e da letra de canções populares, além da crítica musical, teatral e literária de Paris. Os editores também perceberam de imediato a oportunidade de combinar acontecimentos culturais com política e apontar seus canhões contra o Antigo Regime. Em 1784, o jornal abriu dezesseis páginas para resenhar a encenação de *As bodas de Fígaro*, de Beaumarchais, a peça teatral que denunciou as inconsequências e a louca prodigalidade da monarquia, sua obstinada recusa diante de toda advertência e a completa cegueira da aristocracia francesa ante a ameaça de bancarrota do Estado.[10]

Os jornais europeus resolveram o problema crucial de fazer circular as francesias para além das fronteiras nacionais e para o outro lado do Atlântico. Entre 1789 e 1799, as diversas assembleias que se formaram em Paris — os Estados-Gerais, a Assembleia Nacional Constituinte, a Assembleia Legislativa, a Convenção, o Conselho dos Quinhentos e o Conselho dos Antigos — eram o foco de convergência do debate de ideias e estavam no centro da definição da política revolucionária francesa. Para desespero das autoridades portuguesas, a cobertura dos jornais foi extremamente bem-sucedida e o comércio clandestino garantiu que os assuntos em curso na França chegassem até Lisboa e, de lá, até o porto do Rio de Janeiro.

O Atlântico havia se transformado num mundo em que o pensamento revolucionário estava em expansão — e, nesse caso, o medo das autoridades nunca é um só, são muitos. À ameaça de jornais europeus como transmissores de informação, argumentos e ideologia, o conde de Resende media outro perigo razoavelmente fundado: o risco, em curto prazo, de ocorrer uma invasão francesa nos portos da América. Ao longo do período revolucionário francês, diversos projetos de expedição e de ataque às costas do Brasil tomaram forma em Paris: um em 1796 e 1797, três em 1799 e dois em 1800. Atacar o Brasil, considerado uma das colônias mais ricas da América, era atingir não só Portugal como também o comércio inglês, velho inimigo dos franceses, que se beneficiava das transações coloniais brasileiras em virtude dos vários acordos firmados por Londres com Lisboa.[11] O ataque direto nunca aconteceu, mas as autoridades portuguesas estavam convencidas de que algum tipo de invasão viria a ocorrer mais dia menos dia. Afinal, ao contrário dos norte-americanos ou dos republicanos ingleses do século XVII, os franceses tinham o objetivo estratégico de expandir a linguagem revolucionária para além de suas fronteiras nacionais.

Em 1792, Martinho de Melo e Castro, o todo-poderoso ministro português dos Negócios da Marinha e Domínios Ultramarinos, tratou de alertar altos funcionários coloniais, como o então governador da capitania de São Paulo, Bernardo José de Lorena, sobre o perigo representado pelos "escritos sediciosos, e incendiários" que serviam "para espalhar a semente da insurreição entre vassalos de seus respectivos soberanos". E frisou:

Os clubes estabelecidos em França [atearam] nas colônias francesas o fogo da revolta e da insurreição, fazendo levantar os escravos contra os seus senhores, e excitando na parte francesa da ilha de São Domingos uma guerra civil entre uns e outros, em que cometerão as mais atrozes crueldades, que jamais se praticarão.[12]

Dois anos depois de Melo e Castro ter remetido sua correspondência à colônia, as autoridades em Lisboa tomaram novas precauções. Em 17 de dezembro de 1794, um novo decreto restabeleceu os tribunais responsáveis pela censura tríplice em todo o Império: o Ordinário, o Santo Ofício e o Desembargo do Paço. Elas temiam o quê, na verdade? A justificativa do ministro para a reintegração do aparato tradicional de censura traz a resposta e revela o receio da propagação do repertório político e intelectual do republicanismo francês no território português:

> A extraordinária e temível revolução literária e doutrinal que, nestes últimos anos, e atualmente, tem tão funestamente atentado contra as opiniões estabelecidas, propagando novos, inauditos e horrorosos princípios, e sentimentos políticos, filosóficos, ideológicos e jurídicos derramados e disseminados para ruína da religião, dos impérios e da sociedade; [...] toda a prudência religiosa e política exige que, para reparação do pretérito e precaução do futuro, se recorra a outros meios e providências que possam com maior vigor e eficácia ocorrer a tantos males e ruínas.[13]

Durante a década de 1790, as autoridades portuguesas tinham motivos para enxergar uma trama sombria de sublevações por toda parte; afinal, o Império, a monarquia e a escravidão foram abalados e a palavra "República" estava na origem desse medo mais vasto do que qualquer outro até então identificado por Lisboa. A época era confusa e perturbadora, e qualquer letrado na colônia passou a ser visto pelas autoridades como um incendiário em potencial. E então, em 1794, dois anos após comandar o espetáculo do enforcamento de Tiradentes, e um ano depois da execução de Luís XVI e do início do terror jacobino, o conde de Resende recebeu uma delação que empilhava informações desconcertantes uma após a outra: havia letrados se reunindo regularmente na cidade. Mais grave: as reuniões ocorriam na casa de um deles, onde funcionava a sede da Sociedade Literária do Rio de Janeiro. E ainda: nessas reuniões, jornais europeus costumavam ser lidos e debatidos, professava-se o ateísmo, a postura de muitos participantes era, no mínimo, anticlerical e o ambiente, ostensivamente simpático aos revolucionários franceses e aos conjurados mineiros — "os réus da conjuração de Minas, porque ficaram mal foram tratados por rebeldes; mas se ficassem bem, seriam uns heróis",[14] diziam. Naquela altura dos acontecimentos, o conde de Resende não podia imaginar nada pior do que letrados engajados em excesso de loquacidade e tomou providências para extirpar o problema pela raiz: proibiu o funcionamento da Sociedade Literária do Rio de Janeiro, fechou sua sede, trancafiou onze de seus membros na fortaleza da Conceição durante dois longos anos e abriu a Devassa.[15] Não sabia no que estava se metendo.

O USO DA CIÊNCIA E A PROMOÇÃO DO BEM PÚBLICO

Em 1794, a Sociedade Literária do Rio de Janeiro já tinha história. A associação fora criada em junho de 1786, com o patrocínio do então vice-rei, d. Luís de Vasconcelos e Souza, e ainda sob o influxo das reformas pombalinas. Em muitos aspectos, ela era herdeira das três experiências anteriores de sociabilidade letrada ocorridas na cidade: a Academia dos Felizes, criada em 1736, a Academia dos Seletos, de 1752, e a Academia Científica, de 1772. Na prática, a Sociedade Literária do Rio de Janeiro surgiu quase como um prolongamento desta última experiência, com uma agenda dedicada à valorização do conhecimento técnico e científico e estimulada pelos interesses das autoridades metropolitanas em mapear e promover uma exploração mais abrangente dos recursos naturais do Império português. Entre 1786 e 1790, quando encerrou pela primeira vez suas atividades no Rio de Janeiro, os trabalhos da Sociedade Literária permaneceram circunscritos ao âmbito da cultura científica e, sobretudo, ao estudo da história natural.[16] E vários de seus integrantes mantinham uma correspondência ativa com a Academia Real de Ciências de Lisboa, criada em 1779, com o propósito de articular o maior número possível de naturalistas na produção de conhecimento sobre o reino e sobre os seus extensos domínios do ultramar para proveito e desenvolvimento do Império.[17]

A Academia Real de Ciências de Lisboa talvez seja a consequência mais vistosa do profundo processo de mudanças que se iniciou em Portugal com a reforma da Universidade de Coimbra, entrando pelo período pós-pombalino.[18] A instituição fazia parte de um circuito de produção de conhecimento encabeçado pela Coroa, que reorientou o desenvolvimento do campo científico para o estudo das ciências da natureza e para a promoção de conhecimento de resultado prático. Na percepção dos acadêmicos em Lisboa, os territórios do Império com melhores possibilidades de oferecer bons resultados de pesquisa encontravam-se fora da Europa: eram a África e o Brasil, e eles defendiam a realização de pesquisas locais para a obtenção de um volume expressivo de novas informações. A Coroa aprovou a ideia e decidiu patrocinar uma série de expedições científicas. Conhecidas como "viagens filosóficas" — já que incluíam tanto comentários de natureza política quanto avaliações econômicas —, seu objetivo final era utilizar os resultados das pesquisas para promover a exploração racional dos recursos naturais do Império e incrementar as engrenagens do comércio português. O salto não seria difícil, a fórmula poderia funcionar e a Coroa bancou pelo menos três expedições. Entre 1783 e 1793, Manuel Galvão da Silva coletou espécies minerais em Moçambique e ao longo de 25 anos, entre 1783 e 1808, Joaquim José da Silva juntou um herbário e selecionou plantas e animais em Angola.

No Brasil, a "viagem filosófica" ocorreu entre os anos de 1783 e 1792. Foi levada a cabo por um brasileiro, Alexandre Rodrigues Ferreira, que se formara em Coimbra e trabalhava, em Lisboa, com Domenico Vandelli, o naturalista italiano encarregado de organizar um jardim botânico no palácio da Ajuda que deveria servir como o centro de coleta, análise e difusão de resultados sobre os recursos naturais do Império. Sua "viagem filosófica" percorreu o rio Amazonas até a fronteira com o território sob domínio da Espanha e chegou à ilha de Marajó. Depois, transpôs a Bacia Amazônica rumo ao Pantanal e desceu explorando os rios Guaporé, Cuiabá, São Lourenço, Paraguai, Jauru e Madeira até Vila Bela, no Mato Grosso. A expedição comandada por Ferreira enviou treze remessas para Lisboa com estimados 202 volumes, que incluíam relatórios, diários, coleta de espécies da flora e da fauna e dezenas de aquarelas. Os resultados são impressionantes e os volumes trazem descrições detalhadas de plantas, animais e espécies minerais. Alexandre Ferreira catalogou novas orquídeas, frutas e sementes, além de diversas espécies de cânhamo. Sua equipe — um jardineiro botânico, dois desenhistas e dois índios — identificou insetos desconhecidos, papagaios multicoloridos, peixes-bois enormes, tartarugas marinhas, jacarés, cascavéis e jiboias — empalhou tudo e despachou para Portugal. De especial importância e beleza são o inventário e as centenas de aquarelas sobre os indígenas: artefatos, máscaras, cerâmica, armas, instrumentos musicais, enfeites, plantas detalhadas das cabanas e aldeias.[19]

Ao lado das "viagens filosóficas" e para além do reino também se criaram

186

academias, inaugurando um processo de incorporação por parte da Coroa do conhecimento ilustrado produzido no Império português; e a Sociedade Literária do Rio de Janeiro foi, provavelmente, a primeira associação de letrados que incluiu a história natural como eixo principal de suas pesquisas. Sua produção intelectual era intensa, mas guardava uma peculiaridade importante: o compromisso com a realização de um tipo de pesquisa voltado para os interesses da própria área colonial. Havia uma constância orientando a dinâmica dos trabalhos dos letrados na entidade: a convicção de que o conhecimento formulado deveria estar referenciado à ideia de bem público. Todos eles sabiam que, sob o signo da Coroa, suas pesquisas reverteriam naturalmente em proveito para o Império — e ninguém ali discordava disso. O foco de suas pesquisas — o uso da água da fonte da Carioca, a necessidade de produzir remédios adequados ao tratamento de doenças locais, o entendimento de sua incidência sazonal e do papel da água contaminada nos surtos endêmicos na capitania, a descrição e uso medicinal de plantas nativas — tinha direção e objetivos definidos e pretendia acessar um conhecimento mais vasto sobre o território da América portuguesa, com a intenção explícita de gerar bem-estar público, isto é, de fornecer aos seus habitantes meios para desfrutar o prazer, assegurar o valor das coisas que produziam e mitigar a dor.

Os letrados cariocas quebraram a cabeça em novos tipos de pesquisas. Realizaram estudos sobre álcalis extraídos de bananeiras ou do mangue e sobre a produção de aguardente a partir da raiz de sapé. Também criaram técnicas de resfriamento para uso em aguardente e licores. E tentaram, ainda, obter a tinta do urucum, produzir corante extraído da cochonilha — um tipo de inseto entre a cigarra e o pulgão — e pesquisar a cultura do anil, da qual, ao final do século XVIII, o Rio de Janeiro era o principal produtor mundial.[20] Não ficaram nisso. Vicente Coelho de Seabra Silva e Telles, por exemplo, um mineiro formado em matemática, filosofia e medicina pela Universidade de Coimbra, escreveu e publicou o primeiro manual de química elementar em língua portuguesa. Telles estava especialmente atento às descobertas de Antoine Lavoisier na França e apostava na contribuição da química tanto para garantir avanços na agricultura quanto para criar soluções de higiene capazes de permitir à medicina prosseguir no tratamento de doenças endêmicas e, melhor ainda, na elaboração de programas de prevenção médica. Intitulado *Elementos de chimica offerecidos a Sociedade Litteraria do Rio de Janeiro para o uso do seu curso de chimica*, o manual foi publicado em duas partes, entre 1788 e 1790, pela Real Oficina da Universidade de Coimbra. Já na abertura, Telles, em 1788, sustentava seu ímpeto político:

> Amados patriotas, por que não seguiremos os exemplos daquelas nações iluminadas, que levam sobre nós toda a vantagem nestas ciências que honram a espécie humana? Por que também não nos honramos? A nossa pátria tem menos direito de ser honrada? [...] Ora é tempo de abrir os olhos; nós somos tão capazes como as outras nações[,][21]

A força dominante de todas essas pesquisas, porém, vinha da convicção partilhada de que o conhecimento produzido servia à Coroa, mas era concebido para ser útil à colônia — talvez a primeira vez no Brasil que se materializou a possibilidade do uso da ciência em proveito da coletividade. A afirmação do caráter ativo da realização do bem comum — a decisão de inscrever o bem no domínio público — ocupa lugar de destaque na tradição republicana e entrou para a linguagem política dos colonos na América portuguesa por força da convicção dos letrados cariocas que operavam, na prática, com duas variações desse princípio: a noção de que *bem público* não é um bem a que se aspira, mas é um bem que se frui; e o empenho de produzir um tipo de conhecimento em favor de sua cidade — ou de sua *pátria*, como eles mesmos costumavam dizer, indicando, com isso, o Rio de Janeiro, mas também o espaço territorial da colônia.[22]

Porque sabiam do que eram capazes, os letrados do Rio de Janeiro sentiram-se, de muitas maneiras, coparticipantes do reformismo iniciado por Pombal. E já que enxergavam a si próprios como portadores de uma identidade gentílica — dado que sua pátria estava na colônia, e não no reino — e compartilhavam do mesmo saber, eles também se relacionavam de igual para igual entre si e com os letrados nascidos em Portugal: "Vou participar-vos as verdadeiras luzes que tenho adquirido sobre esse mesmo objeto", anunciou, compenetrado, o médico Jacinto José da Silva Quintão, numa concorrida sessão da Sociedade Literária do Rio de Janeiro, quando pretendia apresentar os resultados de sua pesquisa sobre a obtenção de um corante muito apreciado para uso em tecidos, de cor vermelho vivo, extraído a partir da cochonilha. Quintão era o típico representante da entidade: formara-se em 1778 no prestigioso curso de medicina da Universidade de Montpellier, instituição francesa que oferecia aos estudantes, além de instrução médica, uma atmosfera intelectual e científica arejada, e via a si próprio como alguém capaz de encarnar um cidadão sólido que se apresentava a qualquer audiência na condição de "patriota zeloso e amante da felicidade pública". Não seria diferente dessa vez. Logo na abertura da sessão ele entregou para a atenta plateia a senha de que o destino do conhecimento produzido pela academia carioca era político e precisava referir-se à construção do bem comum no Rio de Janeiro e na colônia: "[...] dando-vos o método de a propagardes para que sejais úteis a vós mesmos, e promovais a felicidade da minha e da vossa pátria, e da nação inteira, e de ter eu a satisfação de ver aceito, e posto em prática o meu trabalho pelos meus patrícios zelosos".[23] Alguns anos mais tarde, em 1813, em nova conferência, agora realizada numa conjuntura em que a atmosfera política na colônia estava menos carregada para o lado dos cientistas, Quintão relembrou as atividades da Sociedade Literária e cravou seu ponto predileto — a associação dos médicos e cientistas cariocas tinha identidade coletiva, causa e programa:

> Ali não só se tratava de filosofia, matemática, astronomia, modos de facilitar os trabalhos do agricultor, fazendo-lhe conhecer a qualidade do terreno para não ser infrutuosa a sua lavoura, como se tratava da saúde pública entre os médicos e cirurgiões peritos e dignos de serem membros daquela sociedade; respondendo a consultas, decidiam questões sobre as moléstias que grassavam, analisando águas e mais substâncias necessárias à vida do homem.[24]

Desde o início, portanto, a Sociedade Literária ocupou um espaço que tendia inevitavelmente à politização, mas a explosiva confluência entre as famigeradas francesias, as ideias sediciosas em geral e a produção de conhecimento científico só ganhou corpo em 1794. O combustível para a explosão provinha de duas fontes. A primeira, é claro, era a própria realização das reuniões que institucionalizavam um espaço e um ambiente favorável a uma sociabilidade construída em torno de interesses comuns — científico, intelectual, laico e político. Entre 1790 e 1794, os membros da Sociedade Literária se viram constrangidos a um período de hibernação forçada que teve início em 1790, com o regresso do antigo vice-rei, d. Luís de Vasconcelos e Souza, a Lisboa, a chegada do conde de Resende ao Rio de Janeiro e a inevitável suspensão das atividades da academia carioca. Em 1794, contudo, naturalistas, botânicos, médicos, químicos, professores, literatos e alguns curiosos voltaram a se reunir regularmente, em casa de um poeta de talento — Manuel Inácio da Silva Alvarenga — e a entidade retomou suas atividades. A segunda fonte de combustível foi resultado da primeira: a ausência, ainda que momentânea, do Estado português atuando diretamente sobre o conhecimento elaborado pelos integrantes da Sociedade Literária. Livres da presença importuna do Estado, os letrados ganharam em identidade e compreenderam depressa que o controle da Coroa sobre as atividades científicas não era completo; e que o espaço estava aberto para a criação de um projeto de produção de conhecimento científico gerado de maneira autônoma, que poderia ser integralmente comandado por eles próprios.[25]

A vivência em uma nova forma de associação que, sem o patrocínio real, representado, no caso, por d. Luís de Vasconcelos e Souza, escapava, pela primeira vez, ao controle que o poder monárquico português exerce sobre as academias de letrados, tanto no reino quanto na colônia, foi uma experiência extraordinária — no espaço de alguns meses, eles criaram novos estatutos para o funcionamento de sua academia e a fisionomia da Sociedade Literária se transformou. Os Estatutos de 1794 confirmam que ocorreu uma ruptura importante no universo mental dos letrados cariocas, já que, em sua nova e última etapa, a entidade deixou de ser o instrumento para fomentar uma cultura científica orientada pela glória da Coroa e tornou-se o lugar de formação de uma sensibilidade de *litterati* — o termo serve para qualificar, como já foi visto, homens cultos, interessados no poder, ávidos por adquirir conhecimento e por debater e aplicar na vida pública o que haviam aprendido com o estudo e a reflexão. Seu objetivo principal sofreu um alargamento conceitual importante, desprendeu-se da lógica administrativa do Estado dirigida ao exercício das ciências naturais e retornou ao estudo da filosofia. Também foi suprimida a censura que pesava sobre o estatuto original e impedia que, durante as sessões, seus integrantes tratassem direta ou indiretamente de matéria religiosa cristã. Ainda mais surpreendente, os novos estatutos excluíram toda e qualquer forma de restrição ao debate político, que poderia, a partir de então, ser travado livremente no interior da Sociedade Literária.[26] Com essa única tacada, os letrados cariocas conseguiram executar uma série de proezas: retomar para si o espaço de sua academia, livre da presença obsedante do poder real; eliminar de vez as motivações religiosas responsáveis por esvaziar seus debates de conteúdo; e ressaltar a natureza política de sua associação.

Era o caso de o conde de Resende começar a se preocupar. Tinha aparecido no Rio de Janeiro uma associação de novo tipo: instituída na colônia, sustentada pela livre adesão dos indivíduos e fora da capacidade de intervenção do Estado português. O recurso ao sigilo funcionou como marca registrada dessa nova Sociedade Literária que se reunia na casa de Silva Alvarenga, e seu uso indica que os letrados ocuparam, de fato, o espaço recém-aberto de autonomia. A exigência do segredo foi incluída provavelmente pelo próprio Silva Alvarenga, no artigo 1º do Estatuto de 1794 — um documento que só foi descoberto pelas autoridades da Coroa na oportunidade do sequestro de seus bens. O sigilo exigido pelo estatuto assinalava que ali havia sido criada uma situação nova — as reuniões andavam evoluindo para o formato de assembleias regulares e, a despeito do trocadilho, a exigência de segredo era politicamente reveladora: servia tanto para ressaltar a natureza não oficial da academia quanto para indicar que a cultura científica produzida por eles não estava sujeita nem ao enquadramento da Coroa nem à fiscalização dos funcionários régios.[27]

Mas foi seu impulso democrático que escancarou a intenção dos membros da Sociedade Literária de organizar uma forma de sociabilidade letrada diversa da tradicional e integrada ao mundo público do Rio de Janeiro. A palavra democracia que aparece inscrita no artigo 3º do Estatuto de 1794 exprimia, de fato, igualdade de condições e não deixa de surpreender. Pudera: está próxima do significado que atribuímos a ela hoje. Os letrados cariocas conjugaram democracia de olho na reconstrução que Rousseau fez do conceito: o exercício do poder, no comando da Sociedade Literária, não poderia ser privilégio de um só. Além disso, nenhum de seus membros poderia pôr-se à parte ou posicionar-se como exceção; todos, alternadamente, comandavam e eram comandados, ocupavam a mesma posição e se reconheciam como iguais.[28] A tonalidade forte dessa ideia de democracia vinha de seu apelo igualitário. As academias literárias do século XVIII, em geral, utilizavam de uma mesma linguagem niveladora para integrar seus membros, que deveriam se relacionar de igual para igual, e isso já havia sido compreendido e praticado pelos letrados, nas Minas, durante a década de 1780. A inspiração dos cariocas, contudo, provinha da junção francesa entre República e democracia, e ultrapassava a noção de igualdade defendida pelos mineiros e reconhecida no talento ou por meio da virtude.

Em 1789, como vimos, os conjurados mineiros duvidavam seriamente da capacidade legislativa de determinados grupos de cidadãos; em 1794, porém, os cariocas defendiam que não havia fratura possível entre governantes e governados. Notável, no curto período de cinco anos entre os serões letrados em Vila Rica ou na comarca do Rio das Mortes e as sessões realizadas, em 1794, na Sociedade Literária do Rio de Janeiro, não foi só a velocidade com que as ideias circularam, amadureceram e se alteraram para, em seguida, interferirem no processo de formação de opinião; foi também essa disposição dos letrados cariocas de garantir uma expansão do princípio igualitário, baseando-se menos na relação recíproca entre dois termos, característica da linguagem niveladora praticada nas Minas, e mais no esforço de tentar precisar a natureza desses termos. O próprio Silva Alvarenga acentuou essa disposição durante os interrogatórios da Devassa e defendeu o argumento de que o exercício da democracia exige estabelecer qual é a dimensão da igualdade pertinente em um contexto de convenção legítima, isto é, comum a todos:

> [...] não havendo entre os sócios uma pessoa superior às outras, ou por nascimento, ou por empregos, que pudesse conter os sócios nos seus decentes deveres, por serem todos iguais, não havia melhor modo [o modo democrático] para seu regime que o por ele lembrado no seu segundo apontamento.[29]

A pergunta "Quem são os iguais?" está embutida no argumento que Silva Alvarenga defendeu desabrido diante da Devassa, e é decisiva para que República e democracia consigam se combinar numa mesma linguagem política, por conta da dúvida que levanta e da pergunta que traz. A pergunta indaga sobre se é justificável a desigualdade real, se não é injusto imputar tratamento desigual a indivíduos que, como sublinhou o próprio Alvarenga, possuem idêntico valor. A dúvida, por sua vez, indica que o mundo mudara e também indaga se não é moralmente necessário corrigir tal desigualdade. Ainda mais notável, porém, é o alcance e a radicalidade dessa combinação entre República e democracia quando ela se encontra com o modelo revolucionário francês: não há como conceber liberdade sem igualdade. Melhor dizendo: não podem existir leis para a defesa da liberdade que permitam o desenvolvimento de desigualdades extremas.[30]

Contudo, quão ameaçadoras eram essas reuniões, na realidade? Em 1794, a Sociedade Literária desfrutou de um curtíssimo período de funcionamento, encerrado abruptamente com a repressão ordenada pelo conde de Resende, convencido de que existia ali a maquinação de uma conjura.[31] Pode ser. Mas não havia prova de uma sedição em andamento ou do planejamento de um levante. Se ele pretendia encontrar uma conspiração em marcha disposta a desafiar o sistema colonial e a adaptar pela força das armas um projeto republicano para o Rio de Janeiro, como ocorrera nas Minas em 1789, estava errado. No Rio de Janeiro só existiram conversas. Apesar disso, seria enganoso subestimar a ameaça que elas representavam para as autoridades do Império. As conversas desceram para a arena pública e andaram pelas ruas da cidade a partir de um circuito de comunicação e troca de informações de natureza abertamente revolucionária, cuja fonte original de transmissão eram as reuniões da academia carioca. Graças a esse circuito que zumbia a qualquer instante pelo centro do Rio de Janeiro com narrativas cada vez mais politizadas, as notícias e ideias vindas da França chegaram até a população em geral. O perigo estava aí. Os letrados tinham arranjado um modo de transbordar as francesias para dentro do ambiente urbano: estavam formando opinião e provocando a discussão pública e usavam como padrão de difusão suas próprias conversas que ocorriam no ambiente reservado da academia. O conde de Resende ficou atônito; esse circuito de comunicação já estava em franco funcionamento muito antes de ele colocar a Sociedade Literária fora da lei e abrir a Devassa:

> Se havendo chegado a minha notícia que muitas pessoas desta cidade, esquecidas de si e da honra do nome português, que até o presente consistia principalmente no amor e fidelidade aos nossos clementíssimos soberanos, se arrojam, não só em casas particulares, mas ainda nos lugares públicos dela; e com a ocasião das atuais alterações da Europa, a altercar questões sobre o governo público dos estados, e em que algumas das referidas pessoas têm escandalosamente proferido: que os reis não são necessários; que os homens são livres e podem em todo o tempo reclamar a sua liberdade; que as leis por que hoje se governa a nação francesa são justas e que o mesmo que aquela nação praticou se devia praticar neste continente; que a Sagrada Escritura, assim como dá poder aos reis para castigar os vassalos, o dá aos vassalos para castigar os reis; cujas proposições, e outras de semelhante natureza, em que até envolvem a religião, além de mostrarem a pouca fidelidade de quem as profere, como próprias de enganar e seduzir o povo rústico e ignorante [...] podem produzir consequências muito perigosas e que convém atalhar.[32]

LUCIFERINAS ASSEMBLEIAS

Quem rastreasse o fluxo de informações, notícias, ideias e argumentos revolucionários em circulação no Rio de Janeiro através de uma rede de transmissão oral que funcionou há mais de duzentos anos, como fez o conde de Resende, chegaria inevitavelmente à rua do Cano. O rastro terminava no primeiro andar do sobrado onde morava o poeta Silva Alvarenga e onde ocorriam as reuniões da Sociedade Literária. A rua do Cano, hoje rua Sete de Setembro, era uma transversal da Misericórdia, a primeira e mais frequentada das ladeiras que desciam o morro do Castelo em direção à praia, no coração da cidade. Meio improvisada, a rua seguia por uma abertura do terreno feita por um cano de pedra construído para despejar no mar as águas estagnadas dos restos da lagoa de Santo Antônio, atual largo da Carioca, e terminava de chofre no muro alto do convento dos carmelitas.

Em 1794, o Rio de Janeiro tinha por volta de 43 mil habitantes — desse total, 28 mil eram homens livres e 15 mil, escravizados.[33] A cidade crescia, buscava saídas para além do seu assentamento inicial e, embora a zona urbana continuasse limitada entre os morros de São Bento, Santo Antônio, Conceição e Castelo, existiam rasgos de expansão pela várzea — o caminho de Mata-Porcos e o caminho de Mata-Cavalos, hoje as ruas da Carioca e Riachuelo. As precárias picadas abertas para a praia e para os morros se transformaram rapidamente em ruas estreitas que terminavam em largos bem pavimentados, mas sujos. E os alagados começaram a ser aterrados, uma providência decisiva para a expansão de uma cidade que se formara entre charcos, pântanos e mangais — em 1779, o vice-rei Luís de Vasconcelos mandou encher de terra a lagoa do Boqueirão da Ajuda para dar início à construção do Passeio Público. A maior parte das ruas era tanto comercial quanto residencial e o entorno do sobrado onde morava Silva Alvarenga fervilhava de gente. Perto dali, concentrava-se quase todo o comércio de boticas. Entre o largo do Paço e a igreja Santa Cruz dos Militares, na rua Direita, atual rua Primeiro de Março, ficava o local de maior movimento do Rio de Janeiro, onde se abrigavam a alfândega, os trapiches, a provedoria e as grandes casas comerciais, e de onde saíam duas procissões em torno das quais a cidade inteira se movia: a do Enterro na noite da Sexta-Feira da Paixão, fantasmagórica, à luz de tochas e archotes; a de Corpus Christi, marcial e colorida, com a tropa imponente formada em homenagem a são Jorge, protetor dos militares.[34]

194

O modo como ideias francamente sustentadas "em escandalosos discursos de louvor e aprovação do sistema atual da França"[35] — na expressão rancorosa do conde de Resende — se moviam pela cidade articulava, de maneira muito eficaz, a contiguidade entre o oral e o escrito. Para desespero das autoridades, a comunicação oral é evanescente. Além de desaparecer no ar, a informação se movimentava dentro de um circuito que transmitia mediante vários pontos, zumbia a qualquer momento e em direções distintas e atingia um público cada vez mais amplo que multiplicava seu efeito pelo ambiente urbano do Rio de Janeiro. A fonte original de transmissão era mesmo a rua do Cano. Uma vez por semana, os membros da Sociedade Literária se encontravam para debater suas pesquisas, descobrir o que estava acontecendo na Europa, compartilhar jornais repletos de notícias subversivas e, é claro, tagarelar à vontade, trocar anedotas e plantar mexericos. José Bernardo da Silveira Frade, um rábula que chegou a frequentar com alguma assiduidade as sessões da agremiação, vivia de advogar em primeira instância e foi autor da principal denúncia contra os letrados, declarou às autoridades que nessas reuniões costumava-se ler

> vários papéis que não sabe ele testemunha se eram gazetas e só que eram escritas em folha de papel e na língua francesa aonde se tratava da revolução da França; e havia vários discursos sobre a sua liberdade sobre os quais fizeram os mesmos assistentes várias reflexões tendentes a fazer odiosas as monarquias mostrando uma grande paixão contra elas e inclinações às Repúblicas encarecendo a felicidade que os povos gozam nas mesmas.[36]

Encerrada a sessão da semana, era hora de ideias, notícias, relatos e mexericos ganharem seu próprio curso e começarem a viajar em outras direções para além da rua do Cano. Entrava em funcionamento, então, um segundo circuito de transmissão e difusão de informações, mais amplo, cuja fonte de irradiação estava localizada no balcão das principais boticas da cidade. O nome "botica" talvez venha do espanhol "bote" — um vaso de barro redondo e alto onde eram conservadas as drogas, unguentos ou xaropes — ou do francês "boutique", usado para designar qualquer tipo de loja em que havia mercadorias à venda, e o Rio de Janeiro tinha dezenas de boticas. Todas elas preparavam e comercializavam drogas para conservação da saúde: a botica de Vitorino, ainda na própria rua do Cano; a de José Mendes, defronte à magnífica fachada de cantaria da igreja da Ordem Terceira do Carmo; a do França e a do Amarante, ambas estabelecidas na rua Direita; a de José Luís da Silva, no campo de São Domingos, onde havia sido erguida a forca em que Tiradentes foi executado; a do Leça, na rua do Sucussarará, no movimentado trecho entre a rua do Cano e a rua Direita, especializada no tratamento de hemorroidas, e cujo proprietário, solícito, insistia em levar o paciente até a calçada e se despedir dele embolando as palavras, com seu indefectível sotaque lusitano: "Seu-cu-sarará!", anunciava o Leça, da porta da botica, em altos brados. Nas proximidades da rua do Cano havia ainda a botica do Agostinho, instalada na rua dos Ourives, destinada a se transformar na primeira farmácia homeopática do Brasil e na sede provisória do Instituto Homeopático Brasileiro, criado por Benoît Mure, o discípulo de Charles Fourrier que, quarenta anos depois, em companhia de colonos franceses, iria tentar implantar, no interior de Santa Catarina, um tipo de colônia nascida dos ideais do socialismo utópico — o Falanstério do Sahí.[37]

As boticas funcionaram como uma fonte especialmente eficiente de transmissão de informações e de ideias de conteúdo revolucionário por algumas razões. A mais evidente: havia sólidas relações comerciais e, não poucas vezes, também de interesse intelectual e de identidade política entre o grupo de médicos e cientistas que fazia parte da Sociedade Literária e os boticários do Rio de Janeiro. A produção de medicamentos era um ramo prático da medicina, boa parte dos remédios aviados por médicos vinha de Portugal e não era incomum encontrar boticários e médicos arrolando juntos espécimes da flora e da fauna brasileiras para incorporá-los na matéria médica, ou escutar naturalistas estimulando as boticas a considerar as ervas locais para desenvolver novos medicamentos a serem comercializados na cidade. O investimento no uso terapêutico de plantas e bichos da América portuguesa fazia uma diferença mensurável — e positiva — na vida da população, e decerto não é um acaso que o médico Jacinto Quintão, o mesmo personagem que tanto se empenhou na defesa do compromisso da Sociedade Literária com a produção de conhecimento para o bem público, também tenha se responsabilizado por escrever e publicar, alguns anos mais tarde, em 1814, o *Mappa das plantas do Brazil, suas virtudes e lugares em que florescem. Extrahido de officios de vários medicos e cirurgioens*, uma extensa descrição de espécies vegetais nativas, os lugares onde poderiam ser encontrados e sua possível serventia medicamentosa.[38]

A outra razão: só as boticas podiam comercializar e produzir drogas medicinais — e, com frequência, também receitar medicamentos. A cidade inteira tinha de passar por ali e havia tempo de sobra para gastar com conversa — o cliente precisava esperar pelo preparo dos remédios. Bastava o sujeito se encostar no balcão e manter os ouvidos abertos, enquanto o boticário manipulava suas drogas; ele iria colher notícias, fuxicar a vida alheia e se atualizar sobre o que ocorria no resto do mundo. Podia participar, sem dúvida: comparar informações, ouvir coletivamente sua crítica, acrescentar argumentos suplementares.

As boticas estavam abertas ao público, por assim dizer; funcionavam como um local de encontro e de conversação livre. Na botica de José Luís da Silva, denunciava o meirinho José Teixeira ao desembargador chanceler encarregado da Devassa, tão logo chegavam os navios da Europa, era inevitável o ajuntamento de pessoas de diferentes camadas da sociedade que, em seguida, espalharia de boca em boca pela cidade as notícias frescas:

> Aparecia um bacharel chamado Mariano, filho de um homem denominado por alcunha o Biscoito, o qual trazia o *Correio da Europa* e aí o lia, mostrando uma grande satisfação dos progressos que os franceses faziam, louvando-os de grandes homens e de grandes guerreiros [...] e que nos ditos *Correios da Europa* se falava na liberdade da França.[39]

Já a botica de Vitorino oferecia manipulação de medicamentos, remédios vindos de Lisboa, debate político e ideias sediciosas, mais ou menos na mesma medida. Um de seus frequentadores assíduos, Francisco Antônio, foi soldado de artilharia, virou entalhador, morava ao pé do morro da Conceição, abaixo do Aljube, a prisão especial para padres, e o tom retórico que utilizava nas conversas esbanjava exaltação e ardor revolucionário:

> Este foi o que disse que a lei dos franceses era boa e que cá deviam fazer o mesmo. Disse-o na botica do Vitorino e disse mais: que o que eles deviam fazer era vir arrasar a terra. Isso contou José de Oliveira, ourives, ao dito Landim, que lho tinha ouvido da dita botica. E o boticário disse que ele não está em si, admirando-se o dito Oliveira de semelhante dizer, ainda que o Landim diz que ele não bebe.[40]

Na botica do Amarante, as conversas sediciosas tornaram-se prioridade; seu proprietário enxergou na estreita ligação que mantinha com os médicos e cientistas da Sociedade Literária a oportunidade de fazer do estabelecimento um centro de discussão sobre a qualidade dos governos, o papel da religião e o futuro político da colônia — tudo isso, é claro, encharcado de francesias. Às dez horas da noite, pontualmente, Amarante cerrava as portas de sua botica, em plena rua Direita, e tinha início uma espécie de tertúlia revestida de sigilo que só terminava entre meia-noite e uma hora da madrugada. As reuniões misturavam de forma desinibida pessoas de procedência social muito variada, mas niveladas no mesmo plano por um tipo de debate saturado de conteúdo político. Não demorou muito para que a notícia dessas reuniões se espalhasse, conta o marceneiro Manuel Pereira Landim, ao que parece bem relacionado com gente que andava flertando com ideias perigosas:

> E o dito Landim, saindo da calçada para o cais, já de noite encontrou com um pardo chamado José Fernandes Teixeira [...] e encaminhando-se os ditos para a rua Direita e chegando ao pé da botica nomeada do Amarante sem o dito Landim lhe falar nela, ele lhe disse que naquela botica era casa de assembleia toda noite aonde se falava em toda a qualidade de governos e na religião [...] aonde se revolvem todos os casos e dúvidas cuja conversa dura até meia-noite e uma hora e que das dez horas por diante cerram as portas e continua a dita assembleia.[41]

A prática dos encontros começou com Amarante, mas se espalhou depressa. Outras boticas politicamente receptivas aos temas tratados pela Sociedade Literária começaram a materializar suas próprias reuniões e a ligar pessoas comuns com a experiência dos debates públicos. Era um jogo perigoso — havia quem discordasse. O sapateiro Manuel de Jesus foi um que discordou. Na verdade, ele ficou horrorizado com a mistura de teoria política radical e crítica virulenta à religião que vinha acontecendo durante os debates realizados na botica do sobrinho de sua mulher, José Luís Mendes, e decidiu acabar com aquilo. Caprichou na delação que escreveu ao vice-rei: condenou o perigoso hábito da leitura, pesou a mão em Voltaire — "Vulter", grafou, onze vezes —, de cuja pena, ele não tinha dúvida, provinha todo o mal que alimentava os debates da botica; no arremate, não se conteve e vociferou escandalizado: "Luciferina assembleia!".

Só podia mesmo ser coisa do demônio, deve ter concordado o conde de Resende. Era infernal o esforço das autoridades para rastrear e frear o fluxo de informações — as francesias tinham seu próprio caminho de difusão e ele iria se bifurcar cada vez mais. Do balcão das boticas, as ideias ganhavam as ruas e passavam a se mover em um terceiro e último circuito de transmissão: viravam *rumor público*, vale dizer, transformavam-se em um assunto ou notícia com capacidade de se disseminar por toda a cidade e interferir na opinião de seus habitantes.[42] A partir desse momento, as linhas de transmissão se cruzavam, se sobrepunham e criavam novas ramificações, enquanto o fluxo de informações se entrelaçava, passava a alimentar-se de si mesmo, acumulava forças e se espalhava até os confins do Rio de Janeiro. E se na origem as ideias traíam a mão refinada dos letrados, agora elas circulavam simultaneamente a partir de um número indeterminado de fontes:

> Diz Manuel Pereira Landim que ouviu dizer a um pardo chamado Gregório do Amaral, que tinha ouvido dizer a um alfaiate, também pardo, aonde costuma ir o médico Jacinto, que o dito médico tinha suas cartinhas de Lisboa de onde sabia melhor as novidades de França, cujas [sic] há alguma desconfiança não sejam de França.[43]

Naturalmente, as coisas sempre podiam piorar — ao menos aos olhos do conde de Resende. A essa altura, material revolucionário estava sendo francamente transmitido para um ambiente urbano frequentado por uma população cada vez mais heterogênea: as escadarias da igreja do Hospício, a praia de D. Manuel, o largo do Carmo, o adro da igreja de Santa Cruz dos Militares, o chafariz de Mestre Valentim, os trapiches do cais do porto.[44] Todos locais públicos onde grupos se formavam e se dispersavam constantemente. Pessoas que antes não se conheciam podiam engatar conversas umas com as outras sobre fatos políticos e militares da França revolucionária ou dos Estados Unidos, expor seus próprios argumentos, julgar o que estavam escutando e exprimir uma opinião a respeito do assunto. Era um sistema de comunicação que não envolvia uma recepção passiva; ao contrário, as pessoas comuns assimilavam e reelaboravam as informações em um ambiente de discussão capaz de se realimentar: grupos se formavam, trocavam ideias, outros grupos surgiam e a conversa seguia em frente, com uma velocidade desconcertante. Muita gente tagarelava pelas ruas, contou à Devassa o nosso já conhecido Manuel Pereira Landim, que, decididamente, era o maior bisbilhoteiro da cidade. Para melhor escutar uma dessas conversas, ele não vacilou; enfiou-se atrás do chafariz de Mestre Valentim, um ótimo esconderijo por conta do tamanho da obra: um bloco único lavrado em granito carioca articulado verticalmente como uma torre de igreja, cheio de detalhes decorativos e instalado em pleno largo do Paço. O grupo que Landim andava xeretando tinha quatro personagens, um deles francês:

> Disse o dito Francisco José que o dito João da Silva pune muito pelos franceses que diz que a guerra que os ditos têm é justa e quando ele está com o dito francês, juntos, e se fala a respeito da França fica o francês alegre se é em abono dos ditos franceses, e se é contra fica como raivoso; [...] e também disse o dito Francisco José que o dito João da Silva Antunes ele lhe ouviu dizer que a justiça que se fez aos homens de Minas fora injusta em sua opinião [...].[45]

Difícil saber se a conversa transcorreu exatamente dessa forma, mas em um aspecto a informação de Landim estava correta: a população que aceita um rumor público faz uma acusação. José dos Santos Porto, por exemplo, que vivia de calafetar navios no cais com estopa de algodão encharcada de alcatrão, foi preso por falar a favor dos franceses e, preocupado em livrar a própria pele, abriu o bico e contou às autoridades ter se encontrado, na praia de D. Manuel,

> com uns homens que estavam conversando [...] e um deles [...] dizia que os franceses, no que tinham feito, tinham obrado muito bem [...] ao que ele testemunha se opusera [...] e nestas conversas, prosseguiram até chegarem defronte do convento do Carmo, aonde se separaram.[46]

Os tópicos variavam, embora o assunto fosse sempre a França revolucionária. A conversa, em geral amistosa, por vezes subia de tom, descambava em discussão e terminava em refrega. Aconteceu na relojoaria de Manoel José, sinal de que não eram mais somente as boticas que irradiavam o debate: o ourives Antônio Gonçalves de Oliveira, que atendia pelo sugestivo apelido de "Passageiro Bonito", e José de Oliveira, com oficina de cravador de joias aberta nas imediações da rua Direita, teriam se engalfinhado aos pontapés na relojoaria se não os apartasse o dono da loja. Bastou chegar à porta [...] um homem que então não conheceu e depois soube que era Antônio Gonçalves, por alcunha o "Passageiro Bonito", e depois chegara também aí um José de Oliveira; e ambos entraram a disputar sobre a revolução da França e o sucesso da guerra, e a insultar-se com vários ditérios, sustentando o partido dos franceses, o sobredito Antônio Gonçalves, com tanto excesso, que obrigou ao mesmo relojoeiro Manoel José a dizer-lhe que se fosse embora, pois não queria aí semelhantes conversas.[47]

O que estava acontecendo no Rio de Janeiro — a discussão e a troca de opiniões, o aprendizado e a informação mútuos sobre os negócios públicos — eram procedimentos abertamente democráticos, como, aliás, defendia Silva Alvarenga. E isso representava um grandessíssimo perigo para a Coroa portuguesa, por três razões. Primeira, porque tirava a política do estreito espaço de poder onde se movimentavam as autoridades régias, para fazer dela *assunto público*. Segunda, porque possibilitava, a cada um, observar, informar-se e se tornar participante dos assuntos públicos, construindo seu próprio discurso para dar sentido ao mundo que se movimentava à sua volta. Terceira, por permitir que a ideia de República adquirisse concretude para um público bastante heterogêneo que resolveu se imiscuir no debate.

Mas nada remotamente semelhante a um conceito abstrato; as pessoas comuns sintonizavam o vocabulário republicano com seus próprios assuntos cotidianos, convocavam seus interesses imediatos e reagiam à sua maneira. Era o caso, por exemplo, de João da Silva Antunes, outro marceneiro, que aderiu à República a partir da constatação pragmática de que "as Repúblicas pagavam tudo o que tiravam aos vassalos" — e ele, muito justamente, queria receber sua parte. Já para o pardo João Veloso, cujas pernas curtas e grossas não lhe permitiam realizar a ambição de servir na tropa, a palavra "República" se relacionava de algum modo com encher barrigas vazias, e ele sonhava "ver-se em França [...] para passar bem". Jacó Miliete, um francês com comércio instalado no Rio de Janeiro, por sua vez, privilegiava o ponto, caro ao seu conterrâneo Robespierre, de que a República era um caso de moralidade pública e engatava seu sentimento de justiça num estilo curto e direto: "A guerra que faziam os republicanos era justa e que os reis da Europa todos eram uns ladrões", decretou. Francisco Antônio, entalhador, foi mais um que se revelou republicano, mas só se a República viesse alavancada pela democracia; ele associava explicitamente

República à igualdade e repetia em alta voz para quem quisesse ouvir: "As leis dos franceses eram boas pela igualdade que introduziram entre os homens, e que só quando os franceses cá chegassem se poriam as cousas direitas". Já outro entalhador, Gregório do Amaral, andava farto da insensibilidade e da arrogância dos reis, estava ansioso para insuflar o terror popular e era franco partidário do regicídio: "Matar o rei não era pecado, e que a morte do rei de França fora justa". E fulminava: "As novas leis da França [...] eram santas e justas, fazendo os bens comuns e não admitindo fidalgos".[48]

O fio condutor da Conjuração do Rio de Janeiro foram só conversas. Parece pouco, mas é muito. O perigo localizava-se naturalmente nas ideias, elas mesmas; mas assentava-se também na formação de seu circuito de transmissão e disseminação pela cidade, inédito na América portuguesa e detonado a partir da Sociedade Literária — quando, então, seus membros transformaram o mero debate intelectual em evento político. O sistema de comunicação criado a partir da rua do Cano não emancipou a colônia nem derrubou a monarquia, mas corroía diligentemente a legitimidade da Coroa — além de servir para estabelecer a imagem de uma República que combinava com a ideia de democracia. Parecia-se com um lençol que cobriu praticamente toda a área urbana central do Rio de Janeiro; esse sistema atropelou as hierarquias e distinções sociais, desvencilhou-se dos letrados e pôs em funcionamento, ainda que de forma incompleta, um processo de formação de opinião pública, no nível das ruas. A Conjuração do Rio de Janeiro destampou um falatório interminável que não era nem inofensivo nem mera pirotecnia de fundo de palco — seu efeito foi cumulativo. E convenhamos: o fato de o conde de Resende ter se dedicado com tamanho empenho a combater unicamente conversas que se desvaneciam nas ruas confirma a gravidade da ameaça.

NAS MARGENS DO RIO DE TAGOAHY

No centro da Conjuração do Rio de Janeiro achava-se o poeta Silva Alvarenga — o espírito que animou a Sociedade Literária, ao menos durante a sua última fase. Alvarenga era mulato, nascido em Vila Rica, filho de músico com escrava. Estudou cânones em Coimbra, manteve relações com os letrados das Minas — em especial com Cláudio Manuel da Costa e com Basílio da Gama, de quem era admirador e amigo — e, como Cláudio Manuel, também amou até o final da vida uma mulher negra, Antônia, que nunca assumiu como esposa. Por volta de 1782, de regresso ao Brasil, Silva Alvarenga estabeleceu-se no Rio de Janeiro, nomeado professor dos estudos menores e ocupou a cadeira de professor régio de retórica. O ímpeto revolucionário talvez estivesse a caminho: em 1787, ele enviou uma minuciosa petição à rainha Maria I, relatando as difíceis condições enfrentadas pelos professores régios na América portuguesa — e incluiu, em sua petição, a reclamação sobre a insuficiência do subsídio literário para dar conta do pagamento aos professores e a denúncia da prática sistemática dos padres de desestimular e combater nos alunos a frequência às aulas régias.[49] O curso de Silva Alvarenga funcionava como uma espécie de preparatório para o acesso de brasileiros às universidades europeias e, alguns poucos anos antes da Conjuração Mineira tomar sua forma final, pelo menos dois futuros conjurados foram seus alunos: Domingos Vidal de Barbosa Lage e José de Resende Costa, ambos, parte do grupo de estudantes presumidamente responsável pelas notícias que chegaram às Minas sobre o encontro entre Barbalho e Thomas Jefferson na França. E o professor de retórica e poética certamente influiu na formação da geração seguinte que levaria a cabo o projeto da Independência — "o que faz do velho árcade, um elo entre as primeiras aspirações *ilustradas* brasileiras e a sua consequência político-social", cravou, certeiro, Antonio Candido.[50]

Silva Alvarenga dispunha de uma biblioteca abarrotada de livros, formada por 1576 títulos, provavelmente a maior da colônia, parte dela composta de obras proibidas pela Coroa portuguesa — entre as quais estavam Prévost, Crébillon, Lenclos, La Fontaine, Fenélon, Graffigny, Montesquieu, Marmontel, Voltaire, D'Alembert, Mercier, Beccaria, Filangieri, Bentham e, é claro, Jean-Jacques Rousseau. Ao contrário do que aconteceu nas Minas, a influência de Rousseau foi decisiva para a ampliação do vocabulário republicano durante a Conjuração do Rio de Janeiro. E ele estava presente, também, na estante de outro ativo participante da Sociedade Literária, um jovem de 22 anos, Mariano José Pereira, apelidado pelos amigos de "Biscoitinho", que acabara de regressar ao Brasil, encerrados seus estudos em Coimbra; o apelido podia ter lá seus motivos, mas "Biscoitinho" viria a ser o futuro marquês de Maricá — senador, ministro da Fazenda em 1823 e conselheiro do Império. Evidentemente, a simples posse dos livros não obriga à sua leitura; contudo, a composição de uma biblioteca indica as escolhas e sugere o ânimo político do seu proprietário. Além disso, se é correto afirmar que a existência do livro ilegal — tratado de filosofia, libelo político, crônica escandalosa — corrói os fundamentos da ordem monárquica setecentista, é também possível especular que o circuito de transmissão de informações gerado, em 1794, pela Sociedade Literária se apropriou, ao menos em parte, do imaginário político e das temáticas propostas por essas duas bibliotecas.[51]

Mas Manuel Inácio da Silva Alvarenga foi, sobretudo, poeta — e um poeta importante na formação de uma sensibilidade literária brasileira. Sua poesia misturou ao bucolismo da Arcádia o brilho da paisagem tropical manchada de cores — em seus versos, as ninfas do Parnaso dançam em torno de mangueiras, cajueiros, laranjeiras e jambeiros. Também foi o primeiro poeta a deixar de lado os pastores de carneiros e ovelhas para se preocupar com a fauna do Brasil: trafegam, por seus poemas, cobras, onças de variada espécie, morcegos e inúmeros beija-flores. Filho do músico Inácio da Silva, seus rondós e madrigais guardam um tom vago de serenata, cultivam um ritmo e uma melodia que prenunciam a sonoridade da canção popular e fazem de Silva Alvarenga, ao lado de Domingos Caldas Barbosa — padre, mulato, tocador de viola de arame, poeta árcade e compositor de modinhas e lundus —, uma espécie de matriz pela qual principiou a tradição em que se formou a moderna canção popular urbana brasileira.[52]

Aconteceu com Tomás Antônio Gonzaga, Alvarenga Peixoto e Cláudio Manuel da Costa, e se repetiu com Silva Alvarenga: em todos eles a poesia se confunde e importa para a compreensão de um projeto político. Foi quase um padrão de sociabilidade literária, diria Antonio Candido: "No século XVIII a poesia era uma atividade discursiva e imitativa, destinada a exprimir de maneira clara as emoções, a realidade natural e social, a história, as ideias".[53] No caso de Silva Alvarenga, porém, é provável que o momento mais forte dessa combinação tenha resultado numa criação utópica: a República do Tagoahy, um empreendimento ao mesmo tempo vocacionado para a utopia e sustentado na harmonia das relações interpessoais e igualitárias. Produzir uma utopia requer de seu autor uma boa dose de realismo: ele precisa combinar a própria subjetividade, a força de seu desejo e de sua imaginação com a capacidade de observação atenta dos problemas concretos de sua época — problemas cuja compreensão muitas vezes escapa aos seus contemporâneos.[54] A República do

Tagoahy guardava um pouco de tudo isso e ambicionava entrelaçar, de maneira harmônica, homens e bichos em uma paisagem rural em parte imaginária, em parte vagamente concreta, localizada nas bordas da capitania do Rio de Janeiro, onde a verdade está na natureza, a miséria não é de ordem fatal, os corações permanecem límpidos e o contato imediato com a terra e com os animais distrai o poeta de sua melancolia e protege os seus habitantes da angústia de viver.

Silva Alvarenga levou a sério sua utopia. Repetidas vezes, cogitou abandonar o Rio de Janeiro, meter-se pelo sertão e, em companhia de João Marques, Jacinto José da Silva Quintão e Mariano José Pereira, seus melhores amigos e companheiros na Sociedade Literária, requerer uma sesmaria e "ir fazer uma república de animais nas cabeceiras ou no sertão do rio de Tageaí".[55] Ponto de confluência entre o *Caminho Novo* e o *Caminho Geral do Sertão*, na divisa com as Minas Gerais, o leito de argila amarela do rio de Tageaí, hoje Itaguaí, terminou por batizar o projeto de República — no vocabulário tupi, a expressão "Tagoahy" resulta da articulação de dois termos ("tagoa", amarelo; "hy", água) e está na origem do nome do rio.[56] A paisagem branda da República do Tagoahy naturalmente tem muito da ficção da Arcádia, sempre a meio caminho entre os perigos da natureza e os da sociedade, e permitia ao poeta habitar, ainda que apenas na imaginação, o ambiente do homem natural para acalmar sua inquietude diante da fereza do mundo civil. Sua República iria oferecer um asilo às tempestades deste mundo — o propósito era garantir aos futuros habitantes abundância, bem público, ócio, meditação e pureza de valores.

Silva Alvarenga não alimentou essa ficção por acaso. Ele era um poeta afeito aos preceitos árcades setecentistas e, em sua obra poética, cuidou de refletir sobre dois aspectos importantes da poesia bucólica do século XVIII. No primeiro, defendeu a convicção de que existe um estilo próprio da natureza e, por meio dele, é possível descobrir a verdade das coisas. No segundo, revelou uma certeza: que seria possível encontrar, na ideia do *locus amoenus* — vale dizer, na convenção retórica que combina em uma só natureza a figura do pastor e o recorte da paisagem —, a adesão a um ideal de vida válido que poderia ser restaurado na arte, quando não o pudesse restaurar nas formas de sociabilidade históricas.[57]

Ao lado da ficção da Arcádia — e em franca harmonia com ela —, a República do Tagoahy se inscrevia, também, na lógica de idealização de sociedades que alcançaram a perfeição, tão cara às formulações de Rousseau — e concretizadas por ele nos modelos conceituais de Genebra e de Clarens.[58] Ao que tudo indica, Silva Alvarenga levou em conta suas leituras de Rousseau: seja nas altas montanhas do Valais, seja na paisagem liberta do sertão do Tagoahy, a virtude era um ideal de vasto alcance, a transparência da condição natural conseguia afetar a natureza humana para seguir um caminho virtuoso, e a estima e a benevolência constituíam um laço bom o bastante para reunir os homens. De uma sociedade negadora da ordem natural como a que foi estabelecida pelo século XVIII europeu, acreditava Rousseau, nascem os males e os vícios de que sofrem os homens; por essa razão, concluía Silva Alvarenga, era "melhor viver entre os bichos do que entre os homens maus".[59]

No seu modelo de comunidade ideal a ser buscado, Silva Alvarenga ainda ecoava Rousseau em outros dois aspectos. O mais evidente: a elaboração do projeto de uma pequena comunidade rural e doméstica, fechada e autorregulada, protegida do vício e guiada pelo ideal da transparência. O segundo aspecto, cujo alcance era bem maior, debruçava-se sobre aquilo que a natureza humana tinha de mais característico: era ela a principal base sobre a qual a política se realiza e, entretanto, essa base havia sido profundamente alterada por obra da sociedade corrompida que lhe coube ser contemporânea. Tal como em Rousseau, também para Silva Alvarenga a corrupção é o perigo, e a virtude se confunde com a República: ela se funda na articulação entre a construção do espaço de realização da liberdade e o desejo de recuperar nos homens a simplicidade originária de sua condição natural para que possam realizar plenamente suas potencialidades.[60]

A República do Tagoahy talvez tenha sido imaginada por Silva Alvarenga para justificar uma interrogação pessoal: "O que vou fazer de minha vida?". Qualquer que seja a resposta que ele encontrou, ela incluiu a opção de viver de acordo com seus princípios: sua República era um combate pela virtude, pelos meios para alcançá-la e contra as formas políticas da tirania que afastam os homens continuamente de suas qualidades primeiras. Era igualmente a formulação de uma utopia com toda a carga de ambiguidade que esse termo carrega: a utopia tanto é capaz de se apresentar como uma ideia reguladora quanto de expor a visão da sociedade perfeita. Mas também pode revelar-se apenas como um enigma — a convocação para algo que ainda não aconteceu, algo que só pode existir concretamente como proposta na imaginação dos homens.

Materializada na República do Tagoahy, a utopia tem o estatuto de ficção e aponta para aquilo que poderia ter sido e para o que ainda não chegou a existir. Projeção renitente de um entendimento específico sobre a virtude política da esperança, isto é, sobre a certeza incerta de um bem que virá, a República do Tagoahy era uma especulação utópica.[61] Uma espécie de não lugar — *u-topos* — indexado à linguagem política do republicanismo, pela primeira vez na América portuguesa, pela força da imaginação de um poeta.

7. República Bahinense

ESSE TRAJAR É FRANCÊS

A notícia desabou sobre a cidade de Salvador como um aguaceiro de verão. Do forte de São Pedro até o convento da Soledade, da Preguiça e da Conceição da Praia em direção à Jequitaia até a ponta de Monserrate, não se falou de outra coisa naquele começo de ano de 1798: a forca amanheceu queimada. A cidade de São Salvador da Bahia de Todos os Santos tinha cerca de 40 mil habitantes — por volta de 14 mil eram escravizados negros e mulatos —, isso sem contar os subúrbios, que somavam um pouco mais de 26 mil moradores. Todos ávidos para descobrir o que realmente havia acontecido durante aquela noite. A forca estava instalada numa das principais praças da cidade, próxima ao pelourinho, símbolo máximo do poder da Coroa portuguesa; ali se anunciavam os decretos do rei e, ao lado, erguia-se um tronco de madeira onde eram açoitados publicamente os escravos. O gesto fora de aberto desafio, contestava a autoridade de Lisboa, dispensando maiores explicações. O autor da proeza permaneceu anônimo, mas escancarou um recado ao pé da madeira queimada: afixou "ludibriosos pasquins ao patíbulo público", anotou um cronista da época.[1]

O termo "pasquim" — ou "papelinhos", como também se usava dizer —

servia para designar, em Portugal e no Brasil, todo tipo de panfleto manuscrito ou impresso, e não sabemos hoje do que tratavam esses primeiros panfletos que apareceram em Salvador — se continham denúncias ou algum tipo de convocação à população, nem como seu conteúdo se propagou sob a forma de boatos inquietantes. O então governador da capitania da Bahia, Fernando José de Portugal e Castro, ficou possesso, e as autoridades quase não acreditaram na audácia de quem perpetrou o gesto, mas ninguém podia imaginar o que estava por vir. Alguns meses depois, na manhã do dia 12 de agosto de 1798, Salvador acordou semeada de panfletos manuscritos que se materializaram surgidos de lugar nenhum, e apanharam população e autoridades de surpresa.

Os novos folhetos brotaram nos pontos de maior circulação de pessoas e seu roteiro acompanhava a topografia característica de uma cidade concebida para ser "como coração no meio do corpo", na definição típica da escrita de frei Vicente do Salvador,[2] capaz de operar, ao mesmo tempo, como fortaleza e centro de governo. A cidade fora construída em dois níveis de terreno ligados por ladeiras, ruelas inclinadas e improváveis guindastes deslizando sobre pontes de madeira, invenção dos jesuítas para içar mercadorias do porto até o Colégio de Jesus, e os panfletos apareceram nesses dois polos: tanto na comprida e tortuosa faixa litorânea que formava a Ribeira ou Cidade Baixa, cravejada de armazéns, casas comerciais, oficinas e serviços portuários, quanto na cumeada dos morros, ocupados por igrejas, edifícios administrativos e grandes sobrados senhoriais — a Cidade Alta. Todos os panfletos foram afixados em locais onde dominava o burburinho do comércio ou corria a vida pública de Salvador: na esquina da praça do Palácio, um quadrado administrativo em forma de praça dentro do qual funcionava o centro do poder e da gestão da capitania e onde se erguiam o palácio dos Governadores, o Corpo da Guarda e a Casa de Câmara e Cadeia; na parede da cabana da preta Benedita, na rua de Baixo de São Bento, bifurcação de uma das principais subidas de acesso à Cidade Alta; na magnífica fachada rococó da igreja da Ordem Terceira de São Domingos, voltada para uma praça de formato retangular — o Terreiro de Jesus — e vizinha do colégio dos jesuítas; na frente da casa de Manoel Joaquim da Silva, ao lado das Portas do Carmo, onde a Cidade Alta se protegia amuralhada de pedra e cal dos invasores vindos do mar. Três panfletos foram encontrados em sacristias de igrejas, igualmente situadas no coração urbano de Salvador: na igreja da Sé, com entrada pela rua da Misericórdia; na igreja do Santíssimo Sacramento do Passo, em frente a uma larga escadaria aberta para a ladeira do Carmo; e na igreja de Nossa Senhora da Conceição da Lapa, construída fora dos muros, por onde a cidade iria continuar sua expansão na direção sul.[3]

O governador da Bahia não era nenhum conde de Resende — ganhou fama de frouxo nos relatos de seus contemporâneos —, mas tentou reagir à altura. Abriu a Devassa e mandou seus funcionários compararem a caligrafia dos panfletos com a documentação usualmente gerada pela população e depositada nos órgãos da administração pública, como petições ou requisições — em algum momento, ele calculava, as amostras de caligrafia combinariam entre si. Os bajuladores, no palácio, gabaram a esperteza do governador, o grupo de funcionários encarregado do trabalho encontrou depressa demais um documento cuja letra seria anunciada como exatamente igual à dos panfletos e, no dia 17 de agosto, foi preso Domingos da Silva Lisboa, mulato, alferes do Quarto Regimento de Milícias de Salvador que completava o soldo como solicitador de causas no Tribunal da Relação — vale dizer, ganhava a vida apresentando as demandas de seus clientes na corte de justiça local. Não demorou uma semana para chegar a má notícia. Os padres carmelitas mal conseguiram esperar acabar de amanhecer o dia 22 de agosto com a intenção de comunicar em primeira mão a Portugal e Castro que dois novos panfletos tinham sido enfiados por debaixo da porta da igreja do convento do Carmo, construído numa elevação, ao norte, conhecida como Monte Calvário.[4]

O governador deve ter respirado fundo, mas mandou soltar o preso; contudo, ele precisava de um alvo e insistiu no método. Tinha de haver o suficiente nas petições para obter uma identificação, talvez se impacientasse. Havia — desde que não fosse preciso comprovar a autoria com o cotejamento da caligrafia. Dessa vez, o acusado foi Luís Gonzaga das Virgens e Veiga, outro mulato, soldado do Primeiro Regimento de Linha de Salvador, cuja letra não parecia ser exatamente igual à dos panfletos, mas era inegável sua assinatura em outro requerimento carregado de tinta subversiva: "Os homens pardos, pretos e brancos da capitania eram iguais e deviam ser igualmente atendidos",[5] reivindicou, em petição ao governo. Luís Gonzaga das Virgens evidentemente acabou trancafiado na prisão. Só que não agiu sozinho, poderia ter acrescentado o governador.

Dois dias depois, em 25 de agosto, Portugal e Castro finalmente entendeu que os panfletos não apenas eram uma encrenca considerável como ameaça-

210

vam deflagrar algo ainda mais sério: três delações anunciaram a conjuração em marcha. Os rebeldes iriam se reunir, naquela noite, no Campo do Dique do Desterro, nos limites da área urbana da Cidade Alta, e decidir a data para o início do levante. O lugar era perfeito para esse tipo de encontro, sobretudo em noite de lua. Fora da cidade, o Campo do Dique, nos arredores do mosteiro do Desterro, era um ermo frequentado por gente de todo tipo que perambulava por ali atraída por sexo, álcool, violão e conversa sediciosa — não necessariamente nessa ordem. A reunião, contudo, foi abortada; quem compareceu ao Campo do Dique naquela noite deparou com a soldadesca a mando do governador. Na manhã seguinte mais uma devassa foi aberta, agora para investigar a conjura propriamente dita, e, na sequência, ocorreram prisões em série. As autoridades já não tinham dúvidas de que se planejava um levante na Bahia, mas aqui e ali pingavam informações sobre o envolvimento de um grupo da elite local na conspiração, e Portugal e Castro dirigiu sua força repressiva com cautelosa seletividade. O alvo principal da caçada do governador eram pessoas provenientes de uma camada intermediária da sociedade baiana, de reduzido prestígio social, que se acomodavam no limiar da pobreza: homens livres, mulatos, em geral militares de baixa patente, artesãos e pequenos comerciantes com loja aberta na Cidade Baixa.

Não sabemos quantos panfletos circularam exatamente por Salvador em 1798; conhecemos apenas o pequeno conjunto de dez exemplares originais que sobreviveram até os dias de hoje, e é provável que o número tenha sido bem maior. Também é difícil saber se Luís Gonzaga das Virgens participou da redação de todos os textos ou mesmo se foi autor de algum deles. É possível que sim. O governador, contudo, não estava de todo errado. Os panfletos da Bahia não são obra de um só, mas, tudo indica, foram mesmo escritos por homens pobres, mulatos ou pardos, que viviam numa sociedade escravista na qual a proporção de africanos e afro-baianos, incluindo escravizados e livres, batia na casa de 78% da população total, e que traziam na cor um empecilho a mais para dificultar suas possibilidades de ascensão social. Para piorar as coisas, os panfletos estavam encharcados de francesias.

As autoridades régias portuguesas sabiam que era preciso levar a sério o risco de desembarque de francesias em Salvador pelo menos desde 1792 — como já visto, o ano em que Martinho de Melo e Castro, ministro português dos Negócios da Marinha e Domínios Ultramarinos, disparou sua correspondência de alerta aos altos funcionários da colônia. O governador da Bahia devolveu para o ministro a resposta-padrão nesses casos, mas ele realmente estava empenhado em garantir a segurança da capitania: "Fica este governo na inteligência das medidas e cautelas que deve tomar com os navios franceses que procurarem os portos desta capitania, participados em carta de 21 de fevereiro passado", escreveu ao Conselho Ultramarino.[6] Além do mais, Portugal e Castro precisava mostrar a Lisboa do que era capaz: reprimiu o comércio clandestino de livros e jornais, confiscou o que estava em circulação, ordenou o bloqueio da costa baiana aos navios com bandeira da França. Com a pressão aumentando, arriscou uma decisão ainda mais drástica: tentou impedir qualquer contato físico entre franceses eventualmente desembarcados no porto de Salvador e a população da capitania.[7]

É claro que não funcionou — as medidas provocaram exatamente o que ele pretendia evitar. Entre 1796 e 1798, a circulação dos "abomináveis e destrutivos princípios da liberdade e da igualdade", como dizia Melo e Castro em sua correspondência aos funcionários do rei, só fez crescer em Salvador. Em 1798, o governador da Bahia por fim deu a mão à palmatória: as "principais pessoas desta cidade, por uma loucura incompreensível, e por não entenderem os seus interesses, se acham infectas dos abomináveis princípios franceses, e com grande afeição à absurda pretendida Constituição francesa que varia a cada seis meses",[8] registrou, no momento da abertura da Devassa. Entre os membros da elite local que ele considerava infectados por francesias havia senhores de engenho, grandes comerciantes, membros da magistratura local, militares de alta patente, além do indefectível grupo de letrados no qual se abrigavam pelo menos duas personalidades políticas notáveis. Uma delas era Cipriano Barata, que começou pela Conjuração Baiana sua longa militância de revolucionário, publicista e agitador republicano e se transformaria em uma das grandes lideranças radicais do país no período pós-independência. A outra era o padre Francisco Agostinho Gomes, um letrado ligado a uma das famílias mais ricas de Salvador e proprietário de uma biblioteca recheada de obras censuradas e afinada com o pensamento político do Iluminismo. Agostinho Gomes foi um padre anticlerical e mundano, capaz de promover um inesquecível banquete de carne na noite da Sexta-Feira da Paixão e escandalizar a Bahia inteira. Mas não ficou só nisso. Admirador incondicional de Thomas Paine e Adam Smith, ele também foi responsável por traduzir — e provavelmente ajudar a pôr em circulação — boa parte dos proibidos textos de autores franceses que atiçaram a imaginação política da Conjuração Baiana.[9]

Consternado, Portugal e Castro reconhecia que o problema das francesias não se resolvera. Na verdade, a situação havia piorado. Ao contrário do que ocorreu nas Minas, em 1789, a elite baiana envolvida com a conjuração não parecia estar sozinha; ela conseguiu mobilizar canais de interlocução inesperados, um deles por intermédio do capitão Antoine Lacher, um francês que desembarcou em Salvador, em 1796, com um exemplar da Constituição de 1795 nas mãos e um punhado de notícias sobre as surpreendentes vitórias militares francesas que, logo depois, iriam abrir caminho para a ascensão de Napoleão. Lacher driblou tranquilamente a profilaxia política determinada pelo governador: enturmou-se com um grupo de jovens radicais cheios de ideias sediciosas e bem instalados na estrutura social da capitania e, de volta a Paris, fez a conexão entre os baianos e o governo do Diretório. Apresentou um projeto de intervenção militar francesa na costa da Bahia para oferecer sustentação a um levante local previamente programado que incluía tanto a venda de armamentos quanto o desembarque de tropas.[10] O esperado apoio francês à Conjuração Baiana nunca se concretizou, e não sabemos o que exatamente no programa apresentado por Lacher era especulação, aventura, interesse pessoal ou demanda política concreta vinda de Salvador. Mas, caso aprovado, o projeto significava trazer a guerra que a França levava na Europa para a América portuguesa e, na Bahia, os conjurados estavam falando a sério: propunham inclusive compensar o apoio militar francês à independência da capitania com a assinatura de acordos comerciais exclusivos.

O Diretório engavetou o projeto, talvez convencido de que havia ali uma fantasia perigosa. Contudo, ainda que o flerte dos baianos não tenha encontrado reciprocidade em Paris, a alternativa de intervenção francesa na capitania era uma ameaça concreta. Afinal, a Bahia abrigava a segunda maior cidade do Império — à frente de Salvador, em população e importância, só restava Lisboa — e, através de sua ligação com Manila, articulava a América portuguesa a uma rede de comércio transcontinental maior que o euro-atlântico: seu porto era escala indispensável para abastecimento e conserto de navios, e funcionava como um nó decisivo na conexão dos correios marítimos que garantiam a comunicação entre as muitas partes do Império português, no Atlântico e no Índico. Além disso, Salvador estava intimamente vinculada à África Ocidental pelo tráfico de escravizados, dispunha de um grande estaleiro e atuava como o principal entreposto baleeiro do Atlântico.[11]

Por outro lado, travar a guerra revolucionária significava, ao menos no entendimento de diversos grupos de radicais franceses, um desdobramento e uma culminância lógica da própria Revolução: como os homens podiam nascer livres em um lugar e não em outro?, perguntava-se nos clubes jacobinos de Paris e das províncias desde as primeiras semanas de 1792. E quando o ano estava quase por terminar, chegou a hora de a Convenção Nacional comprometer-se de vez com essa pergunta. Em 19 de novembro de 1792, seus deputados emitiram um decreto em que Paris prometia assistência "a todos aqueles que desejam recuperar sua liberdade". Não significava uma carta branca para a insurreição e havia quem, no governo, considerasse prudente avisar que, para obter o auxílio francês, seria conveniente primeiro o povo em questão se libertar por conta própria. Mas, do ponto de vista retórico, o gesto da Convenção produziu um efeito ameaçador: a partir de então, os franceses se sentiam livres para combater a tirania dos reis onde quer que estivesse. E, se o longo braço da França revolucionária quisesse, de fato, chegar até a América, não seria a primeira vez: nos anos da década de 1770, os franceses já tinham dado início a essa espécie de cosmopolitismo de libertação internacional durante a Revolução Americana e a Guerra de Independência dos Estados Unidos.[12]

Com tudo isso acontecendo ao mesmo tempo, a obsessão de um ataque francês que planava pela Bahia, pelo menos desde 1792, evidentemente fazia muito sentido. De tempos em tempos, corria pela cidade o rumor de um iminente desembarque. Todo mundo tinha medo: de saques corsários, de ataques aos navios portugueses que entravam e saíam do porto de Salvador, de incursões que podiam se materializar de repente ao longo da costa baiana. O boato nascia sobre um fundo prévio de inquietações acumuladas e, como todo rumor que nunca se realiza, projetava uma situação realmente perigosa mas difusa, aumentava os poderes do inimigo e a ameaça parecia maior. Era inevitável: se baixassem a guarda, os franceses se materializariam e fariam Portugal passar maus momentos, calculavam os baianos. Nessa hora, cada um fazia as contas do seu jeito, a favor ou contra, mas a constância com que o boato se propagava indicava duas coisas: os ressentimentos, as frustrações e as insatisfações de diferentes grupos da sociedade baiana com o governo de Lisboa não apenas existiam de maneira concreta; eles também alimentaram entre os colonos a convicção de que a capitania tinha condições de autonomia e poderia evoluir naturalmente para a posição de uma comunidade política autogovernada e aliada da República francesa.[13]

A persistência desse tipo de boato, contudo, podia revelar uma realidade ainda mais funesta, ao menos do ponto de vista das autoridades portuguesas. O entusiasmo pelas francesias havia atingido, é certo, membros da elite local. O perigo maior, porém, era outro. As francesias estavam se espalhando por dentro da estrutura social baiana — o que era facilitado, inclusive, pela sua relativa porosidade —, desciam aceleradamente por ela capturando seus estratos intermediários e existia o risco de chegarem até a base e atingirem a população escravizada, com perigo de acionar seu potencial insurrecional. O governador da Bahia podia ser frouxo, mas não obtuso, e sabia quão delicado era o equilíbrio de poder na capitania: "O que sempre se receou", ponderou ao Conselho Ultramarino, um ano após o fracasso da conjuração,

> é a escravatura, em razão de sua condição, e porque é o maior número de habitantes dela, não sendo tão natural que os homens empregados e estabelecidos quer em bens e propriedade, que irão concorrer para uma conspiração ou atentado de que resultariam péssimas consequências, vendo-se expostos a serem assassinados pelos seus próprios escravos.[14]

Com esse argumento, ele decerto pretendia neutralizar, em Lisboa, a má fama que carregava junto às autoridades metropolitanas, a qual decorria da forte suspeita de que seu governo havia protegido gente da elite baiana metida na conjura — "Qual proprietário haveria de participar de uma conspiração de escravos?", rebatia, na defensiva. Mas não era só isso. O governador da Bahia também acenava com um temor mais profundo: a associação quase automática entre as repercussões da Revolução Francesa na América e a revolta dos escravos em São Domingos. O resultado dessa associação — o aparecimento do fantasma do haitianismo — provocava sentimentos sempre muito intensos e díspares numa sociedade ferozmente escravista: um medo visceral de massacres e conspirações entre os funcionários régios e os senhores de escravos; o alento de uma esperança de liberdade no ânimo dos escravizados.[15]

Havia muita pobreza, a riqueza estava concentrada nas mãos de poucos e a propagação das francesias se beneficiava do traço característico assumido pelas relações escravistas na cidade. Escravizados, libertos e homens livres pobres — na sua maioria, crioulos e mulatos — trabalhavam juntos e as relações de convívio e troca social do cotidiano enredavam-se. Evidentemente, essa relativa permeabilidade na estrutura social não excluía o caráter escravista da sociedade baiana, na qual dominavam o racismo e a intolerância étnico-cultural. A brecha estava diretamente relacionada com a cidade: era na flexibilidade do ambiente urbano de Salvador que eles driblavam o cerco de uma sociedade fundada na utilização da mão de obra escravizada como principal força de trabalho e saíam em busca da construção ou da ampliação de suas próprias formas de sociabilidade — étnicas e religiosas e, naturalmente, políticas.[16] As autoridades portuguesas sabiam perfeitamente o que estava em jogo na Bahia: qualquer um que se considerasse oprimido não se sentia mais sozinho; agora, poderia procurar a França em busca de liberdade. Logo após o final da conjuração, ao dar notícia do ocorrido a Lisboa, um autor anônimo anotou:

> Aportou nessa cidade [Salvador] uma nau francesa que depois de descarregar com todo o segredo e sagacidade uns livrinhos cujo conteúdo era ensinar o modo mais cômodo de fazer sublevações nos Estados com infalível efeito, única carga, que sem dúvida trazia, se retirou para o Rio de Janeiro [...]. Instruídos por bem na lição destes livrinhos alguns pardinhos, e também branquinhos da plebe, conceberam o arrojado pensamento, de fazerem também seu levante, sem mais outro intento, senão de fazerem com este meio, tão arriscado, feliz a sua desgraçada sorte; passando [...], de pobres a ricos, de pequenos a grandes, de vis e baixos a estimados, e finalmente de servos, pois muitos dos pardos eram cativos, a senhores.[17]

Ele tinha razão: os livrinhos franceses eram mesmo muito perigosos — sobretudo se infiltrados entre o povo pobre urbano, sem recursos e sem perspectivas. Em 1789, quando o ímpeto revolucionário cresceu em Salvador e o contrabando desses livrinhos tornou-se descaradamente escandaloso, apareceu muita gente querendo agregar representação verbal *e* visual ao entusiasmo que nutria pelas francesias. E ninguém andava mais entusiasmado para fazer isso do que João de Deus Nascimento, um mulato de 27 anos, casado, pai de cinco filhos, que cortava um dobrado para se equilibrar entre o casamento e a namorada, Anna Romana Lopes, dez anos mais nova, com quem vivia às turras, mas que também se envolveu politicamente com os conjurados — juntamente com Luíza Francisca de Araújo e Lucrécia Maria Gercent, ela foi uma das três mulheres presas pela Coroa entre agosto e setembro de 1798, acusadas de conspiração.[18]

João de Deus era cabo do corpo de milícias, arrancava uns trocados para completar o soldo miserável trabalhando de alfaiate, estava envolvido da cabeça aos pés na conjuração e levou a sério a possibilidade de investir o vestuário de significação política. Saiu de sua oficina, na rua Direita do Palácio, hoje rua Chile, lépido e fagueiro, "trajado de francês", como ele mesmo fez questão de explicar a quem perguntasse: os pés metidos em vistosos "chinelins com bico muito comprido e entrada muito baixa e calções apertados". Era impossível desviar os olhos de tal figura — as pessoas espichavam o pescoço para vê-lo. Ao cruzar numa esquina com o procurador de causas Francisco Xavier de Almeida, que reagiu espantado diante da estranhíssima indumentária, João de Deus não tergiversou: "Cale a boca, esse trajar é francês, muito brevemente verá vossa mercê tudo francês". Ainda tinha chumbo grosso para mandar: "Fia-se vossa mercê e os mais em fechar as portas de suas casas, dentro haverá quem as abra", ameaçou.[19]

A oportunidade de chamar atenção talvez fosse irresistível e João de Deus era mesmo desabusado, mas a verdade é que ele se sentia incontível dentro das roupas: o "trajar francês" funcionava como uma maneira de estabelecer a diferença, definir publicamente uma opção e tornar distinguível uma esfera política. Alguns anos antes, em 1789, durante a Conjuração Mineira, padre Toledo tinha apostado no vestuário como um recurso de pedagogia política para suprimir as condições de desigualdade em uma sociedade hierarquizada: o traje apagaria as diferenças e forneceria à população um impulso em direção à igualdade. Para João de Deus, contudo, a conversa era outra, e seu pensamento era oposto ao dos mineiros: o traje distinguia a pessoa e o modo como alguém se vestia revelava muito de sua intenção e caráter político.

Ninguém podia *não querer ver*. O objetivo era esse mesmo. Talvez fosse pura intuição, mas João de Deus estava convencido de que um verdadeiro re-público precisava ser claramente identificável pela indumentária. Boa parte dos seus companheiros concordava com ele. José de Freitas Sá Couto — ou, Sacoto, como aparece grafado nos *Autos da Devassa* —, homem livre, mulato, que se declarava prático na arte da cirurgia, foi um dos 33 presos e processados pela Coroa. Preocupado em escapar dos horrores da punição reservada a quem se metia a cometer crime de Inconfidência, Sá Couto não se fez de rogado e entregou às autoridades que os conjurados baianos eram, por assim dizer, politicamente transparentes: qualquer um que andasse pela rua "com brinquinho na orelha, barba crescida, até o meio do queixo, com um búzio de Angola nas cadeias do relógio, este era francês e do partido da rebelião", detalhou.[20] Adornos e vestuário eram sinais capazes de fixar uma identidade — que a presença do búzio, com seu caráter divinatório ligado às religiões africanas tradicionais, como o candomblé, sugeria ser étnica, religiosa *e* política. Além disso, serviam como linguagem do mundo público: era um modo de expressar essa identidade e convidar os demais a aderirem a ela. Também podia ser uma imprudência, decerto, mas os conjurados baianos tinham motivos de sobra para não querer passar despercebidos ou permanecer anônimos na cena pública e decidiram arriscar. Eles estavam admitindo abertamente que eram distinguíveis e, ainda mais, identificáveis com facilidade pelo uso de ornamentos que, de um modo tácito, transmitisse e reafirmasse seu republicanismo. Foi um sinal claro do que entendiam por liberdade republicana: o propósito de ser livre só pode existir em público, e carrega o significado de aparecer e se tornar visível para todos.

A ideia de que a liberdade inclui significância política acrescentou uma inflexão nova e, sobretudo, popular no interior da linguagem do republicanismo na América portuguesa. Quem trouxe essa ideia à cena pública da cidade de Salvador foram grupos e estratos sociais vítimas de uma dupla injustiça — a injustiça da urgência da sobrevivência e a injustiça da vergonha da obscuridade. Até então, o espaço público não lhes era apenas desconhecido, mas, sobretudo, invisível; ingressar nesse espaço seria a única maneira de se tornarem, eles próprios, visíveis e politicamente relevantes. Isso representou um impulso tão fundamental para os rebeldes da Bahia que foi tomado ao pé da letra e vinha inscrito na própria bandeira da conjuração: três tiras — a do meio, branca, as laterais, azuis — com uma grande estrela vermelha no centro e cinco estrelas menores entre os raios; na base uma divisa também em vermelho: "Apareça, não se esconda".[21]

Em Minas, a liberdade tinha uma função transitiva: um bem que permite gozar outros bens. Na Bahia, essa ênfase ganhou amplidão, por assim dizer. A liberdade significava autonomia, exprimia algo tangível criado pelos homens, estava ao alcance de todos e lhes permitia desfrutar da potência de viver. Era como se os conjurados baianos procurassem assegurar, à sua maneira, o sentido de autonomia de pensamento, afeto e ação que Rousseau emprestou à concepção de liberdade e que ele formulou em chave dupla, como independência do indivíduo natural e como liberdade civil. E, diferentemente do que ocorreu em Minas, a ideia de liberdade ganhou consistência popular, sobretudo quando os panfletos a reconheceram e trataram de difundi-la pelas ruas de Salvador. Para que um homem pudesse ser politicamente livre, explicava logo na abertura de sua página de rosto um desses panfletos, ele também precisava *sentir-se* livre:

> Ó vós povos que nascestes para seres livres e para gozares dos bons efeitos da liberdade... A liberdade consiste no estado feliz, no estado livre do abatimento: a liberdade é a doçura da vida, o descanso do homem com igual paralelo de uns para outros, finalmente a liberdade é o repouso e a bem-aventurança do mundo.[22]

LEITURA, ESCRITA E CONJURA: OS LIVROS MANUSCRITOS

O entusiasmo pelas francesias garantiu que Salvador se mantivesse politicamente fervilhante: articulou uma multiplicidade de vozes e de interesses, atravessou as diferentes camadas em que se organizava a sociedade baiana, forneceu aos colonos suporte intelectual para a composição de um repertório de natureza republicana que assumia pela primeira vez na colônia um enunciado marcadamente popular. Para isso, e à semelhança do que ocorreu na Conjuração do Rio de Janeiro em 1794, também se construiu, na Bahia, um circuito de difusão de informação de natureza revolucionária entre diferentes estratos da sociedade local, que funcionou sob a forma de rede. O fluxo de mensagens começava a zunir, em Salvador, a partir de um grupo de letrados locais que, tal como aconteceu entre os cariocas, também se incumbiu de realizar a mediação tradutora e interpretativa dos textos escritos em língua estrangeira.

Mas com um detalhe. No interior do circuito de comunicação concebido na Bahia foi mobilizada uma ferramenta de novo tipo, que não apareceu no Rio de Janeiro ou em Minas, a qual só ficava visível quando se instalava a cadeia de recepções: os "livros manuscritos". Ela entrava em funcionamento a partir da escuta ou da leitura compartilhada de textos previamente traduzidos, e seu uso foi surpreendente no contexto da América portuguesa — era uma ferramenta poderosa nas mãos dos conjurados e um pesadelo para as autoridades portuguesas. Até então, existia um padrão: nas três conjurações, a recepção de ideias envolveu discussões e sociabilidade política, assimilação e reelaboração de informações em grupo e entre grupos sociais distintos, e, nesse aspecto, a Bahia não se diferenciou muito da rede de comunicação erguida pelos cariocas. Mas, no caso baiano, os conjurados fizeram um esforço consciente e deliberado para dar a volta aos obstáculos e baixar as francesias ao nível das ruas, de modo que as pessoas comuns pudessem conhecer algo tão remoto e conseguissem repercutir esse conhecimento de maneira coerente e autônoma. Na verdade, eles não tinham opção: a plebe urbana de Salvador politicamente sintonizada com a conjuração precisava arrumar um jeito de se assenhorear do texto escrito em francês para que ele servisse de suporte à oralização e à memorização do repertório francamente subversivo vindo da Europa. Apesar de estar enfrentando um campo repleto de dificuldades, como o da permuta política de mensagens em língua estrangeira, os conjurados baianos resolveram o problema: disponibilizaram ao público uma inacreditável sequência de livros manuscritos.[23]

Livros manuscritos eram cadernos avulsos que circulavam com fragmentos constituintes de um texto em prosa ou verso originalmente publicado sob a forma de folheto, livro ou capítulo de livro. Alguém traduzia esse texto do francês e o retransmitia pela palavra oral para várias pessoas ao mesmo tempo; estas, por sua vez, se encarregavam de compilar e recopiar tudo até obter a reprodução integral da obra. De preferência, sem que as autoridades conseguissem encontrar os locais de produção e de distribuição desse material e acabassem com eles. Na minuciosa denúncia feita por José de Freitas Sá Couto, em geral a tradução ficava a cargo do grupo de letrados: "Um dos principais era o tenente Hermógenes de Aguilar Pantoja, por ser o que traduzia juntamente com o padre Francisco Agostinho Gomes, em casa deste", explicou. Já a leitura, reprodução e difusão clandestina das cópias eram obra de um pequeno grupo de conjurados:

> [...] depois seu irmão Pedro Leão, um pardo escuro que trabalha de ourives na tenda de Pedro Alexandrino ao canto de João de Freitas, Manoel Joaquim branco

com botica às portas do Carmo ao qual conservava alguns dos sitos cadernos, e outras obras de igual natureza sobre liberdade e revolução, Nicolau de Andrade, além de outros de que não se lembra agora, constando-lhe mais que Domingos Pedro e Gonçalo Gonçalves aquele bordador e este alfaiate ambos pardos [...].[24]

Para azar do governador, deu certo. A plebe urbana de Salvador que se envolveu, de alguma maneira, com a conjuração era socialmente heterogênea: abarcava tanto as pessoas pobres livres, na maior parte dos casos com alguma ascendência africana, quanto os grupos originários dos setores médios e, ao menos num contexto que fez subir a temperatura política na capitania, também incluía escravizados, sobretudo nascidos no Brasil.[25] Produzir livros manuscritos e alimentar com eles um programa francamente sedicioso dirigido a essa população permitiu aos conjurados transmitir informações para um público mais amplo e diverso. Mas era muito melhor do que isso: os livros funcionavam como uma ferramenta eficaz também no sentido de constituir um "público" para a República, isto é, de reunir gente comum, disposta a se colocar de acordo e se envolver coletivamente na vida da capitania, de preferência endossando soluções suscitadas por uma proposta política radical.[26]

A Conjuração Baiana revelou competência na capacidade de gerar locais clandestinos de produção e distribuição de livros — tanto entre os letrados quanto junto à plebe urbana. Na residência do poeta Muniz Barreto, as autoridades se desconcertaram diante de uma ruma de livros manuscritos. Pilhas de cadernos também foram encontradas na casa do tenente Hermógenes Francisco de Aguillar, na dos soldados Lucas Dantas e Luís Gonzaga das Virgens e na de Domingos da Silva Lisboa, cuja letra, como já foi dito, os apressados funcionários do governador anunciaram ser exatamente igual à dos panfletos que apareceram em Salvador. Já na tenda de ourives de Luís Pires, na Cidade Baixa, funcionou uma espécie de banca clandestina de grande porte. Seu proprietário era um mulato valente que comerciava ouro e só costumava sair de casa armado com suas duas pistolas. Mas, cabe acrescentar, Luís Pires saía na maior elegância: casaca, calção amarelo de ganga — uma espécie de ancestral não muito distante do jeans, cujo algodão é tecido com fios tramados e enrolados —, meias compridas e imaculadamente brancas, sapatos com fivela, chapéu de copa alta. Talvez sua tenda operasse como a principal agência encarregada de executar as operações de cópia dos livros manuscritos e a sua difusão, arriscou

José de Freitas Sá Couto, o informante que gostava de fornecer detalhes às autoridades responsáveis pela Devassa:

> [...] em algumas ocasiões que sucedia falar com Luís Pires, este lhe dizia que tinha um livro manuscrito dado pelo tenente Hermógenes de Aguillar, traduzido por ele e pelo padre Francisco Agostinho Gomes, de francês em português. [...] Disse que ele[,] o declarante[,] o viu algumas vezes em poder do dito Luís Pires, e se compunha de cadernos in-quarto que periodicamente passavam das mãos dos tradutores para o dito Luís Pires, que pela ordem os lia ajuntando, e os lia na presença dele[,] declarante[,] e dos mais que ali ocorriam.[27]

Os conjurados copiaram de tudo um pouco. De um ponto da rede de comunicação a outro, circularam três livros manuscritos cuja difusão, ao que tudo indica, ficou restrita à Bahia. Um deles era *L'Orateur des États-Généraux pour 1789*, o primeiro número de um jornal publicado anonimamente antes da reunião dos Estados-Gerais, com uma proposta audaciosa de defesa dos direitos individuais, que alcançou ampla repercussão na França. Outro, "Séance du 11 pluviose: Discours de Boissy d'Anglas", reproduzia o discurso do deputado girondino Boissy d'Anglas pronunciado na Convenção em 30 de janeiro de 1795, e trazia o elogio da resistência republicana francesa contra o ataque da coalizão das monarquias europeias. Por último, os baianos copiaram o estranhíssimo "O aviso de Petersburgo", aparentemente um documento de procedência maçônica que propunha a constituição de uma nova Igreja na América, sustentada pelos princípios igualitários franceses.[28]

Não ficou nisso. Havia tradução e cópia de livretos de divulgação, como a incontornável *Histoire philosophique et politique des établissements et du commerce des européens dans les deux Indes* [História filosófica e política das possessões e do comércio dos europeus nas duas Índias], do Abade Raynal, provavelmente o mais popular de todos os escritos relacionados ao Novo Mundo, repleto de visões extravagantes sobre a América — ao menos na opinião insuspeita de Thomas Jefferson e de Thomas Paine —, mas um sucesso do mercado editorial em língua francesa, com larga repercussão entre os conjurados mineiros e cariocas. Também entraram em circulação, na Bahia, longos trechos reproduzidos de Rousseau e, em especial, *Júlia ou a nova Heloísa*, romance concebido sob a forma de uma coletânea de cartas, publicado em 1760 e outro espetacular sucesso editorial na França. *Júlia ou a nova Heloísa* acendeu a imaginação de Silva Alvarenga no Rio de Janeiro e a dos conjurados em Salvador, e não é difícil entender a razão: esse é o livro em que Rousseau melhor desenha seu próprio modelo de comunidade ideal. Nas montanhas do Valais, descrevem os personagens em sua correspondência, as pessoas são autônomas e livres, não sofrem servidão nem solidão, "o mundo é igual e ninguém se esquece"; vivem sob os olhares uns dos outros, constituem um corpo social e praticam a reconciliação do prazer e do dever — não por acaso, o dia da festa campestre das vindimas que tanto encantamento provoca em Rousseau é igualmente um dia de trabalho.[29]

Tampouco faltou poesia. Os livros manuscritos transcreveram *Les Ruines, ou méditations sur les révolutions des empires* [As ruínas ou meditações sobre as revoluções dos impérios], do conde de Volney, poema que colocava em pauta o tema do ateísmo e a defesa dos princípios igualitários franceses. Naturalmente, também abriram espaço para a produção da terra, com destaque para os "Versos à igualdade e à liberdade" e as "Décimas", que popularizavam a importância das revoluções Americana e Francesa, cantavam os principais ingredientes da conjuração — direitos, justiça, igualdade, liberdade — e cuja autoria havia quem atribuísse a Francisco Muniz Barreto, o poeta local integrante do grupo de letrados envolvido na conspiração.[30]

Qual foi o alcance dos livros manuscritos em Salvador? Difícil avaliar. Contudo, algum poder sobre a imaginação política das pessoas comuns e sobre os modos como elas reagiram ativamente aos fatos na conjuntura de 1798 parece ser inegável. Foi o que aconteceu com Lucas Dantas, por exemplo. Ele também era mulato, tinha os cabelos pretos compridos e ondeados e fazia parte da imensa categoria dos homens livres e invariavelmente pobres da cidade da Bahia, em fins do século xvIII — possuía uma cama velha quebrada, um tinteiro de louça, um caixão pequeno de madeira, um painel de Nossa Senhora do Carmo, um banco, uma navalha velha, dois pés de arca e um livro de cronologia em espanhol. Lucas Dantas sentou praça na condição de soldado, era jovem e insubordinado; em 1798, escolheu ser conjurado — aliás, tornou-se uma de suas lideranças. Os livros manuscritos ajudaram a fazer dele um entusiasta das ideias de Rousseau e elas transformaram sua vida. Rousseau escreveu que liberdade e igualdade formam os dois princípios fundamentais da República; a eles se acrescenta a justiça como a ferramenta capaz de prever um corpo de leis em condições de fazer cumprir as condições para o efetivo exercício da igualdade. Com sua imaginação autodidata e seu ardor simples, Lucas Dantas resumiu Rousseau do seu jeito; usava uns versinhos que sabia de cor e repetia sempre que precisava explicar essas ideias a alguém:

> *Igualdade e Liberdade*
> *No sacrário da Razão*
> *Ao lado da sã Justiça*
> *Preenchem meu coração.*[31]

"O POVO BAHINENSE E REPUBLICANO ORDENA, MANDA E QUER"

A autoria dos versos não era sua, mas Lucas Dantas não deixou por menos: declamava o ideário da Conjuração Baiana, em público, à custa de Rousseau. A força dos livros manuscritos não parece ter sido modesta, e facultou acesso popular ativo aos temas do programa revolucionário francês, ou pelo menos a parte dele. Contudo, o livro manuscrito não foi o único veículo de difusão de ideias na Conjuração Baiana; através dos panfletos, as francesias continuaram a jorrar em Salvador. Aliás, panfletos não eram exatamente uma surpresa na paisagem política da América portuguesa. Ao contrário, eles circularam, de maneira pontual, em muitas das rebeliões que eclodiram com impressionante regularidade entre o século XVII e a primeira metade do século XVIII. Surgiram na Revolta de Beckman, em 1684, no Maranhão; no motim de 1666 e na revolta de 1710, ambas em Pernambuco; em Minas, em meio ao levante de 1720, em Vila Rica, e durante os Motins do Sertão do São Francisco, em 1736. Pasquins difamatórios, pornográficos ou satíricos, por sua vez, transitavam provocadoramente pelo território da colônia e começaram a ser documentados por obra do Tribunal do Santo Ofício entre 1587 e 1591.[32]

Nenhum deles, porém, estava em franca oposição aos interesses do Império ou trazia um programa escancaradamente revolucionário como ocorreu com os panfletos baianos — até então, e no mais das vezes, panfletos serviam para convocar a população de colonos a reagir contra os impostos ou abusos de autoridades. A exceção foi naturalmente as *Cartas chilenas*, empenhadas, como já visto, em denunciar o próprio sistema de administração colonial português e o papel desproporcionalmente influente que a corrupção desempenhava no interior desse sistema. Contudo, existe uma diferença importante entre as *Cartas chilenas* e os panfletos da Conjuração Baiana — o escopo revolucionário destes últimos foi bem maior. Nas Minas, o panfleto consistiu em um suporte de divulgação para uma denúncia ser feita, o mais vigorosamente possível. Em Salvador, assumiu diversos papéis: os panfletos eram ao mesmo tempo um evento público e uma manifestação intelectual capaz de debater temas políticos e sociais de maneira ampla, com vistas a acelerar a ruptura da província com a Coroa portuguesa e garantir o estabelecimento de uma República de base popular; além disso, também funcionavam como um importante recurso de comunicação reservado à divulgação de notícias e à propaganda republicana radical.

Em 1798, as autoridades portuguesas descobriram que havia talvez coisa pior do que as *Cartas chilenas* — os panfletos da Conjuração Baiana trombetearam a sedição em uma linguagem perigosamente nova. Na verdade, eles reinterpretaram o repertório político e intelectual das francesias à luz dos descontentamentos e das expectativas dos setores populares da capitania.[33] Seu significado estava diretamente integrado ao contexto público de sua comunicação, e aquilo que eles queriam dizer e o modo como as outras pessoas entendiam o que era dito ao ler um desses panfletos ou ouvir sua leitura deram forma a um projeto de República que, pela primeira vez, se organizava de baixo para cima na estrutura social da colônia. O governador da Bahia sentia-se temeroso, e com razão — os panfletos tinham todos os ingredientes de um programa político genuinamente empenhado em preparar a revolução. Pior: exortavam a população a agir.

Não deve ter passado pela cabeça dos panfletários baianos, mas eles estavam introduzindo na América portuguesa um gênero de literatura política de teoria, argumento, opinião e polêmica que atuou como o meio de comunicação mais importante para divulgação das ideias, dos valores e, ao menos no caso norte-americano, de um composto de procedimentos políticos — uma espécie de coletânea de princípios de governo republicano — entre os séculos XVII e XVIII. Aos olhos dos revolucionários ingleses, norte-americanos, franceses — e, naturalmente, dos baianos —, os panfletos tinham dupla função: tratava-se, é claro, de um recurso muito eficiente de comunicação política. Mas, além disso, também proporcionavam um vigoroso método de formação pública de opiniões, capaz de gerar um processo contínuo — livremente e, muitas vezes, de forma apaixonada — de troca, confronto e ajuste de argumentos, concepções, diferenças e pontos de vista. Eram um gênero literário que formava um padrão geral aplicado a uma situação política de desafio; o tipo de literatura ideal para quem quisesse solapar a monarquia, protestar contra a tirania, difamar os poderosos, argumentar a favor da liberdade ou profetizar instituições republicanas.

No século XVIII, a definição de panfleto englobou uma grande diversidade de escritos e comentários políticos, sempre publicados sob a forma de folhas individuais ou folhetos, sem lombada ou capa, com costura frouxa e número variado de páginas — em geral, entre uma e cinquenta. Sua escrita tampouco seguia um padrão determinado: podia ser prosa ou verso. Também incorporava uma grande variedade de gêneros: avisos, cartazes, tratados sobre teoria política e ensaios sobre história, sermões, correspondência, discursos, fábulas, diálogos e poemas. Havia espaço para metáforas e metonímias, alegorias, sátiras, paródias, sarcasmo, ironia, vitupério… A rigor, um bom panfleto, ao ser escrito, precisava apenas seguir quatro regras básicas: ser tópico, incluir muita polêmica, mirar alvos imediatos e ser curto.[34]

Os panfletários ingleses do século XVIII foram os principais responsáveis por burilar a forma final assumida pela tradição do panfleto moderno — e mantida, em suas linhas definidoras, até, pelo menos, as últimas décadas do século XX. Durante a primeira metade do Setecentos e, mais especificamente, a partir de 1713, quando John Arbuthnot, ele próprio um hábil panfletário, fundou o Scriblerus Club — ou Clube dos Garatujadores[35] —, o panfleto inglês atacou, com igual verve, as decisões do Parlamento, a política do Império britânico e a estupidez humana. Na Inglaterra, o panfleto utilizou de amargura e de humor ácido diante da injustiça e da opressão; também lançou mão de doses fartas, mas meticulosamente combinadas, de rabugice, zombaria e ceticismo para descrever a própria sociedade, denunciar arbitrariedades, mudar os rumos da opinião pública e concretizar a sua capacidade de interferência na condução dos negócios públicos. A inquietante e sofisticada zombaria do panfleto inglês é afiada, imaginativa, literária — e terrivelmente pessimista.

Em 1729, com a publicação da "Modesta proposta para evitar que as crianças dos pobres da Irlanda se tornem um fardo para seus pais ou para seu país, e para torná-las benéficas ao público", a virulenta ironia do mais brilhante publicista do século xviii, Jonathan Swift, demonstrou a eficácia do panfleto como ferramenta intelectual a serviço de uma causa pública. Na realidade, todos os escritos de Swift estão imbuídos de espírito público e todos eles são uma irresistível defesa da liberdade de pensamento. Sua obra é sempre um convite a pensar pelo avesso, a zombaria incide sobre o conjunto da sociedade inglesa setecentista e o riso que ela convoca visa sempre à estupidez humana, causa maior de todo mal: seja quando sugere aos irlandeses que tomem uma atitude, ainda que seja a de devorar seus filhos, para enfrentar a crise de fome que devastava o país, juntamente com a miséria e a superpopulação, seja quando descreve a bestialidade e a maldade do homem mal disfarçada sob os traços idiotizados dos Yahoos em *Viagens de Gulliver*.[36]

Ao contrário da Inglaterra, o humor aclimatou-se devagar na França revolucionária. Em compensação, havia um poderoso apetite por informação entre os franceses, e opiniões políticas antigovernistas e extremamente hostis a Versalhes transitavam por Paris, faladas, escritas, impressas, desenhadas e cantadas, desde as primeiras décadas do século xviii. Boa parte desse falatório circulou sob a forma de panfletos. Obscenos, difamatórios, caluniosos, a natureza dos panfletos franceses sempre esteve voltada para personalizar a política, destruir reputações e, de quebra, zombar de todas as convenções. A exposição dos temas realizava-se por meio de uma generosa mistura de estilos de fácil compreensão popular: diálogos, anedotas, poemas, arengas e cartas. Graças a essas características, o principal efeito dos panfletos franceses foi fermentar a dessacralização da monarquia e estimular os procedimentos de formação de uma opinião pública: eles conseguiram fixar e expandir os motivos para o descontentamento popular e o transformaram em um discurso coerente que deslegitimou o Antigo Regime.[37]

Os panfletos também circularam por toda parte durante a Revolução Americana. Mas, embora o polemista norte-americano se esforçasse para obter um efeito literário consistente, costumavam escapar-lhe a habilidade técnica, a imaginação e o engenho literário dos ingleses. Sua linguagem podia ser desafiadora, virulenta e sarcástica, mas, em geral, não carregava nem o brilho literário nem o propósito de aniquilamento público do adversário, característica dos panfletários ingleses. A marca distintiva dos panfletos que transitaram nas Treze Colônias era a necessidade de convencimento: os colonos estavam empenhados não na destruição, mas na criação do poder. Por essa razão, utilizaram uma retórica concentrada em persuadir, avaliar, opinar — e repetir interminavelmente a mesma coisa. Os norte-americanos queriam construir uma narrativa explanatória, didática, que alcançasse as pessoas comuns, apresentando-lhes argumentos que as ajudassem a organizar suas próprias informações, fosse envolvente o bastante para convencer o outro e se espalhasse. Nem poemas, nem *libelles* políticos, nem ensaios literários, nem *anecdotes* escandalosas; os panfletos que fizeram circular as ideias-força do republicanismo norte-americano assumiram principalmente a forma de tratados, sermões, diálogos públicos e discursos celebratórios de determinados eventos políticos — como o Massacre de Boston ou a revogação da Lei do Selo.[38]

Os panfletos espalhados em Salvador faziam parte dessa extraordinária linhagem revolucionária por diversas razões: também visavam a um alvo imediato, o compromisso era com a produção de um discurso coerente capaz de expandir o descontentamento popular, forneciam os princípios de um projeto político e de uma forma de governo alternativa, procuravam apoio público para uma ruptura com a autoridade estabelecida. E tal como ocorreu na Inglaterra, na França e nas Treze Colônias inglesas, eles também buscaram animar uma conduta popular em qualquer circunstância contrária à Coroa portuguesa e desencadear a luta pelo poder em diferentes lugares da sociedade — seu objetivo era contribuir para a instalação de uma República Bahinense, diziam. Na Bahia, os panfletos tinham o feitio de "folhas volantes". Eram páginas manuscritas de dimensões escolhidas, em geral com tamanho in-quarto — uma folha com menos de quarenta centímetros, dobrada duas vezes, semelhante ao que, em Portugal, chamavam-se *folhas avulsas*.[39] Assumiram, mesmo que desajeitadamente, a forma de manifestos, declarações e proclamações, e vinham assinados pelo "Povo Bahinense", ou pelo "Povo Bahinense e Republicano", ou pelo "Povo Bahinense Indouto" — indicando, nesse caso, que sua autoria deveria ser creditada à população pobre e de pouca instrução de Salvador.

Escrever panfletos permitiu aos conjurados romper o silêncio, fazer da política assunto público e divulgar a mensagem revolucionária de maneira direta, sem cansar o leitor, atingindo rapidamente o máximo de pessoas. Os panfletos soavam populares em Salvador porque nasceram no estilo animado de um texto escrito para ser lido em voz alta. Uma vez afixados ou passando de mão em mão, não importava, em torno de cada panfleto ia se constituindo, de maneira casual, uma aglomeração de pessoas que com frequência evoluía para uma forma espontânea de sociabilidade — a palavra lida por alguns era repassada para toda a audiência, às vezes aos brados, e terminava suscitando argumento e debate e, evidentemente, formando opinião.

Se a intenção dos conjurados baianos foi abrir espaço para o debate público e levar a política a transitar para fora dos círculos fechados do poder e da elite urbana da capitania, até alcançar a população pobre, a estratégia foi um sucesso. Bento Rodrigues Garcia, dono de um botequim localizado nas imediações do largo do Pelourinho, frequentado por uma população barulhenta que prezava comida farta e barata e a aguardente forte do Recôncavo, foi chamado a depor na Devassa e adotou o comportamento padrão — alguma coisa ele sabia. Confessou às autoridades que muito "ouviu conversar sobre eles [panfletos] no seu botequim a várias pessoas"; mas, bom comerciante, não deixou os clientes na mão e acrescentou com veemência que nenhum de seus fregueses era suspeito de ter afixado qualquer panfleto.[40] Outro depoente, Antônio José Justo, cabo de polícia, contou história parecida: "Ouviu dizer na praia desta cidade que se tinha pregado pelas esquinas uns papéis ou editais tendentes sobre uma sublevação" — embora ele, pessoalmente, "não vira, não sabe que escrevera, nem quem para isso concorrera", emendou depressa.[41] Aconteceu nas três conjurações: diante das autoridades encarregadas da Devassa, ninguém era bobo de ver ou falar coisa alguma — mas todo mundo *ouvia* muito. Uns pareciam estar perigosamente próximos dos fatos que narravam, enquanto outros ofereciam uma visão de longe, como quem observa tudo a uma distância cautelosa dos acontecimentos.[42] Contudo, uma vez reunidas, as informações se encaixavam umas dentro das outras: na Bahia, a rede de comunicação gerada pelos panfletos estava funcionando, era ampla, apresentava múltiplos vetores, circulava as mensagens do centro comercial da Cidade Baixa ao largo do Pelourinho e havia chegado à zona portuária, dominada por marinheiros, escravizados e estivadores.

Os panfletos baianos eram curtos, diretos e de estilo tosco; mas, justiça seja feita, afiadíssimos. Seu alvo era o *povo* da Bahia.[43] O termo "povo" ou "povos" costumava ser utilizado para designar o conjunto dos vassalos ou súditos de uma determinada região do Império que mantinham com a Coroa um vínculo de obediência e lealdade — o caso da América portuguesa ou, em ponto reduzido, a capitania da Bahia. Na retórica dos panfletos, porém, o termo deu um giro político e semântico radical: "povo" nomeava a população pobre e mestiça de Salvador, a plebe urbana, como protagonistas da República. É certo que, ao final do século XVIII, o termo "povo" foi usado tanto para indicar a população de um território quanto para classificar os estratos que formavam a base da pirâmide social da colônia: o povo miúdo, a plebe, a chusma.[44] Mas é certo também que, ao eleger o povo baiano como protagonista e destinatário da República, os panfletos transferiram o vocábulo "povo", associado a "plebe", para dentro da linguagem política do republicanismo, de modo que funcionasse como sua instância legitimadora. A intenção era cristalina: "povo" era o cidadão ativo da República, detinha direitos inatos, personalidade legal reconhecidos e precisava estar pronto a demonstrar seu zelo de repúblico enfrentando a Coroa portuguesa.

Apresentar o "povo" como único depositário da soberania da República em pleno território da colônia já seria uma novidade perigosa e de uma ousadia sem tamanho, mas também revelava o tipo de solo onde germinaram as francesias na Bahia: não era exatamente do republicanismo francês que tratavam os panfletos de Salvador, e sim de sua vertente mais radical, o jacobinismo nascido durante a Revolução de 1789. É bem verdade que a linguagem dos panfletos anunciava Rousseau ao inscrever a ideia de soberania popular na base de uma construção republicana que deveria florescer no território da América portuguesa; mas balançava, em seguida, para acompanhar uma modulação extremada de leitura desse autor. Não aconteceu só em Salvador. Durante o século XVIII, Rousseau significou o momento exemplar em que a questão republicana enfrentou a natureza da tirania e renovou sua linguagem política, e foram muito diferentes as consequências que extraíram disso, na França revolucionária, os girondinos e os jacobinos — as duas correntes políticas que disputaram os rumos da República e desenvolveram vertentes distintas do republicanismo no tempo forte da Revolução Francesa.[45]

Os conjurados baianos enxergaram em Rousseau tanto o inabalável compromisso com a igualdade quanto o caminho da união com o povo soberano trilhado pelos grupos revolucionários franceses radicais. Entre o emprego do acento mais propriamente girondino sobre a necessidade da participação do cidadão na confecção das leis para que a República se realize, e a apropriação jacobina de Rousseau, em que a vontade popular resume a vontade geral e, mais grave, o povo não comete erro ao decidir sobre questões de seu interesse, os panfletários baianos tinham lado: foi na enfatização das formas violentas e intransigentes do radicalismo jacobino que eles viam a si mesmos e desejavam ser vistos. Os panfletos da Bahia tomaram de empréstimo aos jacobinos sua ideia de "povo" e a desenharam a partir de uma imagem inquietante e perturbadora: "povo" era um ser composto e idealmente virtuoso, capaz de se erguer do ponto mais profundo da sociedade e atravessar com ferocidade a República para o confronto com seus inimigos.

A escolha das palavras em cada panfleto, o tom de advertência e o uso dos verbos no imperativo — "ordena", "manda", "prescreve", "quer" —, como aparecem, por exemplo, na abertura do quinto panfleto a seguir a ordem da Devassa — "O Povo Bahinense e Republicano ordena, manda e quer que para o futuro seja feita a sua digníssima revolução nesta cidade e seu termo"[46] —, não são apanágio de uma retórica inflamada. Ao contrário, transmitem uma inflexível mensagem sobre a maneira como os panfletos baianos enxergam o "povo": uma força poderosa, feroz quando provocado e agente de seu próprio destino. Sempre permaneceu aceso, na retórica turbulenta dos conjurados em Salvador, ou durante o governo jacobino de Paris — entre o outono de 1793 e a queda de Robespierre e do Comitê de Salvação Pública, no verão de 1794 —, o lugar perigoso da exceção: a soberania era imanente ao povo, estava presente em ordenamentos aprovados por ele e não em qualquer lugar externo à sua vontade, e essa vontade deveria funcionar como um poder à parte, capaz de percorrer toda a extensão da vida da República.[47]

Boa parte dos panfletos que sobreviveram ao século XVIII foi redigida à maneira de "Avisos", um tipo de escrito político por meio do qual os conjurados procuraram detalhar a linha de seu programa revolucionário. Os "Avisos" promoveram a futura República Bahinense, apresentaram as formas pretendidas de organização do poder republicano em caso de vitória da conjuração e animaram a plebe urbana de Salvador a se colocar em insurreição. Eventualmente, também se prestavam a disseminar informações, inclusive sobre aquilo que os conjurados ainda pretendiam realizar, e a combinar notícias recentes acerca da conjuntura francesa com críticas às imposições tributárias e às limitações de comércio impostas pela Coroa portuguesa.

E traziam uma novidade. Os "Avisos" podiam ser desajeitados no jeito e no formato da escrita, mas seguiram o gênero da declaração. O ato de declarar tinha uma intensidade política inédita na colônia por dois motivos. Primeiro, abria espaço para o debate público. Segundo, o propósito da declaração consistia em fazer afirmação pública e formal de um novo panorama revolucionário e anunciar direitos. Os "Avisos" executaram essa proeza: trouxeram a público os princípios revolucionários da conjuração, enunciaram os direitos da Declaração dos Direitos do Homem e do Cidadão votada pelos Estados-Gerais da França, em 1789, confirmaram os direitos de propriedade e livre-comércio dos plantadores de fumo, cana e mandioca e dos comerciantes da Bahia — uma providência tranquilizadora para os interessados, sobretudo numa situação de porto aberto, prometida para logo após a vitória da conjuração.[48]

O tom e a escrita dos "Avisos" eram esbaforidos, mas a ideia de que nomear direitos funcionava como critério tanto para definir o que é útil para a sociedade quanto para regular a vontade livre dos homens constituiu um poderoso vetor de revolução nos dois lados do Atlântico. Em junho de 1776, os direitos desembarcaram nas Treze Colônias inglesas: o jornal *Pennsylvania Gazette* publicou a Declaração dos Direitos da Virgínia, redigida por um fazendeiro, George Mason, que mais tarde seria membro da Convenção Constitucional e se recusaria terminantemente a assinar a Constituição norte-americana — nela, argumentava, faltava uma Carta de Direitos. Foi a primeira vez que se listaram direitos na área colonial americana, e o texto de Mason seria reproduzido por Pensilvânia, Massachusetts, New Hampshire e Vermont, em suas próprias declarações locais — ato seguinte, os direitos foram enumerados por Thomas Jefferson no preâmbulo da Declaração de Independência. Os direitos são uma espécie de baliza do mundo público que fixa o lugar do indivíduo na sociedade política, ao mesmo tempo que aponta para o que ele tem de alienar se quiser viver em uma comunidade capaz de levar em conta o interesse comum, e, na Bahia, os "Avisos" se encarregaram de nomear alguns desses direitos publicamente — aliás, pela primeira vez no Brasil.[49]

Um conjunto menor de panfletos sobreviventes foi intitulado "Prelos", e é difícil saber a expectativa dos conjurados quando adotaram esse nome — "prelo" significava a prensa de madeira para impressão gráfica. Talvez eles quisessem sugerir que, embora manuscritos, esses textos chegavam muito perto do efeito multiplicador de reprodução característico do impresso: afinal, foram escritos para funcionar como uma espécie de correia de transmissão. Os conjurados recorriam aos "Prelos" sempre que desejavam anunciar um conjunto de medidas que gostariam de ver aplicado ao cotidiano de Salvador —

de preferência, imediatamente. E sua linguagem tinha também muito de jacobinismo. Ameaçadora, mais de incitamento que de mobilização, a linguagem dos "Prelos" confirmava que os autores estavam dispostos a chegar ao fundo da hostilidade contra os adversários políticos da conjuração: denunciava as maquinações econômicas contra o povo e propugnava justiça sumária. O alvo das condenações variava: um deles eram os padres que durante os sermões exibiam sua contrariedade com os valores da igualdade e da liberdade; mas na alça de mira dos "Prelos" estavam igualmente os atravessadores de mercadorias e os varejistas que elevavam às nuvens os preços dos produtos de consumo popular e se aproveitavam da crise de abastecimento por que passava Salvador no final do século XVIII — todos merecedores da pena de morte, decretavam os "Prelos". Na realidade, seus autores manejavam uma linguagem instrumental e depuradora, construída para criar um novo público:

> Cada um soldado e cidadão, mormente os homens pardos e pretos que vivem escornados e abandonados, todos serão iguais, não haverá diferença só haverá liberdade, igualdade e fraternidade. Aquele que se opuser a Liberdade Popular será enforcado sem mais apelação: assim seja entendido, aliás... Breve teremos socorro estrangeiro. Do Povo.[50]

A linguagem dos "Prelos" encarava os problemas que atormentavam a população pobre, como a contínua falta de gêneros de subsistência, indicava as providências e, por isso mesmo, alcançava grande repercussão. À moda dos "Avisos", os "Prelos" também enunciavam direitos, só que à sua maneira. O principal deles: a população tinha o direito de ser informada, precisava ficar de olho nos abusos cometidos pelos comerciantes e deveria criticar a omissão das autoridades diante dos negociantes que entregavam menos do que efetivamente cobravam. Garantido o acesso à informação, porém, recomendavam os "Prelos", era preciso passar à ação; ou, melhor dizendo, seria necessário que a conjuração tomasse a ação nas próprias mãos — sob o argumento de que constituía o "povo" e seria aprovada pelo conjunto das pessoas. Era uma linguagem torta, mas seus autores sabiam a hora de regular uma rajada de histeria jacobina com uma retórica das mais pragmáticas, e os "Prelos" alternavam justiça sumária com fartas doses de proteção. A regulagem foi usada, por exemplo, para tentar controlar os açambarcadores. Comerciantes e produtores seriam obrigados a declarar publicamente seus estoques, exigiam os "Prelos"; quem acatasse receberia excelentes vantagens: o completo controle sobre o estoque, a suspensão das taxas devidas à Coroa. Em contrapartida, porém, os preços dos gêneros populares seriam tabelados: "Nós Bahienses, Republicanos para o futuro, queremos e mandamos que a inútil Câmara desta cidade mande pôr a carne a seis tostões",[51] determinou, sem muita conversa, um panfleto afixado na porta do açougue, na Cidade Baixa.

O governador da Bahia tinha razões de sobra para estar preocupado com a estudada ferocidade daquela gritaria que fazia exigências públicas sem precedentes. Afinal, independentemente do que pensassem a respeito as autoridades portuguesas, os conjurados estavam baixando seus próprios decretos e se intrometendo no terreno da administração da capitania — agiam como se a Coroa não existisse mais. Evidentemente, existia uma estratégia por trás de tudo isso. Foi escorados nela que os conjurados tentaram mobilizar ao seu favor a pesada força militar estacionada na capitania: o "Prelo" 2 trazia o anúncio de aumento do soldo para a tropa; os "Prelos" 4, 5 e 7 repetiram esse anúncio à exaustão. Era uma medida esperta. A confiar no que informavam os próprios conjurados, havia 676 seguidores do "partido da Liberdade", como eles nomearam seu movimento. Desse total, 513 pessoas pertenciam a corporações militares: 330 eram soldados de linha ou compunham a tropa permanente, ou faziam parte da força de milícias — as tropas auxiliares que mantinham o controle da ordem pública e perseguiam escravizados fugidos. Prometer aumento de soldo significava acenar não só para essa gente que, de qualquer modo, já tinha tomado partido, mas, principalmente, para toda a tropa — existiriam certas compensações para quem estivesse disposto a fazer a conjuração vitoriosa, anunciavam os "Prelos". Além disso, e do ponto de vista de uma administração popular, a medida fazia muito sentido. A vida nos quartéis era dura, a comida péssima, o soldo miserável e disso costumavam resultar miséria, insubordinação e motim. Com o soldo minguado que recebiam e para complementar a renda, os soldados dedicavam-se a ocupar uma parte do seu tempo em algum ofício paralelo, em geral de alfaiate, como João de Deus, ou de marceneiro, como Lucas Dantas — aliás, surgiu daí o nome Revolta dos Alfaiates, como a conjuração ficou conhecida depois.[52]

Os "Prelos" terminavam invariavelmente da mesma maneira. Vinham assinados por "392 Entes da Liberdade". Cada "ente" se autointitulava "deputado" ou "representante", e não sabemos se os cargos existiram de fato e qual seria a diferença entre eles. Mas era um bom indício de que os conjurados pretendiam enquadrar seu ideário numa instituição específica que deveria exercer o novo governo: uma espécie de assembleia permanente, de natureza ao mesmo tempo executiva, legislativa e judiciária, a qual se batizou, de maneira intrigante, de "dieta". O "5º Prelo", por exemplo, se encerra desta maneira: "Do Povo n. 676. Entes da Liberdade. Sobrescrito: deve ser publicado o presente que fica notado no Livro das Dietas, fol. 21, cap. 26, parag. 8. Nº 12. Republicanos 676. Do Povo Bahiense em consulta dos Deputados e Representantes que são 392 Entes. VIVA". Já o "Aviso ao clero e ao Povo Bahiense indouto" dirige-se aos oficiais para informar que eles "terão aumento de posto e de soldo, segundo as Dietas". A mesma informação determinada pelas Dietas repete-se no último panfleto, sem título ou data: "Outrossim quer o Povo que cada um soldado tenha de soldo dois tostões por cada dia além de suas vantagens que serão relevantes. Os oficiais terão avanço segundo as Dietas".[53]

Difícil saber onde os baianos foram buscar o termo "dieta", e de que forma eles pretendiam encará-lo. A palavra foi dicionarizada por Bluteau e servia para designar uma instituição colegiada de natureza deliberativa ou decisória, cuja origem seria alemã — "'Dieta' quer dizer Sala, em que os antigos faziam seus banquetes", anotou Bluteau. E explicou: "Como é costume dos alemães tratarem na mesa os maiores negócios da República, 'dietas' se chamam os seus congressos políticos". Além dos alemães, no século XVIII, "dieta" remetia a conjunturas políticas específicas, em particular aquelas relacionadas à Polônia e à Hungria. O uso na Bahia sugere que o termo viajou pelo mar e que marinheiros desembarcados no cais de Salvador passaram aos colonos baianos informações sobre eventos ocorridos na década de 1790 na Europa e diretamente impactados pela Revolução Francesa: a Constituição polonesa de 1791, a reunião da Dieta Húngara em 1790 ou, ainda, a conjuração húngara de 1794.[54]

O sucesso da conjuração não estava garantido e "dieta" talvez fosse só uma palavra para o futuro. Mas, ainda assim, e embora nada usual na cultura política revolucionária francesa, era de jacobinismo que se tratava quando os conjurados baianos imaginaram um formato de assembleia para dirigir a República. Sua "dieta" não sugeria nem um conselho de notáveis nem um viveiro de militância popular; seria, antes, uma instituição que identificava o "povo" e seus representantes como uma mesma coisa, ambos compartilhavam uma única vontade e era isso que garantia a legitimidade de seus procedimentos e julgamentos políticos. Na Bahia, "dieta" evocava a ideia de um personagem de exceção, capaz de encarnar diretamente o povo sem necessidade de algum tipo de mediação — como uma espécie de tribunal supremo no qual todas as pessoas, em algum momento, tinham de prestar contas.[55]

Mas a "dieta" também podia ser só um caminho possível para estabilizar uma forma de governo futura. Afinal, para os conjurados baianos, o que importava era a visibilidade da ação política — e os panfletos cumpriram bem essa tarefa. Evidentemente, o ambiente urbano de Salvador facilitou o trânsito das ideias. Os que trabalhavam no ganho reuniam-se nas esquinas, nas ruas, no cais do porto para oferecer seus serviços e, enquanto esperavam fregueses, ocupavam-se de sedição. Os arredores de Salvador, por sua vez, estavam rodeados de quilombos e terreiros religiosos, comunidades móveis destruídas aqui pelas forças policiais para ressurgirem logo adiante. Os atabaques batiam para festas mundanas, celebrações de deuses da costa d'África e, talvez, também para iluminar a conjura política. E, no terreno do apelo à imaginação, havia o chamado de um ideal exigente, mas que parecia estar ao alcance de todos. Era só uma questão de tempo, anunciava o primeiro "Aviso" afixado em Salvador: "Animai-vos Povo Bahinense que está para chegar o tempo feliz da nossa liberdade, o tempo em que todos seremos irmãos, o tempo em que todos nós seremos iguais". Os panfletos parecem girar de forma quase obsessiva em torno do mesmo argumento: ideias precisam ser rapidamente colocadas em ação. Era necessário investir pesado na busca para produzir algo que seja parte constitutiva desse desejo por um tempo feliz, em um mundo melhor.

Nas Minas, em 1789, Tiradentes defendeu que a felicidade do indivíduo incluía sua participação na vida pública, e os baianos não discordavam disso. Mas eles entenderam que cabia mais alguma coisa nessa definição. Felicidade eram liberdade *e* igualdade e, ao recorrer a essa combinação, os panfletos abriram as portas para a novidade de um republicanismo que acrescentaria o princípio *plebeísta* como fundamento da República. O termo "plebeísmo" exprime um ideal normativo de natureza democrática: a inclusão. Traduz a disposição expressa dos membros de uma comunidade em incorporar o número mais extenso e mais heterogêneo possível de cidadãos ao grupo dos politicamente iguais.[56] E, de muitas maneiras, a inclusão do princípio plebeísta na linguagem do republicanismo na América portuguesa representava o coroamento de um longo percurso. Em 1789, nas Minas, quando se procurou pela primeira vez integrar igualdade e República, os conjurados conseguiram garantir a extensão da igualdade legal a uma faixa intermediária bastante heterogênea da população, embora isso não tenha se traduzido automaticamente na extensão do reconhecimento da igualdade de poder. Já no Rio de Janeiro, em 1794, onde se tentou avançar concretamente na expansão da natureza inclusiva do republicanismo, o princípio da igualdade passou de fato a contemplar indivíduos egressos de estratos sociais muito diversos, mas desde que a extensão do laço igualitário ainda fosse estabelecida a partir de um ponto bem determinado: o lugar do semelhante, daqueles indivíduos capazes de compartilharem um campo de identificações e interesses comuns.

Na Bahia, nenhum dos panfletos sobreviventes faz referência ao fim da escravidão, embora existam informações acerca de um panfleto, que foi destruído e que, segundo depoimento do capitão de granadeiros do Segundo Regimento de Linha, Antônio José de Matos Ferreira e Lucena, à Devassa, trazia, sim, a promessa de "liberdade aos escravos".[57] Apesar disso, os panfletos baianos continham uma proposta radical de extensão de igualdade: eles recomendavam incorporar à cidadania pessoas desiguais econômica e socialmente, com interesses opostos e, talvez, muito distintos uns dos outros. Igualdade fazia parte do repertório da conjuração. Lucas Dantas e João de Deus, por exemplo, em um de seus últimos encontros, discutiram calorosamente sobre a melhor maneira de aliciar novos adeptos para um movimento político cuja eclosão militar lhes parecia iminente. E Lucas Dantas insistiu no argumento de que a felicidade era fácil de entender; bastava construir uma República disposta a viabilizar o espaço de passagem para a igualdade:

> Quando lhes falar [aos novos adeptos], diga-lhes assim: o povo tem intentado uma revolução, a fim de tornar essa capitania em governo democrático, nele seremos felizes; porque só governarão as pessoas que tiverem capacidade para isso, ou seja, brancos ou pardos ou pretos, sem distinção de cor, e sim de juízo, e é melhor do que ser governado por tolos, e logo os convencerá.[58]

Lucas Dantas sabia bem o que estava dizendo a João de Deus: "Há de se fazer uma guerra civil entre nós para que não se distinga a cor branca, parda e preta [...] só então seremos felizes, sem exceção de pessoa". Mas isso era perigoso demais para a Coroa; não podia durar. Juntamente com Manuel Faustino, João de Deus e Luís Gonzaga das Virgens, Lucas Dantas pagou um preço altíssimo pela ousadia de proclamar em voz alta suas credenciais populares e radicais, agir como um repúblico, exigir o direito de cidadania no Império português e convocar a plebe urbana de Salvador a aderir. Os quatro foram enforcados na cidade de Salvador, na manhã de 8 de novembro de 1799. O governador da Bahia, Fernando José de Portugal e Castro seguiu com estudada ferocidade e uma boa dose de cálculo político o ritual espetaculoso de infligir uma punição brutal aos homens que simbolizaram a livre disposição de assumir uma *voz pública* na colônia — e, nesse sentido, tem razão o compositor popular Mário Lago quando compôs, duzentos anos depois, uma peça de teatro em formato de musical sobre o que aconteceu em Salvador em 1798: de muitas maneiras, existiram na Bahia quatro Tiradentes.[59]

Cada um dos quatro condenados à morte teve o corpo esquartejado e exposto nos lugares públicos da cidade. As mãos de Luís Gonzaga das Virgens, acusado da redação dos panfletos, permaneceram pregadas na forca, como exemplo, para a população, do desequilíbrio e do excesso que marcavam as relações de poder na colônia: do súdito que se atreveu a ser infiel ao rei; da Coroa que fez valer seu direito e sua força. O quinto condenado à morte, o ourives Luís Pires, dono da banca clandestina onde se fabricavam os livros manuscritos, escapou a tempo e sumiu — nunca mais se soube dele. Sete conjurados foram condenados a receber quinhentas chibatadas e ao degredo na costa ocidental da África, fora do Império português; dois outros receberam a pena de degredo em possessões portuguesas na África. Dois escravizados foram condenados a quinhentos açoites e a serem vendidos fora da capitania; e um conjurado acabou degredado em Fernando de Noronha. Cipriano Barata e o padre Francisco Agostinho Gomes também terminaram presos, mas com penas leves: o primeiro cumpriu quatro meses e o segundo, seis meses de prisão.[60]

Lucas Dantas e seus companheiros conjurados foram até onde a imaginação permitiu. Ela os levou muito longe: sonharam com a República quando isso ainda não era possível. Demorou cerca de dois séculos, mas, ao encerrar o século XVIII, uma linguagem característica da tradição republicana e seu vocabulário político estavam prontos para entrar em ação: forneciam princípios para a vida pública, acudiam os colonos na hora de declarar direitos, afirmavam a possibilidade concreta de existir uma sociedade autogovernada por homens livres e iguais. Seus construtores sonharam acordados, é certo; mas nenhum deles podia adivinhar o futuro da tradição que ajudaram a criar.

Conclusão

A tradição esquecida

ADEUS, PATRIOTA, COMO ESTAIS? A REVOLUÇÃO DE 1817,
EM PERNAMBUCO

No mês de março de 1817, foi declarada a República no Brasil — em Pernambuco. A Revolução de 1817, responsável pela proeza, teve início no dia 6 de março, com um motim de oficiais do Regimento de Artilharia, o principal corpo militar da vila do Recife. Transmudou-se em insurreição e culminou com a tomada da fortaleza do Brum, seguida da rendição do governador, Caetano Pinto de Miranda Montenegro, considerado pelos pernambucanos um poltrão que explorava sem dó a prosperidade da província a mando da Coroa — "ele é Caetano no nome, Pinto na coragem, Monte na altura e Negro nas ações",[1] diziam. A partir de então, o movimento revolucionário encorpou: pela primeira vez, parte do território do Brasil materializou uma experiência de autonomia provincial, rompeu com o centralismo da Corte instalada no Rio de Janeiro, propôs um projeto constitucional e vocalizou um programa político de governo na forma de uma República federada. A euforia republicana durou pouco mais de dois meses. Entre 18 e 20 de maio de 1817, as forças rebeldes foram derrotadas pelos monarquistas nas cercanias de Serinhaém, o porto do Recife, submetido a bloqueio naval por uma frota enviada pelo governador da Bahia, conde dos Arcos, as tropas fiéis à Coroa portuguesa desembarcaram em Alagoas e avançaram sobre Pernambuco. Em 20 de maio, a República caiu; o que restava do seu exército marchou para o norte da província, implacavelmente perseguido por guerrilhas imperiais fustigando-lhe a retaguarda e, exausto, debandou. Do Rio de Janeiro, d. João VI, já usando o título de rei desde a morte da sua mãe, a rainha Maria I, em 1816, mas sem a cerimônia pública de aclamação, que só ocorreria em 1818, mandou abrir a Devassa — a mais longa devassa política da história do Império português, que se arrastou por quatro longos anos e se encerrou somente em 1821, assim mesmo por força de uma providencial anistia concedida aos revolucionários graças à vitória da Revolução do Porto, em Portugal.

Mas a história do republicanismo em Pernambuco é comprida. Teve início, como já visto, na apropriação do mito de Veneza por um grupo de líderes rebeldes, durante a sedição de 1710, em Olinda, e entrou pelo século XIX afora — a Revolução de 1817 foi só um recomeço. Nos anos que se seguiram, os pernambucanos continuaram em pé de guerra. A província contestou o projeto de Império brasileiro encabeçado pela Corte instalada no Rio de Janeiro, com uma longa sequência de eventos políticos de natureza mais ou menos local — o movimento de Goiana, em 1821, a junta de Gervásio Pires Ferreira, entre 1821 e 1822, a junta dos Matutos, entre 1822 e 1823. Como se tudo isso não bastasse, em 1824 Pernambuco conjurou nova revolução: a Confederação do Equador afirmou a autonomia da província, reimplantou a República, e convidou os vizinhos do norte a aderirem — Piauí, Ceará, Rio Grande do Norte, Alagoas, Sergipe, Paraíba.[2] Todos esses eventos martelavam um mesmo programa político: uma vez desfeita a unidade do Reino de Portugal, Brasil e Algarves, a soberania revertia às províncias, onde, aliás, deveria residir. Cabia a elas negociar um pacto constitucional com a Coroa, no Rio de Janeiro, ou constituírem unidades separadamente sobre o sistema que melhor lhes conviesse.

Às vésperas da Confederação do Equador, Frei Caneca se encarregou de alinhavar o formato final do argumento federalista que Pernambuco estava construindo desde a Revolução de 1817. Ele era um frade carmelita fácil de ser reconhecido em qualquer lugar por conta da flamejante cabeleira ruiva. Filho de um tanoeiro que fabricava e consertava barris, tinas e, naturalmente, canecas, num antigo sobrado, misto de oficina e moradia, na rua de São Jorge, uma via movimentada e lamacenta que terminava nas muralhas do forte do Brum,

240

no bairro de Fora-de-Portas, no Recife; Frei Caneca viria a se tornar um notável publicista do Oitocentos brasileiro, equilibrando-se entre República e revolução. "Nós estamos, sim, independentes, mas não constituídos", sustentou, categórico, em 1824, repisando o discurso em que a autonomia provincial tinha prioridade sobre a forma de governo:

> O Brasil, só pelo fato de sua separação de Portugal e proclamação da sua independência, ficou de fato *independente*, não só no todo como em cada uma de suas partes ou províncias; e estas independentes umas das outras. Ficou o Brasil *soberano*, não só no todo, como em cada uma de suas partes ou províncias. Uma província não tinha direito de obrigar outra província a coisa alguma, por menor que fosse; nem província alguma, por menor e mais fraca, carregava com o dever de obedecer a outra qualquer, por maior e mais potentada. Portanto, podia cada uma seguir a estrada que bem lhe parecesse, escolher a forma de governo que julgasse mais apropriada às suas circunstâncias, e constituir-se da maneira mais conducente à sua felicidade. Quando aqueles sujeitos do *sítio do Ipiranga*, no seu exaltado entusiasmo, aclamaram a s. m. i., e foram imitados pelos aferventados fluminenses, Bahia podia constituir-se *república*; Alagoas, Pernambuco, Paraíba, Rio Grande, Ceará e Piauí, *federação*; Sergipe d'El Rei, *reino*; Maranhão e Pará, *monarquia constitucional*; Rio Grande do Sul, *estado despótico*.[3]

Frei Caneca foi um publicista de vocação libertária e imaginação republicana, grande explicador dos nossos males políticos e um corajoso homem público. Também era poeta. Às vésperas de sua execução, em 1825, escreveu uns versos que ficaram famosos, dedicados a certa mulher que arrebatou seu coração e a quem se dirigia de acordo com o protocolo árcade, bem à moda de Tomás Antônio Gonzaga: "Entre Marília e a Pátria/ coloquei meu coração:/ A Pátria roubou-m'o todo;/ Marília que chore em vão". A raiz de suas convicções republicanas, porém, ele expôs em artigos publicados na imprensa, principalmente no único jornal que lançou, em 1823, sob o choque da notícia da dissolução da Assembleia Constituinte, por Pedro I — *Typhis Pernambucano*. Boa parte desses artigos buscava soluções para um grande problema: como organizar um processo de emancipação que conferisse às províncias o grau de autogoverno. O problema tinha força, as alternativas aventadas por Frei Caneca combinavam republicanismo e federalismo, e os argumentos se revezavam na maior parte dos seus escritos políticos, com as inevitáveis variações exigidas pela conjuntura: a Independência havia provocado uma ruptura, um novo arranjo institucional precisava ser acertado para garantir autonomia às províncias, o federalismo abria a porta de entrada para a República e ele queria se assegurar de que, se preciso fosse, Pernambuco poderia passar por essa porta — com ou sem unidade nacional.

Frei Caneca não falava sozinho. Ao longo da primeira metade do século XIX, os pernambucanos fizeram questão de deixar duas coisas muito claras. Primeira, que a República representava o passaporte seguro para uma bem-sucedida experiência de autogoverno provincial. Segunda, que o figurino da República era federativo: "Pernambuco, Paraíba, Rio Grande e Ceará devem formar uma só República, devendo-se edificar uma cidade central para capital", dizia o padre João Ribeiro, membro da junta governativa que se formou às pressas no Recife com a vitória da Revolução, em março de 1817.

Padre Ribeiro, um mulato de família pobre de Trucunhaém, vilarejo próximo ao Recife, naturalista e desenhista de mão cheia, era outro sacerdote disposto a se envolver em conspirações e a arriscar o pescoço a favor da República, leitor inflamado de Condorcet, o último dos grandes pensadores do Iluminismo e responsável pela criação de um novo referencial para o republicanismo revolucionário francês.[4] Conceber a República foi uma empreitada de bacharéis, militares, comerciantes e senhores de engenho — que contou com a participação entusiasmada de grupos de pessoas de diversas condições sociais: mascates, oficiais do erário, escrivães, tanoeiros, magistrados, corretores, barbeiros, sapateiros, almoxarifes, cirurgiões. Mas a República de 1817 também seria obra de um extenso círculo de vigários, sacerdotes e frades compromissados com um federalismo de colorido republicano e frequentadores das reuniões que ocorriam regularmente, de preferência ao anoitecer, no Seminário de Nossa Senhora da Graça, encarapitado no alto de um morro, em Olinda. O Seminário de Olinda, como ficou conhecido, tornou-se a instituição de ensino mais inovadora em relação ao Brasil do período colonial e funcionou como polo irradiador das ideias do Iluminismo em Pernambuco e no Nordeste — eram levadas pelos padres que seguiam em viagem pelo interior praticando a catequese ou transmitidas boca a boca no cotidiano sonolento das paróquias.[5]

Contudo, foi a pressão das elites locais, interessadas em garantir a autonomia provincial e se livrar de uma vez por todas do projeto imperial centralizador e unitário do Rio de Janeiro e da voracidade da Corte ali instalada, que acendeu o estopim para a Revolução de 1817. Não seria o caso de Pernambuco seguir seu próprio caminho enquanto outras províncias sucumbiam à avidez da Coroa?, maquinavam no Recife grupos de insatisfeitos, cujo número aumentava a cada dia. É certo que uma boa dose de euforia grassava na cidade ao final do período colonial, e tinha sua razão de ser: entre a virada do século XVIII e as duas primeiras décadas do século XIX, a lavoura do algodão e o comércio do Recife experimentaram um quadro de prosperidade inédito. Melhor ainda: em 1816, o preço do algodão disparou, preenchendo o espaço deixado aberto por força tanto da legislação norte-americana de 1807 e 1810, hostil ao comércio de seus navios com portos europeus, sobretudo os que estivessem sob controle inglês, quanto pela guerra de 1812 travada entre Estados Unidos e Inglaterra. Não ficou nisso; a bonança econômica se devia a outros fatores. Um deles: o fim do Bloqueio Continental, que Napoleão decretou em 1806, proibindo todas as nações europeias de comprar qualquer produto vindo da Grã-Bretanha. Outro: a diversificação econômica da Mata Norte — a região da costa entre Olinda e a foz do rio Goiana —, sustentada na pesca, farinha e fumo, além da produção de fibra de coco para cordame dos navios, de sal para conservação das carnes e curtição do couro de boi e de tanino extraído da lenha do mangue e obrigatório no processamento do couro cru.[6]

Mas é certo, também, que aos pernambucanos sobrava motivo para reclamação. Afinal, existia o subproduto dessa prosperidade: a Corte, no Rio de Janeiro, precisava de dinheiro e Pernambuco tinha saldo. A carga fiscal imposta à província era pesadíssima: os tributos incluíam desde impostos criados pela Coroa no século XVII para custear a guerra holandesa até a contribuição anual para garantir a reconstrução de Portugal após a ocupação das tropas de Napoleão. De permeio, havia o imposto destinado à iluminação pública do Rio e, como não poderia deixar de ser, uma escorchante modalidade de tributação sobre o algodão, que era taxado duas vezes, sob a forma de imposto e de dízimo.[7]

Os preços subiam, os tributos não baixavam e a Corte gastava a rodo. A República brotou, em 1817, das insatisfações e queixas que sobravam nos quartéis e entre os bacharéis do Recife, circulavam nos corredores do Seminário de Olinda e esparramavam-se nos engenhos da Mata Norte, convertidos ao algodão. Mas não foi apenas uma solução pragmática para resistir à voracidade da Coroa; o projeto republicano mobilizou novidades conceituais importantes

— soberania era uma causa longamente desejada pelos pernambucanos, contava com militância disposta a arrastar a população à rua contra a monarquia e poderia viabilizar um formato de comunidade política autogovernada, até então inédita, mas com reflexo imediato no resto do país. Seus partidários fizeram largo uso de uma linguagem francamente alternativa à dominação portuguesa que já estava disponível, no Brasil, ao final do século XVIII — e essa linguagem era republicana.

Uma linguagem republicana começou a ser falada na América portuguesa muito antes de a possibilidade de instalação da República, em 1817, se tornar uma ameaça efetiva à Coroa, tomou corpo entre os séculos XVII e XVIII, ocupou um lugar de destaque no cenário político da colônia entre as três últimas décadas do século XVIII ou durante a primeira metade do século XIX, e este livro procurou dar conta de sua formação em alguns de seus momentos fortes: no decorrer das sedições de 1710, em Olinda, e de 1720, em Vila Rica; por meio da reapropriação, do compartilhamento e da circulação de ideias durante as conjurações ocorridas em Minas Gerais, no Rio de Janeiro e na Bahia, ao final do século XVIII; através da variação de significado, peso e relevância que a palavra "República" recebeu dos funcionários do rei e dos próprios colonos, ao longo desse tempo. A paisagem política dos últimos trinta anos do século XVIII, tal como foi desenhada pelas conjurações sucedidas nesse período, definiu o ponto de virada nos procedimentos de formação dessa linguagem que finalmente encontrou terreno fértil para se desenvolver, e deixou disponível uma variedade de maneiras de se fazer política — vale dizer, um amplo repertório político — ao alcance dos homens que, no início do Oitocentos, pensariam na instauração de um inédito e renovado regime verdadeiramente constitucional para viabilizar de vez a emancipação da América portuguesa. Em 1817, o terreno estava preparado para se implantar a República no Brasil, tanto no plano dos princípios como no do vocabulário, dos valores ou da imaginação. De alguma maneira, uma "tradição republicana" se formou entre nós e, naquele momento, ela foi capaz de nomear, transmitir e preservar seu próprio repertório.

Visto em movimento no tempo, esse repertório se concentrou menos em desenvolver uma doutrina sistematicamente formulada do que em construir, no curso dos acontecimentos, um agregado de valores e de princípios, além de um vocabulário político, extraídos e recriados das matrizes europeia e norte--americana que formaram o republicanismo, como o entendemos contemporaneamente. A novidade estava aí. Os colonos podiam mobilizar um conjunto variado de maneiras de fazer política em uma determinada época, empregando-o, recriando-o e recombinando as palavras e os conceitos para dar sentido, explicar e interferir na conjuntura em que estavam vivendo, além de conseguirem obter uma explicação possível para eventos que eles não compreendiam de todo com as tradicionais ferramentas intelectuais acessíveis pela cultura política do Antigo Regime. Esse repertório facultou os recursos para os colonos atuarem de forma política sobre os acontecimentos com a intenção de intervir ou alterá-los; boa parte do seu vocabulário também sobreviveu aos contextos para os quais foi recriado na América portuguesa — e, apesar de tudo, de maneira surpreendente, continua soando atual até os dias de hoje.

Ao examinar o uso desse vocabulário, foi possível identificar o tom retórico adotado dentro de determinada disputa, reconhecer a maleabilidade ou a interpretação de significado e avaliar o grau de sua consistência conceitual: "bom governo", "soberania", "justiça", "bem comum", "direitos", "felicidade pública", "autogoverno", "América", "liberdade". Também foi possível distinguir a coloração normativa de um combinado de valores usados para regular os modos de convivência entre pessoas com diferenças consideráveis umas em relação às outras, mas que têm igual direito de fazer parte da mesma comunidade política: o valor da *vita activa*; o afeto da amizade e da compaixão; o amor à pátria. Por fim, há nesse vocabulário a consistência em relação aos princípios da República comuns às principais matrizes — tanto a europeia quanto a norte-americana — da tradição. Por exemplo: não é difícil identificar nas três conjurações o debate sobre a necessidade de leis capazes de conjugar os ideais de igualdade democrática com a liberdade republicana — bem como as diversas respostas que seus partidários ofereceram a esse debate, algumas vezes em tensão, mas sempre aceitando os imperativos e os limites de uma sociedade escravista.

Além disso, é possível reconhecer a força da causa republicana e o produto de sua interpretação. A palavra "República", imaginavam os conjurados em Minas, no Rio de Janeiro e na Bahia, alude a uma comunidade política soberana e autogovernada por seus cidadãos, cujos modos de convivência são regulados por um conjunto de valores; mas nomeia, igualmente, um tipo de governo que conta com uma administração zelosa do bem público. Esse duplo entendimento para o significado de "República" tanto tende a enfatizar o compromisso com a ideia de liberdade em oposição aos regimes de tirania em que um

— ou alguns — governa em vista de si mesmo e segundo sua própria vontade quanto resgata a disposição de reconhecer a qualidade da gestão daquilo que é de interesse coletivo ou comum — e que era próprio da maneira como os colonos qualificavam as atividades das câmaras municipais, com todos os seus vícios e virtudes.

É possível rastrear vocabulário, princípios ou valores de um repertório republicano que iam e vinham nos circuitos de comunicação da América portuguesa — o livro tem esse propósito. Mas não há como saber com exatidão até onde ele chegou entre os colonos, e se seu uso cobriu todo o espectro social da época — ainda faltam fontes para reconstituir integralmente o percurso. Em compensação, podemos seguir algumas pistas. É possível descobrir, por exemplo, que ao final do século XVIII e no começo do século XIX o repertório republicano não estava mais restrito nem a um só evento, nem a uma única capitania. Ao contrário. Circulou entre Minas Gerais, Rio de Janeiro e Bahia, ganhou força, se alastrou, subiu até Pernambuco, chegou à serra do Araripe, na divisa de Pernambuco com o Ceará, onde instalou, por oito dias, a República do Crato, também em 1817, e, à medida que se propagou, sofreu modificações e se adaptou a novos contextos de disputa política, de acordo com as circunstâncias e as necessidades dos próprios colonos.

Naturalmente não sabemos se esse repertório atingiu todas as regiões da colônia, mas circulou por toda parte. No decurso de sua construção, e durante o século XVIII, ele fluiu pelos circuitos de comunicação da América portuguesa em diferentes suportes: na escrita de "Memórias" e na correspondência dos funcionários régios; em panfletos ou em livros manuscritos laboriosamente copiados em tiras de papel, algumas das quais sobreviveram até hoje; nos versos e na conversa inteligente dos letrados; em livros e jornais traficados, clandestinos ou não, pela colônia. Além disso, um vocabulário republicano próprio a esse repertório ganhou as ruas e passou a ser transmitido em redes orais que se cruzavam, se sobrepunham e criavam novas ramificações, enquanto o fluxo de informações se entrelaçava, passava a alimentar-se de si mesmo, acumulava forças e espalhava um assunto, uma ideia ou uma notícia pelas Minas afora, nas ruas do centro do Rio de Janeiro ou entre as ladeiras de Salvador.

Era uma maneira nova de fazer política que estava bem longe do estreito espaço de poder onde se movimentavam as autoridades régias e transformava a atividade política em *assunto público* — em nenhum momento o repertório republicano ficou confinado a uma pequena elite. À medida que as autoridades rastreavam informações em todas as direções e iam prendendo suspeitos um depois do outro, podemos encontrar novas pistas sobre o que estava acontecendo com esse repertório e como ele se espalhou — com base nos *Autos da Devassa*, o que restou de documentação policial sobre as conjurações.[8] Ainda que essa seja uma amostragem limitada e que precise ser examinada com cautela, já que está circunscrita a réus, citados, testemunhas e delatores, as linhas da investigação policial convergem para um esquema de difusão. Indicam que militar a favor da República poderia tanto servir como uma ferramenta de ação direta quanto ser um recurso para expressar insatisfação com a ordem colonial, mas, em qualquer circunstância, seu repertório político se movimentava no meio dos colonos de forma horizontal e vertical. No topo, entre a elite — os proprietários de terras, engenhos ou lavras, letrados, padres, altas patentes militares; para baixo, entre o povo. Durante a segunda metade do século XVIII, esse repertório transitou ativamente por dentro da estrutura social da colônia, beneficiou-se de sua relativa porosidade e desceu de modo veloz por ela em Minas e no Rio de Janeiro, capturando seus estratos intermediários — boticários, pequenos comerciantes, artesãos, mineradores, lavradores, tropeiros. Já no caso de Salvador, ele avançou em nova direção e a palavra "República" não só cativou uma camada da população de reduzido prestígio social que se acomodava no limiar da pobreza — homens livres, mulatos, em geral militares de baixa patente, sapateiros ou alfaiates — como abriu a possibilidade de descer até a base e atingir a comunidade de escravizados, com risco de acionar seu potencial insurrecional.

A presença de determinadas categorias sociais inquiridas nos *Autos da Devassa* fornece algumas pistas importantes de até onde as conjurações pretendiam chegar. Por exemplo: nos três quadros apresentados a seguir[9] fica fácil verificar como é expressiva a quantidade de militares nelas envolvidos — em maior número em Minas e, em seguida, na Bahia — e os dados podem ser uma demonstração do esforço de mobilização das corporações militares e da disposição concreta dos conjurados mineiros e baianos de sacramentar a República pelas armas. Por outro lado, a frequência de professores, bacharéis e homens de letras nas três conjurações — com maior ativismo em Minas e no Rio de Janeiro — indica que a tarefa de decantar modelos a seguir e exemplos a evitar foi mesmo obra de letrados, que, de fato, construíram um repertório bifronte: ao mesmo tempo que se aproveitava de matrizes estrangeiras, também as reinterpretava seletivamente para explicar a conjuntura colonial. Sugere também que esse repertório não era incompatível nem com a preparação de um assalto ao poder, como se planejava em Minas, nem com o funcionamento, ainda que incompleto, de um processo de formação de opinião pública capaz de permitir que a ideia de República adquirisse concretude para um público bastante heterogêneo no nível das ruas, como ocorreu no Rio de Janeiro. Já a presença expressiva de determinadas categorias sociais muito atuantes nas três conjurações — sacerdotes, mascates, comerciantes, médicos e cirurgiões — revela a localização dos principais nós da rede por onde circulavam notícias e transitavam as ideias no interior de cada capitania, com destaque para os boticários, no Rio de Janeiro, e os tropeiros, em Minas — além de apontar para a facilidade com que, no calor da refrega, essas categorias conseguiam driblar as autoridades portuguesas e reverberar informações para fora da área conflagrada, movimentando-se pelo interior da capitania e inclusive se deslocando para as regiões vizinhas.

QUADRO DAS OCUPAÇÕES DOS ENVOLVIDOS NA CONJURAÇÃO BAIANA

OCUPAÇÃO	NÚMERO
Administrador da Casa da Ópera	1
Alfaiate	15
Assistente em Nossa Senhora da Saúde	1
Bacharel	2
Bordador	1
Boticário	11
Cabeleireiro	4
Cabo de polícia	2
Caixeiro	10
Carapina	6
Carcereiro	1
Cirurgião	2

(*continua*)

OCUPAÇÃO	NÚMERO
Comerciante	17
Cravador	4
Dono de engenho	1
Entalhador	1
Escravo	7
Escrivão	2
Escultor	2
Fazendeiro	1
Forro	4
Guarda prisional	3
Homem com carta da terra	1
Mascate	2
Médico	1
Meirinho	2
Militar	44
Músico	1
Não informado	13
Negociador de fazendas secas	2
Oficial da Secretaria do Estado do Brasil	1
Oficial de justiça	1
Ourives	1
Padre	1
Requerente do número	1
Pedreiro	1
Procurador de causas	4
Professor	1
Sapateiro	2
Serralheiro	1
Vive de escrever	2
Vive de negócio	9
Vive de bens	2
Vive de renda	1
TOTAL	192

QUADRO DAS OCUPAÇÕES DOS ENVOLVIDOS NA CONJURAÇÃO DO RIO DE JANEIRO

OCUPAÇÃO	NÚMERO
Ajudante de auxiliares	1
Alfaiate	2
Assalariado em casa do secretário do governo Tomás Pinto	1
Bacharel	3
Boticário	4
Calafate	1
Carpinteiro	2
Cavaleiro da Ordem de Cristo	1
Cirurgião	1
Dono de negócio	3
Entalhador	4
Escrevente	1
Escrivão	1
Estudante de filosofia	1
Ferreiro	1
Lapidário	1
Latoeiro	1
Marceneiro	7
Médico	2
Meirinho do eclesiástico	1
Mercador	1
Militar	15
Não informado	11
Ourives	3
Penteeiro	1
Ponteiro da Câmara	1
Procurador de causas	1
Professor	4
Religioso	2
Relojoeiro	1
Sapateiro	2
Seleiro	1

(*continua*)

OCUPAÇÃO	NÚMERO
Torneiro	1
Vive de seus bens	6
Vive dos alimentos que lhe dá seu irmão	1
Vivendo de sua agência	5
Vivendo de sua roça	1
TOTAL	96

QUADRO DAS OCUPAÇÕES DOS ENVOLVIDOS NA CONJURAÇÃO MINEIRA

OCUPAÇÃO	NÚMERO
Aferidor de pesos	1
Agricultor	2
Ajudante de comarca	1
Ajudante de ordenança	1
Alfaiate e costureira	6
Assistente de engenho	1
Bacharel	13
Carapina	1
Comerciante	3
Contratador	1
Criado	1
Desembargador	4
Dono de agência	2
Escravo	4
Escriturário	1
Escrivão	3
Estalajadeiro	1
Fiscal de diamantes	1
Juiz de fora	1
Médico e cirurgião	5
Militar	73
Minerador	3
Mineralogista	1

(*continua*)

OCUPAÇÃO	NÚMERO
Músico	2
Não informado	13
Oficial de carpinteiro	1
Ouvidor	1
Professor	4
Religioso	24
Sapateiro	1
Tabelião	1
Tesoureiro	1
Torneiro	1
Traficante	1
Tropeiro	1
TOTAL	181

As linhas da investigação policial também jogam um pouco mais de luz sobre as formas de funcionamento das redes de difusão do repertório republicano. Indicam que ele não permaneceu circunscrito nem foi estrategicamente controlado por faixas etárias determinadas. É possível verificar pelo gráfico[10] apresentado em seguida que, nas três conjurações, o repertório republicano se espalhou entre a população adulta com idade a partir de 21 anos e até acima de sessenta, e, se isso evidentemente não significa supor que todos os indiciados pelas devassas participaram de conjura, tampouco será exagerado suspeitar que fossem simpáticos a ela. Contudo, as pistas podem nos levar um pouco mais adiante. É factível estabelecer diferenças de acordo com as várias camadas etárias que nelas se envolveram: um número elevado de pessoas com idade entre 31 e sessenta anos em Minas; entre 31 e sessenta anos e acima de sessenta no Rio de Janeiro; um polo surpreendentemente jovem em Salvador, com idade entre 21 e trinta anos, e entre 31 e cinquenta anos. Uma explicação para as diferenças na distribuição etária — mais velha no Rio de Janeiro, bastante jovem na Bahia — é naturalmente que o estilo de ativismo mudou muito nas duas conjurações.

Cabe perguntar a razão da mudança. A despeito do ambiente de circulação de informações e de mobilização política que fornece o pano de fundo comum aos dois eventos, o objetivo da Sociedade Literária, no Rio de Janeiro, considerava iluminar para um público amplo as ideias contra o despotismo monárquico e sobre a República — os conjurados cariocas reuniram forças e transformaram sua ação num diz que diz que sedicioso e em uma grande denúncia da monarquia, ainda que ninguém pregasse ou incitasse diretamente à revolução, ao menos naquele momento. Na Bahia, a estratégia dos conjurados também dependia de uma opinião pública favorável; só que ela se baseava em formas de ação direta. A Conjuração Baiana recorreu a artifícios retóricos, buscou difundir material de propaganda através de panfletos ou dos livros manuscritos, mas o propósito de toda essa agitação era fazer eclodir a revolta diante dos olhos das autoridades portuguesas. Impor a República na rua, em Salvador, fundava-se, é claro, na disposição de existir massa capaz e desejosa de mudança; mas dependia assumidamente de uma população jovem que se colocava de antemão a serviço de uma proposta revolucionária, queria acertar as contas com as autoridades portuguesas que rejeitavam sistematicamente suas queixas, enxergava numa nova ordem política a oportunidade de escapar do fundo da miséria que engolia a gente pobre da Bahia e estava disposta a tomar armas numa situação de crise.

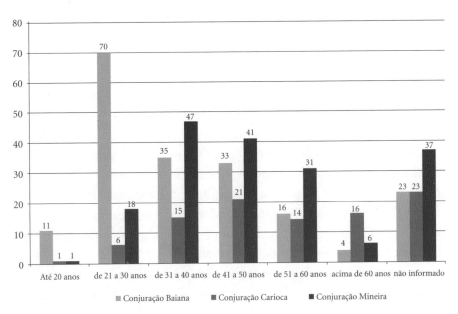

FAIXA ETÁRIA DOS ENVOLVIDOS (RÉUS, TESTEMUNHAS E CITADOS) NAS TRÊS CONJURAÇÕES

Optar pela República, em 1817, portanto, incluía reler esse repertório legado pelo passado colonial e isso foi feito. Os revolucionários de 1817 decantaram especialmente algumas das adaptações que orientaram as discussões e decisões da Conjuração Mineira, sobretudo aquelas referentes ao andamento institucional da Revolução Americana. Eles também recuperaram na própria agenda local a noção contratualista das relações entre a capitania e a Coroa portuguesa. O argumento era caro à "nobreza da terra" pernambucana e voltou à tona repetidas vezes, pelo menos desde a Sedição de Olinda, em 1710: por força da vitória sobre os holandeses, em 1654, em uma guerra travada às próprias custas, o direito de propriedade sobre a terra pertencia aos colonos — e o retorno ao domínio português havia sido pactuado com a Coroa, debaixo de condições que ela jamais cumpriu desde então.[11] Aliás, esse argumento guardava forte semelhança com a reivindicação exposta por Cláudio Manuel da Costa em defesa da simetria entre os serviços prestados pelos paulistas à Coroa e a obrigação que lhes é devida por parte do Império: a conquista e a exploração das Minas é um episódio tão decisivo para Portugal e de tal forma grandioso que a relação de poder entre súditos paulistas e rei português não poderia ser mediada pela desigualdade, endurecia nos versos o autor de *Vila Rica*.

Ainda assim, optar pela República, em Pernambuco, em 1817, dependia da disposição de se aproveitar do passado, mas para fazer a revolução seguir em frente: seria preciso conceber uma estratégia tão ou mais eficaz do que aquela engendrada pelas conjurações e se utilizar do repertório gerado no século xviii, de maneira mais ampla e ousada. Não havia alternativa. Pernambuco precisava lidar da melhor maneira possível com a circunstância de desenvolver a arquitetura, ainda inédita na América portuguesa, de uma nova ordem política. Confrontados com a questão da forma de governo — o que é, o que deve ser, o que é possível fazer, em uma determinada conjuntura, para resolver o problema da composição de uma República —, os revolucionários de 1817 conceberam uma solução engenhosa, que combinava o sistema federalista com um até então inédito projeto de ordenação constitucional. Isso fazia muito sentido. Conseguir obter a soberania local sem que ela significasse necessariamente separatismo ou uma ruptura com o governo monárquico implantado no Rio de Janeiro foi uma aspiração mais ou menos disseminada entre as províncias antes e depois da Independência. Mas, na conturbada conjuntura política do início do século xix, Pernambuco estava em condições de reivindicá-la de maneira consistente — inclusive por conta de sua posição vantajosa na economia de exportação, com as receitas beneficiadas pelo surto algodoeiro.

Tal como ocorreu durante a Conjuração Mineira, também os republicanos de 1817 foram abastecidos de informações sobre as inovações constitucionais produzidas pelo republicanismo norte-americano, graças a um sistema de interação atlântica que entrou em funcionamento no século XVIII: envolvia o Brasil, a América do Norte e a Europa e, como já visto, o *Recueil* foi um dos seus mais importantes suportes de divulgação, circulando ativamente tanto em Minas quanto em Pernambuco. Provável resultado dessa circulação, o projeto federalista de 1817 trazia uma particularidade: o que ele propunha, de fato, era uma confederação. Os pernambucanos de 1817 não alimentaram nenhuma afinidade com o novo modelo de governo central dos Estados Unidos, aprovado pela Constituição escrita na Filadélfia, entre os meses de maio e setembro de 1787, e preparado para submeter o poder dos estados em uma República federativa de dimensões continentais.

No final do século XVIII, o termo "federal" significava liga ou aliança de estados em oposição à forma centralizadora e unitária do Estado-nação — e, vale lembrar, no argumento de Montesquieu o termo "República federativa" servia para designar as comunidades políticas em expansão. Ao se autodeclararem *federalistas*, durante os debates da Convenção Constituinte, em 1787, e em artigos publicados nas páginas do *Independent Journal*, em Nova York, entre outubro de 1787 e agosto de 1788, três protagonistas da Revolução Americana — Alexander Hamilton, James Madison e John Jay — estavam apresentando e defendendo vigorosamente um projeto de República inédito. A federalização norte-americana vinha embutida na invenção do "esquema da representação", o eixo pelo qual toda a nova estrutura da República deveria se movimentar. O "esquema da representação" foi proposto por Madison para funcionar como uma dobradiça bem azeitada que articulava as duas pontas de sustentação da estrutura federal da República. Em uma delas, estava instalado o mecanismo de preservação de parte da autonomia dos estados; na outra, as condições de sua fusão em uma comunidade muito maior.[12] O termo "federal" entrava em cena para qualificar a nova República: diferente da forma confederada, na qual a coesão de pequenas Repúblicas dotadas de soberania provém geralmente de um tratado, o federalismo norte-americano indicava um sistema novo, de proporções continentais, constituído por um governo central com capacidade de regulação nacional, Exército permanente, controle de arrecadação de receita e manejo das relações internacionais.

Os revolucionários de 1817 não tinham como ignorar as novidades constitucionais do federalismo norte-americano; mas nenhum deles jamais tirou da cabeça a convicção de que a adoção de um governo central com amplos poderes punha em perigo os particularismos regionais. A inovação constitucional de uma República Confederada era mais do que suficiente: trazia a chave para frear o poder, deslocando-o do centro para a periferia — e não custa insistir, essa chave estava nas páginas do exemplar do *Recueil* que virou a cabeça dos membros da junta do governo no Recife, no auge da Revolução de 1817. A tese de que a soberania era principalmente legislativa, residia nas províncias e não podia ser compartilhada foi atraente demais para os pernambucanos, como fora, em 1789, também para os mineiros, e eles estavam prontos para ela.

Além disso, desde a segunda metade do século XVII, por força da vitória sobre os holandeses, Pernambuco vinha embalando sua reivindicação de autonomia provincial. Às vésperas da Revolução de 1817, o mito da restauração pernambucana sensibilizava quase todo mundo no Recife, entre autoridades, letrados e até o deão da sé de Olinda, leitor atento de Rousseau, que encontrou em *Do contrato social* o argumento que estava procurando para justificar o movimento revolucionário do qual fazia parte: o engajamento recíproco do público (a Coroa) com os particulares (os colonos) havia sido rompido, escreveu num texto de 1817, em que relia, ao seu modo, tanto Rousseau quanto a história da província.[13] Os Artigos da Confederação, por sua vez, deixavam disponíveis para uso um conjunto notável de ferramentas voltadas para agenciar o atributo da soberania no interior de um tipo de sociedade independente e autônoma, com autoridade para regulamentar seus próprios assuntos e na qual o poder permanece, em qualquer circunstância, com o próprio corpo da comunidade que governa.[14]

Padre João Ribeiro era outro intelectual respeitado que saudava com entusiasmo a solução confederada. A República seria grande o bastante para se proteger, insistia sempre em nome da união e da concórdia, mas deveria ser dotada de mecanismos expressamente indicados de controle e de jurisdição constitucional sobre diferentes matérias de governo capazes de evitar qualquer desequilíbrio de poder entre as províncias. Com o argumento na ponta da língua, ele foi bater na porta dos vizinhos: "A Paraíba é tão vizinha de Pernambuco, os hábitos e costumes de seus habitantes são tão semelhantes que as leis que convierem a uma, convirão necessariamente à outra província", escreveu à junta da Paraíba, buscando obter sua adesão ao projeto confederado. Padre João Ribeiro estava preparado para negociar com províncias naturalmente suspeitosas sobre as reais intenções de Pernambuco e tratou de desfraldar a bandeira branca, defendendo a tese de que a força de equilíbrio da República viria precisamente da sua disposição em fatiar o poder de maneira equânime no interior das províncias autônomas: "Eu tenho experiência do país [...] para haver alguma coisa é necessário que se reúna o bom de todos [...] estas províncias estão tão compenetradas e ligadas em identidade de interesses e relações que não se podem separar", sintetizou, com grande habilidade política. Afinal, ele sabia, eram essas províncias que se tornariam a força maior da grande República de 1817. Antes de encerrar o argumento, tirou do bolso uma solução astuta, mas que já tinha se provado eficaz quando usada a favor da República norte-americana: a criação de uma capital federal, provavelmente inspirada na construção de Washington, iniciada em 1792 e inaugurada em 1800.

> Para que não penseis que digo isto a fim de engrandecer Pernambuco sujeitando-lhes as outras províncias, como antigamente, vede que proponho como condição essencial, o levantamento de uma cidade central, distante trinta a quarenta léguas da costa do mar para residência do congresso e do governo [...] e cumpria que esta capital fosse instalada na província da Paraíba".[15]

Padre João Ribeiro enxergava longe. A criação da capital federal seria capaz de consolidar o governo e corroborar a Constituição que as províncias rebeladas abraçariam, em um nível jamais imaginado pelos monarquistas na Corte do Rio de Janeiro. Ele via a República comandando a construção de uma cidade capital inteiramente planejada em território virgem. Instalada no interior da Paraíba, a nova capital estaria convenientemente protegida do perigo do desembarque de tropas imperiais e, ao mesmo tempo, próxima o bastante de portos ativos de comércio, além de acessível de imediato às províncias do Norte. Não sabemos se ele chegou a imaginar sua capital como uma crítica radical ao Rio de Janeiro, capaz de desafiar, da periferia, o mundo da Corte: uma cidade novinha em folha, concebida em escala monumental, grandes avenidas em linhas retas, edifícios públicos, praças envolventes. Mas a ideia fazia muito sentido. Uma cidade capital plantada no interior teria importância tanto para fundar um Brasil confederado quanto para encontrar o denominador comum que afirmasse e defendesse a Constituição brasileira.

Afinal, o papel da República era constitutivo e não regulatório, argumentavam padre João Ribeiro e seus companheiros membros da junta governativa do Recife — e, com esse argumento, abriram as portas para o desenvolvimento de um novo referencial com impacto na consolidação do repertório republicano já no início do século XIX. Criar uma capital federal, elaborar uma Constituição capaz de resolver o problema da soberania das províncias e ao mesmo tempo encontrar uma forma estável de governo, tudo era novidade — mas entender o processo de criação constitucional como fundamento de toda a prática legislativa definiu o momento em que a Revolução de 1817 se encontrou mais fortemente ligada aos princípios da tradição republicana. Contudo, o trabalho ficou incompleto e o projeto constitucional da República não se institucionalizou. Havia, é certo, entre os membros do governo revolucionário a proposta de convocar imediatamente um corpo constituinte dedicado a estabelecer uma forma constitucional federada como solução para o exercício do governo.

Eles estavam, ao mesmo tempo, inspirados pelo exemplo americano e governados pela urgência de dar sentido, explicar e intervir na conjuntura em que estavam vivendo: era preciso assumir a liderança, tornar operacional uma entidade confederada com as demais províncias, preparar-se para enfrentar as tropas imperiais; contudo, os revolucionários, ao que parece, confiavam num sucesso espetacular da República. A Constituinte deveria ser convocada, mas no prazo de até um ano; do contrário, a junta do Recife seria extinta e o processo de criação constitucional ocorreria fundamentado pela representação, vale dizer, por um momento particular em que a sociedade suspende seu funcionamento cotidiano para afirmação da soberania popular. Nessa eventualidade, nos termos do projeto de lei orgânica que enfeixou na junta do Recife dois braços de governo — Executivo e Legislativo — e funcionou como um conjunto de disposições constitucionais transitórias ou, melhor dizendo, como uma espécie de base da futura Constituição provincial, para usar o argumento de Oliveira Lima, "reintegrava-se o povo no exercício da soberania para o delegar a quem melhor cumpra os fins de sua delegação",[16] até a aprovação da Constituição.

Naturalmente, não deu tempo; a República caiu em maio de 1817. Mas, talvez, os revolucionários tenham postergado a Constituinte também porque estavam divididos quanto a uma questão ainda mais explosiva: a extensão dos direitos de igualdade. Esperava-se que a República de 1817 concebesse a reorganização da sociedade em torno da ideia de cidadania e, de alguma maneira, isso aconteceu: a revolução animou um tipo de sociabilidade pública que se desenvolveu forjada por relações horizontais de reciprocidade e ancorada no patriotismo. Ser patriota, nos termos da Coroa portuguesa, era acusação gravíssima: servia para nomear o rebelde que cometeu o crime terrível de lesa-majestade e, na América portuguesa, tornou-se sinônimo de insurgente a partir de seu uso pelos conjurados nas Minas setecentistas. No Recife revolucionário, a palavra "patriotismo" confirmou seu sentido francamente sedicioso — foi reconhecida como tal pelas autoridades do Rio de Janeiro — e combinava uma paixão política com um dever moral, articulando tudo isso à reivindicação de autogoverno.[17] A palavra ganhou força, consolidou seu uso no repertório republicano do século XIX e se espalhou. "Patriota" identificava um sujeito capaz de admitir que era possível compatibilizar a existência de um território nativo e ancestral com o reconhecimento de que o convívio entre os homens demanda a construção de um modo próprio de viver livre numa cultura comum. Além disso, ser patriota, no Recife, incluía desfrutar de certo igualitarismo militante entre pessoas que pensavam da mesma forma, bravejar contra o governo imperial num clima de confiança mútua, não passar despercebido entre iguais nem permanecer anônimo na cena pública.

Mas uma dificuldade importante se apresentava às lideranças revolucionárias de 1817: a decisão de estender às camadas mais pobres da população o princípio do patriotismo — isto é, expressar uma identidade republicana e convidar os demais a aderirem a ela —, e com isso confirmar o pressuposto de que homens pobres livres negros e mulatos poderiam interagir com os demais estratos da sociedade pernambucana como iguais. A igualdade consiste em que cada um possa gozar dos mesmos direitos, garantiu o governo provisório nos termos da lei orgânica de 29 de março de 1817. Mas a lei era espinhosa. A República não foi abolicionista — no máximo, prometia alforriar qualquer escravizado que viesse a se alistar voluntariamente como soldado, tal como sugerido, em 1789, por Alvarenga Peixoto durante as reuniões preparatórias da Conjuração Mineira; seriam os "libertos da nação", decidiram as autoridades republicanas no Recife.

Além de bater de frente com a realidade social e jurídica dos escravizados, o princípio da igualdade era custoso, porque contemplava tanto os homens brancos quanto os negros, mestiços e mulatos livres e libertos. A sociedade pernambucana era hierárquica, profundamente desigual e abrigava uma população pobre de mulatos, índios e negros livres — toda essa gente sem estirpe, status, inabilitação e marginalidade, muitos recentemente saídos do cativeiro, seria contemplada com o princípio do patriotismo?, hesitavam os membros da junta do Recife. Por outro lado, barrar sem cogitar alternativas também não iria funcionar. Em 1810, Pernambuco tinha por volta de 392 mil habitantes — entre eles, 28% eram brancos, 26,25% escravizados, 3,2% indígenas e 42% descendentes de africanos livres e libertos. Para este último grande grupo, a República significava muito — garantia igualdade civil e política, permitia pleitear cidadania ativa. Abria um tempo novo e eles se mobilizaram para ingressar no espaço público: formaram milícias de "pretos" e "pardos" decisivas no plano militar para anular as forças monarquistas e depor o governador, garantiram para si a obtenção de funções políticas e alargaram por conta própria a base social da República.[18]

Talvez essa tenha sido a principal inovação da Revolução de 1817 para a linguagem do republicanismo na América portuguesa: trazer os descendentes de africanos livres e libertos para a política republicana e inaugurar a igualdade no espaço público, operada por grupos sociais marginalizados, sobretudo durante as manifestações cívicas que ocorriam num clima de festa e congraçamento político no Campo do Erário, hoje praça da República, no extremo norte da ilha de Santo Antônio, no Recife. Evidentemente, nem todo mundo era favorável a uma extensão do princípio do patriotismo e choveram protestos contra o açodamento da República: "Vossa mercê não suportava chegasse a vossa mercê um cabra com o chapéu na cabeça e bater-lhe no ombro e dizer-lhe: adeus, patriota, como estais, dá cá tabaco, ora toma do meu", enfureceu-se o físico-mor João Lopes Cardoso Machado, a quem cabia a fiscalização da produção e circulação de medicamentos nas boticas, em carta a um compadre. João Machado não se dava conta, mas reclamar era inútil. Uma vez feita, a promessa de igualdade pode não ser cumprida, mas não morre mais — a situação ia piorar e ele ainda teria muito assunto para esbravejar junto ao seu compadre: "Os cabras, mulatos e criolos andavam tão atrevidos que diziam éramos todos iguais, e não haviam de casar senão [com] brancas, das melhores", escreveu, injuriado com a completa subversão provocada pela República na cidade, a partir da mera possibilidade de ampliação da sociedade política para os libertos.[19]

A mensagem era clara: a Revolução de 1817 virou Pernambuco de cabeça para baixo, engendrou as noções de igualdade civil e política extensivas aos homens livres e naturalmente alimentou inquietação generalizada entre os escravizados. Mais cedo ou mais tarde, a tensão iria explodir. Em fevereiro de 1823, batalhões de pretos e pardos tomaram Recife e Olinda de surpresa, por oito dias, escorraçaram a Junta dos Matutos — o governo provincial —, que fugiu para o interior da província, e aclamaram o governador de armas, antigo capitão do Regimento de Artilharia, Pedro da Silva Pedroso, pardo, jacobino e revolucionário de primeira hora em 1817. A agitação cresceu depressa demais, escapou do controle das autoridades e assumiu o feitio de insurreição com forte componente racial. "Se Pedroso puder criar um governo não veremos pessoas brancas participarem dele", anotou, meio apavorado, o cônsul francês no Recife, que enxergava no levante de 1823 os ecos da Revolução do Haiti.[20]

O cônsul tinha motivos de sobra para ficar aflito. O compromisso de Pedroso era explícito — "É a minha gente", explicou aos membros do governo depois de uma festa num subúrbio onde foi visto rodeado pela população negra. Era mesmo. Frei Caneca, que aparentemente não nutria grande simpatia pelo personagem, conta que, quando Pedroso decidiu se associar à irmandade de Nossa Senhora do Livramento dos Homens Pardos da Vila do Recife, uma forma de associação religiosa de leigos que se constituía em espaço de identificação devocional e social com forte atuação na busca da afirmação da identidade negra na província, teve a pachorra de lançar no livro de registros: "Pedro da Silva Pedroso, pardo do Recife".[21] Aliás, no dia 8 de janeiro de 1823, o próprio Pedroso chamou o povo à rebelião e fez questão de sublinhar seu componente racial: "Morram os caiados!", ordenou, em público, atordoando até aqueles que o conheciam. E completou: "Para que não aparecem eles agora, que os havíamos de fazer em postas".[22] "Caiado", é bom dizer, servia para nomear pejorativamente a elite mestiça de Pernambuco que se embranquecia — isto é, se caiava de branco — à medida que enriquecia.

A situação ia piorar — o cônsul francês acertou no prognóstico. Quem se insurgiu em 1823 no Recife tinha em mente a Revolução do Haiti. A associação era tão manifesta, declarou um depoente à Devassa aberta logo após a derrota do levante, a ponto de se ouvir pela cidade e em Olinda "os mais ridículos moleques falar na ilha de São Domingos, e que toda essa terra pertencia mais a eles pretos e pardos do que aos brancos".[23] A multidão associava Pedroso à figura de Cristovam — um ex-escravo que comandou tropas revolucionárias, virou general e chegou ao poder, em 1811, num Haiti destroçado pela guerra civil — e tratou de ir para as ruas do Recife rimar abolição, revolução e convulsão social: "Qual eu imito a Cristovam/ Esse imortal haitiano/ Eia! Imitai a seu povo/ Oh, meu povo soberano".[24]

Ao figurar o Haiti como referência política, a "Pedrosada", nome pelo qual o levante ficou conhecido depois, difundiu um imaginário de medo na população branca do Recife, fez do liberto um rebelde disposto a verter sangue e deu forma a uma nova sensibilidade republicana. Pela primeira vez, a linguagem do republicanismo no Brasil se encontrou com a revolução que aboliu a escravidão dos negros, depois de liquidar com três exércitos imperiais. Diante de uma linguagem já plenamente republicana, mas onde até então a ninguém ocorria que se acabasse a escravidão, a "Pedrosada" levantou espontaneamente a revolução que integrou os africanos fora do seu continente à ideia de República e provou para o mundo que o sistema escravista era uma perversa circunstância histórica — e por isso mesmo mutável.[25] Daí por diante, a linguagem do republicanismo no campo dos direitos, da participação pública e da cidadania ingressaria, pouco a pouco, mas de forma sistemática, na formulação de discursos, tomada de decisões e rumos para a construção do ativismo político de uma parcela da população negra — libertos e "homens de cor", como muitos brasileiros se autoidentificavam ao final do século XIX.

Teriam de se apressar. O futuro da tradição republicana no Brasil era incerto. E curto.

A OUTRA REPÚBLICA

Convenhamos: o século XIX começou bem para a continuidade da nossa história. Decantou a palavra "República", testou as possibilidades de sua originalidade no país, expôs as diferenças da tradição republicana com o que nos acostumamos a chamar de "liberalismo", um novo e poderoso rival no propósito de estabelecer o modo como a sociedade e o governo deviam ser organizados. A agenda liberal estava assentada principalmente em motivações econômicas — bem mais do que na percepção dos direitos — e sua tônica recaía numa franca defesa do livre-comércio, na afirmação do mérito individual, na salvaguarda dos direitos de propriedade — incluindo a posse de escravizados — e na conversão do sistema político a um projeto de monarquia constitucional parlamentar devidamente pautado pela tutela da Coroa; ao final do Segundo Reinado o liberalismo de viés econômico era a principal perspectiva normativa influenciadora de reformas institucionais no país.[26]

Esse foi também o tempo em que repúblicos de diferentes matizes, como diria frei Vicente do Salvador, conseguiram passar do pensamento à ação direta na tentativa de finalmente materializar a República nas ruas e com apoio popular. Mas alguma coisa deu errado. A contar dos anos 1860, a tradição republicana se perdeu, sem conseguir encontrar sua instituição apropriada. As alternativas políticas ou administrativas e as medidas sociais concebidas no seu interior foram trágica e rapidamente abafadas; nenhuma delas logrou ser de fato testada no longo prazo, seja para dar forma e conteúdo a uma nova ordem pública institucional, seja no sentido de construir a comunidade política brasileira. O golpe republicano, em 15 de novembro de 1889, não foi só um acontecimento militar extravagante que apanhou quase todo mundo de surpresa e eclodiu sem violência. A República que se instalou no Brasil a partir de então nasceu paradoxal: era oca. Ela estava vazia da tradição.

Dito assim parece uma história estranha — e é. A República se perdeu no decorrer do século XIX. A tradição republicana deixou de ser nomeada e, portanto, começou a ficar irreconhecível provavelmente a partir de meados da década de 1860, graças a certas mudanças radicais na conjuntura do Império. Uma delas, a crise da sociedade imperial. A Guerra do Paraguai durou tempo demais e os gastos foram enormes: 614 mil contos de réis, onze vezes o orçamento do governo para o ano de 1864, gerando um déficit que iria persistir até a queda da monarquia. O fim do tráfico de escravizados africanos, a partir de 1850, por sua vez, trouxe consequências desastrosas tanto para o latifúndio escravista dos engenhos de açúcar quanto para a lavoura cafeeira do Vale do Paraíba e da Zona da Mata mineira. Mais ou menos na mesma época, teve início o processo de deslocamento do polo dinâmico da cafeicultura do Vale do Paraíba para o Oeste Paulista, acompanhado da incorporação de práticas econômicas modernas: imigração europeia e expansão do trabalho livre com produção que suplantaria a concorrência do Vale do Paraíba já em 1890. Ao final do século XIX era possível perceber o resultado: existia uma sociedade em transição que se movimentava desconfortavelmente entre a centralização política e administrativa do Estado monárquico e uma ordem social emergente, mais competitiva e mais receptiva a inovações econômicas, administrativas e políticas.

A segunda mudança jogou a favor dos processos de mobilidade social. Grupos marginalizados ou excluídos da velha ordem imperial passaram a expressar publicamente seus pontos de vista e aumentaram a pressão por reformas. Por outro lado, o crescimento demográfico muito acelerado do país, que saltou de 7 milhões para 18 milhões entre 1850 e 1900, deu combustível para a formação de setores médios urbanos, sobretudo em cidades maiores, como Rio de Janeiro, Recife e Salvador — gente com outro estilo de vida e, em geral, simpática à retórica do progresso e das mudanças. Ao lado disso, e como consequência desse crescimento, ocorreu uma expansão nos serviços e comércio urbanos, incluindo a edição de livros, revistas e jornais. O espaço público se ampliou notadamente no Rio de Janeiro, as confeitarias e cafés tornaram-se locais privilegiados de politização, polêmica e manifestação pública de opiniões, e a percepção de uma visão diferente de mundo — moderna, reformista, cientificista — ganhou as ruas.[27]

Foi então que o campo de significações e a substância política da própria ideia de "República" se transformaram simultaneamente e o registro da palavra foi alterado. Ao final do século XIX, "República" ainda representava uma esperança, mas de futuro: trazia a marca de um tempo novo e acelerado em que modernização era sinônimo de civilização. Além disso, seu significado foi remodelado a partir do conteúdo produzido pelas novíssimas doutrinas em voga na época — positivismo, evolucionismo, biologismo. Na verdade, estava em curso desde a década de 1860 um recuo: "República" exprimia cada vez menos a adesão a uma causa e a um modo próprio de pensar e fazer a vida pública para revelar uma espécie de nova tomada de posição, uma recém-adquirida atitude diante do país: indicava uma aposta formidável em favor da modernização, a confiança no potencial da ciência para equacionar os problemas sociais e políticos, a certeza de ser uma ferramenta política capaz de fornecer aos brasileiros o instrumento para um salto decisivo rumo ao progresso.[28]

Em meio a uma conjuntura capaz de combinar, em altas doses, crise social e econômica com modernização urbana e regar tudo isso com um imaginário intelectual cientificista e de fundo doutrinário, uma grande oportunidade política se abriu aos grupos politicamente emergentes ou marginalizados do Segundo Reinado — e ela estava em íntima conexão com uma nova maneira de conceber a República. Quem, no interior da sociedade brasileira, não encontrava seu lugar no Império e dispôs de recursos suficientes para manifestar sua crítica às instituições monárquicas tratou de fazer isso. Alijados do poder pelos mais variados motivos, esses grupos entraram na briga contra o Segundo Reinado e arrogaram para si uma posição republicana.

Contudo, a ideia de que a República teria seus vínculos formadores profundamente enraizados nas experiências políticas e intelectuais do passado colonial português e conectava-se de diversas maneiras com suas principais matrizes na Europa ou nos Estados Unidos não era bem o que esses novos republicanos tinham em mente. Ninguém queria botar abaixo a ordem política imperial em nome de um projeto de República que, tal como ocorreu nas conjurações ou durante a Revolução de 1817, trouxesse para o centro da pauta política do país, e em consonância com o ideal de liberdade que a constituiu, a questão sobre quem pertence à comunidade política e a definição de onde se localiza a fonte de poder legítimo — respectivamente, o problema da extensão da cidadania e da origem da soberania. A disposição era outra e a polarização essencial acontecia entre a ordem e as instituições do Império e as diferentes modalidades de reformismo — e isso incluía, naturalmente, as propostas dos republicanos recém-convertidos. "República", nesse contexto, significava uma alternativa viável ao status monárquico, era compatível com a superação da monarquia em virtude de um imperativo modernizador e, o melhor de tudo, podia se instalar pela via reformista sem a necessidade de submergir o país no caos político revolucionário. Aliás, o "Manifesto republicano", publicado em 1870, propunha exatamente isso: implantar a República a partir de uma Assembleia Constituinte.

É evidente que, no modo como os republicanos do final do século xix enxergavam as coisas, não havia nada de especialmente errado com seu entendimento de "República". Era um mecanismo político de aplicação prática que, se bem utilizado, iria desestabilizar de vez o Segundo Reinado e propiciar um novo rearranjo de poder capaz de substituir o pacto imperial. Um regime republicano serviria para acomodar novas elites a postos também novos, viabilizaria uma agenda de modernização e conseguiria regrar os conflitos intraelites de modo a manter um grau suficiente de estabilidade política. As expectativas desses grupos poderiam divergir ou variar na doutrina, na origem social, na lógica da distribuição de recursos e na capacidade de manipulá-los. Mas as pretensões de que a República fosse uma comunidade política capaz de balizar um espaço comum equalizador da participação de todos os cidadãos no sistema de decisões políticas, articulando justiça e direitos como motores do cotidiano da população brasileira, estavam reduzidas ao mínimo. Foi então que o rico manancial de palavras, conceitos e princípios que formaram o repertório da tradição e suas alternativas políticas, entre os séculos XVII e XVIII e durante a primeira metade do século XIX, terminou rapidamente abafado, sem que os atores envolvidos se dessem conta do valor desse vínculo obscuro entre o passado e o presente, capaz de abrir possibilidades para o futuro.

Era outra República e funcionou como eixo estruturante para o ativismo de grupos politicamente marginalizados ou insatisfeitos com a agenda de poder no Segundo Reinado — essa foi a terceira mudança radical na conjuntura do Império. Quem primeiro se definiu, os "liberais republicanos"[29] — como eles se autonomeavam —, tinha sua origem na insatisfação de jornalistas, advogados e comerciantes, mas o grupo não encontrou maiores dificuldades em compor com os donos da terra, especialmente em províncias como São Paulo, Rio Grande do Sul, Pernambuco e Minas Gerais. Eles idealizaram seu modelo de República a partir do modo como enxergavam as instituições norte-americanas. Era moderna e liberal: ampliava o mercado, abria espaço para novos negócios, criava carreiras na burocracia do Estado amparadas exclusivamente no mérito, anulava privilégios estamentais, restringia práticas patrimonialistas. Na hora de pôr mãos à obra, porém, o tom da conversa foi outro e o foco se concentrou numa alteração nos procedimentos de distribuição do poder político. Qual deveria ser o escopo da República?, perguntavam entre si. E refletiam: não seria o caso de proceder a uma transformação controlada do sistema político capaz de incluir a redistribuição de poder, além de uma mudança no sistema de representação e a concessão de autonomia às províncias?

Em novembro de 1870, os liberais republicanos saíram da defensiva e criaram, no Rio de Janeiro, o Clube Republicano, uma forma associativa de natureza política que começou a ser experimentada, no Brasil, em curva ascendente durante a Regência, sobretudo na capital do Império. O Clube Republicano funcionava na rua do Ouvidor, no centro, e, além de local de reuniões, também promovia debates para um público amplo, especialmente por meio de conferências que aconteciam aos domingos, no final da manhã, no salão do Teatro Fênix Dramática, uma das casas de espetáculos mais populares da cidade, situada na vizinhança, na rua da Ajuda, onde hoje é a Cinelândia. No mês seguinte, resolveram falar grosso: entrou em circulação o jornal diário *A República*, cuja sede seria empastelada pelos monarquistas em 1873 — o Clube Republicano decidiu celebrar, no Rio de Janeiro, a queda da monarquia na Espanha, embandeirou o prédio inteiro em homenagem à proclamação da Primeira República e seus membros resolveram passar o dia nas janelas vivando Emiliano Castelar, líder dos republicanos espanhóis. Não deu outra: as bandeiras foram furiosamente arrancadas por bandos de monarquistas enraivecidos, a redação foi depredada e os dois lados partiram para a briga na rua.

Mas, no geral, as coisas não andavam bem para os monarquistas. Já em seu número de lançamento, *A República* trazia em destaque o "Manifesto republicano", documento essencial de propaganda e base da fundação de um partido político. Evidentemente, a centralidade da Corte era decisiva para quem queria fazer política no Império; mas o ativismo dos liberais republicanos teve repercussão em diversas províncias — indicando o esforço de nacionalização — e seu principal núcleo acabou por se instalar em São Paulo, onde se formou um Partido Republicano bem estruturado e o único com capacidade de competição eleitoral. Em todos os lugares, porém — no Rio, em São Paulo, no Rio Grande do Sul ou em Minas —, o veículo principal de difusão de ideias e propaganda política do grupo sempre foram jornais — *O País*, *A República*, *A Federação*, *O Jequitinhonha*, *Novo Mundo*.[30]

Existia uma pauta de demandas muito ampla, o fôlego era reformista e o federalismo funcionou como a reivindicação que melhor segurou as afinidades políticas dos liberais republicanos: "No Brasil, antes ainda da ideia democrática, encarregou-se a natureza de estabelecer o princípio federalista", estampou o "Manifesto republicano".[31] Federalismo, no caso, tinha pouco a ver com o sentido empregado pelos revolucionários de 1817 ou pelos conjurados mineiros. Significava descentralização, isto é, concessão ou delegação de determinados poderes às províncias, e passava longe de um sistema cuja divisão constitucional de competências fosse resultado de uma coalizão de instituições políticas, umas com base de poder local, outras predominantemente nacionais. Ainda assim, as reivindicações de autonomia, soberania, independência ou mesmo a proposta de formação de "pequenas pátrias americanas de origem portuguesa" definiram o tom nos debates durante a Constituinte de 1891, encarregada de redigir a primeira Constituição republicana brasileira, e serviram para estabelecer o ponto de virada no formato final da República: a demanda federalista alargava efetivamente o grau de autonomia dos estados, mas na forma de um rearranjo institucional. O argumento federalista refletia o descontentamento com a pouca representatividade política das elites locais, sobretudo em províncias como São Paulo e Rio Grande do Sul: "Em um país com extensão territorial, a diversidade étnica, de clima, de atividade econômica como o Brasil, apenas um regime federativo poderia salvaguardar a unidade nacional",[32] afirmava Alberto Sales, o principal teórico do Partido Republicano paulista.

No início da década de 1880, contudo, outro grupo ganhou visibilidade e importância no debate republicano. Os positivistas[33] também tinham causa, objetivo e estratégia: estavam convencidos de que a história é governada por leis imutáveis; entretanto, uma boa dose de voluntarismo político somada a uma vanguarda bem organizada, homogênea e disciplinada seria perfeitamente suficiente para fazê-la andar um pouco mais rápido. Era um pensamento mecanicista, decerto; mas muita gente decidiu apressar a marcha da história no rumo da República. Sobretudo entre os militares, no meio de certos profissionais liberais — médicos, professores, engenheiros — e junto aos republicanos do Rio Grande do Sul. O caso dos militares é fácil de entender. Havia escassez de oficiais na cúpula política do Império, os veteranos da Guerra do Paraguai se sentiam depreciados pela monarquia e o modelo de República na versão positivista dispunha de especial apelo: combinava o progresso dentro da ordem, enfatizava a ciência e o desenvolvimento industrial típicos da formação técnica militar e defendia a figura de um ditador — eleito, nomeado, aclamado ou imposto — esclarecendo e guiando a sociedade. Já no caso do Rio Grande do Sul, a boa recepção do positivismo resultou de uma disputa provinciana. O núcleo republicano tinha origem nos filhos de estancieiros sem vínculos com a elite pecuária da campanha gaúcha que tradicionalmente controlava a província e encontrou no positivismo a fórmula capaz de explicar as razões pelas quais o sistema político do Império seria incapaz de atender às demandas de quem estava fora da estrutura de poder.

O positivismo foi um achado também para a faixa urbana da população vinculada a profissões técnicas e científicas que buscava espaço próprio na sociedade. Afinal, a doutrina fornecia um esquema evolutivo para explicar os grandes problemas nacionais, articulava ciência à ação política e garantia que essa articulação, uma vez bem resolvida, conseguiria solucionar questões sociais e políticas fundamentais do país. De quebra, o positivismo condenava a monarquia em nome do progresso e demonstrava cientificamente a superioridade da República, o único instrumento capaz de fazer do Estado um agente de políticas sociais e preparar o caminho para uma sociedade ideal, baseada na harmonia das relações sociais, sustentada na vivência comunitária, no culto cívico da família, da pátria e da humanidade. No fundo, o positivismo valorizava social e intelectualmente os setores das camadas médias com formação científica e propunha a toda essa gente uma utopia política tranquilizadora que submetia o mundo contingente da história e da vida pública do país a uma grade de leitura cientificista e, portanto — acreditavam seus adeptos —, coerente, lógica, sem falha. Era matemático, resumiam os positivistas: a monarquia estava pronta para o naufrágio e a República seria o futuro inescapável dos brasileiros.

Nesse cenário em que se acotovelavam liberais republicanos e positivistas de diversas gradações, inclusive ortodoxos, a palavra "República" sofreu uma espécie de deflação. Seu significado estreitou-se por dois lados. Em um deles, o sentido de República passou a remeter especialmente à forma de governo que tem por seu contrário não a tirania, mas a monarquia. Silva Jardim, por exemplo, republicano, abolicionista, positivista e radical irreprimível, não perdia nenhuma oportunidade de apresentar monarquia e República como um par antitético durante as conferências que ministrava para encorpar a propaganda republicana. Estas começavam reiteradamente com o apelo "Cidadãos!" e o sucesso era garantido — mobilizavam um público amplo que incluía gente graduada nas diferentes escolas científicas do país, profissionais liberais, cientistas, letrados, políticos, estudantes de escolas superiores e até mulheres. Também tiravam os monarquistas do sério: em 30 de dezembro de 1888, a "Guarda Negra da Redentora", uma espécie de milícia urbana criada por libertos que praticavam capoeira e tinha o propósito de defender a monarquia e o Terceiro Reinado da princesa Isabel, encerrou uma dessas sessões na base do rabo de arraia e do porrete. Mas, no geral, as conferências terminavam em paz, embora num tom grandiloquente e agudo, ao som de *A Marselhesa* e com Silva Jardim pregando abertamente o fuzilamento do conde d'Eu, marido da princesa Isabel. A nota dominante do seu discurso, contudo, apelava para a dicotomia entre as duas formas de governo, com a monarquia perdendo a guerra retórica: "Monarquia, ruim; República, boa: quanto mais monarquia, mais atraso; quanto mais República, mais progresso",[34] decretava sem mais conversa.

No outro lado desse processo de estreitamento de significado, a palavra "República" esvaziou-se de sentido próprio e tornou-se sinônimo de democracia. O uso era indiferenciado e, na prática, República passou a designar uma espécie de revestimento legal — a forma de governo — para a democracia. Sem contraste e com sentido simplificado, a dúvida passou a ser o modo como os republicanos se pronunciavam sobre a substância democrática da República. Era de fato um problema. A democracia vacilava e tropeçava sempre que se via forçada a se confrontar com o escopo da comunidade política, isto é, com a pergunta, difícil de ser formulada publicamente numa sociedade como a brasileira ao final do século XIX, escravista, hierárquica e desigual: Quem pertence — e quem não pertence — à comunidade dos cidadãos? Todos preferiam uma República a uma monarquia, mas quando os liberais republicanos começaram a refletir concretamente sobre as mudanças políticas, o tamanho do problema ficou evidente: qual era o grau aceitável de abertura do sistema? Democracia, diziam eles, era o governo do país por si mesmo, e isso significava uma espécie de soberania nacional exercida em um Brasil que se autogovernasse mediante os mecanismos de representação política e social. O remédio era esse. A concepção de soberania nacional — e não popular — criava uma espécie de cinturão protetor para a democracia, capaz de restringir a extensão da cidadania.

A maioria dos liberais republicanos reconhecia que era preciso expandir a distribuição de poder político, mas poucos dentre eles estavam dispostos a limitar os processos de tomada de decisão para criar um sistema de representação delegada pela população, capaz de eleger os governantes e qualificar uma nova elite republicana — esta, sim, apta a agir em nome do bem comum. Os positivistas, por sua vez, concordavam sobre a importância de uma nova elite desenraizada de interesses vir a exercer a tutela da República — a diferença era que eles se consideravam naturalmente vocacionados para a tarefa. Mas tinham pouca coisa a dizer em matéria de democracia, um sistema que avaliava típico de um estado ainda primitivo no processo de evolução da humanidade. Ao contrário dos liberais republicanos, os positivistas ficavam com a República e dispensavam a democracia. A ditadura republicana bastava: concentrava os poderes e drenava a opinião do povo diretamente para o chefe do Executivo, que exerceria o governo em benefício do bem comum.

Nem os liberais republicanos nem os positivistas investiram no tema da extensão da cidadania ou tentaram responder ao problema do universo de pessoas que deveriam participar da República. Não é difícil de compreender o motivo. O ponto nevrálgico para todos eles era a escravidão e, em seguida, o conjunto da população de homens livres, pobres e libertos. Ao final da década de 1880, contudo, a lei oficial que aboliu a escravidão trouxe uma última lufada de prestígio à Coroa, encerrou o sistema escravista e fez silêncio sobre o destino dessa população.[35] Quem, no movimento abolicionista, apostava em justiça e inclusão, educação ou democracia, entendida como um pedaço de terra que integrasse o ex-escravizado à sociedade brasileira, compreendeu depressa que as injustiças sociais só são tratáveis politicamente, sustentou a sinonímia República e democracia e preocupou-se em ser realista: se a República não passava de um invólucro, os direitos sociais seriam a alma da democracia — iriam lutar por eles. Muitos dos militantes das sociedades abolicionistas eram também republicanos, especialmente entre os membros da Confederação Abolicionista, a iniciativa mais bem-sucedida na congregação de esforços para abolição da escravidão. A dimensão igualitária da democracia fundava-se na desigualdade social, a miséria estava enraizada na sociedade brasileira por toda parte e a estranha originalidade do final do século XIX pode ter sido esta: os abolicionistas tentaram construir uma democracia sem a República.[36]

No dia seguinte ao da abolição, entre positivistas, liberais republicanos e abolicionistas, muita gente namorava a República, mas ninguém ali considerava se havia uma tradição emersa do período colonial com maturidade substantivamente republicana, repertório suficiente para garantir igualdade civil e política e permitir aos libertos pleitear cidadania ativa. Os grupos vitoriosos em 15 de novembro foram incapazes — ou talvez não estivessem dispostos — de tentar institucionalizar o espírito republicano contido na tradição ou mesmo reapropriá-la em atos e palavras que anunciassem as possibilidades políticas que ainda restavam abertas para o futuro. Mas trataram de produzir sua própria memória histórica: enalteceram personagens e eventos escolhidos a dedo, esqueceram-se deliberadamente de outros, ressignificaram um pequeno punhado de acontecimentos e inventaram um bocado. Quando deram o trabalho por terminado, sobrava releitura do processo colonial e faltava republicanismo nesse exercício de reconstrução histórica.

Com a vitória em 15 de novembro, a meta era a construção progressiva de uma história nacional, e até lá batalhar por uma versão dos fatos adequada ao novo regime, persuadindo a sociedade e garantindo sentido e legitimidade aos vencedores — eventualmente também investindo contra as opções disponíveis no passado. Daí a importância de modular o passado colonial e a história do Império, em busca de personagens, eventos e, sobretudo, símbolos. Pinçaram vários: José Bonifácio e Rio Branco, a Independência, em 1822, o período regencial, entre 1831 e 1841, com descontentamentos isolados, barulho nas províncias e tensões intraelites. Também enfeitaram muito. A Conjuração Mineira foi elevada a momento inaugural da luta pela nacionalidade — coisa que nunca foi — e celebrada como levante antimonárquico. Acabou rebatizada definitivamente de Inconfidência, como ainda hoje é chamada, quem sabe para eliminar de uma vez por todas do imaginário da sociedade a ideia de conjuração, sempre perigosa por sua disposição de depor o governante e tentar chegar ao poder pelo caminho encurtado da ação violenta — afinal, dizia Maquiavel, só se conjura para retomar a liberdade perdida de uma República, e isso representa uma ameaça insuportável e sempre presente ao território do poder.[37]

Mas foi em torno da figura histórica de Tiradentes que positivistas, liberais republicanos e abolicionistas encontraram a representação simbólica nacional para o herói da República que desejavam implantar. O processo de beatificação de Tiradentes na condição de mártir foi grandemente facilitado por algumas circunstâncias. Até hoje pouco se sabe sobre ele — não conhecemos sequer o seu rosto —, e não é difícil estilizar por conta própria o personagem. Quando o poeta e militante abolicionista Luiz Gama publicou, em 1882, o artigo "À forca o Cristo da multidão", inspirado em versos de Castro Alves, veio à tona a chave para materializar a figura do mito cívico que a República precisava criar. Castro Alves compôs os versos sobre Tiradentes para a peça *Gonzaga ou a Revolução de Minas*, de cunho político, vocação republicana e, algo que os conjurados mineiros também jamais foram, abertamente abolicionista. A peça retratava a maneira como a escravidão deformava as pessoas e abalava os valores humanos,[38] e o poeta foi mestre em escrever versos candentes com o propósito de levantar o povo e mudar o mundo. Já o novo governo republicano precisava de Tiradentes para fazer algo menos subversivo: manipular o imaginário da sociedade a fim de consolidar a República. Foi então que a forca se equiparou à cruz, o patíbulo ao altar, Tiradentes à figura de Cristo — longa barba, cabelos compridos, alva branca, místico, terço na mão, carregando as dores do povo. O imaginário profundamente católico da sociedade brasileira se encarregou de fazer a transição: apagou a figura do mais ativo propagandista das ideias republicanas que sustentaram o projeto político da Conjuração Mineira e o grande responsável por colocá-las em circulação no interior de uma rede formada pelo entrecruzamento de diferentes grupos sociais; também descartou o alferes um tanto gabola que falava de felicidade pública até para as morenas que trazia debaixo do olho. Em troca, acendeu a imagem do Cristo cívico no sentimento popular marcado pela religiosidade cristã. Já o republicanismo de 1789 foi completamente desconsiderado; era parte de uma tradição que se esqueceu no tempo.[39]

É possível o esfacelamento de uma tradição — a partir de então esquecida e perdida. Mas o esquecimento não significa que a tradição se extinguiu, argumenta Hannah Arendt.[40] Ela pode ter se interrompido e apagado da memória, mas continua sutilmente ali, subjaz ao esquecimento, como uma vaga lembrança ou a reminiscência indecisa e quase apagada de uma recordação. Evidentemente não há nada que possa compensar o esquecimento, mas existem boas razões para concordar com Arendt: sob circunstâncias mais várias, surgem, de modo abrupto e inesperado, fragmentos e descontinuidades de uma tradição para de novo desaparecer qual fogo-fátuo, em diferentes condições. Não é segredo para ninguém que uma tradição esgarçada tampouco é estável. Aparece, desaparece e reaparece, uma luz simultaneamente espectral e ofuscante que contraria as nossas certezas no presente para reafirmar o sentido das possibilidades perdidas no tempo. Mas, como não conseguimos lembrar daquilo que não reconhecemos no passado, a cada vez que isso ocorre é como se nunca tivesse acontecido nada semelhante antes.

"Nada do que um dia aconteceu pode ser considerado perdido para a história", dizia Walter Benjamin — e Hannah Arendt concordava.[41] Se ela estiver certa, esse pode ser o ponto de apoio para uma reflexão sobre certos traços de experiências políticas formadoras de uma tradição republicana que, embora esquecida há muito no tempo, ainda lança suas luzes tênues sobre a história do Brasil. É tentador acrescentar que isso é assim apenas em teoria. O inusitado, porém, é que pode funcionar empiricamente. Arendt fala de uma tradição cujo significado perdido — vocabulário, princípios, valores — ainda encontra uma espécie de ressonância acústica no nosso presente; e ela fala disso como de um fato de que ninguém duvida. São traços de uma tradição que podem se encarnar ou reencarnar múltiplas vezes na história até que todas as virtualidades que ela implica tenham sido realizadas. O que interessava a Arendt era recuperar momentos em que esse vínculo esquecido, mas vivo, entre o passado e o presente surgisse, abrindo novas possibilidades para o futuro.

No caso deste livro, o campo de batalha que interessa à tradição esquecida desarmar é o território da nossa história republicana. Seus fragmentos podem eventualmente se manifestar de modo violento, como, por exemplo, nas barricadas de Porto Artur, a cidadela inexpugnável na rua da Harmonia, no bairro da Saúde, que inspirou medo à República em 1904, durante a Revolta da Vacina; ou na instalação da República Livre de Formoso e Trombas, obra dos trabalhadores rurais rebelados no norte de Goiás, em 1954. Fragmentos cristalizados podem ser igualmente identificados no formato alternativo das Repúblicas renegadas pela República — o caso de Canudos ou do Contestado, talvez.[42] Como também podem ser reconhecidos crescendo lenta e subterraneamente no esforço de intelectuais interessados em decifrar o Brasil e compreender o jogo da exclusão no interior de nossa formação social, sobretudo ao reconhecer os silêncios que atravessam a sociedade brasileira e escondem a fonte que gera o nó da violência, da discriminação, do preconceito e da profunda desigualdade encravados no fundo de nossa história escravista. Por fim, fragmentos da tradição esquecida podem inflar, de súbito, no interior da imaginação cultural brasileira — como no caso da literatura ou da canção popular, ainda hoje um dos meios através dos quais o país logrou alcançar uma forma de expressão e um modo de conhecer a si próprio.

Aliás, no mesmo ano em que ocorreu o golpe republicano de 15 de novembro, a linguagem do republicanismo fez sua primeira aparição entre nós como reminiscência, vale dizer, como algo que se possuía e se perdeu. Foi obra de negros de origem, trajetória e perfil muito diversos, além de ex-escravos e libertos convencidos de que o momento político era decisivo e que tinha chegado a hora de afirmarem suas convicções republicanas.[43] A população negra nunca foi homogênea e nem todos estavam de acordo com o argumento de que a abolição era obra da elite imperial que transfigurou a princesa Isabel em "Redentora" — muitos estavam inclusive dispostos a refutar isso em alto e bom som. No dia 13 de janeiro de 1889, cerca de trezentos indivíduos que se autoidentificavam como "homens de cor" se reuniram em assembleia, no comple-

274

xo de quilombos do Jabaquara, em São Paulo, o maior refúgio de escravizados do país durante o século XIX, e deram a senha para o que se seguiria: a abolição da escravatura no Brasil foi feita pelos esforços populares que se impuseram energicamente à Coroa — era uma conquista emanada do povo, dos escravos e dos abolicionistas brancos e negros. "À Coroa nós devemos a conservação da escravidão por três séculos", reiterou Quintino de Lacerda, negro, carregador de café do porto de Santos e o lendário fundador do Jabaquara. Não ficou nisso: "[À monarquia] devemos as balas com que ela mandou espingardear alguns aqui presentes [...]. Nós nos fizemos livres, auxiliados pelo povo que nos sustentava contra as forças do governo".[44]

A assembleia no Jabaquara teve desdobramentos. Em meados de 1889, um grupo de "homens de cor" se reuniu no centro de São Paulo para debater raça e cidadania. O passo seguinte foi a criação de um jornal, *A Pátria*, que trazia o subtítulo *Órgão dos Homens de Cor*, uma declaração de princípios — "Nós [homens de cor] somos republicanos de convicção e coração, acreditamos mais na realidade da República do que na realeza dos bragantinos porque a liberdade e a igualdade é natural aos homens [...]"[45] — e uma pauta decididamente republicana: defendia a soberania popular e os direitos de cidadania. Ainda mais surpreendente: o movimento se expandiu pelo país. No Rio Grande do Sul surgiu uma forma associativa de matiz republicano, a Mocidade Preta; em 6 de junho de 1889 foi fundado, na capital do Império, o Club Republicano dos Homens de Cor. Os clubes políticos são uma criação da Revolução Inglesa, no século XVII, e, autônomos e igualitários, ofereciam uma espécie de treinamento em cultura republicana: coordenavam os debates concernentes aos assuntos públicos, a troca de opiniões, a propaganda, as atividades públicas. Não ia ser diferente no Rio de Janeiro e as elites reformistas estavam inquietas.

Afinal, os republicanos de cor haviam assumido para si a tomada de iniciativas conjuntas, estabeleceram um foro de argumentação e deliberação pública e, encorajados, recuperaram o ponto onde os libertos pernambucanos da Revolução de 1817 se viram forçados a ceder. Na realidade, resolveram fazer política com perguntas concretas. Uma, quem pertence à comunidade política? A outra, onde se encontra a fonte de poder político legítimo? Também sabiam a resposta. No conjunto das suas reivindicações havia lugar para a demanda pela condição de cidadãos plenos, o reconhecimento da soberania popular capaz de "abolir os privilégios de casta e de raça",[46] e a convicção de estarem qualificados para representar e serem representados — "É preciso mostrar que somos homens para a luta, quer por meio das urnas, quer por meio da palavra e quer por meio da força",[47] recomendava um panfleto amplamente divulgado pelo Club Republicano dos Homens de Cor.

A pauta dos "homens de cor" foi a única, ao final do Segundo Reinado, substantivamente republicana e, por extensão, democrática. Mas a República instalada em 15 de novembro não tinha nenhuma intenção de assegurar pela lei o compromisso com uma concepção de liberdade cuja realização requer, por um lado, a efetiva participação dos indivíduos no processo de autogoverno de sua comunidade política e, por outro, que todos os membros dessa comunidade desfrutem direitos iguais. A Constituição de 1891 construiu o mecanismo que garantiu o voto apenas a quem os vitoriosos de 15 de novembro julgavam poder confiar a preservação da sociedade, e deixou boa parte da população brasileira do lado de fora da República: excluiu libertos e pobres — pela exigência de alfabetização, já que os analfabetos não poderiam votar —, além de mendigos, mulheres, praças de pré, membros de ordens religiosas, menores de 21 anos.[48] E então, uma vez consolidado o novo regime e restabelecida a ordem política institucional, a experiência republicana dos homens de cor, conquistada na ação e na palavra, foi também esquecida.

A tradição republicana, entre nós, firmou-se como uma linguagem para situações de crise — surge e reaparece quando não encontramos mais no passado uma sequência tranquilizadora de eventos, e o futuro segue imprevisível. Os personagens deste livro infundiram muita energia no poder e na força de algumas palavras, e eles precisavam delas para compreender o mundo em que viviam. Esse mundo desapareceu para sempre. Mas podemos refletir sobre tudo, questionar e recordar — para pensar sobre o que estamos fazendo. O Brasil vive hoje uma crise talvez sem precedentes na sua história. O presente se afigura incerto e a palavra "República" continua soando oca; já não sabemos bem o que significa. É um bom momento para contar e recontar a estranha história do espólio republicano que nos pertence por direito, reacendendo algo da antiga chama de uma tradição esquecida. Parece insuficiente, eu sei. Mas nossa vantagem é esta, conhecer um pouco do que foi posto pelo passado em nosso caminho: o legado possível para um futuro em aberto.

Belo Horizonte, 20 de março de 2018.

Agradecimentos

Este livro começou a existir, ao menos na minha imaginação, em 2008, durante uma viagem a Ouro Preto e à cidadezinha de Glaura, em companhia de Evaldo Cabral de Mello e de um grupo de estudantes de história da Universidade Federal de Minas Gerais (UFMG). Evaldo dizia, nessa viagem, que era hora de escrever sobre o trajeto das ideias de republicanismo no Brasil colonial e o modo como elas foram absorvidas, alteradas, recriadas e transformadas em instrumento de luta política pelos colonos em conjunturas de crise. Ele, naturalmente, pensava em Pernambuco; eu, na Conjuração Mineira. Até hoje é assim. Mas o empurrão estava dado.

Perdi a conta de quanto tempo faz que somos amigos, Newton Bignoto e eu. Tampouco me lembro precisamente de quando teve início a dívida que mantenho com ele — creio que foi em 1997, na época em que Newton voltou da França e começamos a nos aventurar juntos pelo republicanismo. Mas de uma coisa eu sei bem: é uma dívida impagável. Devo à nossa convivência intelectual a embocadura apropriada que me permitiu identificar na vida política da América portuguesa os elementos inovadores das matrizes europeias e norte-americana da tradição republicana, bem como a maneira como esses elementos foram recriados ou experimentados entre nós. Com Newton aprendi a reconhecer a mistura de continuidade e diversidade que forma essa tradição, sem perder de vista a grande originalidade de seus pensadores — começando por Maquiavel e terminando em Hannah Arendt, é claro. E foi ele quem me ensinou que a amizade, além de um afeto intimamente pessoal, também representa uma forma de liberdade, pois se manifesta numa presteza em partilhar o mundo com o outro.

Lilia Schwarcz e eu nos conhecemos em Caxambu, em 2004. Estávamos uma ao lado da outra, na plateia, e iniciamos uma conversa durante uma sessão meio morna do grupo de trabalho sobre Pensamento Social Brasileiro, na Associação Nacional de Pós-Graduação e Pesquisa em Ciências Sociais (Anpocs) — a conversa não terminou até hoje. Tornamo-nos parceiras, somos amigas e, acho que Lilia não sabe disso, ela é fonte de referência para mim: nos sustos (e nas alegrias) que a vida me prega, mas também no jeito de compreender uma imagem, de analisar um documento ou de escrever uma história. Durante dez anos ela acompanhou ao meu lado a pesquisa e a escrita deste livro. Concordamos e discutimos bastante. Por exemplo: Como projetar perguntas do presente sobre o passado? Como escrever um livro que soe contemporâneo porque restam heranças do republicanismo nos nossos assuntos atuais? Também discordamos uma enormidade. Como entender e revelar as marcas profundas que a escravidão produziu na tradição do republicanismo? Lilia cobrava rigor e coerência, eu refugava — mas, verdade seja dita, no final das contas, ela tem mais razão do que eu...

Uma versão preliminar deste livro foi apresentada como tese no concurso para professor titular em história do Brasil em vaga de livre provimento, na UFMG, em 2012. Tive o privilégio de ter debatido o argumento historiográfico aqui exposto e os marcos conceituais que lhe oferecem sustentação com os membros da banca examinadora: Janaína Amado, Lúcia Maria Paschoal Guimarães, João José Reis, Antônio Montenegro e Modesto Florenzano. Muito obrigada por seus comentários, críticas e sugestões.

Júnia Furtado e Regina Horta são minhas amigas e colegas no Departamento de História da UFMG, e estiveram comigo desde o projeto inicial da tese até a versão final do livro. Júnia me forneceu o mapa de acesso à América colonial e abriu as fronteiras de um território até então pouco familiar para mim. Indicou uma montanha de autores que eu precisava urgentemente ler e arquivos nos quais pesquisar, partilhou conceitos e teorias, e prometeu que o século XVIII seria a parte mais prazerosa da minha viagem ao Brasil Colônia — cumpriu com a promessa. Regina me ajudou a enfrentar os perigos que rondam os pontos de acesso por onde os historiadores procuram reconstruir o que já aconteceu alguma vez, sobretudo nas conexões que tentamos estabelecer entre o presente e o passado, e no risco de distorcer o passado ao dar um destaque desproporcional a tudo que o torna peculiar. Nunca mais deixamos de cultivar nossa amizade e aproveitamos cada oportunidade para conceber projetos ou dividir as inquietudes — em geral diante de uma xícara de café acompanhada de broa e tapioca, na casa de Regina, ou de uma travessa com arroz regado a feijão mineiro, na mesa de almoço de Júnia.

Após a aprovação da tese de titular, e com a redação do livro já em sua segunda versão, respirei fundo, tomei coragem e bati na porta de Evaldo. Não há como agradecer sua generosidade. Evaldo apontou caminhos de pesquisa que jamais imaginei, dividiu comigo seu extenso conhecimento, indicou documentos surpreendentes e decisivos, fez o que pôde para evitar que o argumento escorregasse em erros e confusões ou, mais grave, favorecesse as Minas em detrimento de Pernambuco. Visite Evaldo e você voltará para casa com a cabeça rodando, pois ele é inesgotavelmente inteligente, erudito, bem-humorado e irresistivelmente irônico. Evaldo me ensinou que narrar é a maneira privilegiada de compreender a ação humana no que ela tem de peripécia, além de ser o melhor recurso de que dispomos para compreender a trajetória dos personagens no tempo que lhes foi dado viver, com as alternativas de que dispunham e o ânimo de fazer suas escolhas segundo as exigências de seu tempo, e não de acordo com as determinações do *nosso* tempo. Este livro é um gesto meio desajeitado de gratidão a ele, ao Newton e à Lilia, por tantos motivos; e ainda por aquele de criar um novo pretexto para continuar a nossa conversa.

José Murilo de Carvalho foi meu orientador no doutorado em ciência política no antigo Instituto Universitário de Pesquisas do Rio de Janeiro (Iuperj) — e nunca mais se livrou de mim. Ele se dispôs a acompanhar a concepção original deste trabalho, fez um caminhão de críticas aos meus julgamentos infalíveis, recomendou leituras, ajudou a refletir sobre questões de fundo que percorreram a pesquisa. Com José Murilo aprendi sobre a importância da imaginação e da multiplicidade das fontes como dois predicados necessários na composição da narrativa. "Você precisa pensar com uma cabeça aberta", ele diz sempre; é o exercício da imaginação que possibilita ao historiador ouvir as fontes documentais, mas também avançar para além desse território, explorar posições desconhecidas, conhecer outros discursos, alimentar novas perguntas. José Murilo nem suspeita disso, mas tenho-o como meu interlocutor, isto é, penso nele e procuro a sua aprovação enquanto escrevo meus livros ou preparo minhas aulas.

A vida às vezes nos dá presentes inesperados. Encontrei em André Botelho um grande amigo e um parceiro disposto a toda sorte de aventuras. Uma delas: ler várias versões deste livro, comentar cada capítulo, cobrar análises convincentes e insistir para que eu escrevesse de modo a transbordar os limites estreitos da especialização. Ele teima em repetir: tome coragem, arrisque-se e procure travar diálogos improváveis e não antecipados com outras áreas do conhecimento. Também tripudia: viver é muito perigoso... Não consigo agradecer-lhe o bastante. Mas sempre posso convidá-lo a mais uma jarra de cidra para dividirmos o desassossego com o Brasil, abrir mutuamente os corações sem sermos perturbados por ninguém e fermentarmos nossos inúmeros projetos. Além de imaginar outros tantos que ainda virão.

Hoje, quatro versões após o texto original, fica ainda mais evidente para mim a importância de escutar e de aprender com o outro. Ninguém passa tanto tempo às voltas com uma empreitada de dez anos sem colegas, alunos e amigos que contribuíram com tempo e paciência para ajudar a localizar referências e documentos e a manter o trabalho nos trilhos, sobretudo nas diversas vezes que ameaçou descarrilar — embora erros e imprecisões sejam todos de minha inteira responsabilidade. Alberto da Costa e Silva partilhou comigo seu imenso conhecimento das muitas Áfricas que habitam entre nós, como costuma dizer Lilia: indicou os autores que me ajudaram a entender melhor a forma política assumida pela confederação de Palmares e colocou os problemas bem à vista. Com seu jeito generoso, leu e comentou o capítulo em que abordei o espinhoso tema da escravidão entre os conjurados de Minas. Bruno Carvalho fez sugestões sobre o mesmo assunto; não satisfeito, cedeu informações preciosas sobre Cláudio Manuel da Costa, Thomas Jefferson e Algernon Sidney. Sérgio Alcides me levou ao mundo dos letrados e contribuiu com seu conhecimento certeiro sobre os poetas para que eu conseguisse compreender o artesanato das *Cartas chilenas*. Lucas Figueiredo, lá em Genebra, fez a gentileza de me apresentar à Hipólita Jacinta. Marcello Basile alertou para as peculiaridades do republicanismo entre nós durante o século XIX. Flávio Moura, com sua perícia, me ensinou com quantos cortes e versões se conta uma história. Lúcia Maria Bastos Pereira das Neves presenteou-me com o texto que faltava para colocar de pé a rede de transmissão oral da conjuração do Rio de Janeiro. Muito do que tenho a dizer sobre as possíveis conexões entre a igualdade democrática e a liberdade republicana devo a Leonardo Avritzer e à parceria intelectual entre os projetos República e Democracia Participativa. E Angela Alonso talvez não desconfie o quanto seus trabalhos me ajudaram a refletir sobre o enredo das ideias neste livro.

Versões e partes do argumento foram apresentadas em seminários. As reuniões dos "Novos Repúblicos" — Sérgio Cardoso, Alberto Barros, Helton Adverse, Gabriel Pancera, Marcelo Jasmin e Newton Bignotto — esclareceram inúmeras questões sobre a construção dos indicadores conceituais do argumento. Comentários e sugestões dos colegas que participaram do I Simpósio de Estudos Republicanos, na Universidade Federal Fluminense (UFF), em especial Fabrina Magalhães e Luís Falcão, também contribuíram nessa direção. Caio César Boshi, Rodrigo Bentes Monteiro, Márcia Almada, Júnia Furtado, David Martín Marcos e Marco Antonio Silveira discutiram comigo a apropriação do mito de Veneza, nas Minas, e forneceram informações preciosas sobre a história do manuscrito do "Discurso histórico e político" durante o seminário "Novos estudos sobre o manuscrito atribuído a Pedro Miguel de Almeida Portugal 3º conde de Assumar", na Pontifícia Universidade Católica de Minas Gerais (PUC-MG). O seminário "Capítulos de história colonial", na Academia Brasileira de Letras, permitiu uma avaliação final sobre a solidez dos andaimes que sustentam o argumento principal do livro. Mas nesse seminário passei aperto: descobri que não é nada fácil fazer uma exposição oral diante da bibliografia comodamente instalada na primeira fila do auditório...

Apoios do CNPq (Produtividade em Pesquisa) e da Fapemig (Pesquisador Mineiro) viabilizaram a pesquisa em arquivos e bibliotecas. Também proporcionaram as condições para a organização dos dados, digitalização de documentos, acesso à bibliografia, além de permitirem a participação em eventos acadêmicos nos quais se discutiram trechos deste trabalho ou questões pertinentes ao seu argumento.

Escrevi o livro em boa companhia. Luiz Schwarcz armou-se de tempo e resignação e leu o original com seu conhecido rigor: fez críticas essenciais, cobrou clareza ao argumento, apontou as palavras que podem surgir como arame farpado sobre a narrativa impedindo o leitor de seguir em frente; impassível, cortou todos os meus "mineirismos", como ele diz. Otávio Marques da Costa, meu editor, entende da escrita como ninguém e, como de hábito, esquadrinhou tudo: pediu mais pesquisa, sugeriu reescrever capítulos inteiros, cobrou documentos que comprovassem cada ponto específico do argumento, encontrou erros, orientou cortes. Também me encorajou a abrir outras linhas de investigação e a experimentar novos caminhos para a narrativa. Tenho uma grande dívida de gratidão para com eles; afinal, não é a primeira vez em que ambos afetuosamente me deram guarida e me mantiveram no caminho, ensinando a decifrar as manhas e as estratégias da escrita. Ricardo Teperman anda assoberbado de trabalho, eu sei, mas encontrou hora para me encorajar e ajudar no esforço de finalização. Max Santos ainda nem leu, mas para me convencer a terminar o livro promete que vai divulgar mais essa ideia perigosa. Muito obrigada também à Adriane Piscitelli, à Cacilda Guerra, à Jane Pessoa e à Angela das Neves, que revisaram e prepararam os capítulos, dando ao livro maior coerência e coesão, bem como a toda a equipe da Companhia das Letras, pela gentileza da acolhida e o apoio em todas as etapas de elaboração do livro.

É preciso reconhecer lealmente que abusei de muitos amigos, inclusive de alguns que não tinham nada a ver com essa história. Ainda assim, leram capítulos, trechos e versões, ofereceram sugestões, aturaram diferentes humores, emprestaram ombros e ouvidos a uma conversa interminável sobre o mesmo assunto. Muito obrigada a Wander Melo Miranda, Vera Zavarise, Maria Elisa Noronha de Sá, Glória Kalil, Rocksane Norton, Ana Starling, Sizenando Starling, Lira Neto, Álvaro e Ana Maria de Souza Cruz, Marcelo Jasmin, Gringo Cardia, Franklin Martins, Mônica Monteiro, Roberto Said, Maria do Pilar Lacerda, Janete Grynberg. E obrigada, Beto, Maria Lúcia de Araújo e Carmem Silva.

Os pesquisadores do projeto República: núcleo de pesquisa, documentação e memória/UFMG fizeram muito por este livro. Bruno Viveiros, Danilo Marques, Marcela Ellian, Pauliane Braga, Rafael Alves, Wilkie Buzatti escarafuncharam e debateram acaloradamente comigo cada página. Corrigiram erros, criticaram bastante e sugeriram modificações que procurei incluir — mas, como eles vão perceber e reclamar, melhor dizer logo que deixei algumas de fora. Na busca por documentos e checagem de dados contei principalmente com a ajuda de Ligia Germano, Marcela Ellian, Clarissa Fazito, Leonardo Miranda, Pedro Henrique Montandon, Maria Cecília Carvalho e José Antônio Queiróz — e, é claro, com o apoio de Alda Batista. Danilo Marques, Maria Cecília Carvalho e José Antônio Queiróz garimparam os *Autos de Devassa* e elaboraram os quadros e o gráfico sobre as três conjurações do século XVIII. O projeto República existe há quinze anos. Todos os meus trabalhos desde então são tributários da convivência intelectual que desfruto com seus pesquisadores e da amizade que construímos e compartilhamos ao longo desses anos. Muito obrigada.

As escoras afetivas de um livro acham-se enfiadas muito profundamente no solo onde se constrói o texto e não aparecem, mas são elas que sustentam a escrita e espantam a solidão. Gustavo, Roberta, Sheila, Paulo Augusto, Doroteia, Tia Heloisa, Flávia e Paula estão sempre por perto, em qualquer circunstância e a qualquer hora. Fazem amorosa a vida e leve o cotidiano e encerro este livro querendo começar outro, ao lado deles. Meu sobrinho Arthur é um grande e afetuoso companheiro; junto dele enfrento qualquer parada. Ele sabe *quase* tudo de cinema, séries, jogos digitais e histórias em quadrinhos e vive cheio de ótimas ideias — tenho surrupiado algumas, confesso. Minha sobrinha Virgínia, com seu jeito reservado e sério, sua visada crítica e seu notável talento para a escrita, faz de nossos diálogos momentos ainda mais especiais para mim. Mas é difícil expor o afeto. O verso de Chico Buarque e Francis Hime consegue isso melhor do que eu — "por eles é que eu faço bonito". Arthur e Virgínia provavelmente achariam melhor dizer que venho me esforçando. Ou eu não teria escrito este livro também para eles.

Notas

INTRODUÇÃO — UMA HERANÇA SEM TESTAMENTO [pp. 11-22]

1. Frei Vicente do Salvador, *Historia do Brazil 1560-1627*. Rio de Janeiro: Versal; São Paulo: Odebrecht, 2008, livro I, cap. III, fl. 6v. Para o projeto historiográfico de frei Vicente do Salvador, ver: Maria Lêda Oliveira, *A Historia do Brazil de frei Vicente do Salvador: História e política no império português do século XVII* (Rio de Janeiro: Versal; São Paulo: Odebrecht, 2008); e J. C. Capistrano, "Prefácio", em frei Vicente do Salvador, *Historia do Brazil 1560-1627* (Rio de Janeiro: Anais da Biblioteca Nacional, v. 13, 1888). Para o interesse de Capistrano de Abreu na obra de frei Vicente do Salvador, ver: José Honório Rodrigues, "Capistrano de Abreu e a historiografia brasileira", em José Honório Rodrigues, *História e historiadores do Brasil* (São Paulo: Fulgor, 1961); e Ricardo Benzaquen de Araújo, "Ronda noturna: Narrativa, crítica e verdade em Capistrano de Abreu" (*Estudos Históricos*, Rio de Janeiro, v. 1, n. 1, 1988).

2. Frei Vicente do Salvador, *Historia do Brazil 1560-1627*. Rio de Janeiro: Versal; São Paulo: Odebrecht, 2008, livro I, cap. II, fl. 4v.

3. Antônio Vieira, "Sermão da visitação de Nossa Senhora". In: Antônio Vieira, *Sermões*. São Paulo: Hedra, 2003, v. 1. Para padre Vieira, ver: Ronaldo Vainfas, *Antônio Vieira* (São Paulo: Companhia das Letras, 2011); e Alfredo Bosi, "Vieira ou a cruz da desigualdade", em id., *Dialética da colonização* (São Paulo: Companhia das Letras, 1992).

4. Para a estratégia de Arendt, ver: Hannah Arendt, *Entre o passado e o futuro* (São Paulo: Perspectiva, 1972); id., *Homens em tempos sombrios* (São Paulo: Companhia das Letras, 1987). Para a situação de crise, ver: Hannah Arendt, *Entre o passado e o futuro*, op. cit.; e Claude Lefort, "O imaginário da crise", em Adauto Novaes (Org.), *A crise da razão* (São Paulo: Companhia das Letras, 1996). Para os dilemas do historiador no acesso ao passado, ver: Robert Darnton, *Os*

dentes falsos de George Washington: Um guia não convencional para o século XVIII (São Paulo: Companhia das Letras, 2005); Marc Bloch, *Apologie pour l'historien ou Métier d'historien* (Paris: Armand Colin, 1952); Jean-Pierre Vernant, *As origens do pensamento grego* (Rio de Janeiro: Difel, 2002); e Nicole Loraux, "Éloge de l'anachronisme en histoire" (*Espace Temps*, Paris, v. 1, n. 87, 2005).

5. Para construção de repertórios em áreas coloniais e/ou periféricas, ver: Bernard Bailyn, *As origens ideológicas da Revolução Americana*. Bauru: Edusc, 2003; Carla Maria Junho Anastasia, *Vassalos rebeldes: Violência coletiva nas Minas na primeira metade do século XVIII*. Belo Horizonte: C/Arte, 2012; Angela Alonso, *Ideias em movimento: A geração de 1870 na crise do Brasil-Império*. São Paulo: Paz e Terra, 2002.

6. Para tradição, ver: Hannah Arendt, *Entre o passado e o futuro*, op. cit.; id., *A promessa da política* (Lisboa: Relógio D'Água, 2007); Alexandre G. Düttmann, "The Violence of Destruction", em David Ferris (Org.), *Walter Benjamin: Theoretical Questions* (Stanford: Stanford University Press, 1996); e Gianni Vattimo, *La fine della modernità* (Milão: Garzanti, 1987).

7. Para as principais matrizes formadoras da tradição republicana e seus elementos de diversidade e continuidade, ver: Newton Bignotto (Org.), *Matrizes do republicanismo* (Belo Horizonte: Ed. UFMG, 2013).

8. Para a formulação de que ideias e conceitos são o concentrado de inúmeros significados e experiências historicamente determinadas, ver: Reinhart Koselleck, *Futuro passado: Contribuição à semântica dos tempos históricos* (Rio de Janeiro: Contraponto; Ed. PUC-Rio, 2006). Para a natureza dos processos de absorção de ideias em realidades históricas periféricas e em conjunturas específicas, ver: John G. A. Pocock, *The Machiavellian Moment: Florentine Political Thought and the Atlantic Republican Tradition* (Princeton: Princeton University Press, 1975); Bernard Bailyn, *As origens ideológicas da Revolução Americana*, op. cit.; e Angela Alonso, *Ideias em movimento: A geração de 1870 na crise do Brasil-Império*, op. cit.

9. Para "sedição" e a nomeação da larga escala de dissensões políticas, ver: Raphael Bluteau, *Vocabulario portuguez e latino* (Coimbra: Real Colégio das Artes da Companhia de Jesus, 1713); Antonio de Moraes Silva, *Diccionario da lingua portugueza* (Lisboa: Oficina de Simão Tadeu Ferreira, 1789); e Francisco Solano Constâncio, *Novo diccionario crítico e etymologico da lingua portugueza* (Paris: Angelo Francisco Carneiro Editor; Tipografia de Casimir, 1836).

10. Para as conexões da Conjuração Mineira, ver: Kenneth Maxwell, "Uma história atlântica", em Kenneth Maxwell (Coord.), *O livro de Tiradentes: Transmissão atlântica de ideias políticas no século XVIII* (São Paulo: Companhia das Letras, 2013).

11. Para "Conjuração" ver: Nicolau Maquiavel, *Comentários sobre a primeira década de Tito Lívio*. Brasília: Ed. UnB, 1982 (Livro III, capítulo 6); Newton Bignotto, "Maquiavel e as conjurações". In: Id., *O aprendizado da força: Maquiavel e a arte de governar*. Belo Horizonte, 2018 (Mimeografado). Para crimes de lesa-majestade, ver: Arno Dal Ri Junior, *O Estado e seus inimigos: a repressão política na história do direito penal*. Rio de Janeiro: Revan, 1974 (especialmente capítulo 6). Para "conjuração" e "inconfidência", ver: Júnia Ferreira Furtado e Heloisa Murgel Starling, "República e sedição na Inconfidência Mineira: Leituras do *Recueil* por uma sociedade de pensamento", em Kenneth Maxwell (Coord.), *O livro de Tiradentes: Transmissão atlântica de ideias políticas no século XVIII*, op. cit.; e Kenneth Maxwell, "As causas e o contexto da Conjuração Mineira", em Júnia Ferreira Furtado (Org.), *Diálogos oceânicos: Minas Gerais e as novas abordagens para uma história do Império Ultramarino português* (Belo Horizonte: Ed. UFMG, 2001).

12. Citado em Bernard Baylin, *As origens ideológicas da Revolução Americana*, op. cit., p. 257. Para John Adams, ver: David McCullough, *John Adams* (Nova York: Simon & Schuster, 2001). Para os significados, inclusive negativos, de "democracia" no século XVIII, ver: Jean-Marie Goulemot, "Du Républicanisme et de l'idée républicaine au XVIIIᵉ siècle", em François Furet e Mona Ozouf (Orgs.), *Le Siècle de l'avènement républicain* (Paris: Gallimard, 1993); e Pierre Rosanvallon, "L'Histoire du mot démocratie à l'époque moderne", em id., *Situations de la démocratie* (Paris: Gallimard, 1998).

13. Lilia Schwarcz e Heloisa Starling, "O acaso não existe: Entrevista de Evaldo Cabral de Mello". In: Lilia Schwarcz (Org.), *Leituras críticas sobre Evaldo Cabral de Mello* (Belo Horizonte: Ed. UFMG; São Paulo: Fundação Perseu Abramo, 2008), p. 180. Para a narrativa como "um gênero literário chamado historiografia", ver: Carlo Ginzburg, *Olhos de madeira: Nove reflexões sobre a distância* (São Paulo: Companhia das Letras, 2001).

14. Para procedimentos de formação de uma "linguagem política", ver: Quentin Skinner, "Meaning and Understanding in the History of Ideas", em James Tully (Org.), *Meaning & Context: Quentin Skinner and His Critics* (Princeton: Princeton University Press, 1988); e John G. A. Pocock, "O conceito de linguagem e o *métier d'historien*", em id., *Linguagens do ideário político* (São Paulo: Edusp, 2003). Para a caracterização de procedimentos de formação de uma linguagem republicana, ver: Newton Bignotto, *As aventuras da virtude: As ideias republicanas na França do século XVIII* (São Paulo: Companhia das Letras, 2010); e José Murilo de Carvalho, "História intelectual no Brasil: A retórica como chave de leitura" (*Topoi*, Rio de Janeiro, n. 1, pp. 123-52, 2006).

15. Arendt extraiu sua metáfora do aforismo do poeta René Char sobre o que veio a significar, para sua geração de escritores, a luta na Resistência francesa durante a Segunda Guerra: "Nossa herança nos foi deixada sem nenhum testamento". Ver: Hannah Arendt, "Prefácio: A quebra entre o passado e o futuro", em *Entre o passado e o futuro*, op. cit., pp. 28 ss. Ver também: Id., *Ação e a busca da felicidade* (Rio de Janeiro: Bazar do Tempo, 2018), pp. 153-4.

16. Hannah Arendt, *Homens em tempos sombrios*, op. cit., pp. 28 ss.

1. E A REPÚBLICA DESEMBARCOU NO BRASIL: OS VÁRIOS SIGNIFICADOS PARA UMA PALAVRA [pp. 23-44]

1. Para Palmares, ver: Flávio Gomes (Org.), *Mocambos de Palmares: História e fontes (séculos XVI-XIX)* (Rio de Janeiro: 7Letras, 2010); Edison Carneiro, *O quilombo de Palmares* (São Paulo: Companhia Editora Nacional, 1988); Décio Freitas, *Palmares: A guerra dos escravos* (Porto Alegre: Movimento, 1984); e Silvia H. Lara, "Do singular ao plural: Palmares, capitães do mato e o governo dos escravos", em João José Reis e Flávio dos Santos Gomes (Orgs.), *Liberdade por um fio: História dos quilombos no Brasil* (São Paulo: Companhia das Letras, 2011).

2. André Álvares d'Almada, *Tratado breve dos rios de Guiné do Cabo-Verde feito pelo capitão André Álvares d'Almada: Ano de 1594*. Lisboa: Grupo de Trabalho do Ministério da Educação para as Comemorações dos Descobrimentos Portugueses, 1994. (Devo a Alberto da Costa e Silva as indicações sobre o texto de André d'Almada e sobre as comunidades de escravizados fugidos.)

3. Sobre o quilombo como organização militar, ver: Alberto da Costa e Silva, *A enxada e a lança: A África antes dos portugueses* (Rio de Janeiro: Nova Fronteira, 1996), pp. 535 ss.; id., *A manilha e o libambo: A África e a escravidão, de 1500 a 1700* (Rio de Janeiro: Nova Fronteira, 2002), pp. 421 ss. Para Palmares, ver: Pedro Paulo de Abreu Funari, "A arqueologia de Palmares: Sua contribuição para o conhecimento da história da cultura afro-americana", em João José Reis e Flávio dos Santos Gomes (Orgs.), *Liberdade por um fio: História dos quilombos no Brasil*, op. cit. Ver também: João José Reis e Flávio dos Santos Gomes, "Uma história da liberdade", em *Liberdade por um fio: História dos quilombos no Brasil*, op. cit., especialmente o cap. 3. Para o contexto econômico e de intensa disputa política na capitania de Pernambuco, ver: Evaldo Cabral de Mello, *A fronda dos mazombos: Nobres contra mascates, Pernambuco, 1666-1715* (São Paulo: Ed. 34, 2003).

4. "Relação das guerras feitas aos Palmares de Pernambuco no tempo do governador d. Pedro de Almeida (1675-1678)". *Revista do Instituto Histórico e Geográfico Brasileiro*, Rio de Janeiro, tomo XXII, n. 22, pp. 306 ss., 1859. (Devo a Evaldo Cabral de Mello a indicação desse documento.) Para usos do termo "República" com referência a Palmares, ver também: Sebastião da Rocha Pita, *História da América portuguesa* (São Paulo: Edusp; Belo Horizonte: Itatiaia, 1976), livro oitavo, p. 215; e Flávio Gomes (Org.), *Mocambos de Palmares: História e fontes (séculos XVI-XIX)*, op. cit., pp. 220 ss.

5. "Relação das guerras feitas aos Palmares de Pernambuco no tempo do governador d. Pedro de Almeida (1675-1678)", op. cit., p. 304.

6. Ver: Thomas More, *Utopia* (São Paulo: Martins Fontes, 1999). Para a República confederada, ver: Montesquieu (Barão de), *Do espírito das leis* (São Paulo: Abril Cultural, 1979), livro IX, cap. I. Ver também: John G. A. Pocock, "Império, Estado e confederação", em id., *Linguagens do ideário político*, op. cit.

7. Para Lunda, ver: Alberto da Costa e Silva, *A enxada e a lança: A África antes dos portugueses*, op. cit., pp. 480 ss. (Devo a Alberto da Costa e Silva as indicações sobre a estrutura de poder nos Estados africanos e a correspondência da forma confederada para o reino da Lunda).

8. Para os dados de população, ver: Ronaldo Vainfas, *Antônio Vieira*, op. cit., p. 270.

9. Marco Túlio Cícero, *De Re Publica*. Cambridge, MA: Harvard University Press, 1994 (especialmente o livro I). Para o começo da tradição republicana na experiência grega, ver: John G. A. Pocock, *The Machiavellian Moment: Florentine Political Thought and the Atlantic Republican Tradition*, op. cit. Para situar esse começo em Roma, ver: Quentin Skinner, *Visions of Politics: Renaissance Virtues* (Cambridge: Cambridge University Press, 2002), 2 v.

10. Para "politeia" e a matriz romana, ver: Sérgio Cardoso, "Que República? Notas sobre a tradição do 'governo misto'", em Newton Bignotto (Org.), *Pensar a República* (Belo Horizonte: Ed. UFMG, 2000); id., "A matriz romana", em Newton Bignotto (Org.), *Matrizes do republicanismo*, op. cit.; Frank Richard Cowell, *Cicero and the Roman Republic* (Londres: Penguin, 1973); e Henrique M. de Sant'Anna, *História da república romana* (Petrópolis: Vozes, 2015).

11. Para República, ver: Sérgio Cardoso, "Por que República? Notas sobre o ideário democrático e republicano", em id. (Org.), *Retorno ao republicanismo* (Belo Horizonte: Ed. UFMG, 2000); Cícero Araújo, "República e democracia" (*Lua Nova*, São Paulo, n. 51, pp. 5-30, 2000); Quentin Skinner e Martin Van Gelderen (Orgs.), *Republicanism: A Shared European Heritage* (Cambridge: Cambridge University Press, 2002), 2 v.; Phillip Petiti, *Republicanism: A Theory of*

Freedom and Government (Oxford: Oxford University Press, 1997); e Maurizio Viroli, *Republicanism* (Nova York: Hill and Wang, 2002).

12. Para a construção do argumento de Bodin no contexto político do século xvi francês, ver: Quentin Skinner, *As fundações do pensamento político moderno* (São Paulo: Companhia das Letras, 1996), pp. 555 ss.; e Sérgio Cardoso, "Uma fé, um rei, uma lei: A crise da razão política na França nas guerras de religião", em Adauto Novaes (Org.), *A crise da razão*, op. cit.; Alberto Ribeiro G. de Barros, *A teoria da soberania de Jean Bodin* (São Paulo: Unimarco, 2001). Para a relação entre guerras de religião e formação do absolutismo, ver: Reinhart Koselleck, *Crítica e crise: Uma contribuição à patogênese do mundo burguês* (Rio de Janeiro: Ed. da Uerj; Contraponto, 1999, especialmente o cap. 1). Para o difícil contexto das guerras de religião na França, ver: Emanuel Le Roy Ladurie, *O Estado monárquico: França 1460-1610* (São Paulo: Companhia das Letras, 1994).

13. Jean Bodin, *Los seis libros de la República*. Madri: Aguilar, 1973, livro i, cap. i., p. 11.

14. Ibid., livro i, cap. ii, p. 10. Ver também: Rodrigo Bentes Monteiro, "Família, soberania e monarquias na *República* de Jean Bodin", em Maria Fernanda Bicalho e Vera Lúcia Amaral Ferlini (Orgs.), *Modos de governar: Ideias e práticas políticas no império português — séculos XVI a XIX* (São Paulo: Alameda, 2005); e John William Allen, *Political Thought in the Sixteenth Century* (Cambridge: Cambridge University Press, 1988), parte iii, cap. viii.

15. Para o massacre do dia de São Bartolomeu, ver: Denis Crouzet, *La Nuit de La Saint-Barthélemy: Un rêve perdu de la Renaissance* (Paris: Fayard, 1994); e Colin Jones, *Paris: Biografia de uma cidade* (Porto Alegre: l&pm, 2009).

16. Jean Bodin, *Los seis libros de la República*, op. cit., livro i, cap. ii, p. 15. Para o argumento de Bodin em sua relação com a formulação do absolutismo, ver: Julian H. Franklin, *Jean Bodin et la naissance de la théorie absolutiste* (Paris: puf, 1993).

17. Para jesuítas em Portugal e para a aplicação e difusão de suas concepções corporativas de poder e em especial da Segunda Escolástica, ver: Martim de Albuquerque, *A sombra de Maquiavel e a ética tradicional portuguesa* (Lisboa: Faculdade de Letras da Universidade de Lisboa, 1974); Quentin Skinner, *As fundações do pensamento político moderno*, op. cit. (especialmente pp. 421 ss.); Luís Reis Torgal, *Ideologia política e teoria do Estado na Restauração* (Coimbra: Biblioteca Geral da Universidade de Coimbra, 1981-2), v. 1; e Ronaldo Vainfas, *Antonio Vieira*, op. cit.

18. Ver: Ângela Barreto Xavier, *"El rei onde póde & não aonde quér": Razões da política no Portugal seiscentista* (Lisboa: Colibri, 1998). Ver também: Luís Reis Torgal, *História e ideologia* (Coimbra: Minerva Coimbra, 1989); e António Manuel Hespanha, *As vésperas do Leviathan: Instituições e poder político. Portugal — século XVII* (Coimbra: Almedina, 1994). Para a formação da cultura política portuguesa no período, ver: Diogo Ramada Curto, *Cultura política no tempo dos Filipes (1580-1640)* (Lisboa: Lugar da História, 2011).

19. Para o sistema de mercês, ver: António Manuel Hespanha e Ângela Barreto Xavier, "O Antigo Regime", em José Mattoso (Org.), *História de Portugal* (Lisboa: Círculo de Leitores, 1993), v. iv; António Manuel Hespanha, "As cortes e o reino: Da União à Restauração" (*Cuadernos de Historia Moderna*, v. 11, n. 25-26, 1993); e Maria Beatriz Nizza da Silva, *Ser nobre na colônia* (São Paulo: Ed. Unesp, 2005).

20. Marco Túlio Cícero, *De Re Publica*, op. cit., livro i, cap. xxv, p. 65. Para patrimonialismo, o nome dessa prática de usar o poder para se apropriar privadamente da coisa pública nos dias

de hoje, ver: Raymundo Faoro, *Os donos do poder* (Porto Alegre: Globo; São Paulo: Edusp, 1975). Ver também: Marcelo Jasmin, "A viagem redonda de Raymundo Faoro em *Os donos do poder*", em João César de Castro Rocha (Org.), *Nenhum Brasil existe* (Rio de Janeiro: Topbooks; Ed. da Uerj, 2003); e Bernardo Ricupero, "Patrimonialismo: Usos de um conceito", em André Botelho e Heloisa Starling, *Impasses do Brasil contemporâneo* (Belo Horizonte: Ed. UFMG, 2017). Para Portugal, ver: Maria Fernanda Bicalho e Vera Lúcia Amaral Ferlini (Orgs.), *Modos de governar: Ideias e práticas políticas no império português séculos XVI a XIX*, op. cit.; e Laura de Mello e Souza, Júnia Ferreira Furtado e Maria Fernanda Bicalho (Orgs.), *O governo dos povos* (São Paulo: Alameda, 2009).

21. Raphael Bluteau, *Vocabulario portuguez e latino*, op. cit. Para essa natureza oceânica do império português, ver: António Manuel Hespanha e Maria Catarina Santos, "Os poderes num império oceânico", em António Manuel Hespanha e José Matoso (Orgs.), *História de Portugal: O Antigo Regime* (Lisboa: Estampa, 1997).

22. Para a Revolta da Cachaça, ver: Luciano Raposo de Almeida Figueiredo, *Revoltas, fiscalidade e identidade colonial na América portuguesa: Rio de Janeiro, Bahia e Minas Gerais, 1640-1761* (São Paulo: FFLCH-USP, 1995. Tese [Doutorado em História Social]); Miguel Arcanjo de Souza, *Política e economia no Rio de Janeiro seiscentista: Salvador de Sá e a Bernarda de 1660-1661* (Rio de Janeiro: CFCH-UFRJ, 1994. Dissertação [Mestrado em História]); e Antônio Felipe Pereira Caetano, *Entre a sombra e o sol: A Revolta da Cachaça, a freguesia de São Gonçalo do Amarante e a crise política fluminense* (Niterói: UFF, 2003. Dissertação [Mestrado em História]). Ver também: Lilia M. Schwarcz e Heloisa M. Starling, *Brasil: Uma biografia*, op. cit. (especialmente o cap. 5).

23. Para o comércio de escravos e o contrabando ver: Manolo Florentino (Org.), *Tráfico, cativeiro e liberdade: Rio de Janeiro, séculos XVII-XIX* (Rio de Janeiro: Civilização Brasileira, 2005).

24. Para a instituição camarária no Império português, ver: Charles R. Boxer, *Portuguese Society in the Tropics: The Municipal Councils of Goa, Macau, Bahia and Luanda (1510-1800)* (Milwaukee: The University of Wisconsin Press, 1965); e João Fragoso e Nuno Gonçalo Monteiro (Orgs.), *Um reino e suas repúblicas no Atlântico: Comunicações políticas entre Portugal, Brasil e Angola nos séculos XVII e XVIII* (Rio de Janeiro: Civilização Brasileira, 2017). Para a plasticidade das câmaras municipais e sua atuação como "mutantes instituições camarárias", ver: Maria de Fátima Silva Gouvêa, "Poder, autoridade e o Senado da Câmara do Rio de Janeiro ca. 1780-1820" (*Tempo*, Niterói, v. 7, n. 13, p. 112, 2002). Sobre município e poder local em Portugal, ver: António Manuel Hespanha, *As vésperas do Leviathan: Instituições e poder político. Portugal — século XVII*, op. cit. (especialmente pp. 352 ss.).

25. João Fragoso, "A nobreza da República: Notas sobre a formação da primeira elite senhorial do Rio de Janeiro (séculos XVI e XVII)" (*Topoi*, Rio de Janeiro, v. 1, n. 1, p. 82, 2002). Para as câmaras municipais na América portuguesa, ver: João Fragoso, Maria de Fátima Silva Gouvêa e Fernanda Bicalho, "Uma leitura do Brasil colonial: Bases da materialidade e da governabilidade no império" (*Penélope*, Oeiras, n. 23, pp. 67-88, 2000); Júnia F. Furtado, "As câmaras municipais e o poder local: Vila Rica — Um estudo de caso na produção acadêmica de Maria de Fátima Silva Gouvêa" (*Tempo*, Niterói, v. 14, n. 27, 2009); Maria Fernanda Bicalho, *A cidade e o império: O Rio de Janeiro no século XVIII* (Rio de Janeiro: Civilização Brasileira, 2003, especialmente os caps. 11 e 12); e John Russell-Wood, *Histórias do Atlântico português* (São Paulo: Ed. Unesp, 2014), pp. 303 ss.

26. "Acordaram em mandar consertar a Ponte Real; dar uma guarda de ouro de Nossa Senhora do Monte do Carmo à cidade do Rio de Janeiro e eleger tesoureiro". *Acórdãos e Termos de Vereança da Câmara de São João Del Rei*. Universidade Federal de São João Del Rei, livro 1, fl. 68-73, acórdão de 20 jan. 1740.

27. António Manuel Hespanha, *As vésperas do Leviathan: Instituições e poder político. Portugal — século XVII*, op. cit., pp. 491 ss. Para o aparato burocrático, ver: Heloísa L. Bellotto, "O Estado português no Brasil: Sistema administrativo e fiscal", em Maria Beatriz Nizza da Silva (Org.), *O Império luso-brasileiro (1750-1822)* (Lisboa: Estampa, 1988); e Maria Fernanda Bicalho, *A cidade e o império: O Rio de Janeiro no século XVIII*, op. cit. (especialmente o cap. 11).

28. "Correspondência enviada ao soberano pelo Senado da Câmara do Rio de Janeiro por intermédio de seu procurador na corte". Arquivo Histórico Ultramarino. Avulsos, caixa 8, documento 42. Citado em Maria Fernanda Bicalho, *A cidade e o império: O Rio de Janeiro no século XVIII*, op. cit., p. 373.

29. Para "nobreza da terra" em Portugal, ver: Nuno G. Monteiro, "Poder senhorial, estatuto nobiliárquico e aristocracia", em António Manuel Hespanha (Org.), *O Antigo Regime 1620-1807* (Lisboa: Estampa, s.d.); e Maria Beatriz Nizza da Silva, *Ser nobre na colônia*, op. cit. Para "nobreza da terra" no Brasil colonial, ver: Evaldo Cabral de Mello, *Rubro veio: O imaginário da restauração pernambucana* (Rio de Janeiro: Topbooks, 1997) (especialmente o cap. 4); Maria Fernanda Bicalho, *A cidade e o império: O Rio de Janeiro no século XVIII*, op. cit. (especialmente o cap. 12); e João Fragoso, "A nobreza da República: Notas sobre a formação da primeira elite senhorial do Rio de Janeiro (séculos XVI e XVII)" (*Topoi*, Rio de Janeiro, v. 1, n. 1, p. 82, 2002).

30. Para Pernambuco, ver: Evaldo Cabral de Mello, *Rubro veio: O imaginário da restauração pernambucana*, op. cit.; e id., *O nome e o sangue: Uma parábola genealógica no Pernambuco colonial* (São Paulo: Companhia das Letras, 2009). Para Minas, ver: Roberta Giannubilo Stumpt, *Os cavaleiros do ouro e outras trajetórias nobilitantes nas Minas setecentistas* (Belo Horizonte: Fino Traço, 2014).

31. Para mulatos em cargos municipais, ver: John A. R. Russell-Wood, "Ambivalent Authorities: The African and Afro-Brazilian Contribution to Local Governance in Colonial Brazil" (*The Americas*, Nova York, v. 1, n. 57, pp. 13-36, 2000).

32. O conceito "economia política do privilégio" foi mobilizado especialmente por João Fragoso, Maria de Fátima Gouvêa e Maria Fernanda Bicalho. Ver: João Fragoso, Maria de Fátima Silva Gouvêa e Maria Fernanda Bicalho, "Uma leitura do Brasil colonial: Bases da materialidade e da governabilidade no império" (*Penélope*, Oeiras, n. 23, pp. 75 ss., 2000). Ver também: Maria de Fátima Silva Gouvêa, Gabriel Almeida Frazão e Marília Nogueira dos Santos, "Redes de poder e conhecimento na governação do Império português (1688-1735)" (*Topoi*, Rio de Janeiro, v. 5, n. 8, 2004).

33. Ver: Francisco Solano Constâncio, *Novo diccionario critico e etymologico da língua portugueza*, op. cit. Para o sentido de cidadão entre os séculos XVII e XVIII, ver: António Manuel Hespanha e Ângela Barreto Xavier, "A representação da sociedade e do poder", em António Manuel Hespanha (Org.), *O Antigo Regime 1620-1807*, op. cit.; e Maria de Fátima Silva Gouvêa, "Poder, autoridade e o Senado da Câmara do Rio de Janeiro ca. 1780-1820" (*Tempo*, Niterói, v. 7, n. 13, p. 112, 2002).

34. André João Antonil, *Cultura e opulência no Brasil por suas drogas e minas*. Belo Horizonte: Itatiaia; São Paulo: Edusp, 1982, cap. 10. Para Antonil, ver: Alice P. Canabrava, "João Antonio Andreoni e sua obra", em João Antonio Andreoni (Antonil), *Cultura e opulência do Brasil* (São Paulo: Companhia Editora Nacional, 1967); Alfredo Bosi, "Antonil ou as lágrimas da mercadoria", em Alfredo Bosi, *Dialética da colonização*, op. cit.

35. André João Antonil, *Cultura e opulência no Brasil por suas drogas e minas*, op. cit., cap. 10.

36. Para os possíveis interesses locais em jogo, ver: João Fragoso, Maria de Fátima Silva Gouvêa e Maria Fernanda Bicalho, "Uma leitura do Brasil colonial: Bases da materialidade e da governabilidade no império" (*Penélope*, Oeiras, n. 23, pp. 67-88, 2000); e João Fragoso, "A nobreza da República: Notas sobre a formação da primeira elite senhorial do Rio de Janeiro (séculos XVI e XVII)" (*Topoi*, Rio de Janeiro, v. 1, n. 1, p. 82, 2002).

37. Ver: Nuno G. Monteiro, "Poder senhorial, estatuto nobiliárquico e aristocracia", em António Manuel Hespanha (Org.), *O Antigo Regime 1620-1807*, op. cit.; e Maria Beatriz Nizza da Silva, *Ser nobre na colônia*, op. cit.

38. Para essa mistura entre o público e o privado, ver: Maria de Fátima Silva Gouvêa, Gabriel Almeida Frazão e Marília Nogueira dos Santos, *Redes de poder e conhecimento na governação do Império português (1688-1735)*, op. cit.; e João Fragoso, Maria de Fátima Silva Gouvêa, Maria Fernanda Bicalho, "Uma leitura do Brasil colonial: Bases da materialidade e da governabilidade no império" (*Penélope*, Oeiras, n. 23, pp. 67-88, 2000).

2. REPÚBLICAS À MODA DE VENEZA [pp. 45-82]

1. Para Pedro II e consolidação da dinastia Bragança, ver: Nuno Gonçalo Monteiro, "Pedro II regente e rei (1668-1706): A consolidação da dinastia de Bragança", em António Manuel Hespanha (Org.), *História de Portugal: O Antigo Regime* (Lisboa: Estampa, 1998), v. 4; e Francisco Carlos Cosentino, *Governadores gerais do Estado do Brasil (séculos XVI-XVII): Ofícios, regimentos, governação e trajetórias* (São Paulo: Annablume, 2009). Para a guerra de Reconquista, ver: Rui Ramos (Org.) *História de Portugal*. Lisboa: A Esfera dos Livros, 2009 (especialmente a segunda parte, capítulos IV, V e VI).

2. Para açúcar, ver: André João Antonil, *Cultura e opulência no Brasil por suas drogas e minas*, op. cit.; Stuart Schwartz, *Segredos internos: Engenhos e escravos na sociedade colonial* (São Paulo: Companhia das Letras, 1988); Charles R. Boxer, *O império marítimo português (1415-1825)* (Lisboa: Ed. 70, 2011, especialmente os caps. VI e VII). Para o ouro em Minas, ver: Sérgio Buarque de Holanda, "A mineração: Antecedentes luso-brasileiros", em id., *História geral da civilização brasileira: A época colonial* (São Paulo: Difusão Europeia do Livro, 1960), tomo I, v. 2; Charles R. Boxer, *A idade de ouro do Brasil: Dores de crescimento de uma sociedade colonial* (Rio de Janeiro: Nova Fronteira, 2000, especialmente o cap. II); Lucas Figueiredo, *Boa ventura! A corrida do ouro no Brasil (1697-1810)* (Rio de Janeiro: Record, 2011); e Lilia M. Schwarcz e Heloisa M. Starling, *Brasil: Uma biografia*, op. cit. (especialmente o cap. 4).

3. Ver: "Carta de d. João de Lencastro ao rei. Bahia, 7 de janeiro de 1701", em Orville A. Derby, "Os primeiros descobrimentos de ouro nos distritos de Sabará e Caeté" (*Revista do Instituto Histórico e Geográfico de São Paulo*, São Paulo, v. 5, 1889-1900); "Copia do papel que o sr. d. Joam

de Lancastro fez sobre a recadaçam dos quintos do ouro das minas que se descobrirão neste Brazil na era de 1701. Bahia, 12 janvier 1701", em André João Antonil, *Cultura e opulência do Brasil por suas drogas e minas: Texte de l'édition de 1711, traduction française et commentaire critique par Andrée Mansuy* (Paris: Institut des Hautes Études de l'Amérique Latine, 1965). (Devo a Adriana Romeiro a indicação sobre a localização da correspondência de João de Lencastro.)

4. Sobre o projeto de fechamento e controle das Minas concebido por João de Lencastro, ver: Adriana Romeiro, "O negócio das Minas", em id., *Paulistas e emboabas no coração das Minas: Ideias, práticas e imaginário político no século XVIII* (Belo Horizonte: Ed. UFMG, 2008). Para o Tripuí, ver: Diogo de Vasconcelos, *História antiga das Minas Gerais* (Belo Horizonte: Itatiaia, 1999), p. 123.

5. "Carta de d. João de Lencastro ao rei. Bahia, 7 de janeiro de 1701", op. cit., p. 290.

6. José Honório Rodrigues (Org.), *Documentos históricos da Biblioteca Nacional* (Rio de Janeiro: Biblioteca Nacional, 1928-55), v. 39, pp. 318 ss.

7. Para Pedro Hanequim, ver: Adriana Romeiro, *Um visionário na corte de d. João V: Revolta e milenarismo nas Minas Gerais* (Belo Horizonte: Ed. UFMG, 2001). Para o deslocamento desordenado para as Minas, ver: Lilia M. Schwarcz e Heloisa M. Starling, *Brasil: Uma biografia*, op. cit. (especialmente o cap. 4).

8. "Copia do papel que o sr. d. Joam de Lancastro fez sobre a recadaçam dos quintos do ouro das minas que se descobrirão neste Brazil na era de 1701", op. cit., p. 587.

9. Montesquieu (Barão de), *Do espírito das leis*, op. cit., livro II, cap. II.

10. Para Genebra, ver: George Rudé, *Europa en el siglo XVIII* (Madri: Alianza, 1978); e Michael Walzer, *The Revolution of the Saints: A Study of Radical Politics* (Nova York: Atheneum, 1972).

11. Para os Santos, ver: Michael Walzer, *The Revolution of the Saints: A Study of Radical Politics*, op. cit.; e John G. A. Pocock, *The Machiavellian Moment: Florentine Political Thought and the Atlantic Republic Tradition*, op. cit. (especialmente o cap. XI).

12. Ver: John Scott, *Commonwealth Principles: Republican Writing of the English Revolution* (Cambridge: Cambridge University Press, 2007).

13. Para o republicanismo inglês, ver: Quentin Skinner e Martin Van Gelderen (Orgs.), *Republicanism: A Share European Heritage*, op. cit.; John Scott, *Commonwealth Principles: Republican Writing of the English Revolution*, op. cit.; Alberto Ribeiro G. de Barros, *Republicanismo inglês: Uma teoria da liberdade* (São Paulo: Discurso, 2015). Para a Bíblia vernacular como elemento formador da cultura política inglesa no século XVII, ver: Christopher Hill, *A Bíblia inglesa e as revoluções do século XVII* (Rio de Janeiro: Civilização Brasileira, 2003).

14. Ver: John Scott, *Commonwealth Principles: Republican Writing of the English Revolution*, op. cit.

15. Ver: Id., *Algernon Sidney and the English Republic (1623-1677)* (Cambridge: Cambridge University Press, 1998).

16. Algernon Sidney, *Discourses Concerning Government* (Indianápolis: Liberty Foundation, 1996).

17. Para as milícias parlamentares e o New Model Army, ver: Christopher Hill, *O eleito de Deus: Oliver Cromwell e a Revolução Inglesa* (São Paulo: Companhia das Letras, 2001); e Antonia Fraser, *Oliver Cromwell: Uma vida* (Rio de Janeiro: Record, 2000, especialmente a parte 2).

18. Para os *English Commonwealths*, ver: John G. A. Pocock, *The Machiavellian Moment: Florentine Political Thought and the Atlantic Republic Tradition*, op. cit. (especialmente a terceira parte); John Scott, *Commonwealth Principles: Republican Writing of the English Revolution*, op. cit.; e Alberto Ribeiro G. de Barros, *Republicanismo inglês: Uma teoria da liberdade*, op. cit.

19. Para os Levellers, ver: Henry N. Brailsford, *The Levellers and the English Revolution* (Stanford: Stanford University Press, 1961); e Alberto Ribeiro G. de Barros, "Levellers e os direitos e liberdades constitucionais" (*Cadernos de Ética e Filosofia Política*, São Paulo, n. 17, pp. 7-20, 2º sem. 2010). Os panfletos dos Levellers foram organizados e publicados por Don Marion Wolfe (Org.), *Levellers Manifestoes of the Puritan Revolution* (Nova York: Thomas Nelson and Sons, 1949).

20. John Milton, "Defesa do povo inglês". In: Id., *Escritos políticos*. São Paulo: Martins Fontes, 2005. Para Milton, ver: Quentin Skinner, David Armitage e Armand Himy (Orgs.), *Milton and Republicanism* (Cambridge: Cambridge University Press, 1995); e Pedro Henrique Barbosa Montandon de Araújo, *Direito de resistência em John Milton* (Belo Horizonte: UFMG, 2016. Dissertação [Mestrado em História]).

21. Ver: John G. A. Pocock, *The Machiavellian Moment: Florentine Political Thought and the Atlantic Republic Tradition*, op. cit.; e Bernard Bailyn, *As origens ideológicas da Revolução Americana*, op. cit.

22. Para as possibilidades de associação entre "República" e "sedição" e seu uso, ver: Raphael Bluteau, *Vocabulario portuguez e latino*, op. cit.; Antonio de Moraes Silva, *Diccionario da lingua portugueza*, op. cit.; Francisco Solano Constâncio, *Novo diccionario crítico e etymologico da lingua portugueza*, op. cit.; *Le Dictionnaire de l'Académie Françoise dedié au roy* (Paris: Veuve de J. B. Coignard et J. B. Coignard, 1694); *Nouveau Dictionnaire de l'Académie Françoise* (Paris: J. B. Coignard, 1718); *Dictionnaire de l'Académie Françoise* (Paris: J. B. Coignard, Imprimeur Du Roy, & de l'Académie Françoise, 1740); *Dictionnaire de l'Académie Françoise* (Paris: Veuve de Bernard Brunet, Imprimeur de l'Académie Françoise, 1762); e *Dictionnaire de l'Académie Françoise, revu, corrigé et augmenté par l'Académie elle-même* (Paris: J. J. Smits et Ce., 1789).

23. Para os acontecimentos e as personagens que compõem a Guerra dos Mascates, ver: Evaldo Cabral de Mello, *A fronda dos mazombos: Nobres contra mascates, Pernambuco, 1666-1715*, op. cit.

24. Ver: Luciano Raposo de Almeida Figueiredo, *Revoltas, fiscalidade e identidade colonial na América portuguesa: Rio de Janeiro, Bahia e Minas Gerais, 1640-1761*, op. cit.

25. Para a disputa em capitanias como Rio de Janeiro e Bahia, ver, por exemplo: Maria Fernanda Bicalho, *A cidade e o império: O Rio de Janeiro no século XVIII*, op. cit. (especialmente o cap. 12); e "Poder local e autonomia camarária no Antigo Regime: o Senado da Câmara da Bahia (século XVIII)", em Maria Fernanda Bicalho e Vera Lúcia Amaral Ferlini, *Modos de governar: Ideias e práticas políticas no império português*, op. cit.

26. Para essa crônica de antagonismos que remonta às últimas décadas do século XVII, ver: Evaldo Cabral de Mello, *A fronda dos mazombos: Nobres contra mascates, Pernambuco, 1666-1715*, op. cit. (especialmente o cap. 4). Para as perdas territoriais de Olinda, ver: Denis Antônio de Mendonça Bernardes, *O patriotismo constitucional: Pernambuco, 1820-1822* (São Paulo; Hucitec; Recife: UFPE, 2006), p. 30. Para os procedimentos da autodenominação de "nobreza da terra"

pela elite açucareira pernambucana e suas disputas para determinar pureza de sangue, ver: Evaldo Cabral de Mello, *Rubro veio: O imaginário da restauração pernambucana*, op. cit.

27. Para os membros do grupo, ver: Joaquim Dias Martins, *Os martires pernambucanos, victimas da liberdade nas duas revoluções ensaiadas em 1710 e 1817* (Recife: Typ. de F. C. de Lemos e Silva, 1853); e Evaldo Cabral de Mello, *A fronda dos mazombos: Nobres contra mascates, Pernambuco, 1666-1715*, op. cit.

28. "Revoluções e levantes de Pernambuco no ano de 1710 e 1711". Rio de Janeiro, IHGB, lata 73, documento 9. Ver também: Evaldo Cabral de Mello, *A fronda dos mazombos: Nobres contra mascates, Pernambuco, 1666-1715*, op. cit.

29. Para o episódio do banquete, ver: Evaldo Cabral de Mello, *A fronda dos mazombos: Nobres contra mascates, Pernambuco, 1666-1715*, op. cit., p. 319.

30. Joaquim Dias Martins, *Os martires pernambucanos, victimas da liberdade nas duas revoluções ensaiadas em 1710 e 1817*, op. cit., pp. 272-3. Para a Assembleia de Olinda e a inspiração republicana dos líderes de 1710, ver: Evaldo Cabral de Mello, *A fronda dos mazombos: Nobres contra mascates, Pernambuco, 1666-1715*, op. cit., pp. 307 ss.

31. Para resistência dos rebeldes, ver: Evaldo Cabral de Mello, *A fronda dos mazombos: Nobres contra mascates, Pernambuco, 1666-1715*, op. cit. Para Du Clerc e o perigo francês, ver: Jean Marcel Carvalho França e Sheila Hue, *Piratas no Brasil* (São Paulo: Globo, 2014, especialmente pp. 89 ss.); e Evaldo Cabral de Mello, *A fronda dos mazombos: Nobres contra mascates, Pernambuco, 1666-1715*, op. cit.

32. Para o desembarque em Pernambuco de ideias originárias da matriz da tradição republicana italiana do Renascimento e sobre a inspiração no "mito de Veneza" durante a sedição de 1710, ver: Evaldo Cabral de Mello, "O mito de Veneza no Brasil", em id., *Um imenso Portugal: História e historiografia* (São Paulo: Ed. 34, 2002).

33. Para a importância do "mito de Veneza" na tradição republicana, ver: John G. A. Pocock, *The Machiavellian Moment: Florentine Political Thought and the Atlantic Republic Tradition*, op. cit. (especialmente a segunda parte). Para o debate entre *governo stretto* ou *governo largo*, ver: Nicolau Maquiavel, *Discursos sobre a primeira década de Tito Lívio*, op. cit. (especialmente o livro primeiro). Para definir o modelo constitucional de Veneza como *governo largo*, ver: Francesco Guicciardini, *Dialogue on the Government of Florence* (Cambridge: Cambridge University Press, 1994); e Gabriel Pancera, *Maquiavel entre repúblicas* (Belo Horizonte: Ed. UFMG, 2010). Para uma descrição das instituições da República de Veneza, ver: Daniel Waley, *The Italian City-Republics* (Londres: Routledge, 2013); e Newton Bignotto, "Uma república aristocrática: O discurso de Logrogno", em id., *Republicanismo e realismo: Um perfil de Francesco Guicciardini* (Belo Horizonte: Ed. UFMG, 2006). Para provimento dos cargos políticos e metodologia de resolução dos conflitos nas repúblicas italianas, ver: Yves Sintomer, *O poder ao povo: Júris de cidadãos, sorteio e democracia participativa* (Belo Horizonte: Ed. UFMG, 2010, especialmente o cap. 2).

34. Ver: Evaldo Cabral de Mello, *A fronda dos mazombos: Nobres contra mascates, Pernambuco, 1666-1715*, op. cit.; e João Fragoso, Maria de Fátima Silva Gouvêa e Maria Fernanda Bicalho, "Uma leitura do Brasil colonial: Bases da materialidade e da governabilidade no império" (*Penélope*, Oeiras, n. 23, pp. 67-88, 2000).

35. Para "juiz do povo" ver: Joel Serrão (Org.), *Dicionário de história de Portugal* (Porto: Fi-

gueirinha, 1985), v. 3. Para as possibilidades de negociação entre as duas facções, ver: Evaldo Cabral de Mello, *A fronda dos mazombos: Nobres contra mascates, Pernambuco, 1666-1715*, op. cit.

36. Ver: Evaldo Cabral de Mello, "O acerto de contas", em id., *A fronda dos mazombos: Nobres contra mascates, Pernambuco, 1666-1715*, op. cit. (Devo a Evaldo Cabral de Mello a confirmação da fuga de grupos de sediciosos pernambucanos para a região das Minas.); e Joaquim Dias Martins, *Os martires pernambucanos, victimas da liberdade nas duas revoluções ensaiadas em 1710 e 1817*, op. cit. Para o levante dos mascates, ver: Evaldo Cabral de Mello, *A fronda dos mazombos: Nobres contra mascates, Pernambuco, 1666-1715*, op. cit. (especialmente os caps. 7 e 8).

37. "Informações sobre as minas do Brasil". *Anais da Biblioteca Nacional do Rio de Janeiro*. Rio de Janeiro: Serviço Gráfico do Ministério da Educação, 1939, v. LVII, p. 173. Para os caminhos de entrada nas Minas, ver: Lilia M. Schwarcz e Heloisa M. Starling, *Brasil: Uma biografia*, op. cit. (especialmente o cap. 4).

38. Raymundo Faoro, *Os donos do poder*, op. cit., p. 154.

39. *Discurso histórico e político sobre a sublevação que nas Minas houve no ano de 1720* (Belo Horizonte: Fundação João Pinheiro; Centro de Estudos Históricos e Culturais, 1994), p. 59.

40. Para autoria do *Discurso*, ver: Laura de Mello e Souza, "Estudo crítico", em *Discurso histórico e político sobre a sublevação que nas Minas houve no ano de 1720*, op. cit. Devo aos professores Caio César Boshi, Rodrigo Bentes Monteiro, Márcia Almada, Júnia Furtado, David Martín Marcos e Marco Antonio Silveira as informações sobre a história do manuscrito do *Discurso histórico e político* apresentadas durante o Seminário "Novos estudos sobre o manuscrito atribuído a Pedro Miguel de Almeida Portugal, 3º conde de Assumar" (Belo Horizonte, PUC Minas, 29 nov. 2016). Para o *Discurso*, ver também: Rodrigo Bentes Monteiro, "O códice da revolta" (*Estado de Minas*, 21 abr. 2017. Caderno Pensar, pp. 2 e 3).

41. Ver: "Termo que se fez sobre a proposta do povo de Vila Rica na ocasião em que veio amotinado a Vila do Carmo, 2 de julho de 1720". Arquivo Público Mineiro. Seção Colonial, Códice SC 06, fl. 95-7. Para revoltas na América portuguesa, ver: Luciano Raposo de Almeida Figueiredo, *Revoltas, fiscalidade e identidade colonial na América portuguesa: Rio de Janeiro, Bahia e Minas Gerais, 1640-1761*, op. cit.; Laura de Mello e Souza, "Motines, revueltas y revoluciones en la América portuguesa de los siglos XVII y XVIII", em Jorge Hidalgo Lehuedé (Org.), *Historia general de América Latina* (Madri: Trotta, 2000), v. IV; e Lilia M. Schwarcz e Heloisa M. Starling, *Brasil: Uma biografia*, op. cit. (especialmente o cap. 4). Para as rebeliões ocorridas nas Minas durante a primeira metade do século XVIII, ver: Carla Maria Junho Anastasia, *Vassalos rebeldes: Violência coletiva nas Minas na primeira metade do século XVIII* (Belo Horizonte: C/Arte, 2012). Para Catas Altas e Pitangui, ver: Vagner da Silva Cunha, *A "Rochela" das Minas de Ouro? Paulistas na vila de Pitangui (1709-1721)* (Belo Horizonte: UFMG, 2009. Dissertação [Mestrado em História]). Para a Sedição de Vila Rica, ver: Feu de Carvalho, *Ementário da história mineira: Felipe dos Santos Freire na Sedição de Villa Rica em 1720* (Belo Horizonte: Edições Históricas, 1933); Diogo de Vasconcelos, *História antiga das Minas Gerais*, op. cit.; e Alexandre Torres Fonseca, "A revolta de Felipe dos Santos", em Maria Efigênia Lage de Resende e Luiz Carlos Villalta (Orgs.), *História de Minas Gerais: As Minas setecentistas* (Belo Horizonte: Autêntica, 2007), v. 1. Para os dragões, ver: Francis Albert Cotta, *Matrizes do sistema policial brasileiro* (Belo Horizonte: Crisálida, 2012, especialmente o cap. 5).

42. Ver: *Discurso histórico e político sobre a sublevação que nas Minas houve no ano de 1720*, op. cit.

43. A lenda virou poesia nos versos do *Romanceiro da Inconfidência*, de Cecília Meireles: "Dorme, meu menino, dorme,/ que o mundo vai se acabar./ Vieram cavalos de fogo:/ são do conde de Assumar./ Pelo arraial de Ouro Podre,/ começa o incêndio a lavrar". Cecília Meireles, "Romance v ou Da destruição de Ouro Podre". In: Id., *Romanceiro da Inconfidência* (Rio de Janeiro: Nova Fronteira, 1989), p. 53.

44. "Carta de d. Pedro Miguel de Almeida a Manuel de Mendonça e Lima Corte Real, 23 de março de 1721". Arquivo Público Mineiro. Seção Colonial, Códice SC 13, fl. 27.

45. "Carta de d. Pedro Miguel de Almeida a Ayres de Saldanha Albuquerque e Noronha, 10 de abril de 1721". Arquivo Público Mineiro. Seção Colonial, Códice SC 11, fl. 259.

46. *Discurso histórico e político sobre a sublevação que nas Minas houve no ano de 1720*, op. cit., p. 59.

47. Raphael Bluteau, *Vocabulario portuguez e latino*, op. cit.; Pascoal José de Melo Freire, *Codigo criminal intentado pela rainha d. Maria I* (Lisboa: Typographo Simão Thaddeo Ferreira, 1823, título XVI e XVII).

48. *Discurso histórico e político sobre a sublevação que nas Minas houve no ano de 1720*, op. cit., pp. 63-4.

49. Ibid., p. 64.

50. Para o "mau vassalo", ver: Stuart Schwartz, *Segredos internos: Engenhos e escravos na sociedade colonial*, op. cit.

51. *Discurso histórico e político sobre a sublevação que nas Minas houve no ano de 1720*, op. cit., p. 61.

52. Ibid., p. 68.

53. Para a biblioteca do conde de Assumar, ver: Manuel Arthur Norton, *D. Pedro Miguel de Almeida Portugal* (Lisboa: Agência Geral do Ultramar, 1967), Anexo 2.

54. Ibid. Ver também: Françoise Charles-Daubert, "Le Libertinage érudit et le problème du conservatisme politique", em Henri Mechoulan (Org.), *L'État baroque 1610-1652: Regards sur la pensée politique de la France du premier XVII siècle* (Paris: Vrin, 1985).

55. Ver: Sérgio Cardoso, "A matriz romana", em Newton Bignotto (Org.), *Matrizes do republicanismo*, op. cit. Ver também: Kurt von Fritz, *The Theory of the Mixed Constitution in Antiquity: A Critical Analysis of Polybius' Political Ideas* (Nova York: Columbia University Press, 1954).

56. Políbio, *História* (Brasília: Ed. UnB, 1985), VI, 10, 3.

57. *Discurso histórico e político sobre a sublevação que nas Minas houve no ano de 1720*, op. cit., p. 64.

58. Ibid., p. 67.

59. Ibid., p. 71.

60. Ibid.

61. Feu de Carvalho, *Ementário da história mineira: Felipe dos Santos Freire na Sedição de Villa Rica em 1720*, op. cit., pp. 176-7.

62. Para a Casa dos Vinte e Quatro, em Portugal, ver: Joel Serrão (Org.), *Dicionário de história de Portugal*, op. cit., v. 3.

63. Para a estrutura social de Minas, ver: Marco Antonio Silveira, *O universo do indistinto:*

Estado e sociedade nas Minas setecentistas (1735-1808) (São Paulo: Hucitec, 1997); Roberta Giannubilo Stumpf, *Os cavaleiros do ouro e outras trajetórias nobilitantes nas Minas setecentistas*, op. cit. (especialmente o cap. 2); e Laura de Mello e Souza, *Desclassificados do ouro: A pobreza mineira no século XVIII* (Rio de Janeiro: Graal, 1982).

64. "Carta de frade Cristóbal, bispo do Rio da Prata, ao papa Urbano VIII, 30 de setembro de 1637". Citada em John Manuel Monteiro, "Os caminhos da memória: Paulistas no Códice Costa Matoso" (*Varia Historia*, Belo Horizonte, n. 21, p. 95, jul. 1999, número especial Códice Costa Matoso). Para os jesuítas, ver: John Manuel Monteiro, "Os caminhos da memória: Paulistas no Códice Costa Matoso", op. cit. Para o sertanismo paulista e seus desdobramentos, ver: Sérgio Buarque de Holanda, *Caminhos e fronteiras* (São Paulo: Companhia das Letras, 1994).

65. Joseph Vaissette, "Histoire géographique, ecclésiatique et civile". In: Frei Gaspar da Madre de Deus, *Memória para a história da capitania de São Vicente* (Belo Horizonte: Itatiaia; São Paulo: Edusp, 1975), p. 130.

66. François Froger, *Relation d'un voyage fait en 1695, 1696 et 1697 aux côtes d'Afrique, détroit de Magellan, Brésil, Cayenne et Isles Antilles*. Amsterdam: Chez les Héritiers, 1699. In: Jean Marcel Carvalho França, *Visões do Rio de Janeiro colonial: Antologia de textos (1531-1800)* (Rio de Janeiro: José Olympio, 1999), p. 54.

67. "Relatório do governador Antônio Paes de Sande em que indica as causas do malogro das pesquisas das minas do Sul e propõe o alvitre para se obter de uma maneira segura o seu descobrimento". *Anais da Biblioteca Nacional*. Rio de Janeiro: Biblioteca Nacional, 1917, v. 39, pp. 197 ss.

68. Ibid.

69. "Carta de d. João de Lencastro ao rei. Bahia, 7 de janeiro de 1701", op. cit., p. 291.

70. Affonso d'Escragnolle Taunay, *História das bandeiras paulistas* (São Paulo: Melhoramentos, 1975), tomo 1, p. 194.

71. Para o levante emboaba, ver: Adriana Romeiro, *Paulistas e emboabas no coração das Minas: Ideias, práticas e imaginário político no século XVIII*, op. cit. Ver também: Francisco Eduardo de Andrade, *A invenção das Minas Gerais: Empresas, descobrimentos e entradas nos sertões do ouro da América portuguesa* (Belo Horizonte: Autêntica, 2008).

72. Esse aspecto é apontado por Evaldo Cabral de Mello para análise comparativa entre o levante emboaba e a Sedição de Olinda, em 1710. Evaldo Cabral de Mello, *A fronda dos mazombos: Nobres contra mascates, Pernambuco, 1666-1715*, op. cit., pp. 358-9.

73. Para os procedimentos de acomodação dos paulistas com a Coroa, ver: Adriana Romeiro, *Paulistas e emboabas no coração das Minas: Ideias, práticas e imaginário político no século XVIII*, op. cit.

74. "Carta de Antônio Tinoco Barcelos para Gomes Freire de Andrade, 29 de julho de 1736". Arquivo Público Mineiro. Seção Colonial, Códice SG 54, fl. 56-7. (Devo a Carla Anastasia a indicação da correspondência do governador Martinho de Mendonça.) Para os Motins do Sertão, ver: Luciano Raposo de Almeida Figueiredo, *Revoltas, fiscalidade e identidade colonial na América portuguesa: Rio de Janeiro, Bahia e Minas Gerais, 1640-1761*, op. cit. (especialmente o cap. 3); Diogo de Vasconcelos, *História média de Minas Gerais* (Belo Horizonte: Itatiaia, 1974); e Carla Maria Junho Anastasia, *Vassalos rebeldes: Violência coletiva nas Minas na primeira metade do século XVIII*, op. cit. (especialmente o cap. 3). Para a tributação nas Minas e o sistema de capitação,

ver: Diogo de Vasconcelos, *História média de Minas Gerais*, op. cit.; Charles R. Boxer, *A idade do ouro do Brasil: Dores de crescimento de uma sociedade colonial*, op. cit.

75. "Carta do governador Martinho de Mendonça para Gomes Freire de Andrade, 23 de julho de 1736". Arquivo Público Mineiro. Seção Colonial, Códice SG 55, fl. 91-2.

76. "Carta do governador Martinho de Mendonça para o secretário de Estado Antônio Guedes Pereira, 17 de outubro de 1737". *Revista do Arquivo Público Mineiro*, Belo Horizonte, v. 1, p. 662, 1896.

3. A REPÚBLICA DOS LETRADOS [pp. 83-118]

1. Para Gonzaga preparando-se para ouvir a missa, ver: Eduardo Frieiro, *O diabo na livraria do cônego* (São Paulo: Edusp; Belo Horizonte: Itatiaia, 1981). Para a importância do ritual da missa, ver: José Pedro Paiva, "Etiqueta e cerimônias públicas na esfera da Igreja (séculos XVII--XVIII)", em István Jancsó e Iris Kantor, *Festa: Cultura e sociabilidade na América portuguesa* (São Paulo: Hucitec; Edusp; Imprensa Oficial, 2001), v. 1. Para as peças do guarda-roupa, ver: "Translado dos Autos de sequestro de bens feitos ao desembargador Thomaz Antonio Gonzaga", em *Autos da Devassa da Inconfidência Mineira* (Brasília: Câmara dos Deputados; Belo Horizonte: Imprensa Oficial de Minas Gerais, 1982). Para o perfil biográfico de Gonzaga, ver: Adelto Gonçalves, *Gonzaga, um poeta do Iluminismo* (Rio de Janeiro: Nova Fronteira, 1999); e Alberto da Costa e Silva, "Sobre Tomás Antônio Gonzaga", em id., *Das mãos do oleiro: Aproximações* (Rio de Janeiro: Nova Fronteira, 2011).

2. Para Vila Rica, ver: José Joaquim da Rocha, *Geografia histórica da capitania de Minas Gerais: Descrição geográfica, topográfica, histórica e política da capitania de Minas Gerais. Memória histórica da capitania de Minas Gerais* (Belo Horizonte: Fundação João Pinheiro; Centro de Estudos Históricos e Culturais, 1995); Cláudia Damasceno Fonseca, *Arraiais e vilas d'El Rei: Espaço e poder nas Minas setecentistas* (Belo Horizonte: Ed. UFMG, 2011); Lilia M. Schwarcz e Heloisa M. Starling, *Brasil: Uma biografia*, op. cit. (especialmente o cap. 5); Lucas Figueiredo, *Boa ventura! A corrida do ouro no Brasil (1697-1810)*, op. cit.; Manuel Bandeira, *Guia de Ouro Preto* (Rio de Janeiro: Ediouro, 2000); e Lúcia Machado de Almeida, *Passeio a Ouro Preto* (Belo Horizonte: Ed. UFMG, 2011).

3. Para uma "sociedade de pensamento" nas Minas, ver: Júnia Ferreira Furtado e Heloisa Murgel Starling, "República e sedição na Inconfidência Mineira: Leituras do *Recueil* por uma sociedade de pensamento", em Kenneth Maxwell (Coord.), *O livro de Tiradentes: Transmissão atlântica de ideias políticas no século XVIII*, op. cit. Para o grupo de letrados, ver: Adelto Gonçalves, *Gonzaga, um poeta do Iluminismo*, op. cit.; Júnia F. Furtado, "Sedição, heresia e rebelião nos trópicos: A biblioteca do naturalista José Vieira Couto", em Eliana Freitas Dutra e Jean-Yves Mollier (Orgs.), *Política, nação e edição: O lugar dos impressos na construção da vida política — Brasil, Europa e Américas nos séculos XVIII-XX* (São Paulo: Annablume, 2006); Márcio Jardim, *A Inconfidência Mineira: Uma síntese factual* (Rio de Janeiro: Biblioteca do Exército, 1989); e Lilia M. Schwarcz e Heloisa M. Starling, *Brasil: Uma biografia*, op. cit. (especialmente o cap. 5).

4. Para Macedo, ver: Tarquínio J. B. de Oliveira, *Um banqueiro na Inconfidência: Ensaio biográfico sobre João Roiz de Macedo, arrematante de rendas tributárias no último quartel do século XVIII* (Ouro Preto: Casa dos Contos; Centro de Estudos do Ciclo do Ouro, 1978).

5. Para a Arcádia Ultramarina e a Arcádia Romana, ver: Sérgio Buarque de Holanda, *Capítulos de literatura colonial* (São Paulo: Brasiliense, 2000); Antonio Candido, "Os ultramarinos", em id., *Vários escritos* (São Paulo: Duas Cidades; Rio de Janeiro: Ouro sobre Azul, 2004); e M. Rodrigues Lapa, "O enigma da Arcádia Ultramarina aclarado por uma ode de Seixas Brandão" (*Minas Gerais*, Belo Horizonte, n. 174, 22 dez. 1969. Suplemento Literário, p. 2).

6. Sérgio Buarque de Holanda, *Capítulos de literatura colonial*, op. cit., p. 242. Para a Academia Brasílica dos Renascidos, ver: Iris Kantor, *Esquecidos e renascidos: Historiografia acadêmica luso-americana (1724-1759)* (São Paulo: Hucitec; Salvador: Centro de Estudos Baianos; UFBA, 2004).

7. A expressão de Alberto Faria está em "Acendalhas", citada em Antonio Candido, "Os ultramarinos", em id., *Vários escritos*, op. cit., p. 155.

8. Para o termo "República literária" e seu uso na Europa, ver: Marc Fumaroli, *L'Âge de l'éloquence: Rhétorique et "res literaria" de la Renaissance au seuil de l'époque classique* (Genebra: Droz, 2002); Hannah Arendt, *Da revolução* (São Paulo: Ática; Brasília: Ed. UnB, 1998, especialmente o cap. 3). Na Espanha a expressão está incluída na edição de 1737 do *Diccionario de autoridades*. Em Portugal, aparece no *Diccionario* de Moraes, na edição de 1823. Ver: Pierre Bayle, *Dictionnaire historique et critique* (New Haven: The Yale University Photographic Services, 1983, edição microfilmada da terceira edição de 1720, publicada originalmente em Rotterdam, por Michel Bohm Editores, em 4 v.); *Diccionario de autoridades. Real Academia Española* (Madri: Gredos, 1963), 3 v.; e Antonio de Moraes Silva, *Diccionario da lingua portuguesa* (Lisboa: Typographia de M. P. de Lacerda, 1823), 2 v.

9. Para esse cariz igualitário sustentado no mérito, ver: Sérgio Alcides, *Estes penhascos: Cláudio Manuel da Costa e a paisagem das Minas* (São Paulo: Hucitec, 2003, especialmente o cap. 1); Marc Fumaroli, *La République des Lettres* (Paris: Gallimard, 2015); e Daniel Roche, *Le Siècle des Lumières en province: Académies et académiciens provinciaux (1680-1789)* (Paris: La Haye Mouton, 1978), 2 v.

10. Para as características da sociedade mineira colonial, ver: Marco Antonio Silveira, *O universo do indistinto: Estado e sociedade nas Minas setecentistas (1735-1808)*, op. cit.; e Roberta Giannubilo Stumpf, *Os cavaleiros do ouro e outras trajetórias nobilitantes nas Minas setecentistas*, op. cit. (especialmente o cap. 2). Para a origem social e a formação da elite letrada das Minas, ver: Virgínia Trindade Valadares, *Elites mineiras setecentistas: Conjugação de dois mundos* (Lisboa: Colibri; Instituto de Cultura Ibero-Atlântica, 2004).

11. Ver: Políbio, *História*, op. cit., VI, 5; Marco Túlio Cícero, *De Re Publica*, op. cit., livro II, p. 69.

12. Para a teia de relações sociais e de interesses que moveu a Conjuração Mineira, ver: Kenneth Maxwell, *A devassa da Devassa: A Inconfidência Mineira — Brasil e Portugal (1750-1808)* (São Paulo: Paz e Terra, 2009). Para o tipo especial de propriedade da terra na capitania das Minas, ver: Roberto Simonsen, *História econômica do Brasil (1500-1820)* (Brasília: Senado Federal, Secretaria Especial de Editoração e Publicação, 2005); José Newton C. Meneses, "Além do ouro: Para compreender a economia agropastoril mineira do período colonial" (*Cronos: Revista de História*, Pedro Leopoldo, n. 2, v. 2, pp. 7-20, 2000). Para os contratadores, ver: Júnia Ferreira Furtado, *O livro da capa verde: O Regimento Diamantino e a vida no Distrito Diamantino no período da Real Extração* (São Paulo: Annablume, 1996).

13. Tomás Antônio Gonzaga, *Marília de Dirceu*. In: Domício Proença Filho (Org.), *A poesia dos inconfidentes: Poesia completa de Cláudio Manuel da Costa, Tomás Antônio Gonzaga e Alvarenga Peixoto* (Rio de Janeiro: Nova Aguilar, 1996, "Parte III, Lira V"), p. 689.

14. Ver: Léon Ingber, "La Tradition de Grotius: Les droits de l'homme et le droit naturel à l'époque contemporaine" (*Cahiers de Philosophie Politique et Juridique*, Paris, n. 11, 1988); Samuel Pufendorf, *Os deveres do homem e do cidadão de acordo com as leis do direito natural* (Rio de Janeiro: Topbooks, 2007); John Locke, *Segundo tratado do governo* (São Paulo: Abril Cultural, 1973); e Lynn Hunt, *A invenção dos direitos humanos: Uma história* (São Paulo: Companhia das Letras, 2009, especialmente o cap. 3).

15. Para o ambiente intelectual português, ver: Virgínia Trindade Valadares, *Elites mineiras setecentistas: Conjugação de dois mundos*, op. cit.; Caio César Boschi, "A Universidade de Coimbra e a formação intelectual das elites mineiras coloniais", em id., *Achegas à história de Minas Gerais (século XVIII)* (Porto: Universidade Portucalense Infante d. Henrique, 1994). Para censura, ver: José Timóteo da Silva Bastos, *História da censura intelectual em Portugal: Ensaio sobre a compreensão do pensamento português* (Lisboa: Moraes, 1983); e Luiz Carlos Villalta, *Usos do livro no mundo luso-brasileiro sob as Luzes: Reformas, censura e contestações* (Belo Horizonte: Fino Traço, 2015).

16. Tomás Antônio Gonzaga, *Tratado de direito natural*. In: Id., *Obras completas de Tomás Antônio Gonzaga* (São Paulo: Companhia Editora Nacional, 1942). Para o argumento da adesão irrestrita de Gonzaga a uma perspectiva teológica e de que seu texto seria discrepante em relação às novas orientações de seu tempo, ver: Ronald Polito, *Um coração maior que o mundo: Tomás Antônio Gonzaga e o horizonte luso-colonial* (São Paulo: Globo, 2004).

17. Para a ausência de oportunidade dos letrados e a alternativa de se tornarem colaboradores do Estado português, ver: Roberta Giannubilo Stumpf, *Filhos das Minas, americanos e portugueses: Identidades coletivas na capitania de Minas Gerais (1763-1792)* (São Paulo: Hucitec, 2010); Francisco José Calazans Falcon, *A época pombalina: Política econômica e monarquia ilustrada* (São Paulo: Ática, 1982); e Kenneth Maxwell, *Marquês de Pombal: Paradoxo do Iluminismo* (Rio de Janeiro: Paz e Terra, 1996). Para as opções de Gonzaga, ver: Adelto Gonçalves, *Gonzaga, um poeta do Iluminismo*, op. cit.

18. Tomás Antônio Gonzaga, *Tratado de direito natural*. In: Id., *Obras completas de Tomás Antônio Gonzaga*, op. cit., p. 500.

19. Ibid. pp. 500 e 515.

20. A expressão é de Starobinski para definir a prática da adulação. Ver: Jean Starobinski, "Sobre a adulação", em id., *As máscaras da civilização: Ensaios* (São Paulo: Companhia das Letras, 2001), p. 67.

21. Tomás Antônio Gonzaga, *Tratado de direito natural*. In: Id., *Obras completas de Tomás Antônio Gonzaga*, op. cit., pp. 492-3. Para uma escrita pela via oblíqua, ver: Miguel Abensour, *O novo espírito utópico* (Campinas: Ed. da Unicamp, 1990). (Devo a Wilkie Buzatti a sugestão da via oblíqua para compreender o texto de Gonzaga.)

22. Para a noção de *philia*, ver: Jean-Claude Fraisse, *Philia: La notion d'amitié dans la philosophie antique — essai sur un problème perdu et retrouvé* (Paris: Vrin, 1984); e Barbara Cassin, Nicole Loraux e Catherine Peschanski, *Gregos, bárbaros, estrangeiros: A cidade e seus outros* (Rio de Janeiro: Ed. 34, 1993).

23. Para o fundamento romano da excelência e a introdução dos limites da *amicitia* na relação com a República romana, ver: Marco Túlio Cícero, *Lelio ou De Amicitia* (São Paulo: Cultrix, 1964); e Claude Nicolet, *The World of the Citizen in Republican Rome* (Berkeley: University of California Press, 1980).

24. Para a sobrevivência das ideias republicanas na Europa em meados do século XVIII, no plano dos costumes e da moral, ver: Franco Venturi, *Utopia e reforma no Iluminismo* (Bauru: Edusc, 2003), pp. 139 ss. Para as diferentes formas de amizade próprias ao século XVIII, ver: Anne Buffault-Vincent, *Da amizade: Uma história do exercício da amizade nos séculos XVIII e XIX* (Rio de Janeiro: Jorge Zahar, 1996); e Maurice Aymard, "Amizade e convivialidade", em Philippe Ariès e Roger Chartier (Orgs.), *História da vida privada: Da Renascença ao século das Luzes* (São Paulo: Companhia das Letras, 1991), v. 3.

25. Ver: Louis-Antoine de Saint-Just, *Théorie politique* (Paris: Seuil, 1976); e Adam Smith, *Teoria dos sentimentos morais* (São Paulo: Martins Fontes, 1999, especialmente a parte I).

26. Para o elemento político da amizade inerente ao diálogo entre amigos, ver: Hannah Arendt, "Filosofia e política", em *A dignidade da política: Ensaios e conferências* (Rio de Janeiro: Relume Dumará, 1993).

27. Para o padrão dessa sociabilidade literária nas Minas que extravasou das preocupações estéticas para as políticas, ver: Antonio Candido, "Os ultramarinos", em id., *Vários escritos*, op. cit. Ver também: Antonio Candido, *Formação da literatura brasileira: Momentos decisivos* (Rio de Janeiro: Ouro sobre Azul, 2006, especialmente os caps. II, II, IV e VII). Para uma descrição dos serões a partir dos depoimentos que constam dos *Autos da Devassa da Inconfidência Mineira*, ver: Márcio Jardim, *A Inconfidência Mineira: Uma síntese factual*, op. cit.; e Lúcio José dos Santos, *A Inconfidência Mineira: Papel de Tiradentes* (Belo Horizonte: Imprensa Oficial, 1972). Para uma descrição que inclui outras fontes documentais, ver: Adelto Gonçalves, *Gonzaga, um poeta do Iluminismo*, op. cit.

28. Para o sentido político da arte de avaliar, ver: Reinhart Koselleck, *Crítica e crise: Uma contribuição à patogênese do mundo burguês*, op. cit. (especialmente os caps. I e II).

29. Para o humanismo cívico ver: Hans Baron, *The Crisis of the Early Italian Renaissance* (Princeton: Princeton University Press, 1966); e Newton Bignotto, *Origens do republicanismo moderno* (Belo Horizonte: Ed. UFMG, 2001). Para o contexto de Florença, ver: Daniel Waley, *The Italian City-Republics*, op. cit.; e Quentin Skinner, *As fundações do pensamento político moderno*, op. cit. (especialmente a parte 2).

30. Para o valor da *vita activa* associado à matriz renascentista italiana da tradição do republicanismo, ver: Newton Bignotto, *Origens do republicanismo moderno*, op. cit.; Helton Adverse, "A matriz italiana", em Newton Bignotto (Org.), *Matrizes do republicanismo*, op. cit.; e John G. A. Pocock, *The Machiavellian Moment: Florentine Political Thought and the Atlantic Republic Tradition*, op. cit. (especialmente a primeira parte, cap. III).

31. Francesco Petrarca, *Familiarium Rerum*. In: Newton Bignotto, *Origens do republicanismo moderno*, op. cit. (Anexos). Para a importância do pensamento de Petrarca na formação das origens do humanismo cívico e sobre a sua contribuição na definição do conceito de *vita activa*, ver: Newton Bignotto, *Origens do republicanismo moderno*, op. cit.; e Helton Adverse, "A matriz italiana", em Newton Bignotto (Org.), *Matrizes do republicanismo*, op. cit.

32. Para a formação da sensibilidade poética de Cláudio Manuel da Costa, sua raiz renascentista e sua ancoragem na leitura de Petrarca, ver: Sérgio Buarque de Holanda, *Capítulos de literatura colonial*, op. cit.; Sérgio Alcides, *Estes penhascos: Cláudio Manuel da Costa e a paisagem das Minas*, op. cit.; e Antonio Candido, *Formação da literatura brasileira: Momentos decisivos*, op. cit. (especialmente o cap. II).

33. Para os letrados, ver: Júnia Ferreira Furtado, "Sedição, heresia e rebelião nos trópicos: A biblioteca do naturalista José Vieira Couto", em Eliana de Freitas Dutra e Jean-Yves Mollier (Orgs.), *Política, nação e edição: O lugar dos impressos na construção da vida política — Brasil, Europa e Américas nos séculos XVIII-XX*, op. cit.; id., "Um cartógrafo rebelde? Joaquim José da Rocha e a cartografia de Minas Gerais" (*Anais do Museu Paulista*, São Paulo, v. 17, n. 2, jul./dez. 2009); e Márcio Jardim, *A Inconfidência Mineira: Uma síntese factual*, op. cit. (especialmente o cap. 4).

34. Para *Memórias*, ver: José Joaquim Rocha, *Geografia histórica da capitania de Minas Gerais: Descrição geográfica, topográfica, histórica e política da capitania de Minas Gerais. Memória histórica da capitania de Minas Gerais*, op. cit.; e José Vieira Couto, *Memória sobre a capitania de Minas Gerais: Seu território, clima e produções metálicas* (Belo Horizonte: Fundação João Pinheiro; Centro de Estudos Históricos e Culturais, 1994).

35. Para o projeto de Pombal de cooptação das elites locais, ver especialmente: Roberta Giannubilo Stumpf, *Filhos das Minas, americanos e portugueses: Identidades coletivas na capitania de Minas Gerais (1763-1792)*, op. cit., pp. 166 ss. Ver também: Francisco José Calazans Falcon, *A época pombalina: Política econômica e monarquia ilustrada*, op. cit. Para os efeitos desse projeto na prática política da elite das Minas, ver: Júnia Ferreira Furtado, *O livro da capa verde: O Regimento Diamantino e a vida no Distrito Diamantino no período da Real Extração*, op. cit.

36. A evocação da partida retoma o soneto de Cláudio Manuel da Costa. Ver: Sérgio Alcides, *Estes penhascos: Cláudio Manuel da Costa e a paisagem das Minas*, op. cit., p. 139; e Cláudio Manuel da Costa, "Soneto LXXVI", em Domício Proença Filho (Org.), *A poesia dos inconfidentes: Poesia completa de Cláudio Manuel da Costa, Tomás Antônio Gonzaga e Alvarenga Peixoto*, op. cit., p. 85.

37. Cláudio Manuel da Costa, "Prólogo ao leitor". In: Domício Proença Filho (Org.), *A poesia dos inconfidentes: Poesia completa de Cláudio Manuel da Costa, Tomás Antônio Gonzaga e Alvarenga Peixoto*, op. cit., p. 47.

38. Para a viagem de regresso de Cláudio Manuel da Costa e as marcas que deixou em sua obra, ver a análise notável de Sérgio Alcides, em id., *Estes penhascos: Cláudio Manuel da Costa e a paisagem das Minas*, op. cit. (especialmente pp. 108 ss.). Para um perfil biográfico de Cláudio Manuel da Costa, ver: Laura de Mello e Souza, *Cláudio Manuel da Costa* (São Paulo: Companhia das Letras, 2011). Para os versos de Cláudio Manuel, ver: Sérgio Alcides, *Estes penhascos: Cláudio Manuel da Costa e a paisagem das Minas*, op. cit., pp. 111 e 139.

39. Para a presença da figura fundadora do desterrado na formação histórica brasileira, formulado originalmente pela poesia de Cláudio Manuel da Costa, ver: Sérgio Buarque de Holanda, *Raízes do Brasil* (São Paulo: Companhia das Letras, 2006), p. 19; id., *Capítulos de literatura colonial*, op. cit.

40. Cláudio Manuel da Costa, "Epístola I. Alcino a Fileno". In: Domício Proença Filho (Org.),

A poesia dos inconfidentes: Poesia completa de Cláudio Manuel da Costa, Tomás Antônio Gonzaga e Alvarenga Peixoto, op. cit., p. 245.

41. Id., *Vila Rica*. In: Domínio Proença Filho (Org.), *A poesia dos inconfidentes: Poesia completa de Cláudio Manuel da Costa, Tomás Antônio Gonzaga e Alvarenga Peixoto*, op. cit., "Canto x", p. 443. Para a estrutura do poema, ver: Eliana Scotti Muzzi, "Epopeia e história", em Domínio Proença Filho (Org.), *A poesia dos inconfidentes: Poesia completa de Cláudio Manuel da Costa, Tomás Antônio Gonzaga e Alvarenga Peixoto*, op. cit. Para a estrutura narrativa de *Vila Rica*, ver: Hélio Lopes, *Introdução ao poema Vila Rica* (Muriaé: Edição do Autor, 1984).

42. Cláudio Manuel da Costa, *Vila Rica*. In: Domínio Proença Filho (Org.), *A poesia dos inconfidentes: Poesia completa de Cláudio Manuel da Costa, Tomás Antônio Gonzaga e Alvarenga Peixoto*, op. cit., "Canto x", p. 442.

43. Sérgio Cardoso, "Antigos, modernos e novos mundos da reflexão política". In: Adauto Novaes (Org.), *A crise do Estado-Nação* (Rio de Janeiro: Civilização Brasileira, 2003).

44. Num movimento que, ao seu modo e em chave distinta, Sérgio Buarque de Holanda iria retomar em *Raízes do Brasil*. Ver: Gabriel Cohn, "O pensador do desterro" (*Folha de S.Paulo*, 22 jun. 2002. Caderno Mais!).

45. Ver: Cláudio Manuel da Costa, "Assento do governador de Minas Gerais sobre a posse de Jacuí etc.". *Publicação official de documentos interessantes para a história e costumes de São Paulo* (São Paulo: Typographia a Vapor Espínola Siqueira e Cia., 1896), pp. 77-83. Ver também: Sérgio Alcides, "O giro do Lobo", em id., *Estes penhascos: Cláudio Manuel da Costa e a paisagem das Minas*, op. cit.; e Laura de Mello e Souza, *Cláudio Manuel da Costa*, op. cit.

46. A expressão é de Helton Adverse. Ver: Helton Adverse, "A matriz italiana", em Newton Bignotto (Org.), *Matrizes do republicanismo*, op. cit. (especialmente pp. 23 ss.).

47. Ver: Newton Bignotto, *Origens do republicanismo moderno*, op. cit.; e Carlos Antônio Leite Brandão, *Quid Tum? O combate da arte em Leon Battista Alberti* (Belo Horizonte: Ed. UFMG, 2000).

48. Leonardo Bruni, *Laudatio florentinae urbis*. In: Hans Baron, *From Petrarch to Bruni: Studies in Humanist and Political Literature* (Chicago: University of Chicago Press, 1968); Helton Adverse, "A matriz italiana". In: Newton Bignotto (Org.), *Matrizes do republicanismo*, op. cit.; Newton Bignotto, "Bruni e o discurso republicano". In: Id., *Origens do republicanismo moderno*, op. cit.

49. Helton Adverse, "A matriz italiana". In: Newton Bignotto (Org.), *Matrizes do republicanismo*, op. cit., p. 25.

50. Cláudio Manuel da Costa, *Vila Rica*. In: Domínio Proença Filho (Org.), *A poesia dos inconfidentes: Poesia completa de Cláudio Manuel da Costa, Tomás Antônio Gonzaga e Alvarenga Peixoto*, op. cit., "Canto VII", p. 417.

51. Para Antônio de Albuquerque, ver: Diogo de Vasconcelos, *História antiga das Minas Gerais*, op. cit., pp. 270 ss.; Charles R. Boxer, *A idade do ouro do Brasil: Dores de crescimento de uma sociedade colonial*, op. cit.; Laura de Mello e Souza, "Os nobres governadores de Minas: Mitologias e histórias familiares", em id., *Norma e conflito: Aspectos da história de Minas no século XVIII* (Belo Horizonte: Ed. UFMG, 1999); e Adriana Romeiro, *Paulistas e emboabas no coração das Minas: Ideias, práticas e imaginário político no século XVIII*, op. cit. Para a instalação do poder civil e a fundação das primeiras vilas, ver: Cláudia Damasceno Fonseca, *Arraiais e vilas d'El Rei: Espaço e poder nas Minas setecentistas*, op. cit.

52. Para esse comprometimento da escrita da história com o sentido político da criação do *vivere civile* característico da matriz renascentista da tradição do republicanismo, ver: Helton Adverse, "A matriz italiana", em Newton Bignotto (Org.), *Matrizes do republicanismo*, op. cit. (especialmente pp. 23 ss.).

53. Para a recuperação da retórica em seu vínculo com a vida política a partir de Petrarca e sua importância para o humanismo cívico como ferramenta da *vita activa*, ver: Newton Bignotto, "Retórica e política", em id., *Origens do republicanismo moderno*, op. cit.

54. Para as formas de apropriação e tratamento da história e de sua capacidade narrativa para fixar uma memória nos termos da matriz renascentista do republicanismo, ver: Helton Adverse, "A matriz italiana", em Newton Bignotto (Org.), *Matrizes do republicanismo*, op. cit. Para essa reflexão em chave contemporânea, ver: Walter Benjamin, "O narrador: Considerações sobre a obra de Nikolai Leskov", em id., *Walter Benjamin: Obras escolhidas* (São Paulo: Brasiliense, 1987), v. 1; e Jeanne Marie Gagnebin, *História e narração em Walter Benjamin* (São Paulo: Perspectiva; Campinas: Ed. da Unicamp, 1994, especialmente o cap. 3).

55. Cláudio Manuel da Costa, *Vila Rica*. In: Domício Proença Filho (Org.), *A poesia dos inconfidentes: Poesia completa de Cláudio Manuel da Costa, Tomás Antônio Gonzaga e Alvarenga Peixoto*, op. cit., "Canto VI", p. 408.

56. A imagem do labirinto aplicada à estrutura narrativa do poema é de Hélio Lopes. Ver: Hélio Lopes, *Introdução ao poema Vila Rica*, op. cit., pp. 162 ss. Ver também: Cláudio Manuel da Costa, *Vila Rica*, em Domínio Proença Filho (Org.), *A poesia dos inconfidentes: Poesia completa de Cláudio Manuel da Costa, Tomás Antônio Gonzaga e Alvarenga Peixoto*, op. cit., "Carta dedicatória", p. 357. Para o conde de Bobadela, ver: Laura de Mello e Souza, *O sol e a sombra: Política e administração na América portuguesa do século XVIII* (São Paulo: Companhia das Letras, 2006).

57. Raphael Bluteau, *Vocabulario portuguez e latino*, op. cit. Roberta Stumpf desenvolveu notável metodologia de análise, a partir dos *Autos da Devassa*, que lhe permitiu identificar e contabilizar os vocábulos políticos em circulação nas Minas no período da conjuração e proceder ao seu cotejamento em relação à ideia de alteridade política dos conjurados, da identificação dos grupos em ação e da associação com o projeto de criação de uma nova comunidade política nas Minas. Para o uso dos vocábulos "pátria" e "país" nesse contexto, ver: Roberta Giannubilo Stumpf, *Filhos das Minas, americanos e portugueses: Identidades coletivas na capitania de Minas Gerais (1763-1792)*, op. cit., caps. 4 e 5.

58. Para "amor à pátria" no contexto da República romana, ver: Maurizio Viroli, *Per amore della pátria: Patriottismo e nazionalismo nella storia* (Roma: Laterza, 2001, especialmente o cap. 1).

59. Henry St. John Bolingbroke, "Letters on the Spirit of Patriotism on the Idea of a Patriot King and on the State of Parties at the Accession of George the First". In: David Armitage (Org.), *Bolingbroke: Political Writings* (Cambridge: Cambridge University Press, 1997).

60. Para as condições de afirmação do termo "patriota" na linguagem política do republicanismo, a partir do século XVII, e a sua consolidação durante o século XVIII, ver: Maurizio Viroli, *Per amore della pátria: Patriottismo e nazionalismo nella storia*, op. cit. (especialmente os caps. II, III e IV); John G. A. Pocock, "O pensamento político no Atlântico de fala inglesa, 1760-1790", em id., *Linguagens do ideário político*, op. cit., partes 1 e 2; José Eisenberg, "Patriotismo e gênero na tradição do pensamento político moderno: Uma genealogia". *Revista USP*; *Dossiê Brasil República*, n. 59, set./ out./ nov. 2003; e Louis-Antoine de Saint-Just, *Théorie politique*, op. cit.

61. "Carta de Joaquim Silvério dos Reis a Miguel Fernandes Guimarães tratando das condições de cobranças vigentes em seu registro", 6 dez. 1782. Biblioteca Nacional, Seção de Manuscritos, i-10, 24, 001 n. 4.

62. "Carta-denúncia do coronel Joaquim Silvério dos Reis; Rio, 5 de maio de 1789". *Autos da Devassa da Inconfidência Mineira*, op. cit., v. 4, p. 27. Também Roberta Stumpf aponta para a conotação política no uso do termo "patriota" durante a Conjuração Mineira. Roberta Giannubilo Stumpf, *Filhos das Minas, americanos e portugueses: Identidades coletivas na capitania de Minas Gerais (1763-1792)*, op. cit., p. 199. Para uma descrição do palácio de Cachoeira do Campo, ver: Ivo Porto de Menezes, "Palácio dos Governadores de Cachoeira do Campo" (*Revista do IPHAN*, Brasília, n. 15, 1961).

63. Cláudio Manuel da Costa, *Vila Rica*. In: Domício Proença Filho (Org.), *A poesia dos inconfidentes: Poesia completa de Cláudio Manuel da Costa, Tomás Antônio Gonzaga e Alvarenga Peixoto*, op. cit., p. 446.

64. Para o estatuto da poesia no século xviii, ver: Antonio Candido, "Os ultramarinos", em id., *Vários escritos*, op. cit.

65. Para a poesia de Tomás Antônio Gonzaga, ver: Lúcia Helena, "Tomás Antônio Gonzaga, um árcade entre a lira e a lei", em Domício Proença Filho (Org.), *A poesia dos inconfidentes: Poesia completa de Cláudio Manuel da Costa, Tomás Antônio Gonzaga e Alvarenga Peixoto*, op. cit.; Antonio Candido, "Naturalidade e individualismo de Gonzaga", em id., *Formação da literatura brasileira: Momentos decisivos*, op. cit.; Adelto Gonçalves, *Gonzaga, um poeta do Iluminismo*, op. cit.; Sérgio Buarque de Holanda, *Capítulos de literatura colonial*, op. cit.; e Ronaldo Polito, *Um coração maior que o mundo: Tomás Antônio Gonzaga e o horizonte luso-colonial*, op. cit.

66. Tomás Antônio Gonzaga, *Marília de Dirceu*. In: Domício Proença Filho (Org.), *A poesia dos inconfidentes: Poesia completa de Cláudio Manuel da Costa, Tomás Antônio Gonzaga e Alvarenga Peixoto*, op. cit., "Lira iii", p. 686.

67. Para a poesia do encômio, ver: Ivan Teixeira, *Mecenato pombalino e poesia neoclássica: Basílio da Gama e a poética do encômio* (São Paulo: Edusp; Fapesp, 1999).

68. Ver: Jean Starobinski, "Sobre a adulação", em id., *As máscaras da civilização: Ensaios*, op. cit.

69. Para o código poético do encômio, ver: Ivan Teixeira, *Mecenato pombalino e poesia neoclássica: Basílio da Gama e a poética do encômio*, op. cit.

70. Para a importância dessa tópica no interior da tradição republicana, ver: Quentin Skinner, *L'Artiste en philosophe politique: Ambrogio Lorenzetti et le bon gouvernement* (Paris: Raisons d'Agir, 2003). Para o debate em torno dessa tópica, ver: Patrick Boucheron, "La Fresque du Bon Gouvernement d'Ambrogio Lorenzetti" (*Annales HSS*, Paris, n. 6, nov./dez. 2005). (Devo à Lúcia Bastos Pereira das Neves a indicação desse texto.)

71. Para a poesia do encômio em Cláudio Manuel da Costa, ver: Sérgio Alcides, "Dr. Cláudio Manuel e a poesia encomiástica", em id., *Estes penhascos: Cláudio Manuel da Costa e a paisagem das Minas*, op. cit.; e Antonio Candido, "No limiar do novo estilo: Cláudio Manuel da Costa", em id., *Formação da literatura brasileira: Momentos decisivos*, op. cit.; e Sérgio Buarque de Holanda, *Capítulos de literatura colonial*, op. cit.

72. Para a influência de Cícero no humanismo cívico, ver: Quentin Skinner, *As fundações do pensamento político moderno*, op. cit., pp. 105 ss. Para os fundamentos do "bom governo" em Cícero, ver: Frank Richard Cowell, *Cicero and the Roman Republic*, op. cit.

73. Cláudio Manuel da Costa, *Obras*. In: Domício Proença Filho (Org.), *A poesia dos incon-fidentes: Poesia completa de Cláudio Manuel da Costa, Tomás Antônio Gonzaga e Alvarenga Peixo-to*, op. cit., "Epicédio I", pp. 301-2.

74. Id., *O Parnaso obsequioso e obras poéticas*. In: Domício Proença Filho (Org.), *A poesia dos inconfidentes: Poesia completa de Cláudio Manuel da Costa, Tomás Antônio Gonzaga e Alvarenga Peixoto*, op. cit., "Ode", p. 331.

75. A visão das Minas a partir de *dentro*, desvendando os seus significados ocultos, é de Laura de Mello e Souza. Ver: Laura de Mello e Souza, "Um servidor e dois impérios: Dom José Tomás de Menezes". In: Id., *O sol e a sombra: Política e administração na América portuguesa do século XVIII*, op. cit., p. 413.

76. Francisco Luiz Ameno, *Diccionario Exegetico, que declara a genuina e propria significação dos vocabulos da língua portugueza*. Lisboa: Ameno, 1781. Ver também: Raphael Bluteau, *Voca-bulario portuguez e latino*, op. cit.

77. Para d. Rodrigo José de Menezes e seu governo nas Minas, ver: Laura de Mello e Souza, *O sol e a sombra: Política e administração na América portuguesa do século XVIII*, op. cit.; e Diogo de Vasconcelos, *História média de Minas Gerais*, op. cit.

78. Para o contexto político em que Alvarenga se movimenta ao compor seu poema, ver: Laura de Mello e Souza, "Um servidor e dois impérios: Dom José Tomás de Menezes", em id., *O sol e a sombra: Política e administração na América portuguesa do século XVIII*, op. cit.; e Roberta Giannubilo Stumpf, *Filhos das Minas, americanos e portugueses: Identidades coletivas na capita-nia de Minas Gerais (1763-1792)*, op. cit.

79. Inácio José de Alvarenga Peixoto, *Poesias*. In: Domício Proença Filho (Org.), *A poesia dos inconfidentes: Poesia completa de Cláudio Manuel da Costa, Tomás Antônio Gonzaga e Alvarenga Peixoto*, op. cit., 23 ["Canto genetlíaco"], pp. 976-7.

4. REPÚBLICA FLORENTE [pp. 119-49]

1. Para a vitalidade econômica da comarca do Rio das Mortes e sua relação com a Conjura-ção Mineira, ver: André Figueiredo Rodrigues, *A fortuna dos inconfidentes: Caminhos e descami-nhos dos bens dos conjurados mineiros (1760-1850)* (São Paulo: Globo, 2010); e João Pinto Furta-do, *O manto de Penélope: História, mito e memória da Inconfidência Mineira de 1788-9* (São Paulo: Companhia das Letras, 2002).

2. Referências a Hipólita Jacinta aparecem em praticamente todos os volumes dos *Autos da Devassa*. Para a reconstituição do episódio da mensagem, ver especialmente: "Inquirição de Tes-temunhas (1). Testemunha 21ª", em *Autos da Devassa da Inconfidência Mineira*, op. cit., v. 1, pp. 195-6; "Inquirições VI. Um dito ao Alf. Vitoriano Gonçalves Veloso", em *Autos da Devassa da Inconfidência Mineira*, op. cit., v. 2; e "Auto de Confrontação de Testemunhas e Sumário de In-quirição de Testemunhas do Pe. José Lopes de Oliveira", em *Autos da Devassa da Inconfidência Mineira*, op. cit., v. 2. (Devo a Lucas Figueiredo a indicação da importância da participação de Hipólita Jacinta na Conjuração Mineira.)

3. Para o sequestro dos bens e posterior recuperação por Hipólita Jacinta, ver: André Figuei-redo Rodrigues, *A fortuna dos inconfidentes: Caminhos e descaminhos dos bens dos conjurados mineiros (1760-1850)*, op. cit.

4. Para Cláudio Manuel e Francisca Arcângela, ver: Bruno Carvalho, "An Arcadian Poet in a Baroque City: Claudio Manuel da Costa's Urban Pastorals, Familiy Life, and the Appearance of Race" (*Journal of Lusophone Studies*, Davis, CA, v. 12, 2014).

5. Para a presença inesperada das mulheres no cenário político revolucionário francês ao final do século XVIII, ver: Tania Machado Morin, *Virtuosas e perigosas: As mulheres na Revolução Francesa* (São Paulo: Alameda, 2013).

6. Ver: "Inquirição de Testemunhas (1). Testemunha 4ª", em *Autos da Devassa da Inconfidência Mineira*, op. cit., v. 1, p. 156.

7. "Francisco de Paula Freire de Andrade. 2ª Inquirição — Rio, Fortaleza da Ilha das Cobras — 25 de janeiro de 1790". *Autos da Devassa da Inconfidência Mineira*, op. cit., v. 5, p. 180.

8. Para a expansão do conhecimento sobre a capitania de Minas Gerais e sua relação na Conjuração Mineira, ver: Roberta Giannubilo Stumpf, *Filhos das Minas, americanos e portugueses: Identidades coletivas na capitania de Minas Gerais (1763-1792)*, op. cit. (especialmente o cap. 5).

9. "Joaquim José da Silva Xavier. 4ª Inquirição. Rio — Fortaleza da Ilha das Cobras — 18 de janeiro de 1799". *Autos da Devassa da Inconfidência Mineira*, op. cit., v. 5, p. 36.

10. Ver: "Carta-denúncia de Basílio de Brito Malheiro do Lago. Vila Rica, 15 de abril de 1789", em *Autos da Devassa da Inconfidência Mineira*, op. cit., v. 1, p. 103; e Kenneth Maxwell, *A devassa da Devassa: A Inconfidência Mineira — Brasil e Portugal (1750-1808)*, op. cit., p. 148.

11. "Auto de perguntas feitas ao coronel Inácio José de Alvarenga Peixoto". *Autos da Devassa da Inconfidência Mineira*, op. cit., v. 5, pp. 117-8. Para o uso do mapa, ver: Roberta Giannubilo Stumpf, *Filhos das Minas, americanos e portugueses: Identidades coletivas na capitania de Minas Gerais (1763-1792)*, op. cit., p. 241; e Maria Efigênia Lage de Resende, "Saberes estratégicos: Tiradentes e o mapa das almas", em Maria Efigênia Lage de Resende e Luiz Carlos Villalta (Orgs.), *História de Minas Gerais: As Minas setecentistas*, op. cit., v. 2.

12. "Inquirição de Testemunhas (1). Testemunha 4ª". *Autos da Devassa da Inconfidência Mineira*, op. cit., v. 1, pp. 155-6.

13. Ibid., p. 157.

14. Ibid.

15. Para a ideia de felicidade no século XVIII e na Declaração de Independência da América inglesa, ver: Hannah Arendt, "A busca da felicidade", em id., *Da revolução*, op. cit.; id., "Ação e a busca da felicidade", em id., *Ação e a busca da felicidade*, op. cit.; Richard K. Matthews, "Jefferson's Political Philosophy Revisited: Life, Liberty and the Pursuit of Happiness", em id., *The Radical Politcs of Thomas Jefferson: A Revisionist View* (Kansas: University Press of Kansas, 1984); Robert Darnton, "A busca da felicidade: Voltaire e Jefferson", em id., *Os dentes falsos de George Washington: Um guia não convencional para o século XVIII*, op. cit.; e Heloisa Maria Murgel Starling, "A matriz norte-americana", em Newton Bignotto (Org.), *Matrizes do republicanismo*, op. cit.

16. "Inquirição de Testemunhas (1). Testemunha 17ª". *Autos da Devassa da Inconfidência Mineira*, op. cit., v. 1, p. 186. Para a circulação da Declaração de Independência, ver: David Armitage, *Declaração de Independência: Uma história global* (São Paulo: Companhia das Letras, 2011).

17. "Inquirição de Testemunhas (1). Testemunha 17ª". *Autos da Devassa da Inconfidência Mineira*, op. cit., v. 1, p. 186.

18. Para identificação dos projetos de Tiradentes no Rio de Janeiro, a partir de levantamento nos *Autos da Devassa*, ver: Márcio Jardim, *A Inconfidência Mineira: Uma síntese factual*, op. cit., pp. 72-3. Para canalização por ordem de d. João, ver: Luiz Gonçalves dos Santos, *Memórias para servir à história do reino do Brasil*. Lisboa: Imprensa Régia, 1825, t. i, p. lxx-lxxi; Joaquim Norberto de Souza Silva, *História da Conjuração Mineira*. Rio de Janeiro: Garnier, 1873, pp. 75-6.

19. Para as terras de Tiradentes, ver: André Figueiredo Rodrigues, *A fortuna dos inconfidentes: Caminhos e descaminhos dos bens dos conjurados mineiros (1760-1850)*, op. cit.

20. "Inquirição de Testemunhas (1). Testemunha 1ª". *Autos da Devassa da Inconfidência Mineira*, op. cit., v. 1, p. 151.

21. Para um perfil biográfico de Tiradentes, ver: Márcio Jardim, *A Inconfidência Mineira: Uma síntese factual*, op. cit., pp. 61 ss.; e Lúcio José dos Santos, *A Inconfidência Mineira: Papel de Tiradentes* (Belo Horizonte: Imprensa Oficial, 1972). Para o Regimento Regular de Cavalaria das Minas, ver: Francis Albert Cotta, *Breve história da Polícia Militar de Minas Gerais* (Belo Horizonte: Fino Traço, 2014, especialmente o cap. 4).

22. "Carta de Joaquim José da Silva Xavier a d. Rodrigo de Menezes". Arquivo Público Mineiro, Códice 237 (Registro de Ofícios dirigidos ao governo por militares e ordenanças), 1783. Para Tiradentes e a quadrilha da Mantiqueira, ver: Carla Maria Junho Anastasia, *A geografia do crime: Violência nas Minas setecentistas* (Belo Horizonte: Ed. ufmg, 2005, especialmente pp. 87 ss.).

23. "Joaquim José da Silva Xavier. 5ª Inquirição. Rio — Fortaleza da Ilha das Cobras — 18 de janeiro de 1799". *Autos da Devassa da Inconfidência Mineira*, op. cit., v. 5, p. 50. Para as habilidades de Tiradentes na arte de curar, ver: Júnia Ferreira Furtado, "Dos dentes e seus tratamentos: A história da odontologia no período colonial", em Heloisa Maria Murgel Starling, Júnia Ferreira Furtado, Betânia Gonçalves Figueiredo e Lígia Germano (Orgs.), *Odontologia: História restaurada* (Belo Horizonte: Ed. ufmg, 2007).

24. Citado em Júnia Ferreira Furtado, "Dos dentes e seus tratamentos: A história da odontologia no período colonial", em Heloisa Maria Murgel Starling, Júnia Ferreira Furtado, Betânia Gonçalves Figueiredo e Lígia Germano (Orgs.), *Odontologia: História restaurada*, op. cit., p. 52.

25. Para "moda", ver: Mozart de Araújo, *A modinha e o lundu no século XVIII* (São Paulo: Ricordi Brasileira, 1963). Para locais de sociabilidade popular, ver: Luciano Figueiredo, *O avesso da memória: Cotidiano e trabalho da mulher em Minas Gerais no século XVIII* (Rio de Janeiro: José Olympio, 1999); e Laura de Mello e Souza, *Desclassificados do ouro: A pobreza mineira no século XVIII*, op. cit.

26. "Joaquim José da Silva Xavier. 5ª Inquirição. Rio — Fortaleza da Ilha das Cobras — 18 de janeiro de 1799". *Autos da Devassa da Inconfidência Mineira*, op. cit., v. 5, p. 50. Para o episódio da vaia, ver: "Inquirição de Testemunhas (1). Testemunha 8ª", em *Autos da Devassa da Inconfidência Mineira*, op. cit., v. 1, p. 165.

27. Para a importância do Serro do Frio, ver: Júnia Ferreira Furtado, "Sedição, heresia e rebelião nos trópicos: A biblioteca do naturalista José Vieira Couto", em Eliana de Freitas Dutra e Jean-Yves Mollier (Orgs.), *Política, nação e edição: O lugar dos impressos na construção da vida política — Brasil, Europa e Américas nos séculos XVIII-XX*, op. cit.

28. "Inquirição de Testemunhas (iii). Testemunha 57ª". *Autos da Devassa da Inconfidência Mineira*, op. cit., v. 1, p. 263. Para o sistema de circulação de informações nas Minas, ver: Tarcísio de Souza Gaspar, *Palavras no chão: Murmurações e vozes em Minas Gerais no século XVIII* (Niterói: uff, 2008. Dissertação [Mestrado em História]). Para um sistema de comunicação em fun-

cionamento no século XVIII, ver: Robert Darnton, "As notícias em Paris: Uma pioneira sociedade da informação", em id., *Os dentes falsos de George Washington: Um guia não convencional para o século XVIII*, op. cit.

29. "Carta-denúncia de Basílio de Brito Malheiro do Lago. Vila Rica, 15 de abril de 1789". *Autos da Devassa da Inconfidência Mineira*, op. cit., v. 1, pp. 98-9.

30. Ibid., p. 103.

31. Para fatores ver: Kenneth Maxwell, *A devassa da Devassa: A Inconfidência Mineira — Brasil e Portugal (1750-1808)*, op. cit.; e Roberta Giannubilo Stumpf, *Filhos das Minas, americanos e portugueses: Identidades coletivas na capitania de Minas Gerais (1763-1792)*, op. cit. Para Martinho de Melo e Castro, ver: Virgínia Maria Trindade Valadares, *A sombra do poder: Martinho de Melo e Castro e a administração da capitania de Minas Gerais (1770-1795)* (São Paulo: Hucitec, 2006). Para boatos sobre a derrama e especulações sobre o valor a ser cobrado, ver: Kenneth Maxwell (Coord.), *O livro de Tiradentes: Transmissão atlântica de ideias políticas no século XVIII*, op. cit., p. 36; Laura de Mello e Souza, *Cláudio Manuel da Costa*, op. cit.; e Pedro Doria, *1789: A história de Tiradentes e dos contrabandistas, assassinos e poetas que lutaram pela independência do Brasil* (Rio de Janeiro: Nova Fronteira, 2014).

32. Para as Treze Colônias inglesas, ver: Robert Darnton, "A busca da felicidade: Voltaire e Jefferson", em id., *Os dentes falsos de George Washington: Um guia não convencional para o século XVIII*, op. cit.; e Bernard Baylin, *As origens ideológicas da Revolução Americana*, op. cit. Para as Minas, ver: Adelto Gonçalves, *Gonzaga, um poeta do Iluminismo*, op. cit.; Márcio Jardim, *A Inconfidência Mineira: Uma síntese factual*, op. cit.; e Tarcísio de Souza Gaspar, *Palavras no chão: Murmurações e vozes em Minas Gerais no século XVIII*, op. cit.

33. Ver: Eduardo Frieiro, *O diabo na livraria do cônego*, op. cit.; Júnia Ferreira Furtado, "Sedição, heresia e rebelião nos trópicos: A biblioteca do naturalista José Vieira Couto", em Eliana de Freitas Dutra e Jean-Yves Mollier (Orgs.), *Política, nação e edição: O lugar dos impressos na construção da vida política — Brasil, Europa e Américas nos séculos XVIII-XX*, op. cit.; e Álvaro de Araújo Antunes, *Espelho de cem faces: O universo relacional de um advogado setecentista* (São Paulo: Annablume, 2004).

34. Para o impacto da Revolução Americana na formação do repertório intelectual e político da Conjuração Mineira, ver: Kenneth Maxwell, *A devassa da Devassa: A Inconfidência Mineira — Brasil e Portugal (1750-1808)*, op. cit.; e id. (Coord.), *O livro de Tiradentes: Transmissão atlântica de ideias políticas no século XVIII*, op. cit. Para a natureza dos processos de absorção de ideias em realidades históricas periféricas e em conjunturas específicas, ver: John G. A. Pocock, *The Machiavellian Moment: Florentine Political Thought and the Atlantic Republican Tradition*, op. cit.; Bernard Bailyn, *As origens ideológicas da Revolução Americana*, op. cit.; e Angela Alonso, *Ideias em movimento: A geração de 1870 na crise do Brasil-Império*, op. cit.

35. Para o impacto da vitória da Revolução Americana sob um largo espectro de significados e eventos políticos, ver: David Armitage, *Declaração de Independência: Uma história global*, op. cit.; e Robert Darnton, "O entusiasmo pela América: Condorcet e Brissot", em id., *Os dentes falsos de George Washington: Um guia não convencional para o século XVIII*, op. cit.

36. Raphael Bluteau, *Vocabulario portuguez e latino*, op. cit.

37. Ver: "Carta-denúncia de Basílio de Brito Malheiro do Lago. Vila Rica, 15 de abril de 1789", em *Autos da Devassa da Inconfidência Mineira*, op. cit., v. 1, pp. 103-4. Para a definição de

"América" como um espaço geográfico ampliado das Minas, que designava o conjunto da América portuguesa e incluía uma relação de alteridade com a Europa, em especial com Portugal, ver: Roberta Giannubilo Stumpf, *Filhos das Minas, americanos e portugueses: Identidades coletivas na capitania de Minas Gerais (1763-1792)*, op. cit., pp. 204 ss. Para a compreensão de que conceitos geográficos como "povo", "território" ou "continente" têm forte conteúdo político e não deveriam ser tomados em sentido técnico ou neutro, ver: Edward W. Said, *Cultura e imperialismo* (São Paulo: Companhia das Letras, 1999); e Reinhart Kosseleck, "A semântica histórico-política dos conceitos antiéticos assimétricos", em id., *Futuro passado: Contribuição à semântica dos tempos históricos*, op. cit.

38. "Inácio José de Alvarenga Peixoto. 2ª Inquirição — Rio, Fortaleza da Ilha das Cobras — 14 de janeiro de 1790". *Autos da Devassa da Inconfidência Mineira*, op. cit., v. 1, pp. 103-4.

39. John Adams, *Thoughts on Government*. Chicago: The University of Chicago Press, 1987, v. 1, cap. 2; Josiah Quincy Junior, "Último desejo e testamento de Josiah Quincy Junior, 1774". Citado em Bernard Bailyn, *As origens ideológicas da Revolução Americana*, op. cit., pp. 41 e 60. Para a importância de Algernon Sidney na formação do pensamento revolucionário nas Treze Colônias Inglesas, ver: Bernard Bailyn, *As origens ideológicas da Revolução Americana*, op. cit. (especialmente o cap. 2). (Devo a Bruno Carvalho a indicação sobre o percurso da inscrição sugerida aos conjurados por Cláudio Manuel da Costa.)

40. Ver: Montesquieu (Barão de), *Do espírito das leis*, op. cit.; Jean Starobinski, *Montesquieu* (São Paulo: Companhia das Letras, 1990), p. 67. Para o conceito de "interesse bem compreendido", ver: Alexis de Tocqueville, *De la Démocratie en Amérique* (Paris: Vrin, 1990), v. 1. Ver também: Marcelo Gantus Jasmin, "Interesse bem compreendido e virtude em *A democracia na América*", em Newton Bignotto (Org.), *Pensar a República*, op. cit.

41. Para o papel do autointeresse como fermento de uma cidadania ativa na América inglesa, ver: Heloisa Maria Murgel Starling, "A matriz norte-americana", em Newton Bignotto (Org.), *Matrizes do republicanismo*, op. cit. Para América inglesa, ver: Peter D. G. Thomas, *British Politics and the Stamp Act Crisis: The First Phase of the American Revolution* (Nova York: St. Martin Press, 1976); e Jack P. Greene (Org.), *The Reinterpretation of the American Revolution* (Chapel Hill: The University of Caroline Press, 1988).

42. Para as redes de interesses que envolviam diversos conjurados na atividade do contrabando, ver: Kenneth Maxwell, *A devassa da Devassa: A Inconfidência Mineira — Brasil e Portugal (1750-1808)*, op. cit. Para a importância da atividade do contrabando na vida da capitania das Minas, ver: Júnia Ferreira Furtado, *O livro da capa verde: O Regimento Diamantino e a vida no Distrito Diamantino no período da Real Extração*, op. cit.; e Charles R. Boxer, *A idade do ouro do Brasil: Dores de crescimento de uma sociedade colonial*, op. cit. (especialmente os caps. II e VII).

43. Para as medidas legislativas, ver: Kenneth Maxwell, *A devassa da Devassa: A Inconfidência Mineira — Brasil e Portugal (1750-1808)*, op. cit., p. 206. Para a biografia de padre Rolim, ver: Roberto Wagner de Almeida, *Entre a cruz e a espada: A saga do valente e devasso padre Rolim* (São Paulo: Paz e Terra, 2002). Para os garimpeiros do Distrito Diamantino, ver: Laura de Mello e Souza, *Desclassificados do ouro: A pobreza mineira no século XVIII*, op. cit. (especialmente pp. 202 ss.).

44. Alexis de Tocqueville, *De la Démocratie en Amérique*, op. cit., v. 1, p. 243. Ver também: ibid., v. 2, pp. 109-10.

45. A expressão é de Marcelo Gantus Jasmin, em "Interesse bem compreendido e virtude em *A democracia na América*", op. cit. p. 78.

46. "Inácio José de Alvarenga Peixoto. 2ª Inquirição — Rio, Fortaleza da Ilha das Cobras — 14 de janeiro de 1790". *Autos da Devassa da Inconfidência Mineira*, op. cit., v. 1, pp. 116-7.

47. "Luís Vaz de Toledo Piza. 2ª Inquirição — Rio, Cadeia da Relação — Acareação com o capitão José de Resende Costa — 2 de julho de 1791". *Autos da Devassa da Inconfidência Mineira*, op. cit., v. 5, p. 321. Para dados biográficos, ver: Márcio Jardim, *A Inconfidência Mineira: Uma síntese factual*, op. cit.

48. Ver: Jean-Jacques Rousseau, *Do contrato social* (São Paulo: Abril Cultural, 1978). Para um percurso histórico da formulação dos direitos com ênfase no século XVIII, ver: Lynn Hunt, *A invenção dos direitos humanos: Uma história*, op. cit.; e Celso Lafer, *A reconstrução dos direitos humanos: Um diálogo com o pensamento de Hannah Arendt* (São Paulo: Companhia das Letras, 2009).

49. Tomás Antônio Gonzaga, *Marília de Dirceu*. In: Domício Proença Filho (Org.), *A poesia dos inconfidentes: Poesia completa de Cláudio Manuel da Costa, Tomás Antônio Gonzaga e Alvarenga Peixoto*, op. cit., "Lira VIII", pp. 585-6. O argumento é de Sérgio Buarque de Holanda. Ver: "O ideal arcádico", em Sérgio Buarque de Holanda, *Capítulos de literatura colonial*, op. cit., p. 198.

50. Para o cidadão típico do Antigo Regime português, ver: António Manuel Hespanha e Ângela Barreto Xavier, "A representação da sociedade e do poder", em António Manuel Hespanha (Org.), *O Antigo Regime 1620-1807*, op. cit.

51. Para o ideal cívico como característico da matriz do republicanismo clássico, ver: Cícero Araújo, "República e democracia" (*Lua Nova*, São Paulo, n. 51, pp. 5-30, 2000).

52. "Padre Carlos Correia de Toledo e Melo. 1ª Inquirição — Rio, Fortaleza da Ilha das Cobras — 14 de novembro de 1789". *Autos da Devassa da Inconfidência Mineira*, op. cit., v. 5, p. 143.

53. Sobre a eloquência política do vestuário durante o século XVIII, ver: Lynn Hunt, *Política, cultura e classe na Revolução Francesa* (São Paulo: Companhia das Letras, 2007, especialmente o cap. 2).

54. Para as duas possibilidades de formulação desse paradoxo, ver: Lynn Hunt, *A invenção dos direitos humanos: Uma história*, op. cit., p. 17.

55. "Carta de John Adams a James Sullivan, em 22 de agosto de 1776". Citada em David McCullough, *John Adams*, op. cit., p. 483; Lynn Hunt, *A invenção dos direitos humanos: Uma história*, op. cit., p. 147.

56. Para o debate no século XVIII, ver: Alberto da Costa e Silva, "Os iluministas e a escravidão", em *O Iluminismo luso-brasileiro* (sessão conjunta de membros da Academia das Ciências de Lisboa e da Academia Brasileira de Letras, 19, 20 e 21 de outubro de 2006. Lisboa: Imprensa Nacional; Casa da Moeda, 2007). Para força do sistema escravista no debate das revoluções, ver: Lynn Hunt, *A invenção dos direitos humanos: Uma história*, op. cit., pp. 160 ss.

57. "José Álvares Maciel. 1ª Inquirição — Rio, Fortaleza de Villegagnon — 26 de novembro de 1789". *Autos da Devassa da Inconfidência Mineira*, op. cit., v. 5, pp. 143 e 330.

58. Ibid., p. 330.

59. Para os argumentos de Alvarenga Peixoto no debate, ver: "José Álvares Maciel. 1ª Inquirição — Rio, Fortaleza de Villegagnon — 26 de novembro de 1789", em *Autos da Devassa da*

Inconfidência Mineira, op. cit., v. 5, pp. 329-30; e Kenneth Maxwell, *A devassa da Devassa: A Inconfidência Mineira — Brasil e Portugal (1750-1808)*, op. cit. (especialmente pp. 206-7).

60. Inácio José de Alvarenga Peixoto, *Poesias*. In: Domício Proença Filho (Org.), *A poesia dos inconfidentes: Poesia completa de Cláudio Manuel da Costa, Tomás Antônio Gonzaga e Alvarenga Peixoto*, op. cit., 23 ["Canto genetlíaco"], pp. 976-7. Essa leitura é de Laura de Mello e Souza em sua análise do "Canto genetlíaco". Ver: Laura de Mello e Souza, "Um servidor e dois impérios: Dom José Tomás de Menezes", em id., *O sol e a sombra: Política e administração na América portuguesa do século XVIII*, op. cit., pp. 414 e 425.

61. Ver: Jean-Jacques Rousseau, *Discurso sobre a origem e os fundamentos da desigualdade entre os homens* (São Paulo: Abril Cultural, 1978). Para uma crítica da compaixão, seus efeitos no mundo público e, sobretudo, na Revolução Francesa, ver: Hannah Arendt, *Da revolução*, op. cit. (especialmente o cap. 2).

62. Tomás Antônio Gonzaga, *Cartas chilenas*. In: Domício Proença Filho (Org.), *A poesia dos inconfidentes: Poesia completa de Cláudio Manuel da Costa, Tomás Antônio Gonzaga e Alvarenga Peixoto*, op. cit., "Carta 3ª", pp. 815, 818-9.

63. "Últimos momentos dos inconfidentes de 1789, pelo frade que os assistiu em confissão". *Autos da Devassa da Inconfidência Mineira*, op. cit., v. 9.

5. QUAL REPÚBLICA? FORMA E DISTRIBUIÇÃO DO PODER [pp. 150-76]

1. Para o Embuçado, ver: "Ofício do visconde de Barbacena a Luís de Vasconcelos e Souza, vice-rei, sobre o início da repressão em Minas", em *Autos da Devassa da Inconfidência Mineira*, op. cit., v. 8, pp. 170-1; e "Inquirição das testemunhas, Casa do Ouvidor, 11 de janeiro de 1790", em *Autos da Devassa da Inconfidência Mineira*, op. cit., v. 2, pp. 237 ss. Ver também: Laura de Mello e Souza, *Claudio Manuel da Costa*, op. cit., pp. 181-2; Augusto de Lima Júnior, *História da Inconfidência de Minas Gerais* (Belo Horizonte: Itatiaia, 2010), pp. 132-3; e Eduardo Frieiro, *O diabo na livraria do cônego*, op. cit.

2. "Carta-denúncia de Basílio de Brito Malheiro do Lago. Vila Rica, 15 de abril de 1789". *Autos da Devassa da Inconfidência Mineira*, op. cit., v. 1, p. 105.

3. Para quilombos em Minas, ver: Carlos Magno Guimarães, *Uma negação da ordem escravista: Quilombos em Minas Gerais no século XVIII* (São Paulo: Ícone, 1988); e Pablo Luiz de Oliveira Lima, *Marca de fogo: Quilombos, resistência e a política do medo: Minas Gerais, século XVIII* (Belo Horizonte: Nandyala, 2016). Para São Bartolomeu, ver: Waldemar de Almeida Barbosa, *Negros e quilombos em Minas Gerais* (Belo Horizonte: [s.n.], 1972).

4. Thomas Paine, *Rights of Man and Common Sense* (Nova York: Penguin, 1997). Ver também: Eric Foner, "Tom Paine's Republic: Radical Ideology and Social Change", em Alfred F. Young (Org.), *The American Revolution: Explorations in the History of American Radicalism* (Illinois: Northern Illinois University Press, 1976). Para o *Senso comum* na formação da matriz do republicanismo norte-americano, ver: David Wootton (Org.), *Republicanism, Liberty and Commercial Society, 1649-1776* (Stanford: Stanford University Press, 1994).

5. Ver: John G. A. Pocock, *Politics, Language & Time: Essays on Political Thought & History* (Chicago: University of Chicago Press, 1971, especialmente o cap. 4); e Raphael Bluteau, *Vocabulario portuguez e latino*, op. cit.

6. Para a natureza intrusiva do poder, ver: Montesquieu (Barão de). *Do espírito das leis*, op. cit.; Jean Starobinski, *Montesquieu*, op. cit. Para a conspiração do poder contra a liberdade na América inglesa, ver: Bernard Baylin, *As origens ideológicas da Revolução Americana*, op. cit. (especialmente o cap. 3); Gordon S. Wood, *The Creation of the American Republic* (Nova York: Norton & Company, 1993, especialmente pp. 40 ss.).

7. John G. A. Pocock, "1776: A revolução contra o parlamento". In: Id., *Linguagens do ideário político*, op. cit. Ver também: Bernard Baylin, *As origens ideológicas da Revolução Americana*, op. cit.; e John G. A. Pocock, *The Machiavellian Moment: Florentine Political Thought and the Atlantic Republic Tradition*, op. cit. Ver também: Heloisa Maria Murgel Starling, "A matriz norte-americana", em Newton Bignotto (Org.), *Matrizes do republicanismo*, op. cit.

8. "Testemunha 32ª". *Autos da Devassa da Inconfidência Mineira*, op. cit., v. 1, p. 229.

9. Montesquieu (Barão de), *Do espírito das leis*, op. cit. Ver também: Fernando Filgueiras, *Corrupção, democracia e legitimidade* (Belo Horizonte: Ed. UFMG, 2008, especialmente pp. 67 ss.). Para a corrupção interna no sistema da administração portuguesa, ver: Kenneth Maxwell, *A devassa da Devassa: A Inconfidência Mineira — Brasil e Portugal (1750-1808)*, op. cit.

10. "Carta-denúncia de Basílio de Brito Malheiro do Lago. Vila Rica, 15 de abril de 1789". *Autos da Devassa da Inconfidência Mineira*, op. cit., v. 1, p. 102.

11. "Testemunha 32ª". *Autos da Devassa da Inconfidência Mineira*, op. cit., v. 1, p. 229.

12. São diversas as imprecisões em torno das *Cartas chilenas*. A esse respeito, ver: Tarquínio J. B. Oliveira, *As Cartas chilenas: Fontes textuais* (São Paulo: Referência, 1972); M. Rodrigues Lapa, *As Cartas chilenas: Um problema histórico e filológico* (Rio de Janeiro: Instituto Nacional do Livro, 1958); Antonio Candido, "*Cartas chilenas*", em id., *Formação da literatura brasileira: Momentos decisivos*, op. cit.; id., "O problema das *Cartas chilenas*" (*Minas Gerais*, Belo Horizonte, n. 443, 22 dez. 1975. Suplemento Literário, p. 3); e Joaci Pereira Furtado, *Uma república de leitores: História e memória na recepção das* Cartas chilenas *(1845-1989)* (São Paulo: Hucitec, 1997). Para panfletos, ver: Robert Darnton, *O diabo na água benta: Ou a arte da calúnia e da difamação de Luís XIV a Napoleão* (São Paulo: Companhia das Letras, 2012).

13. Para Sodré Pereira e Castro e Caldas, ver: Evaldo Cabral de Mello, "Pernambuco no período colonial", em Leonardo Avritzer, Newton Bignotto, Juarez Guimarães e Heloisa Starling (Orgs.), *Corrupção: Ensaios e críticas* (Belo Horizonte: Ed. UFMG, 2012).

14. Para o governo de Cunha Menezes, ver: Kenneth Maxwell, *A devassa da Devassa: A Inconfidência Mineira — Brasil e Portugal (1750-1808)*, op. cit. Para Maria Anselma, ver: Adelto Gonçalves, *Gonzaga, um poeta do Iluminismo*, op. cit. Para contratos, ver: Júnia Ferreira Furtado, *Homens de negócio: A interiorização da metrópole e do comércio nas Minas setecentistas* (São Paulo: Hucitec, 1999). Para cumplicidade da Coroa, ver: Evaldo Cabral de Mello, "Pernambuco no período colonial", em Leonardo Avritzer, Newton Bignotto, Juarez Guimarães e Heloisa Starling (Orgs.), *Corrupção: Ensaios e críticas*, op. cit.

15. Para essa lógica inerente ao sistema e que, em última instância, sustentava os abusos do governador, ver: Kenneth Maxwell, *A devassa da Devassa: A Inconfidência Mineira — Brasil e Portugal (1750-1808)*, op. cit.; e Joaci Pereira Furtado, *Uma república de leitores: História e memória na recepção das* Cartas chilenas *(1845-1989)*, op. cit. (especialmente pp. 81 ss.).

16. Para a importância da atividade de escrever cartas no século XVIII e suas características como gênero literário, ver: Tiago C. P. dos Reis Miranda, "A arte de escrever cartas: Para a histó-

ria da epistolografia portuguesa no século xviii", em Walnice Nogueira Galvão e Nádia Battella Gotlib (Orgs.), *Prezado senhor, prezada senhora: Estudos sobre cartas* (São Paulo: Companhia das Letras, 2000); e Roger Chartier, "As práticas da escrita", em Philippe Ariès e Roger Chartier (Orgs.), *História da vida privada: Da Renascença ao século das Luzes*, op. cit. Para uma reflexão sobre a importância desse gênero de escrita e sua utilização como fonte para o historiador, ver: Angela de Castro Gomes (Org.), *Escrita de si, escrita da história* (Rio de Janeiro: Ed. fgv, 2004).

17. Ver: Montesquieu (Barão de), *Cartas persas* (São Paulo: Martins Fontes, 2009). Para uma análise das *Cartas persas*, ver: Jean Starobinski, "Exílio, sátira, tirania: As *Cartas persas*", em id., *As máscaras da civilização: Ensaios*, op. cit. Para a indicação de que as *Cartas persas* podem ter funcionado como modelo para as *Cartas chilenas*, ver: Adelto Gonçalves, *Gonzaga, um poeta do Iluminismo*, op. cit., p. 213; e Paulo Roberto Dias Pereira, "*Cartas chilenas*: Impasses da Ilustração na colônia", em Domício Proença Filho (Org.), *A poesia dos inconfidentes: Poesia completa de Cláudio Manuel da Costa, Tomás Antônio Gonzaga e Alvarenga Peixoto*, op. cit., p. 775.

18. Tomás Antônio Gonzaga, *Cartas chilenas*. In: Domício Proença Filho (Org.), *A poesia dos inconfidentes: Poesia completa de Cláudio Manuel da Costa, Tomás Antônio Gonzaga e Alvarenga Peixoto*, op. cit. Ver também: Sérgio Buarque de Holanda, "As *Cartas chilenas*", em id., *Tentativas de mitologia* (São Paulo: Perspectiva, 1979).

19. Ver: Jean Starobinski, "Exílio, sátira, tirania: As *Cartas persas*", em id., *As máscaras da civilização: Ensaios*, op. cit., p. 100.

20. Tomás Antônio Gonzaga, *Cartas chilenas*. In: Domício Proença Filho (Org.), *A poesia dos inconfidentes: Poesia completa de Cláudio Manuel da Costa, Tomás Antônio Gonzaga e Alvarenga Peixoto*, op. cit., "Carta 6ª", p. 843.

21. Ibid. In: Domício Proença Filho (Org.), *A poesia dos inconfidentes: Poesia completa de Cláudio Manuel da Costa, Tomás Antônio Gonzaga e Alvarenga Peixoto*, op. cit., "Carta 3ª", "Carta 5ª", "Carta 6ª" e "Carta 12ª".

22. Ver: Montesquieu (Barão de), *Cartas persas*, op. cit.; e Jean Starobinski, "Exílio, sátira, tirania: As *Cartas persas*", em id., *As máscaras da civilização: Ensaios*, op. cit. Para as conexões do riso e do desprezo com a herança retórica do Renascimento, ver: Quentin Skinner, "Why Laughing Mattered in the Renaissance", em id., *Visions of Politics: Renaissance Virtues*, op. cit., v. 3.

23. Montesquieu (Barão de), *Do espírito das leis*, op. cit.

24. Para o *Recueil*, ver: Kenneth Maxwell (Coord.), *O livro de Tiradentes: Transmissão atlântica de ideias políticas no século XVIII*, op. cit.; e *Autos da Devassa da Inconfidência Mineira*, op. cit., v. 3.

25. Para a trajetória desse exemplar do *Recueil*, ver: Kenneth Maxwell (Coord.), *O livro de Tiradentes: Transmissão atlântica de ideias políticas no século XVIII*, op. cit. Para Álvares Maciel, ver: Márcio Jardim, *A Inconfidência Mineira: Uma síntese factual*, op. cit., pp. 142 ss.

26. "Carta-denúncia de Domingos de Abreu Vieira. Vila Rica, Cadeia de Vila Rica. 28 de maio de 1789". *Autos da Devassa da Inconfidência Mineira*, op. cit., v. 1, p. 124.

27. Devo à generosidade de Evaldo Cabral de Mello a hipótese e todas as informações sobre o possível reaparecimento do exemplar do *Recueil*, de José Pereira Ribeiro, no Recife. Para o *Recueil* na Revolução de 1817, ver: Evaldo Cabral de Mello, *A outra independência: O federalismo pernambucano de 1817 a 1824* (São Paulo: Ed. 34, 2004), pp. 47 ss. Para Luís Bustamante, ver:

Joaquim Dias Martins, *Os martires pernambucanos, victimas da liberdade nas duas revoluções ensaiadas em 1710 e 1817*, op. cit., pp. 405-6; Para estudantes em Coimbra, ver: Virgínia Trindade Valadares, *Elites mineiras setecentistas: Conjugação de dois mundos*, op. cit., pp. 342 e 501. Para José Pereira Ribeiro, ver: Álvaro de Araújo Antunes, *Espelho de cem faces: O universo relacional de um advogado setecentista*, op. cit.

28. Ver: Newton Bignotto, "Humanismo cívico hoje", em id. (Org.), *Pensar a República*, op. cit.; e Jean-Marie Goulemot, "Du Républicanisme et de l'idée républicaine au xviiie siècle", em François Furet e Mona Ozouf (Orgs.), *Le Siècle de l'avènement républicain*, op. cit.

29. Para esse debate no contexto do republicanismo norte-americano, ver: Gordon S. Wood, "A Monarchical Republic", em id., *Empire of Liberty: A History of the Early Republic, 1789-1815* (Nova York: Oxford University Press, 2009). (Devo a Leonardo Avritzer a discussão sobre esse ponto e a indicação desse texto.) Ver também: ver: John G. A. Pocock, "1776: A revolução contra o Parlamento", em id., *Linguagens do ideário político*, op. cit. Para o ingrediente republicano da Constituição inglesa, na perspectiva de Montesquieu, ver especialmente: Montesquieu (Barão de), *Do espírito das leis*, op. cit., livro xi, cap. vi. Ver também: Newton Bignotto, *As aventuras da virtude: As ideias republicanas na França do século XVIII*, op. cit. (especialmente pp. 28 ss.).

30. Ver: Charles L. Mee, *A história da Constituição americana* (Rio de Janeiro: Expressão e Cultura, 1993), p. 91; e Alexander Hamilton, "O federalista nº 70" e "O federalista nº 72", em James Madison, Alexander Hamilton e John Jay, *Os artigos federalistas 1787-1788* (Rio de Janeiro: Nova Fronteira, 1993).

31. "Testemunha 4ª". *Autos da Devassa da Inconfidência Mineira*, op. cit., v. 1, p. 158.

32. Ver: Franco Venturi, *Utopia e reforma no Iluminismo*, op. cit.; Jean-Marie Goulemot, "Du Républicanisme et de l'idée républicaine au xviiie siècle", em François Furet e Mona Ozouf (Orgs.), *Le Siècle de l'avènement républicain*, op. cit.; e George Rudé, *Europa en el siglo XVIII*, op. cit.

33. "Testemunha 3ª". *Autos da Devassa da Inconfidência Mineira*, op. cit., v. 1, p. 151.

34. Bernard Bailyn, *As origens ideológicas da Revolução Americana*, op. cit.; Gordon S. Wood, *The Creation of the American Republic 1776-1787*, op. cit.; Heloisa Maria Murgel Starling, "A matriz norte-americana". In: Newton Bignotto (Org.), *Matrizes do republicanismo*, op. cit.

35. "Carta-denúncia de Domingos Vidal de Barbosa, contra Francisco Antônio de Oliveira Lopes e José de Resende Costa Filho. Vila Rica, Cadeia Pública, 9 de julho de 1789". *Autos da Devassa da Inconfidência Mineira*, op. cit., v. 2, p. 465.

36. "Francisco Antônio de Oliveira Lopes". *Autos da Devassa da Inconfidência Mineira*, op. cit., v. 2, p. 49.

37. Para os principais pontos do planejamento militar da Conjuração Mineira, ver especialmente: *Autos da Devassa da Inconfidência Mineira*, op. cit., v. 1, 2, 4 e 5.

38. "Testemunha 13ª". *Autos da Devassa da Inconfidência Mineira*, op. cit., v. 1, p. 177.

39. Montesquieu (Barão de), *Do espírito das leis*, op. cit., livro ix, cap. i. Ver também: John G. A. Pocock, "Império, Estado e confederação", em id., *Linguagens do ideário político*, op. cit. (especialmente p. 291).

40. Ver: Bernard Bailyn, *As origens ideológicas da Revolução Americana*, op. cit. Ver também: Heloisa Maria Murgel Starling, "A matriz norte-americana", em Newton Bignotto (Org.), *Matrizes do republicanismo*, op. cit.

41. Para os Artigos da Confederação, ver: Merrill Jensen, *The Articles of Confederation: An Interpretation of the Social-Constitutional History of the American Revolution, 1774-1781* (Madison, WI: Madison House, 1970). Para a ideia moderna de Constituição, ver: James Tully, *Strange Multiplicity, Constitucionalism in the Age of Diversity* (Cambridge: Cambridge University Press, 1997).

42. "Testemunha 53ª". *Autos da Devassa da Inconfidência Mineira*, op. cit., v. 1, p. 258.

43. "Testemunha 52ª". *Autos da Devassa da Inconfidência Mineira*, op. cit., v. 1, p. 255.

44. Ver: Alexis de Tocqueville, *De la Démocratie en Amérique*, op. cit. Ver também: Bernard Bailyn, *As origens ideológicas da Revolução Americana*, op. cit. (especialmente pp. 118 ss.).

45. A importância política das câmaras municipais na América portuguesa foi abordada no primeiro capítulo, "E a República desembarcou no Brasil: Os vários significados para uma palavra".

46. Ver: Isaac Kramnick, "Apresentação", em James Madison, Alexander Hamilton e John Jay, *Os artigos federalistas 1787-1788*, op. cit.; e Robert Brown, *Middle-Class Democracy and the Revolution in Massachusetts, 1691-1780* (Nova York: Harper & Row, 1969).

47. Para as Constituições estaduais, ver: Donald S. Lutz, "State Constitution-Making, through 1781", em Jack Greene e Jack R. Pole, *The Blackwell Encyclopedia of the American Revolution* (Cambridge: Blackwell, 1994); Isaac Kramnick, "Apresentação", em James Madison, Alexander Hamilton e John Jay, *Os artigos federalistas 1787-1788*, op. cit.; e Robert Brown, *Middle--Class Democracy and the Revolution in Massachusetts, 1691-1780*, op. cit.

48. Ver: James Madison, "O federalista nº 10", em James Madison, Alexander Hamilton e John Jay, *Os artigos federalistas 1787-1788*, op. cit.; Gordon Lloyd, "Interpretative Essay", em William B. Allen e Gordon Lloyd, *The Essential Antifederalist* (Lanham: Rowman & Littlefield, 2002); e Gordon S. Wood, *The Creation of the American Republic*, op. cit.

49. "Segunda carta de Vendek (José Joaquim Maia e Barbalho) a Thomas Jefferson. Paris, 16 de outubro de 1786". *Autos da Devassa da Inconfidência Mineira*, op. cit., v. 8, pp. 21-2. Ver também: Kenneth Maxwell (Coord.), *O livro de Tiradentes: Transmissão atlântica de ideias políticas no século XVIII*, op. cit., pp. 28 ss.

50. "Relatório de Thomas Jefferson a John Jay sobre sua viagem ao sul da França. Marselha, 4 de maio de 1787". *Anuário do Museu da Inconfidência*. Ouro Preto, 1953, v. II, pp. 19 ss.

51. "Relatório de Thomas Jefferson a John Jay sobre sua viagem ao sul da França. Marselha, 4 de maio de 1787", op. cit. Ver também: Kenneth Maxwell (Coord.), *O livro de Tiradentes: Transmissão atlântica de ideias políticas no século XVIII*, op. cit., pp. 31 ss.

52. Ver: "2ª Inquirição. Rio — Fortaleza da Ilha das Cobras — 14 de janeiro de 1790", em *Autos da Devassa da Inconfidência Mineira*, op. cit., v. 5, pp. 112-3. Para a falta de apoio internacional à Conjuração Mineira, ver: Kenneth Maxwell (Coord.), *O livro de Tiradentes: Transmissão atlântica de ideias políticas no século XVIII*, op. cit.; id., "A Inconfidência Mineira: Dimensões internacionais", em id., *Chocolate, piratas e outros malandros: Ensaios tropicais* (São Paulo: Paz e Terra, 1999).

53. Citado em Kenneth Maxwell (Coord.), *O livro de Tiradentes: Transmissão atlântica de ideias políticas no século XVIII*, op. cit., p. 47.

54. Aliás, como anotou Cecília Meireles: "Ai, palavras, ai, palavras,/ que estranha potência, a vossa!/ Ai, palavras, ai, palavras,/ sois de vento, ides no vento,/ no vento que não retorna,/ e, em

tão rápida existência,/ tudo se forma e transforma.". Cecília Meireles, "Romance LIII ou Das palavras aéreas". In: Cecília Meireles, *Romanceiro da Inconfidência*, op. cit., p. 182.

6. REPÚBLICA DO TAGOAHY [pp. 177-207]

1. Para ruas e locais públicos do Rio de Janeiro no final do século XVIII, ver: Brasil Gerson, *História das ruas do Rio (e da sua liderança na história política do Brasil)* (Rio de Janeiro: Lacerda, 2000). Para execução de Tiradentes, ver: "Últimos momentos dos inconfidentes de 1789, pelo frade que os assistiu em confissão", em *Autos da Devassa da Inconfidência Mineira*, op. cit., v. 9; e "Cerimônias religiosas em regozijo pelo malogro da conjuração", em *Autos da Devassa da Inconfidência Mineira*, op. cit., v. 7.

2. Para as medidas do conde de Resende, antes e depois da execução de Tiradentes, ver: "Carta do vice-rei, ao brig. Pedro Álvares de Andrade com instruções à tropa, no ato de execução de Tiradentes", em *Autos da Devassa da Inconfidência Mineira*, op. cit., v. 7; "Proclamação do brig. Pedro Álvares de Andrade à tropa", em *Autos da Devassa da Inconfidência Mineira*, op. cit., v. 7; "Últimos momentos dos inconfidentes de 1789, pelo frade que os assistiu em confissão", em *Autos da Devassa da Inconfidência Mineira*, op. cit., v. 9; e "Cerimônias religiosas em regozijo pelo malogro da conjuração", em *Autos da Devassa da Inconfidência Mineira*, op. cit., v. 7.

3. "Últimos momentos dos inconfidentes de 1789, pelo frade que os assistiu em confissão". *Autos da Devassa da Inconfidência Mineira*, op. cit., p. 162.

4. "Memória do êxito que teve a conjuração de Minas e dos fatos relativos a ela acontecidos nesta cidade do Rio de Janeiro desde 17 até 26 de abril de 1792". *Autos da Devassa da Inconfidência Mineira*, op. cit., v. 9, p. 103.

5. "Cerimônias religiosas em regozijo pelo malogro da conjuração". *Autos da Devassa da Inconfidência Mineira*, op. cit., v. 7, p. 292. Para a igreja da Ordem Terceira do Carmo, ver: Ana Maria Fausto Monteiro de Carvalho, *Mestre Valentim* (São Paulo: Cosac Naify, 2003).

6. "Últimos momentos dos inconfidentes de 1789, pelo frade que os assistiu em confissão". *Revista do Instituto Histórico e Geográfico Brasileiro*, Rio de Janeiro, tomo 44, 1ª parte, p. 182, 1881. Citado em Afonso Carlos Marques dos Santos, *No rascunho da nação: Inconfidência no Rio de Janeiro* (Rio de Janeiro: Secretaria Municipal de Cultura, Turismo e Esportes, 1992).

7. Para Goa, ver: Anita Correia Lima de Almeida, "O veneno do desgosto: A conjuração de Goa em 1787", em Júnia Ferreira Furtado (Org.), *Diálogos oceânicos: Minas Gerais e as novas abordagens para uma história do Império Ultramarino português*, op. cit. Sobre o impacto da Conjuração Mineira no Rio de Janeiro, ver: Anita Correia Lima de Almeida, "A Devassa contra os membros da Sociedade Literária do Rio de Janeiro", em id., *Inconfidência no Império: Goa de 1787 e Rio de Janeiro de 1794* (Rio de Janeiro: 7Letras, 2011). Para a mudança na percepção das autoridades metropolitanas durante o julgamento da Conjuração Mineira, ver: Kenneth Maxwell, "The Impact of the American Revolution on Spain and Portugal and their Empires", em Jack Greene e Jack R. Pole, *The Blackwell Encyclopedia of the American Revolution*, op. cit. Para o mundo atlântico revolucionário, ver: Peter Linebaugh e Marcus Rediker, *A hidra de muitas cabeças: Marinheiros, escravos, plebeus e a história oculta do Atlântico revolucionário* (São Paulo: Companhia das Letras, 2008); e Lester Langley, *The Americas in the Age of Revolution (1750-1850)*

(New Haven: Yale University Press, 1996). Para o papel das ideias nas conjurações, ver: Sergio Paulo Rouanet, "As Minas iluminadas: A Ilustração e a Inconfidência", em Adauto Novaes, *Tempo e história* (São Paulo: Companhia das Letras, 1992). Para o medo, ver: Marilena Chaui, "Sobre o medo", em id., *Desejo, paixão e ação na ética de Espinosa* (São Paulo: Companhia das Letras, 2011).

8. Para a relação dos jornais que chegavam ao Rio de Janeiro, ver: *Autos da Devassa: Prisão dos letrados do Rio de Janeiro, 1794* (Rio de Janeiro: Ed. da Uerj, 2002). Para a importância do porto do Rio de Janeiro, ver: João Luiz Ribeiro Fragoso, *Homens de grossa aventura: Acumulação e hierarquia na praça mercantil do Rio de Janeiro*. Rio de Janeiro: Civilizaçao Brasileira, 1998.

9. Para a *Gazeta de Lisboa*, ver: Lúcia Maria Bastos Pereira das Neves, *Napoleão Bonaparte: Imaginário e política em Portugal (c. 1808-1810)* (São Paulo: Alameda, 2008), pp. 71 ss. Para o *Courrier de l'Europe* e o *Correio de Londres*, ver: Jeremy D. Popkin, "Jornais: A nova face das notícias", em Robert Darnton e Daniel Roche (Orgs.), *Revolução impressa: A imprensa na França 1775-1800* (São Paulo: Edusp, 1996).

10. Para o *Mercure de France*, ver: Simon Schama, *Cidadãos: Uma crônica da Revolução Francesa* (São Paulo: Companhia das Letras, 1989), pp. 158 ss.

11. Ver: Lúcia Maria Bastos Pereira das Neves, *Napoleão Bonaparte: Imaginário e política em Portugal (c. 1808-1810)*, op. cit., p. 78.

12. "Carta de Martinho de Melo e Castro a Bernardo José de Lorena. Lisboa, 21 de fevereiro de 1792". Biblioteca Nacional, Sessão de Manuscritos, DOC II, 33.29.29.

13. "Decreto de Lei de 17 de dezembro de 1794". In: António Delgado da Silva, *Colleção da legislação portuguesa (1791 a 1801)* (Lisboa: Maigrense, 1828, v. 6), p. 154.

14. Ver: "Depoimento de José Bernardo da Silveira Frade. Rio de Janeiro, 7 de setembro de 1794", em *Autos da Devassa: Prisão dos letrados do Rio de Janeiro, 1794*, op. cit., p. 73.

15. Para o conde de Resende e a repressão à Sociedade Literária do Rio de Janeiro, ver: Afonso Carlos Marques dos Santos, *No rascunho da nação: Inconfidência no Rio de Janeiro*, op. cit.; e Anita Correia Lima de Almeida. *Inconfidência no Império: Goa de 1787 e Rio de Janeiro de 1794*, op. cit.

16. Ver: "Auto de perguntas feitas ao preso Jacinto José da Silva", em *Autos da Devassa: Prisão dos letrados do Rio de Janeiro, 1794*, op. cit., pp. 257-8. Para a Sociedade Literária e suas atividades científicas, ver: Anita Correia Lima de Almeida, *Inconfidência no Império: Goa de 1787 e Rio de Janeiro de 1794*, op. cit. (especialmente pp. 156 ss.); Gustavo Henrique Tuna, *Silva Alvarenga: Representante das Luzes na América portuguesa* (São Paulo: FFLCH-USP, 2009. Tese [Doutorado em História]); e Lorelai Brilhante Kury e Oswaldo Munteal Filho, "Cultura científica e sociabilidade intelectual no Brasil setecentista: Um estudo acerca da sociedade literária do Rio de Janeiro" (*Acervo: Revista do Arquivo Nacional*, Rio de Janeiro, v. 8, n. 1/2, p. 117, jan./dez. 1995).

17. Para a Academia Real de Ciências de Lisboa e a política científica do Império português, ver: Oswaldo Munteal Filho, "A Academia Real das Ciências de Lisboa e o Império Colonial Ultramarino (1779-1808)", em Júnia Ferreira Furtado (Org.), *Diálogos oceânicos: Minas Gerais e as novas abordagens para uma história do Império Ultramarino português*, op. cit.

18. Para o projeto de produção de conhecimento científico do Império português e sua relação com os letrados da América portuguesa, ver: Júnia Ferreira Furtado, "República de mazombos: Sedição, maçonaria e libertinagem numa perspectiva atlântica", em id. et al., *O Atlânti-*

co revolucionário (Lisboa: Centro de História do Além-Mar, 2012); Fernando A. Novais, "O reformismo ilustrado luso-brasileiro: Alguns aspectos" (*Revista Brasileira de História*, São Paulo, n. 7, pp. 105-18, mar. 1984); e Oswaldo Munteal Filho, "A Academia Real das Ciências de Lisboa e o Império Colonial Ultramarino (1779-1808)", em Júnia Ferreira Furtado (Org.), *Diálogos oceânicos: Minas Gerais e as novas abordagens para uma história do Império Ultramarino português*, op. cit.

19. Para a viagem filosófica de Alexandre Ferreira, ver: Manuel Laranjeira Rodrigues de Areia et al., *Memória da Amazónia: Alexandre Rodrigues Ferreira e a viagem philosophica pelas capitanias do Grão-Pará, Rio Negro, Mato Grosso e Cuyabá* (Coimbra: Universidade de Coimbra, 1991).

20. Para a importância comercial do anil, ver: Armelle Enders, *A história do Rio de Janeiro* (Rio de Janeiro: Gryphus, 2015), p. 78.

21. Vicente Coelho de Seabra, *Elementos de chimica offerecidos a Sociedade Litteraria do Rio de Janeiro para o uso do seu curso de chimica*. Coimbra: Real Oficina da Universidade, 1788, parte I, p. viii. Para Vicente Telles, ver: Francisco Adolfo de Varnhagen, *História geral do Brasil* (São Paulo: Edusp; Belo Horizonte: Itatiaia, 1981). Para um sumário dos trabalhos apresentados à Sociedade Literária durante o seu primeiro ano de funcionamento, ver: Joaquim José de Ataíde, "Discurso em que se mostra o fim para que foi estabelecida a Sociedade Literária do Rio de Janeiro" (*Revista do Instituto Histórico e Geográfico Brasileiro*, Rio de Janeiro, tomo 45, pp. 69-76, 1882). Ver também: Gustavo Henrique Tuna, *Silva Alvarenga: Representante das Luzes na América portuguesa*, op. cit. (especialmente pp. 117 ss.).

22. Ver: Joaquim José de Ataíde, "Discurso em que se mostra o fim para que foi estabelecida a Sociedade Literária do Rio de Janeiro" (*Revista do Instituto Histórico e Geográfico Brasileiro*, Rio de Janeiro, tomo 45, pp. 248-9, 1882).

23. Jacinto José da Silva Quintão, "Memória sobre a cochonilha e o methodo de a propagar, offerecido aos lavradores Brazileiros, por um patriota zelloso e amante da felicidade publlica". *O Patriota: Jornal Literário, Político, Mercantil do Rio de Janeiro* (Rio de Janeiro, Biblioteca Nacional, p. 12, 4. abr. 1813). Para estudantes brasileiros em Montpellier durante o século XVIII, ver: Júnia Ferreira Furtado, "Dos médicos, cirurgiões e barbeiros no Império português", em Heloisa Maria Murgel Starling, Lígia Germano e Rita de Cássia Marques (Orgs.), *Medicina: História em exame* (Belo Horizonte: Ed. UFMG, 2011), pp. 55 ss.

24. Jacinto José da Silva Quintão, "Memória sobre a cochonilha e o methodo de a propagar, offerecido aos lavradores Brazileiros, por um patriota zelloso e amante da felicidade publlica", op. cit.

25. Para os mecanismos de controle do Estado português sobre as atividades científicas e a possibilidade de brechas nesses mecanismos, ver: Oswaldo Munteal Filho, "A Academia Real das Ciências de Lisboa e o Império Colonial Ultramarino (1779-1808)", em Júnia Ferreira Furtado (Org.), *Diálogos oceânicos: Minas Gerais e as novas abordagens para uma história do Império Ultramarino português*, op. cit.; e Fernando A. Novais, "O reformismo ilustrado luso-brasileiro: Alguns aspectos" (*Revista Brasileira de História*, São Paulo, n. 7, pp. 105-18, mar. 1984).

26. Conforme previsto pelo artigo 3º do Estatuto de 1794 e proibido pelos artigos 30 e 31 do Estatuto de 1786. "Auto de continuação e ratificação de perguntas feitas a Manuel Inácio da Silva Alvarenga". *Autos da Devassa: Prisão dos letrados do Rio de Janeiro, 1794*, op. cit., p. 208;

"Estatutos da Sociedade Literária do Rio de Janeiro estabelecida no ano do governo do ilustríssimo e excelentíssimo sr. Luís de Vasconcelos e Souza vice-rei do Estado — 1786". *Autos da Devassa: Prisão dos letrados do Rio de Janeiro, 1794*, op. cit., p. 324.

27. "Auto de continuação e ratificação de perguntas feitas a Manuel Inácio da Silva Alvarenga". *Autos da Devassa: Prisão dos letrados do Rio de Janeiro, 1794*, op. cit., p. 208. Para a importância política do sigilo como marca desse novo tipo de associação durante o século xviii, ver: Maurice Aymard, "Amizade e convivialidade", em Philipp Ariès e Roger Chartier (Orgs.), *História da vida privada: Da Renascença ao século das Luzes*, op. cit. Ver também: Berenice Cavalcante, "Os 'letrados' da sociedade colonial: As academias e a cultura do Iluminismo no final do século xviii (*Acervo: Revista do Arquivo Nacional*, Rio de Janeiro, v. 8, n. 1/2, pp. 52-6, jan./dez. 1995); e Guilherme Pereira das Neves, "O Rio de Janeiro de 1794 no Tribunal das Luzes de R. Koselleck", em id., *História, teoria & variações* (Rio de Janeiro: Contra Capa, 2011).

28. Conforme previsto pelo artigo 2º do Estatuto de 1794. "Auto de continuação e ratificação de perguntas feitas a Manuel Inácio da Silva Alvarenga". *Autos da Devassa: Prisão dos letrados do Rio de Janeiro, 1794*, op. cit., p. 208. Para o argumento de Rousseau, ver: Jean-Jacques Rousseau, *Discurso sobre a origem e os fundamentos da desigualdade entre os homens*, op. cit.

29. "Auto de continuação e ratificação de perguntas feitas a Manuel Inácio da Silva Alvarenga". *Autos da Devassa: Prisão dos letrados do Rio de Janeiro, 1794*, op. cit., p. 205.

30. Para a associação liberdade e igualdade na matriz francesa da tradição republicana, ver: Jean-Jacques Rousseau, *Discurso sobre a origem e os fundamentos da desigualdade entre os homens*, op. cit. Ver também: Id., *Do contrato social*, op. cit. (especialmente o livro ii, cap. xi); e Hannah Arendt, *Da revolução*, op. cit. Para a importância de Rousseau na formação da matriz francesa, ver: Newton Bignotto, *As aventuras da virtude: As ideias republicanas na França do século XVIII*, op. cit. (especialmente os caps. 2 e 3).

31. Para a última fase da Sociedade Literária, ver: Anita Correia Lima de Almeida, *Inconfidência no Império: Goa de 1787 e Rio de Janeiro de 1794*, op. cit.; Afonso Carlos Marques dos Santos, *No rascunho da nação: Inconfidência no Rio de Janeiro*, op. cit.; Gustavo Henrique Tuna, *Silva Alvarenga: Representante das Luzes na América portuguesa*, op. cit.; e Américo Jacobina, "A Conjuração do Rio de Janeiro", em Sérgio Buarque de Holanda, *História geral da civilização brasileira: A época colonial*, op. cit.

32. "Depoimentos a que mandou proceder o ilustríssimo e excelentíssimo vice-rei do Estado do Brasil para se descobrirem por ela as pessoas que, com escandalosa liberdade, se atreviam a envolver em seus discursos matérias ofensivas da religião e a falar nos negócios públicos da Europa com louvor e aprovação do sistema atual da França, e para conhecer-se se entre as mesmas pessoas havia alguns que, além dos ditos escandalosos discursos, se adiantassem a formar ou insinuar algum plano de sedição". *Autos da Devassa: Prisão dos letrados do Rio de Janeiro, 1794*, op. cit., p. 71.

33. Para os dados, ver: Antônio Duarte Nunes, *Almanaque histórico da cidade de São Sebastião do Rio de Janeiro para o ano de 1799* (*Revista do Instituto Histórico e Geográfico Brasileiro*, Rio de Janeiro, v. 267, pp. 93-214, abr./jun. 1965).

34. Para as ruas do Rio de Janeiro e sua vida pública ao final do século xviii, ver: Brasil Gerson, *História das ruas do Rio (e da sua liderança na história política do Brasil)*, op. cit.; e Ana Maria Fausto Monteiro de Carvalho, *Mestre Valentim*, op. cit. Ver também: Kirsten Schultz, *Ver-*

salhes tropical: Império, monarquia e a corte real portuguesa no Rio de Janeiro, 1808-1821 (Rio de Janeiro: Civilização Brasileira, 2008); e Armelle Enders, *A história do Rio de Janeiro*, op. cit.

35. "Depoimentos a que mandou proceder o ilustríssimo e excelentíssimo vice-rei do Estado do Brasil para se descobrirem por ela as pessoas que, com escandalosa liberdade, se atreviam a envolver em seus discursos matérias ofensivas da religião e a falar nos negócios públicos da Europa com louvor e aprovação do sistema atual da França, e para conhecer-se se entre as mesmas pessoas havia alguns que, além dos ditos escandalosos discursos, se adiantassem a formar ou insinuar algum plano de sedição". *Autos da Devassa: Prisão dos letrados do Rio de Janeiro, 1794*, op. cit., p. 69.

36. "1ª Testemunha". *Autos da Devassa: Prisão dos letrados do Rio de Janeiro, 1794*, op. cit., p. 84. Ver também: Gustavo Henrique Tuna, *Silva Alvarenga: Representante das Luzes na América portuguesa*, op. cit.

37. Para as principais boticas implicadas na Conjuração do Rio de Janeiro, ver: *Autos da Devassa: Prisão dos letrados do Rio de Janeiro, 1794*, op. cit. Para a localização dessas boticas, ver: Brasil Gerson, *História das ruas do Rio (e da sua liderança na história política do Brasil)*, op. cit.; e Antônio Torres, *Centro das nossas desatenções* (Rio de Janeiro: Relume-Dumará, 1996). Para o Falanstério do Sahí, ver: Delsy G. Paula e Maria Carolina Fenati, "Utopia libertária: Uma experiência anarquista no campo brasileiro", em Heloisa Maria Murgel Starling, Delsy G. Paula e Juarez Rocha Guimarães, *Sentimento de reforma agrária, sentimento de República* (Belo Horizonte: Ed. UFMG, 2006).

38. *O Patriota: Jornal Literário, Político, Mercantil do Rio de Janeiro*, op. cit., p. 12, 1814. Ver também: Gustavo Henrique Tuna, *Silva Alvarenga: Representante das Luzes na América portuguesa*, op. cit.

39. "28ª Testemunha". *Autos da Devassa: Prisão dos letrados do Rio de Janeiro, 1794*, op. cit., p. 123.

40. "Depoimentos a que mandou proceder o ilustríssimo e excelentíssimo vice-rei do Estado do Brasil para se descobrirem por ela as pessoas que, com escandalosa liberdade, se atreviam a envolver em seus discursos matérias ofensivas da religião e a falar nos negócios públicos da Europa com louvor e aprovação do sistema atual da França, e para conhecer-se se entre as mesmas pessoas havia alguns que, além dos ditos escandalosos discursos, se adiantassem a formar ou insinuar algum plano de sedição". *Autos da Devassa: Prisão dos letrados do Rio de Janeiro, 1794*, op. cit., p. 82.

41. Ibid., pp. 81-2. Para a mistura de política e religião nos debates, ver: Guilherme Pereira das Neves, "O Rio de Janeiro de 1794 no Tribunal das Luzes de R. Koselleck", em id., *História, teoria & variações*, op. cit.; e David Higgs, "O Santo Ofício da Inquisição de Lisboa e a 'Luciferina Assembleia' do Rio de Janeiro na década de 1790" (*Revista do Instituto Histórico e Geográfico Brasileiro*, Rio de Janeiro, v. 162, n. 412, jul./set. 2001). (Devo a Lúcia Bastos Pereira das Neves a indicação desse texto.)

42. Para "rumor público" como um gênero de comunicação oral característico do século XVIII e a construção de suas linhas de transmissão, ver: Robert Darnton, "As notícias em Paris: Uma pioneira sociedade da informação", em id., *Os dentes falsos de George Washington: Um guia não convencional para o século XVIII*, op. cit. Para o caso exemplar de um circuito de comunicação oral em funcionamento no século XVIII e a formação de opinião pública, ver: Robert Darn-

ton, *Poesia e polícia: Redes de comunicação na Paris do século XVIII* (São Paulo: Companhia das Letras, 2014).

43. "Depoimentos a que mandou proceder o ilustríssimo e excelentíssimo vice-rei do Estado do Brasil para se descobrirem por ela as pessoas que, com escandalosa liberdade, se atreviam a envolver em seus discursos matérias ofensivas da religião e a falar nos negócios públicos da Europa com louvor e aprovação do sistema atual da França, e para conhecer-se se entre as mesmas pessoas havia alguns que, além dos ditos escandalosos discursos, se adiantassem a formar ou insinuar algum plano de sedição". *Autos da Devassa: Prisão dos letrados do Rio de Janeiro, 1794,* op. cit., p. 82.

44. Para os lugares públicos do Rio de Janeiro por onde circulava a rede de comunicação oral iniciada pela Sociedade Literária, ver: *Autos da Devassa: Prisão dos letrados do Rio de Janeiro, 1794,* op. cit.

45. "Depoimentos a que mandou proceder o ilustríssimo e excelentíssimo vice-rei do Estado do Brasil para se descobrirem por ela as pessoas que, com escandalosa liberdade, se atreviam a envolver em seus discursos matérias ofensivas da religião e a falar nos negócios públicos da Europa com louvor e aprovação do sistema atual da França, e para conhecer-se se entre as mesmas pessoas havia alguns que, além dos ditos escandalosos discursos, se adiantassem a formar ou insinuar algum plano de sedição". *Autos da Devassa: Prisão dos letrados do Rio de Janeiro, 1794,* op. cit., pp. 81-2.

46. "33ª Testemunha". *Autos da Devassa: Prisão dos letrados do Rio de Janeiro, 1794,* op. cit., pp. 128-9.

47. "31ª Testemunha". *Autos da Devassa: Prisão dos letrados do Rio de Janeiro, 1794,* op. cit., pp. 126-7.

48. Para os depoimentos acima relacionados, ver: *Autos da Devassa: Prisão dos letrados do Rio de Janeiro, 1794,* op. cit., pp. 288, 140, 81, 102 e 92, respectivamente.

49. Para as informações biográficas de Silva Alvarenga, ver: Joaquim Noberto de Souza Silva, "Introdução", em Manuel Inácio da Silva Alvarenga, *Obra poética* (Rio de Janeiro: Garnier, 1864), tomo 1; Antonio Houaiss, "Sobre Silva Alvarenga", em id., *Seis poetas e um problema* (Rio de Janeiro: Serviço de Documentação do MEC, 1960); e Afonso Arinos de Melo Franco, "Notícia sobre Silva Alvarenga", em id., *Rosa de ouro* (Belo Horizonte: Ed. UFMG, 2007). Para a amizade com Basílio da Gama e a Arcádia Ultramarina, ver: Antonio Candido, "Os ultramarinos", em id., *Vários escritos,* op. cit.; e Ivan Teixeira, *Mecenato pombalino e poesia neoclássica: Basílio da Gama e a poética do encômio,* op. cit. Para a cadeira de retórica e a petição à rainha Maria I, ver: Gustavo Henrique Tuna, *Silva Alvarenga: Representante das Luzes na América portuguesa,* op. cit.

50. Antonio Candido, "Letras e ideias no período colonial". In: Id., *Literatura e sociedade* (Rio de Janeiro: Ouro sobre Azul, 2006), p. 109 (grifo no original). Para Barbosa Lage e Rezende Costa, ver: Kenneth Maxwell (Coord.), *O livro de Tiradentes: Transmissão atlântica de ideias políticas no século XVIII,* op. cit.; "Francisco Antônio de Oliveira Lopes. 1ª Inquirição, Cadeia Pública, 15 de junho de 1789", em *Autos da Devassa da Inconfidência Mineira,* op. cit., v. 2, pp. 62-3; e Rosalvo Gonçalves Pinto, *Os inconfidentes: José de Rezende Costa (pai e filho) e o arraial de Lage* (Resende Costa: Amirco, 2014).

51. Para a biblioteca de Silva Alvarenga, ver: Gustavo Henrique Tuna, *Silva Alvarenga: Representante das Luzes na América portuguesa,* op. cit. (especialmente o cap. 5 e o anexo 3). Ver tam-

bém: "Auto de continuação e ratificação de perguntas feitas a Mariano José Pereira e acareação com José Bernardo da Silveira Frade", em *Autos da Devassa: Prisão dos letrados do Rio de Janeiro, 1794*, op. cit., p. 247. Para o papel político do livro ilegal no século XVIII, ver: Robert Darnton, *O diabo na água benta: Ou a arte da calúnia e da difamação de Luís XIV a Napoleão*, op. cit.; id., *Edição e sedição: O universo da literatura clandestina no século XVIII* (São Paulo: Companhia das Letras, 1992). Para livro e biblioteca no século XVIII, ver: Roger Chartier, *A ordem dos livros: Leitores, autores e bibliotecas na Europa entre os séculos XIV e XVIII* (Brasília: Ed. UnB, 1994).

52. Para a sensibilidade brasileira da poesia de Silva Alvarenga e a musicalidade presente nos seus rondós, ver: Antonio Candido, "Poesia e música em Silva Alvarenga e Caldas Barbosa", em id., *Formação da literatura brasileira: Momentos decisivos*, op. cit. Ver também: Sérgio Buarque de Holanda, *Capítulos de literatura colonial*, op. cit. (especialmente a 1ª parte, cap. 4 e a 2ª parte, cap. 1). Para Caldas Barbosa, ver: José Ramos Tinhorão, *Domingos Caldas Barbosa: O poeta da viola, da modinha e do lundu (1740-1800)* (São Paulo: Ed. 34, 2004).

53. Ver: Antonio Candido, "Os ultramarinos", em id., *Vários escritos*, op. cit., p. 161.

54. Para o conceito de utopia, ver: Gregory Claeys, *Utopia: A história de uma ideia* (São Paulo: Sesc SP, 2013). Ver também: Ana Claudia Aymoré Martins, *Morus, Moreau, Morel: A ilha como espaço da utopia* (Brasília: Ed. UnB, 2007).

55. "Acareação". *Autos da Devassa: Prisão dos letrados do Rio de Janeiro, 1794*, op. cit., p. 251.

56. Luiz Caldas Tibiriçá, *Dicionário tupi-português com esboço de gramática de tupi antigo* (São Paulo: Traço, 1984).

57. Para a ficção da Arcádia na poesia bucólica setecentista, ver: Erich Auerbach, "La Cour et la ville", em Luiz Costa Lima (Org.), *Teoria da literatura em suas fontes* (Rio de Janeiro: Francisco Alves, 1983), v. 2; Sérgio Buarque de Holanda, *Capítulos de literatura colonial*, op. cit.; e Sérgio Alcides, *Estes penhascos: Cláudio Manuel da Costa e a paisagem das Minas*, op. cit.

58. Para o modelo idealizado de Genebra e a sociedade ficcional de Clarens, ver, respectivamente: Jean-Jacques Rousseau, *Discurso sobre a origem e os fundamentos da desigualdade entre os homens*, op. cit. (especialmente a "Dedicatória"); id., *Júlia ou a nova Heloísa* (São Paulo: Hucitec, 1994). Para a dimensão utópica nos textos de Rousseau, ver: Newton Bignotto, *As aventuras da virtude: As ideias republicanas na França do século XVIII*, op. cit. (especialmente o cap. 2).

59. "Acareação". *Autos da Devassa: Prisão dos letrados do Rio de Janeiro, 1794*, op. cit., p. 269.

60. Ver: Jean-Jacques Rousseau, *Discurso sobre a origem e os fundamentos da desigualdade entre os homens*, op. cit.; id., *Júlia ou a nova Heloísa*, op. cit. Ver também: Jean Starobinski, *Jean-Jacques Rousseau: A transparência e o obstáculo* (São Paulo: Companhia das Letras, 1991, especialmente o cap. 2). Para a associação da virtude com a República no argumento de Rousseau, ver: Newton Bignotto, *As aventuras da virtude: As ideias republicanas na França do século XVIII*, op. cit. (especialmente o cap. 2).

61. Walter Benjamin, "Sobre o conceito da história". In: Id., *Obras escolhidas*, op. cit., v. 1. Para o condensado de significados e a necessária ambiguidade que caracterizam o conceito de utopia, ver: Miguel Abensour, *O novo espírito utópico*, op. cit.; e Ernst Bloch, *O princípio esperança* (Rio de Janeiro: Ed. da Uerj; Contraponto, 2005), v. 1. Para a esperança como expectativa política positiva de um bem futuro, ver: Thomas Hobbes, "Elements of Law", em id., *Body, Man and Citizen* (Londres: Collier, 1967).

7. REPÚBLICA BAHINENSE [pp. 208-38]

1. Luiz dos Santos Vilhena. *A Bahia no século XVIII* (Salvador: Itapuã, 1969), v. 2, p. 425. Para os dados da população, ver: Thales de Azevedo, *O povoamento da cidade do Salvador* (Salvador: Itapuã, 1969), pp. 191 ss.; e Kátia M. de Queirós Mattoso, *Bahia: A cidade do Salvador e seu mercado no século XIX* (São Paulo: Hucitec, 1979), pp. 138 ss.

2. Frei Vicente do Salvador, *Historia do Brazil 1560-1627*, op. cit, livro III, cap. I.

3. Para os panfletos e os locais onde foram afixados, em Salvador, ver: Luís Henrique Dias Tavares, *História da sedição intentada na Bahia em 1798 ("A conspiração dos alfaiates")* (São Paulo: Pioneira; Brasília: INL, 1975), p. 19. Para o núcleo urbano central da cidade de Salvador, em fins do século XVIII, ver: Luiz dos Santos Vilhena, *A Bahia no século XVIII*, op. cit., v. 1. Ver também: Sebastião da Rocha Pita, *História da América portuguesa*, op. cit.; e Kátia M. de Queirós Mattoso, *Bahia: A cidade do Salvador e seu mercado no século XIX*, op. cit.

4. Para os panfletos encontrados em igrejas, ver: Luís Henrique Dias Tavares, *História da sedição intentada na Bahia em 1798 ("A conspiração dos alfaiates")*, op. cit., pp. 19 e 39.

5. "Copia do termo de prisão, habito e tonçura feita ao Reo Luis Gonzaga das Virgens". *Autos da Devassa da Conspiração dos Alfaiates*. Salvador: Arquivo Público do Estado da Bahia, 1998, v. 1, pp. 142 ss. Ver também: Patrícia Valim, *Corporação dos enteados: Tensão, contestação e negociação política na Conjuração Baiana de 1798* (São Paulo: FFLCH-USP, 2012. Tese [Doutorado em História]). (Devo a João José Reis a indicação dos trabalhos de Patrícia Valim.)

6. "Carta de Fernando José de Portugal a Martinho de Melo e Castro. Salvador, 2 de junho de 1792". Biblioteca Nacional, Seção de Manuscritos, DOC I, 01.04.11. Ver também: "Carta de Martinho de Melo e Castro a Bernardo José de Lorena. Lisboa, 21 de fevereiro de 1792", em Biblioteca Nacional, Seção de Manuscritos, DOC II, 33.29.29.

7. Para as medidas de repressão às francesias, ver: István Jancsó, *Na Bahia contra o Império: História do ensaio da sedição de 1798* (São Paulo: Hucitec; Salvador: Edufba, 1996).

8. "Determinação do governador d. Fernando José de Portugal e Castro ao desembargador Manuel de Magalhães Pinto e Avellar de Barbedo para abertura de Sumário de Testemunhas. Bahia, 15 de janeiro de 1999". Publicada em Inácio Accioli de Cerqueira e Silva, *Memórias históricas e políticas da Bahia* (Salvador: Tipografia Oficial do Estado da Bahia, 1931), tomo III, p. 141.

9. Para o envolvimento da elite baiana e do grupo de letrados, ver: István Jancsó, *Na Bahia contra o Império: História do ensaio da sedição de 1798*, op. cit.; Luís Henrique Dias, *História da sedição intentada na Bahia em 1798 ("A conspiração dos alfaiates")*, op. cit.; e Kenneth Maxwell, "A geração de 1790 e a ideia do Império luso-brasileiro", em id., *Chocolate, piratas e outros malandros: Ensaios tropicais*, op. cit. Para Cipriano Barata, ver: Marcos Morel, "As revoluções presentes e pretéritas em 1798", em id., *Cipriano Barata na Sentinela da Liberdade* (Salvador: Academia de Letras da Bahia; Assembleia Legislativa do Estado da Bahia, 2001). Para Francisco Gomes, ver: Thomas Lindley, *Narrativa de uma viagem ao Brasil que terminou com o apresamento de um navio britânico e a prisão do autor* (São Paulo: Companhia Editora Nacional, 1969), pp. 167 ss.

10. Para intervenção francesa, ver: István Jancsó e Marcos Morel, "Novas perspectivas sobre a presença francesa na Bahia em torno de 1798" (*Topoi*, Rio de Janeiro, v. 8, n. 14, jan./jun. 2007); e István Jancsó, "Bahia 1798: A hipótese de auxílio francês ou a cor dos gatos", em Júnia Ferreira

Furtado (Org.), *Diálogos oceânicos: Minas Gerais e as novas abordagens para uma história do Império Ultramarino Português*, op. cit.

11. Para a importância de Salvador, ver: John A. R. Russell-Wood, "A projeção da Bahia no Império ultramarino português" (*Anais do IV Congresso de História da Bahia*. Salvador: IHGB, 2002); e Pierre Verger, *Fluxo e refluxo do tráfico de escravos entre o golfo de Benin e a Bahia de Todos os Santos* (Salvador: Corrupio, 2002).

12. Para o engajamento da Revolução Francesa em uma política de guerra revolucionária, ver: Simon Schama, *Cidadãos: Uma crônica da Revolução Francesa*, op. cit., pp. 481, 520 e 554. Ver também e especialmente o cap. 14. Para a presença francesa na Guerra de Independência das Treze Colônias Inglesas, ver: Kevin Phillips, *1775: A Good Year for Revolution* (Nova York: Penguin, 2012); e Richard Middleton, *A Guerra de Independência dos Estados Unidos da América* (São Paulo: Madras, 2013).

13. Para a importância dos rumores no contexto da conjuração, ver: Florisvaldo Mattos, *A comunicação social na revolução dos alfaiates* (Salvador: Universidade Federal da Bahia, 1974). Para as razões de insatisfação da elite local com o Estado português, ver: István Jancsó, *Na Bahia contra o Império: História do ensaio da sedição de 1798*, op. cit.; e Kenneth Maxwell, "A geração de 1790 e a ideia do Império luso-brasileiro", em id., *Chocolate, piratas e outros malandros: Ensaios tropicais*, op. cit.

14. "Carta do governador da capitania da Bahia, d. Fernando José de Portugal e Castro ao secretário de Estado da Marinha e Domínios Ultramarinos, d. Rodrigo de Souza Coutinho. Bahia, 13 de fevereiro de 1999". Publicada em Inácio Accioli de Cerqueira e Silva, *Memórias históricas e políticas da Bahia*, op. cit., tomo III, p. 134.

15. Para os significados do haitianismo na América portuguesa, ver: Flávio Gomes, "Experiências transatlânticas e significados locais: Ideias, temores e narrativas em torno do Haiti no Brasil escravista" (*Tempo*, Rio de Janeiro, v. 7, n. 13, pp. 209-46, 2002).

16. Para as características assumidas pelas relações escravistas na cidade de Salvador, ver: João José Reis e Eduardo Silva, *Negociação e conflito: A resistência negra no Brasil escravista* (São Paulo: Companhia das Letras, 1999); e João José Reis, *A rebelião escrava no Brasil: A história do levante dos malês em 1835* (São Paulo: Companhia das Letras, 2003).

17. "Relação da francezia formada pelos omens pardos da cidade da Bahia no anno de 1798". *Descrição da Bahia*, tomo IV, DL, 399.2, pp. 291-300. Arquivo do Instituto Histórico e Geográfico Brasileiro.

18. Para relação de presos e calendário de prisões, ver: Luís Henrique Dias Tavares, *História da sedição intentada na Bahia em 1798 ("A conspiração dos alfaiates")*, op. cit.; e Bráz Hermenegildo do Amaral, "A conspiração republicana da Bahia de 1798", em id., *Fatos da vida do Brasil* (Bahia: Tipografia Naval, 1941).

19. "Perguntas a Antônio Ignacio Ramos. A Inconfidência da Bahia em 1798: Devassas e Sequestros". *Anais da Biblioteca Nacional*. Rio de Janeiro: Biblioteca Nacional, 1920-1, v. 43-4, pp. 130-4, e v. 45, p. 127. Ver também: Luís Henrique Dias Tavares, *História da sedição intentada na Bahia em 1798 ("A conspiração dos alfaiates")*, op. cit., pp. 60 e 100. Para a importância do vestuário na França revolucionária, ver: Lynn Hunt, *Política, cultura e classe na Revolução Francesa*, op. cit. (especialmente o cap. 2).

20. "Continuação das perguntas a José de Freitas Sacoto, pardo, livre e preso nas cadeias

desta relação. Autos da Devassa do Levantamento e Sedição Intentados na Bahia em 1798". *Anais do Arquivo Público da Bahia*, op. cit., v. xxxv, p. 129.

21. Para a articulação entre a ideia de liberdade política e a emergência de grupos sociais para quem, até então, o domínio público era invisível e, por consequência, inacessível, ver: Hannah Arendt, *Da revolução*, op. cit. Para o dístico e a bandeira da Conjuração Baiana, ver: Bráz Hermenegildo do Amaral, "A conspiração republicana da Bahia de 1798", em id., *Fatos da vida do Brasil*, op. cit., p. 31.

22. "Panfleto 3º. Avizo ao Povo Bahinense". In: Kátia M. de Queirós Mattoso, *Presença francesa no movimento democrático baiano de 1798*. Salvador: Itapuã, 1969, p. 149. Ver também: Jean-Jacques Rousseau, *Do contrato social*, op. cit.; id., *Discurso sobre a origem e os fundamentos da desigualdade entre os homens*, op. cit.

23. Para os recursos de comunicação empregados na Conjuração Baiana, ver: Florisvaldo Mattos, *A comunicação social na revolução dos alfaiates*, op. cit. Para o estudo da recepção em redes de comunicação no século xviii, ver: Robert Darnton, *Poesia e polícia: Redes de comunicação na Paris do século XVIII*, op. cit.

24. "Continuação das perguntas a José de Freitas Sacoto, pardo, livre e preso nas cadeias desta relação. Autos da Devassa do Levantamento e Sedição Intentados na Bahia em 1798". *Anais do Arquivo Público da Bahia*, op. cit., v. xxxv, p. 130.

25. Para a composição da plebe urbana de Salvador, ver: João José Reis, *A rebelião escrava no Brasil: A história do levante dos malês em 1835*, op. cit. Para presença de escravos na Conjuração Baiana, ver: Patrícia Valim, *Corporação dos enteados: Tensão, contestação e negociação política na Conjuração Baiana de 1798*, op. cit.

26. Para os "livros manuscritos" da Conjuração Baiana, ver: Marcello Moreira, "Cultura escribal e o movimento sedicioso de 1789: a 'Pecia'", em Leila Mezan Algranti e Ana Paula Megiani (Orgs.), *O Império por escrito: Formas de transmissão da cultura letrada no mundo ibérico (séculos XVI-XIX)* (São Paulo: Alameda, 2009); Florisvaldo Mattos, *A comunicação social na revolução dos alfaiates*, op. cit.; e Luís Henrique Dias Tavares, *História da sedição intentada na Bahia em 1798 ("A conspiração dos alfaiates")*, op. cit. Para suportes de comunicação capazes de constituição de um "público" numa sociedade do século xviii, ver: Robert Darnton, *Poesia e polícia: Redes de comunicação na Paris do século XVIII*, op. cit.

27. "Continuação das perguntas a José de Freitas Sacoto, pardo, livre e preso nas cadeias desta relação. Autos da Devassa do Levantamento e Sedição Intentados na Bahia em 1798". *Anais do Arquivo Público da Bahia*, op. cit., v. xxxv, p. 129. Para Lucas Pires, ver: *Anais do Arquivo Público da Bahia*, op. cit., v. xxxvi, p. 595; e Luís Henrique Dias Tavares, *História da sedição intentada na Bahia em 1798 ("A conspiração dos alfaiates")*, op. cit., p. 55.

28. Os três textos que circularam apenas na Bahia foram publicados na íntegra, acompanhados de um estudo de contextualização histórica, por Kátia Mattoso. Ver: Kátia M. de Queirós Mattoso, *Presença francesa no movimento democrático baiano de 1798*, op. cit., pp. 34 ss.

29. Jean-Jacques Rousseau, *Júlia ou a nova Heloísa*, op. cit., parte v, "Carta vii". Ver também: Jean Starobinski, *Jean-Jacques Rousseau: A transparência e o obstáculo*, op. cit. (especialmente o cap. 5).

30. Ver: "Perguntas feitas a Francisco Muniz Barreto de Aragão. Autos da Devassa do Levantamento e Sedição Intentados na Bahia em 1798", em *Anais do Arquivo Público da Bahia*, op. cit.,

v. xxxvi, p. 302; "Perguntas feitas ao tenente Hermógenes. Autos da Devassa do Levantamento e Sedição Intentados na Bahia em 1798", em *Anais do Arquivo Público da Bahia*, op. cit., v. xxxvi, p. 316; "Termo de entrega de quatro cadernos achados em poder de Domingos da Silva Lisboa. Autos da Devassa do Levantamento e Sedição Intentados na Bahia em 1798", em *Anais do Arquivo Público da Bahia*, op. cit., v. xxxvi, p. 344; "Caderno pertencente a Luís Gonzaga das Virgens. Autos da Devassa do Levantamento e Sedição Intentados na Bahia em 1798", em *Anais do Arquivo Público da Bahia*, op. cit., v. xxxvi, pp. 523 e 553; e "Perguntas feitas a Lucas Dantas. Autos da Devassa do Levantamento e Sedição Intentados na Bahia em 1798", em *Anais do Arquivo Público da Bahia*, op. cit., v. xxxvi, p. 589. Para os "Versos à igualdade e à liberdade" e as "Décimas", ver também: Luís Henrique Dias Tavares, *História da sedição intentada na Bahia em 1798 ("A conspiração dos alfaiates")*, op. cit., pp. 89 ss. Para a circulação do volume do abade Raynal nas três conjurações, ver: Roberto Ventura, "Leituras do abade Raynal na América Latina", em Osvaldo Coggiola, *A Revolução Francesa e seu impacto na América Latina* (São Paulo: Nova Stella; Edusp, 1990). Para as críticas de Jefferson e Paine, ver: Robert Darnton, "O entusiasmo pela América: Condorcet e Brissot", em id., *Os dentes falsos de George Washington: Um guia não convencional para o século XVIII*, op. cit.

31. Para Lucas Dantas, ver: "Cartas e portarias". Seção de Manuscritos da Biblioteca Nacional, v. i; Anais da Biblioteca Nacional, v. 43-4; Luís Henrique Dias Tavares, *História da sedição intentada na Bahia em 1798 ("A conspiração dos alfaiates")*, op. cit., pp. 62, 89 e 91; e István Jancsó, *Na Bahia contra o Império: História do ensaio da sedição de 1798*, op. cit.

32. Para panfletos na América portuguesa, ver: Luciano Figueiredo, "Escritos pelas paredes" (*Revista do Arquivo Público Mineiro*, Belo Horizonte, ano L, n. 1, jan./jun. 2014); Evaldo Cabral de Mello, *A fronda dos mazombos: Nobres contra mascates, Pernambuco, 1666-1715*, op. cit.; e Emanuel Araújo, *O teatro dos vícios: Transgressão e transigência na sociedade urbana colonial* (Rio de Janeiro: José Olympio, 2008, especialmente pp. 330 ss.).

33. Para panfletos e francesias na Conjuração Baiana, ver: "Relação da francezia formada pelos omens pardos da cidade da Bahia no anno de 1798", *Descrição da Bahia*, op. cit.; e Guilherme Pereira das Neves, "As letras de Luiz Gonzaga das Virgens", comunicação à xxiii Reunião Anual da Sociedade Brasileira de Pesquisa Histórica, 2003, Curitiba (Curitiba: *Anais da XXIII Reunião Anual da Sociedade Brasileira de Pesquisa Histórica*, 2003, pp. 1-10). Os panfletos sobreviventes originais estão reunidos no Arquivo Público do Estado da Bahia (Seção Histórica, maços 578 e 581). Também existem cópias na seção de manuscritos da Biblioteca Nacional (i-28; 23/n. 1-12, Coleção Martins). O conjunto foi integralmente publicado em Luís Henrique Dias Tavares, *História da sedição intentada na Bahia em 1798 ("A conspiração dos alfaiates")*, op. cit., pp. 22-40; e Kátia M. de Queirós Mattoso, *Presença francesa no movimento democrático baiano de 1798*, op. cit., pp. 144-59. Para o conjunto dos eventos da Conjuração Baiana, ver: István Jancsó, *Na Bahia contra o Império: História do ensaio da sedição de 1798*, op. cit.

34. Para as características dos panfletos, ver: Bernard Bailyn, *As origens ideológicas da Revolução Americana*, op. cit. Ver também: Robert Darnton, "A história do libelo político", em id., *Os best-sellers proibidos da França pré-revolucionária* (São Paulo: Companhia das Letras, 1992).

35. Ver: Angus Ross, "John Arbuthnot", em Colin Matthew e Brian Harrison (Orgs.), *Oxford Dictionary of National Biography* (Oxford: Oxford University Press, 2004), v. 2.

36. Para panfletos ingleses, ver: Jonathan Swift, *Modesta proposta e outros textos satíricos* (São Paulo: Ed. Unesp, 2002); id., *Viagens de Gulliver* (São Paulo: Companhia das Letras, 2010). Ver também: Peter Thompson, *Humour and History* (Oxford: K. Cameron, 1993); e Georges Minois, *História do riso e do escárnio* (São Paulo: Ed. Unesp, 2003).

37. Para a natureza dos panfletos franceses, ver: Robert Darnton, *O diabo na água benta: Ou a arte da calúnia e da difamação de Luís XIV a Napoleão*, op. cit.; id., *Edição e sedição: O universo da literatura clandestina no século XVIII*, op. cit. Ver também: Daniel Roche, "Os modos de ler", em id., *O povo de Paris: Ensaio sobre a cultura popular no século XVIII* (São Paulo: Edusp, 2004).

38. Para os panfletos norte-americanos, ver: Bernard Bailyn, *As origens ideológicas da Revolução Americana*, op. cit. (especialmente os caps. 1 e 2); Jackson Main, *The Antifederalists* (Chapel Hill: University of North Carolina Press, 1988); e James Madison, Alexander Hamilton e John Jay, *Os artigos federalistas 1787-1788*, op. cit. Ver também: Heloisa Maria Murgel Starling, "A matriz norte-americana", em Newton Bignotto (Org.), *Matrizes do republicanismo*, op. cit.

39. Para os panfletos em Portugal, ver: Lúcia Maria Bastos Pereira das Neves, *Napoleão Bonaparte: Imaginário e política em Portugal (c. 1808-1810)*, op. cit.

40. "Assentada. Bento Rodrigues Garcia. Autos da Devassa do Levantamento e Sedição Intentados na Bahia em 1798". *Anais do Arquivo Público da Bahia*, op. cit., v. XXXVI, p. 389, jul./dez. 1959.

41. "Assentada. Antônio José Justo. Autos da Devassa do Levantamento e Sedição Intentados na Bahia em 1798". *Anais do Arquivo Público da Bahia*, op. cit., pp. 388-9.

42. Para o tipo de discurso utilizado pelos depoentes na Devassa de 1789, em Minas, e identificação de elementos que formam um padrão capaz de se reproduzir nas devassas abertas em 1794, no Rio de Janeiro, e em 1798, na Bahia, ver: Júnia Diniz Focas, *Inconfidência Mineira: A história dos sentidos de uma história* (Belo Horizonte: Fale; UFMG, 2002).

43. Ver: Kátia de Queirós Mattoso, "Bahia 1789: Os panfletos revolucionários. Proposta de uma nova leitura", em Osvaldo Coggiola, *A Revolução Francesa e seu impacto na América Latina*, op. cit., pp. 346 ss.

44. Os dois significados estão apontados na primeira edição do dicionário de Moraes Silva. Ver: Antonio de Moraes Silva, *Diccionario da lingua portugueza*, op. cit. Ver também: Fátima de Sá e Melo Ferreira, "Entre viejos y nuevos sentidos: 'Pueblo' y 'Pueblos' en el mundo iberoamericano entre 1750 y 1850", em Javier Fernández Sebastián (Org.), *Diccionario político y social del mundo iberoamericano: La era de las revoluciones, 1750-1850* (Madri: Fundación Carolina; Sociedad Estatal de Conmemoraciones Culturales; Centro de Estudios Políticos y Constitucionales, 2009).

45. Para Rousseau e as vertentes do republicanismo francês, ver: Newton Bignotto, "Republicanismo, jacobinismo e Terror", em id., *As aventuras da virtude: As ideias republicanas na França do século XVIII*, op. cit.

46. Ver: "Panfleto 5º Prelo", em Kátia M. de Queirós Mattoso, *Presença francesa no movimento democrático baiano de 1798*, op. cit., p. 151; id., "Bahia 1789: Os panfletos revolucionários. Proposta de uma nova leitura", em Osvaldo Coggiola, *A Revolução Francesa e seu impacto na América Latina*, op. cit., p. 349.

47. Ver: Jean-Jacques Rousseau, *Do contrato social*, op. cit.; e Louis-Antoine de Saint-Just, *Théorie politique*, op. cit. Para a leitura jacobina de Rousseau, ver: Newton Bignotto, "Republicanismo, jacobinismo e Terror", em id., *As aventuras da virtude: As ideias republicanas na França do século XVIII*, op. cit.; id., "A matriz francesa", em id. (Org.), *Matrizes do republicanismo*, op. cit.

48. Para os "Avisos", ver: Kátia de Queirós Mattoso, "Bahia 1789: Os panfletos revolucionários. Proposta de uma nova leitura", em Osvaldo Coggiola, *A Revolução Francesa e seu impacto na América Latina*, op. cit.; id., *Presença francesa no movimento democrático baiano de 1798*, op. cit.; Luís Henrique Dias Tavares, *História da sedição intentada na Bahia em 1798 ("A conspiração dos alfaiates")*, op. cit.; e István Jancsó, *Na Bahia contra o Império: História do ensaio da sedição de 1798*, op. cit.

49. Para direitos, ver: Jean-Jacques Rousseau, *Do contrato social*, op. cit. Para o caso da América inglesa, ver: Pauline Maier, *American Scripture: Making the Declaration of Independence* (Nova York: Alfred A. Knopf, 1998); e Heloisa Maria Murgel Starling, "A matriz norte-americana", em Newton Bignotto (Org.), *Matrizes do republicanismo*, op. cit. Ver também: Milton M. Nascimento, "Reivindicar direitos segundo Rousseau", em Célia G. Quirino, Cláudio Vouga e Gildo M. Brandão (Orgs.), *Clássicos do pensamento político* (São Paulo: Edusp, 2004); Lynn Hunt, *A invenção dos direitos humanos: Uma história*, op. cit.; e Celso Lafer, *A reconstrução dos direitos humanos: Um diálogo com o pensamento de Hannah Arendt*, op. cit., pp. 155-6.

50. "10º. O Povo Bahinense Republicano ordena manda e quer que para o futuro seja feita nessa cidade e seu termo a sua muito memorável revolução". In: Kátia M. de Queirós Mattoso, *Presença francesa no movimento democrático baiano de 1798*, op. cit., pp. 156-7. Ver também: "6º Aviso ao Povo", em ibid., pp. 151-2. Para os "Prelos", ver: Kátia de Queirós Mattoso, "Bahia 1789: Os panfletos revolucionários. Proposta de uma nova leitura", em Osvaldo Coggiola, *A Revolução Francesa e seu impacto na América Latina*, op. cit.; id., *Presença francesa no movimento democrático baiano de 1798*, op. cit.; e Luís Henrique Dias Tavares, *História da sedição intentada na Bahia em 1798 ("A conspiração dos alfaiates")*, op. cit. Para a crise de abastecimento, ver: Avanete Pereira Souza, "Manifestações locais da crise do antigo sistema colonial (O exemplo das câmaras municipais da capitania da Bahia)", em Laura de Mello e Souza, Júnia Ferreira Furtado e Maria Fernanda Bicalho (Orgs.), *O governo dos povos*, op. cit.

51. Citado em Luís Henrique Dias Tavares, *Introdução ao estudo das ideias do movimento revolucionário de 1798* (Salvador: Progresso, 1959), p. 49.

52. "Aviso". In: Kátia M. de Queirós Mattoso, *Presença francesa no movimento democrático baiano de 1798*, op. cit., pp. 148-9. Para a situação da tropa, ver: István Jancsó, *Na Bahia contra o Império: História do ensaio da sedição de 1798*, op. cit., pp. 108 ss.; e João José Reis, *A rebelião escrava no Brasil: A história do levante dos malês em 1835*, op. cit., pp. 57 ss.

53. "5º Prelo". In: Kátia M. de Queirós Mattoso, *Presença francesa no movimento democrático baiano de 1798*, op. cit., p. 151; Luís Henrique Dias Tavares, *História da sedição intentada na Bahia em 1798 ("A conspiração dos alfaiates")*, op. cit., pp. 30 e 32.

54. Ver: Raphael Bluteau, *Vocabulario portuguez e latino*, op. cit. Para as Dietas e seu significado na Conjuração Baiana, ver: István Jancsó, "Teoria e prática da contestação na colônia", em id., *Na Bahia contra o Império: História do ensaio da sedição de 1798*, op. cit.

55. Para essa figura de exceção criada pelo republicanismo jacobino, ver: Newton Bignotto, "Republicanismo, jacobinismo e Terror", em id., *As aventuras da virtude: As ideias republicanas*

na França do século XVIII, op. cit. Ver também: Michael Walzer (Org.), *Regicide and Revolution: Speeches at the Trial of Louis XVI* (Nova York: Columbia University Press, 1993); e David Andress, *O Terror: Guerra civil e a Revolução Francesa* (Rio de Janeiro: Record, 2009).

56. Para o princípio do plebeísmo como um ideal de extensão da cidadania e sua relação com a tópica do republicanismo, ver: Cícero Araújo, "República e democracia" (*Lua Nova*, São Paulo, n. 51, pp. 5-30, 2000). Ver também: Robert A. Dahl, "Rumo à segunda transformação: O republicanismo, a representação e a lógica da igualdade", em id., *A democracia e seus críticos* (São Paulo: Martins Fontes, 2012).

57. "Assentada. Autos da Devassa do Levantamento e Sedição Intentados na Bahia em 1798". *Anais do Arquivo Público da Bahia*, op. cit., v. xxxvi, p. 406.

58. "Perguntas a Joaquim José de Santa Anna. A Inconfidência da Bahia em 1798: Devassas e Sequestros". *Anais da Biblioteca Nacional*. Rio de Janeiro: Biblioteca Nacional, 1920-1, v. 45, p. 119. Ver também: Luís Henrique Dias Tavares, *História da sedição intentada na Bahia em 1798* (*"A conspiração dos alfaiates"*), op. cit., p. 100.

59. Para o musical, ver: Mário Lago e Dori Caymmi, *Foram 4 Tiradentes na Conjuração Baiana* (Rio de Janeiro: Acari Records, 2015. 1 CD). Para as características assumidas pela repressão desencadeada pela Coroa portuguesa, ver: István Jancsó, "Teoria e prática da contestação na colônia", em id., *Na Bahia contra o Império: História do ensaio da sedição de 1798*, op. cit. Ver também: Luís Henrique Dias Tavares, *História da sedição intentada na Bahia em 1798* (*"A conspiração dos alfaiates"*), op. cit.

60. Para o ritual da punição aos conjurados como um ritual de reforço ao poder da monarquia portuguesa na colônia, ver: Patrícia Valim, "Da contestação à conversão: A punição exemplar dos réus da Conjuração Baiana de 1798" (*Topoi*, Rio de Janeiro, v. 10, n. 18, pp. 14-23, jan./ jun. 2009). Para Luís Gonzaga das Virgens, ver: Guilherme Pereira das Neves, "As letras de Luiz Gonzaga das Virgens", comunicação à xxiii Reunião Anual da Sociedade Brasileira de Pesquisa Histórica, 2003, Curitiba (Curitiba: *Anais da XXIII Reunião Anual da Sociedade Brasileira de Pesquisa Histórica*, 2003, pp. 1-10).

CONCLUSÃO — A TRADIÇÃO ESQUECIDA [pp. 239-76]

1. Lira Neto, *O inimigo do rei: Uma biografia de José de Alencar* (São Paulo: Globo, 2006), p. 34. Para a Revolução de 1817, ver: Francisco Muniz Tavares, *História da Revolução de Pernambuco em 1817* (Recife: Imprensa Oficial, 1917); Evaldo Cabral de Mello, *A outra independência: O federalismo pernambucano de 1817 a 1824*, op. cit.; Denis Antônio de Mendonça Bernardes, *O patriotismo constitucional: Pernambuco, 1820-1822*, op. cit.; e Glacyra Lazzari Leite, *Pernambuco 1817: Estrutura e comportamentos sociais* (Recife: Massangana, 1988).

2. Para os eventos, ver: Evaldo Cabral de Mello, *A outra independência: O federalismo pernambucano de 1817 a 1824*, op. cit.; e Denis Antônio de Mendonça Bernardes, *O patriotismo constitucional: Pernambuco, 1820-1822*, op. cit. Para a Confederação do Equador, ver também: Glacyra Lazzari Leite, *Pernambuco 1824: A Confederação do Equador* (Recife: Massangana, 1989).

3. "*Typhis Pernambucano*, n. xxi, 10 de junho de 1824". In: Evaldo Cabral de Mello (Org.), *Frei Joaquim do Amor Divino Caneca* (São Paulo: Ed. 34, 2001), pp. 463-4 (grifos no original).

Ver também: Frei Joaquim Caneca, *Obras política e litteraria* (Recife: Universidade Federal de Pernambuco, 1972), 2 v.; e Evaldo Cabral de Mello, "Revolução em família", em id., *Um imenso Portugal: História e historiografia*, op. cit. Para uma biografia de Frei Caneca, ver: Marco Morel, *Frei Caneca: Entre Marília e a Pátria* (Rio de Janeiro: Ed. FGV, 2000); e Gilberto Vilar, *Frei Caneca: Gesta de liberdade* (Rio de Janeiro: Mauad, 2004).

4. Joaquim Dias Martins, *Os martires pernambucanos, victimas da liberdade nas duas revoluções ensaiadas em 1710 e 1817*, op. cit., pp. 317 ss.; Francisco Muniz Tavares, *História da Revolução de Pernambuco em 1817*, op. cit. Para o federalismo em Pernambuco, ver: Evaldo Cabral de Mello, *A outra independência: O federalismo pernambucano de 1817 a 1824*, op. cit. Para Condorcet, ver: Newton Bignotto, *As aventuras da virtude: As ideias republicanas na França no século XVIII*, op. cit.

5. Para condição social dos participantes da Revolução de 1817, ver: "Autos da devassa mandada realizar em Pernambuco por ocasião da revolta de 1817". *Documentos Históricos da Biblioteca Nacional. Revolução de 1817* (Rio de Janeiro: Biblioteca Nacional, 1954), v. CI a CIV. Para Seminário de Olinda, ver: Guilherme Pereira das Neves, "Repercussão, no Brasil, das reformas pombalinas da educação: O Seminário de Olinda" (*Revista do Instituto Histórico e Geográfico Brasileiro*, Rio de Janeiro, v. 159, n. 401, out./dez. 1988); e Gilberto Vilar de Carvalho, *A liderança do clero nas revoluções republicanas (1817-1824)* (Petrópolis: Vozes, 1980).

6. Para prosperidade econômica de Pernambuco e diversidade na Mata Norte, ver: Evaldo Cabral de Mello, *A outra independência: O federalismo pernambucano de 1817 a 1824*, op. cit., pp. 57 ss.; e Francisco Muniz Tavares, *História da Revolução de Pernambuco em 1817*, op. cit. (especialmente o cap. I).

7. Para impostos, ver: Evaldo Cabral de Mello, *A outra independência: O federalismo pernambucano de 1817 a 1824*, op. cit., pp. 29-30.

8. Para uso de documentação policial e formação de redes de comunicação no século XVIII, ver: Robert Darnton, *Poesia e polícia: Redes de comunicação na Paris do século XVIII*, op. cit.

9. Os quadros foram elaborados por Danilo Araújo Marques, Maria Cecília Vieira de Carvalho e José Antônio de Souza Queiróz, pesquisadores do Projeto República: Núcleo de Pesquisa, Documentação e Memória, da UFMG. Fontes utilizadas: *Autos da Devassa da Inconfidência Mineira*, op. cit.; *Autos da Devassa: Prisão dos letrados do Rio de Janeiro, 1794*, op. cit.; e *Autos da Devassa da Conspiração dos Alfaiates*, op. cit. Ver também: José Murilo de Carvalho. *A construção da ordem*: a elite política imperial. Teatro de sombras; a política imperial (Rio de Janeiro: Civilização Brasileira, 2006), p. 185.

10. O gráfico foi elaborado por Danilo Araújo Marques, Maria Cecília Vieira de Carvalho e José Antônio de Souza Queiróz, pesquisadores do Projeto República: Núcleo de Pesquisa, Documentação e Memória, da UFMG. Fontes utilizadas: *Autos da Devassa da Inconfidência Mineira*, op. cit.; *Autos da Devassa: Prisão dos letrados do Rio de Janeiro, 1794*, op. cit.; e *Autos da Devassa da Conspiração dos Alfaiates*, op. cit.

11. Para o mito da restauração e sua importância na formação de uma sensibilidade revolucionária em 1817, ver: Evaldo Cabral de Mello, "Frei Caneca ou a outra Independência", em id. (Org.), *Frei Joaquim do Amor Divino Caneca*, op. cit., pp. 30-1; id., *Rubro veio: O imaginário da restauração pernambucana*, op. cit., pp. 127 ss.

12. Para a implantação da República em pequenos territórios, ver: Montesquieu (Barão de),

Do espírito das leis, op. cit. Para o argumento federalista norte-americano, ver: James Madison, Alexander Hamilton e John Jay, *Os artigos federalistas 1787-1788*, op. cit. Para o "esquema da representação", ver: James Madison, "O federalista nº 10", em James Madison, Alexander Hamilton e John Jay, *Os artigos federalistas 1787-1788*, op. cit.; e Renato Lessa, "Política: Anamnese, amnésia, transfigurações", em Adauto Novaes (Org.), *O esquecimento da política* (Rio de Janeiro: Agir, 2007).

13. Para o deão de Olinda, ver: Joaquim Dias Martins, *Os martires pernambucanos, victimas da liberdade nas duas revoluções ensaiadas em 1710 e 1817*, op. cit., pp. 327 ss.

14. Para os Artigos da Confederação, ver: Merrill Jensen, *The Articles of Confederation: An Interpretation of the Social-Constitutional History of the American Revolution, 1774-1781*, op. cit.; e Gordon S. Wood, *The Creation of the American Republic 1776-1787*, op. cit.

15. Joaquim Dias Martins, *Os martires pernambucanos, victimas da liberdade nas duas revoluções ensaiadas em 1710 e 1817*, op. cit., pp. 520-1.

16. "Projeto de Lei Orgânica". *Documentos Históricos da Biblioteca Nacional do Rio de Janeiro*, v. CIV, pp. 16-23; Francisco Muniz Tavares, *História da Revolução de Pernambuco em 1817*, op. cit., cap. V; Evaldo Cabral de Mello, "O mimetismo revolucionário". In: Id., *Um imenso Portugal: História e historiografia*, op. cit., p. 174.

17. Para o patriotismo como princípio republicano, ver: Alexis de Tocqueville, *De la Démocratie en Amérique*, op. cit.; Maurizio Viroli, *Per amore della patria: Patriotismo e nazionalismo nella storia*, op. cit.; e Martha Nussbaum et al., *Piccole patrie, grande mondo* (Roma: Reset & Donzelli, 1995). Para o patriotismo pernambucano, ver: Frei Joaquim Caneca, "Dissertação sobre o que deve se entender por pátria do cidadão e deveres deste para com a mesma pátria", em Evaldo Cabral de Mello (Org.), *Frei Joaquim do Amor Divino Caneca*, op. cit., pp. 53-100; e Márcia Berbel, "Pátria e patriotas em Pernambuco (1817-1822): Nação, identidade e vocabulário político", em István Jancsó (Org.), *Brasil: Formação do Estado e da nação* (São Paulo: Hucitec; Fapesp, 2003).

18. Para os dados da população de Pernambuco, ver: "Mapas estatísticos da capitania de Pernambuco". Divisão de Manuscritos. Biblioteca Nacional, 3, 1, 38, folha 01. Para participação de descendentes de africanos libertos na Revolução de 1817, ver: Luiz Geraldo Silva, "Igualdade, liberdade e modernidade política: Escravos, afrodescendentes livres e libertos e a Revolução de 1817", em Antônio Jorge Siqueira et al., *1817 e outros ensaios* (Recife: Cepe, 2017); e Marcus J. M. Carvalho, "O outro lado da Independência: Quilombolas, negros e pardos em Pernambuco (1817-23)" (*Luso-Brazilian Review*, v. 43, n. 1, 2006).

19. "Correspondência de João Lopes Cardoso Machado. 15 de junho de 1817". *Documentos Históricos da Biblioteca Nacional do Rio de Janeiro*, v. CII, pp. 12 ss. Para as manifestações cívicas no campo do Erário, ver: Denis Antônio de Mendonça Bernardes, *O patriotismo constitucional: Pernambuco, 1820-1822*, op. cit., pp. 209 ss.

20. Citado em Evaldo Cabral de Mello, *A outra independência: O federalismo pernambucano de 1817 a 1824*, op. cit., pp. 124-5.

21. Frei Joaquim Caneca, "O *caçador* atirando à *Arara Pernambucana* em que se transformou o rei dos ratos José Fernandes Gama". In: Evaldo Cabral de Mello (Org.), *Frei Joaquim do Amor Divino Caneca*, op. cit., pp. 142-3. Para irmandades, ver: Antônia Aparecida Quintão, *Lá vem meu parente: As irmandades de pretos e pardos no Rio de Janeiro e em Pernambuco* (*século XVIII*) (São Paulo: Annablume; Fapesp, 2002).

22. Frei Joaquim Caneca, "O *caçador* atirando à *Arara Pernambucana* em que se transformou o rei dos ratos José Fernandes Gama". In: Evaldo Cabral de Mello (Org.), *Frei Joaquim do Amor Divino Caneca*, op. cit., p. 143.

23. "Motins de fevereiro de 1823 (traslados da Devassa)". Projeto Pernambuco. Manuscritos. Biblioteca Nacional. Pasta 14, Documento 11, Arquivo 0353, p. 64.

24. Citado em Marcus Carvalho, "Rumores e rebeliões: Estratégias de resistência escrava no Recife, 1817-1848" (*Tempo*, Niterói, v. 3, n. 6, p. 7, dez. 1998). Para a "Pedrosada", ver também: Evaldo Cabral de Mello, *A outra independência: O federalismo Pernambuco de 1817 a 1824*, op. cit.; Luiz Geraldo Silva, "Igualdade, liberdade e modernidade política: Escravos, afrodescendentes livres e libertos e a Revolução de 1817", em Antônio Jorge Siqueira et al., *1817 e outros ensaios*, op. cit.; e Wanderson Édipo de França, "Gente do povo em Pernambuco: Da Revolução de 1817 à confederação de 1844" (*CLIO*, Recife, v. 1, n. 33, 2015).

25. Devo a Lilia Schwarcz a sugestão sobre a importância de incluir a Revolução haitiana para a compreensão dos processos de formação da tradição republicana no Brasil.

26. Para o matiz do liberalismo no caso brasileiro do século XIX, ver: Angela Alonso, *Ideias em movimento: A geração de 1870 na crise do Brasil-Império*, op. cit; Lúcia Maria Bastos Pereira das Neves, *Corcundas e constitucionais: A cultura política da Independência (1820-1822)* (Rio de Janeiro: Revan, 2003); Wanderley Guilherme dos Santos, "A práxis liberal no Brasil: Proposta para reflexão", em id., *A imaginação política: Cinco ensaios de história intelectual* (Rio de Janeiro: Revan, 2017); e Christian Edward Cyril Lynch, "Liberal/liberalismo", em João Feres Júnior (Org.), *Léxico da história dos conceitos políticos no Brasil* (Belo Horizonte: Ed. UFMG, 2009).

27. Para razões da crise do Segundo Reinado, mudanças socioeconômicas e construção de espaço público, sobretudo no Rio de Janeiro, ver: Angela Alonso, *Ideias em movimento: A geração de 1870 na crise do Brasil-Império*, op. cit.; Lilia Moritz Schwarcz, *As barbas do imperador: D. Pedro II, um monarca nos trópicos* (São Paulo: Companhia das Letras, 1999); José Murilo de Carvalho, *D. Pedro II* (São Paulo: Companhia das Letras, 2007); e Maria Tereza Chaves de Mello, *A República consentida* (Rio de Janeiro: Ed. FGV; Edur, 2007).

28. Para República e republicanismo nas últimas décadas do século XIX, ver: José Murilo de Carvalho, *A formação das almas: O imaginário da República no Brasil* (São Paulo: Companhia das Letras, 1990); id., "República, democracia e federalismo: Brasil, 1870-1891" (*Varia Historia*, Belo Horizonte, v. 27, n. 45, jan./jun. 2011); id., "Brasil 1870-1914: A força da tradição", em id., *Pontos e bordados: Escritos de história e política* (Belo Horizonte: Ed. UFMG, 1998); id., "Radicalismo e republicanismo", em José Murilo de Carvalho e Lúcia Maria Bastos Pereira das Neves (Orgs.), *Repensando o Brasil do Oitocentos: Cidadania, política e liberdade* (Rio de Janeiro: Civilização Brasileira, 2009); Angela Alonso, *Ideias em movimento: A geração de 1870 na crise do Brasil-Império*, op. cit.; Maria Tereza Chaves de Mello, *A República consentida*, op. cit.; e Christian Edward Cyril Lynch, "O Império é que era a República: A monarquia republicana de Joaquim Nabuco" (*Lua Nova*, São Paulo, n. 85, 2012).

29. Para liberais republicanos, ver: José Murilo de Carvalho, "República, democracia e federalismo: Brasil, 1870-1891", op. cit.; id., "Radicalismo e republicanismo", em José Murilo de Carvalho e Lúcia Maria Bastos Pereira das Neves (Orgs.), *Repensando o Brasil do Oitocentos: Cidadania, política e liberdade*, op. cit.; e Angela Alonso, *Ideias em movimento: A geração de 1870 na crise do Brasil-Império*, op. cit.

30. Para clubes políticos, conferências e jornais, ver: José Murilo de Carvalho, "As conferências radicais do Rio de Janeiro: Novo espaço de debate", em id. (Org.), *Nação e cidadania no Império: Novos horizontes* (Rio de Janeiro: Civilização Brasileira, 2007); Angela Alonso, *Flores, votos e balas: O movimento abolicionista brasileiro (1868-1888)* (São Paulo: Companhia das Letras, 2015); e Maria Tereza Chaves de Mello, *A República consentida*, op. cit. Para o empastelamento do jornal *A República*, ver: Brasil Gerson, *História das ruas do Rio (e da sua liderança na história política do Brasil)*, op. cit., p. 49.

31. Américo Brasiliense, *Os programas dos partidos e o Segundo Império* (Brasília: Senado Federal; Rio de Janeiro: Fundação Casa de Rui Barbosa, 1979), p. 24.

32. Citado em Luís Washington Vita, *Alberto Sales, ideólogo da República* (São Paulo: Companhia Editora Nacional, 1965), pp. 36 ss. Para federalismo no século xix brasileiro, ver: Miriam Dolhnikoff, *O pacto imperial: Origens do federalismo no Brasil* (São Paulo: Globo, 2005); José Murilo de Carvalho, "República, democracia e federalismo: Brasil, 1870-1891", op. cit.; e Angela Alonso, *Ideias em movimento: A geração de 1870 na crise do Brasil-Império*, op. cit.

33. Para positivistas e República, ver: José Murilo de Carvalho, "A ortodoxia positivista no Brasil: Um bolchevismo de classe média", em id., *Pontos e bordados: Escritos de história e política*, op. cit.; id., *A formação das almas: O imaginário da República no Brasil*, op. cit.; e Angela Alonso, *Ideias em movimento: A geração de 1870 na crise do Brasil-Império*, op. cit.

34. Antônio da Silva Jardim, "A pátria em perigo". In: Id., *Propaganda republicana (1888-1889)* (Brasília: Ministério da Educação e Cultura; Fundação Casa de Rui Barbosa, 1978), p. 49; José Murilo de Carvalho, "O pecado original da República: Como a exclusão do povo marcou a vida política do país até os dias de hoje". In: Id., *O pecado original da República* (Rio de Janeiro: Bazar do Tempo, 2017). Para a "Guarda Negra", ver: Flávio dos Santos Gomes, "No meio das águas turvas — Racismo e cidadania no alvorecer da República: A Guarda Negra na Corte (1888-1889)" (*Estudos Afro-Asiáticos*, Rio de Janeiro, n. 21, dez. 1991).

35. Para Coroa e abolição, ver: Lilia Moritz Schwarcz, *As barbas do imperador: D. Pedro II, um monarca nos trópicos*, op. cit. Para abolição, movimento abolicionista e republicanismo, ver: Angela Alonso, *Flores, votos e balas: O movimento abolicionista brasileiro (1868-1888)*, op. cit. Para República entendida como sinônimo de democracia, ver: José Murilo de Carvalho, "República, democracia e federalismo: Brasil, 1870-1891", op. cit.; Maria Tereza Chaves de Mello, *A República consentida*, op. cit.

36. O argumento da originalidade é de José Murilo de Carvalho em referência a outra conjuntura. José Murilo de Carvalho, "Entre a República e a democracia". *O Estado de S. Paulo*, São Paulo, p. J5, 27 dez. 2009.

37. Para a reconstrução histórica, ver: Angela Alonso, *Ideias em movimento: A geração de 1870 na crise do Brasil-Império*, op. cit.; José Murilo de Carvalho, *A formação das almas: O imaginário da república no Brasil*, op. cit.; e Lilia Moritz Schwarcz, "A república dos outros, ou o cometa que não veio", em Adauto Novaes (Org.), *O esquecimento da política*, op. cit. Para o sentido republicano de conjuração ver: Newton Bignotto, "Maquiavel e as conjurações", em id., *O aprendizado da força: Maquiavel e a arte de governar*, op. cit.

38. Castro Alves, *Gonzaga ou a Revolução de Minas*. In: Id., *Obras completas* (Rio de Janeiro: Nova Aguilar, 2002); Alberto da Costa e Silva, *Castro Alves: Um poeta sempre jovem* (São Paulo: Companhia das Letras, 2006, especialmente o cap. 10).

39. Para a apropriação e construção do mito cívico-religioso de Tiradentes, ver: José Murilo de Carvalho, *A formação das almas: O imaginário da República no Brasil*, op. cit. (especialmente o cap. 3). Maria Alice Milliet. *Tiradentes: o corpo do herói* (São Paulo: Martins Fontes, 2001).

40. Para tradição esquecida, ver: Hannah Arendt, "A tradição e a época moderna", em id., *Entre o passado e o futuro*, op. cit.; id., *Da revolução*, op. cit.; id., *Ação e busca da felicidade*, op. cit.; e André Duarte, *O pensamento à sombra da ruptura* (São Paulo: Paz e Terra, 2000). Para esquecimento, ver: Paolo Rossi, *O passado, a memória, o esquecimento: Seis ensaios de história das ideias* (São Paulo: Ed. Unesp, 2010); e Renato Lessa, "Política: Anamnese, amnésia, transfigurações", em Adauto Novaes (Org.), *O esquecimento da política*, op. cit.

41. O argumento de Walter Benjamin. Walter Benjamin, "Sobre o conceito da história". In: Id., *Obras escolhidas* (São Paulo: Brasiliense, 1987), p. 223. v. I, Tese 3. Hanna Arendt. "Walter Benjamin: 1892-1940". In: *Homens em tempos sombrios*, op. cit.

42. Para o caso brasileiro, ver: José Murilo de Carvalho, *Os bestializados: O Rio de Janeiro e a República que não foi* (São Paulo: Companhia das Letras, 1987); e Angela Alonso e Heloisa Espada (Orgs.), *Conflitos: Fotografia e violência política no Brasil, 1989-1964* (São Paulo: IMS, 2017).

43. Para os "homens de cor" republicanos, ver: Petrônio Domingues, "Cidadania levada a sério: Os republicanos de cor no Brasil", em Flávio Gomes e Petrônio Domingues (Orgs.), *Políticas da raça: Experiências e legados da abolição e da pós-emancipação no Brasil* (São Paulo: Selo Negro, 2014). (Devo a Lilia Schwarcz a indicação preciosa desse livro.)

44. Citado em Petrônio Domingues, ibid., p. 130. Para o complexo do Jabaquara, ver: Maria Helena Pereira Toledo Machado, *O plano e o pânico: Movimentos sociais na década da Abolição* (São Paulo: Edusp, 2010, especialmente o cap. 4).

45. Citado em Petrônio Domingues, ibid., p. 136.

46. Citado em Petrônio Domingues, ibid., p. 143.

47. Citado em Petrônio Domingues, ibid., p. 141.

48. Para o grau de exclusão da República, ver: José Murilo de Carvalho, *Os bestializados: O Rio de Janeiro e a República que não foi*, op. cit.

Referências bibliográficas

LIVROS

ABENSOUR, Miguel. *O novo espírito utópico*. Campinas: Ed. Unicamp, 1990.

ABREU, João Capistrano de. "Prefácio". In: _____. A *História do Brazil 1560-1627*, frei Vicente do Salvador. Rio de Janeiro: Anais da Biblioteca Nacional, v. 13, 1888.

ADAMS, John. *Thoughts on government*. Chicago: The University of Chicago Press, 1987. v. 1.

ALBUQUERQUE, Martim de. *A sombra de Maquiavel e a ética tradicional portuguesa*. Lisboa: Faculdade de Letras da Universidade de Lisboa, 1974.

ALCIDES, Sérgio. *Estes penhascos: Cláudio Manuel da Costa e a paisagem das Minas*. São Paulo: Hucitec, 2003.

ALVES, Castro. "Gonzaga ou a Revolução de Minas". In: _____. *Obras completas*. Rio de Janeiro: Editora Nova Aguilar, 2002.

ALLEN, J. W. *Political thought in the sixteenth century*. Cambridge: Cambridge University Press, 1988.

ALMEIDA, Anita Correia Lima de. "O veneno do desgosto: a conjuração de Goa em 1787". In: _____. FURTADO, Júnia Ferreira (Org.). *Diálogos oceânicos: Minas Gerais e as novas abordagens para uma história do Império Ultramarino português*. Belo Horizonte: Editora UFMG, 2001.

_____. *Inconfidência no Império: Goa de 1787 e Rio de Janeiro de 1794*. Rio de Janeiro: 7 Letras, 2011.

ALMEIDA, Lúcia Machado de. *Passeio a Ouro Preto*. Belo Horizonte: Editora UFMG, 2011.

ALMEIDA, Roberto Wagner de. *Entre a cruz e a espada: a saga do valente e devasso padre Rolim*. São Paulo: Paz e Terra, 2002.

ALONSO, Angela. *Flores, votos e balas; o movimento abolicionista brasileiro (1868-88)*. São Paulo: Companhia das Letras, 2015.

_____. *Ideias em movimento; a geração de 1870 na crise do Brasil-Império*. São Paulo: Paz e Terra, 2002.

_____.; ESPADA, Heloisa (Org.). *Conflitos; fotografia e violência política no Brasil, 1989-1964*. São Paulo: IMS, 2017.

AMARAL, Braz do. *Fatos da vida do Brasil*. Bahia: Tipografia Naval, 1941.

ANASTASIA, Carla Maria Junho. *A geografia do crime; violência nas Minas setecentistas*. Belo Horizonte: Editora UFMG, 2005.

_____. *Vassalos rebeldes: violência coletiva nas Minas na primeira metade do século XVIII*. Belo Horizonte: Editora C/Arte, 1998.

ANDRESS, David. *O Terror; guerra civil e a Revolução Francesa*. Rio de Janeiro: Record, 2009.

ANTONIL, André João. *Cultura e opulência no Brasil por suas drogas e minas*. Belo Horizonte: Itatiaia; São Paulo: Edusp, 1982

ANTUNES, Álvaro de Araújo. *Espelho de cem faces: o universo relacional de um advogado setecentista*. São Paulo: Annablume, 2004.

ARAÚJO, Emanuel. *O teatro dos vícios; transgressão e transigência na sociedade urbana colonial*. Rio de Janeiro: José Olympio, 2008.

ARAÚJO, Mozart de. *A modinha e o lundu no século XVIII*. São Paulo: Ricardi, 1963.

AREIA, M. L. Rodrigues de. et al. *Memória da Amazónia; Alexandre Rodrigues Ferreira e a viagem philosofica pelas capitanias do Grão-Pará, Rio Negro, Mato Grosso e Cuyabá*. Coimbra: Universidade de Coimbra, 1991.

ARENDT, Hannah. *Entre o passado e o futuro*. São Paulo: Perspectiva, 1972.

_____. *Homens em tempos sombrios*. São Paulo: Companhia das Letras, 1987.

_____. *A dignidade da política: ensaios e conferências*. Rio de Janeiro: Relume Dumará, 1993.

_____. *Da revolução*. São Paulo: Ática; Brasília: Editora Universidade de Brasília,1998.

_____. *A promessa da política*. Lisboa: Relógio D'Água, 2007.

_____. *Ação e a busca da felicidade*. Rio de Janeiro: Bazar do Tempo, 2018

ARMITAGE, David. *Declaração de Independência; uma história global*. São Paulo: Companhia das Letras, 2011.

AUERBACH, Erich. "La cour et la ville". In: LIMA, Luiz Costa (Org.). *Teoria da literatura em suas fontes*. Rio de Janeiro: Francisco Alves, 1983.

AVRITZER, Leonardo; BIGNOTTO, Newton; GUIMARÃES, Juarez; STARLING, Heloisa (Org.). *Corrupção: ensaios e críticas*. Belo Horizonte: Editora UFMG, 2012

AYMARD, Maurice. "Amizade e convivialidade". In: ARIÈS, Philippe; CHARTIER, Roger (Org.). *História da vida privada: da Renascença ao século das Luzes*. São Paulo: Companhia das Letras, 1991.

AZEVEDO, Thales de. *O povoamento da cidade do Salvador*. Salvador: Itapuã, 1969.

BAILYN, Bernard. *As origens ideológicas da Revolução Americana*. Bauru: Edusc, 2003.

BANDEIRA, Manuel. *Guia de Ouro Preto*. Rio de Janeiro: Ediouro, 2000.

BARON, Hans. *The crisis of the Early Italian Renaissance*. Princeton: Princeton University Press, 1966.

BARBOSA, Waldemar de Almeida. *Negros e quilombos em Minas Gerais*. Belo Horizonte: [s.n.], 1972.

BARROS, Alberto Ribeiro G. de. *A teoria da soberania de Jean Bodin.* São Paulo: Unimarco, 2001.

_____. *Republicanismo inglês; uma teoria da liberdade.* São Paulo: Discurso Editorial, 2015.

BASTOS, José Timóteo da Silva. *História da censura intelectual em Portugal: ensaio sobre a compreensão do pensamento português.* Lisboa: Moraes Editores, 1983.

BELLOTTO, Heloísa L. "O Estado português no Brasil: sistema administrativo e fiscal". In: SILVA, Maria Beatriz Nizza da (Org.). *O Império luso-brasileiro (1750-1822).* Lisboa: Editorial Estampa, 1988.

BENJAMIN, Walter. "O narrador: considerações sobre a obra de Nikolai Leskov". In: _____. *Walter Benjamin: Obras escolhidas.* São Paulo: Brasiliense, 1987. v. 1.

_____. "Sobre o conceito da história". In: _____. *Obras escolhidas.* São Paulo: Brasiliense, 1987. v. 1.

BERBEL, Márcia. "Pátria e patriotas em Pernambuco (1817-1822): nação, identidade e vocabulário político". In: JANCSÓ, István (Org.). *Brasil: formação do estado e da nação.* São Paulo: Hucitec; Fapesp, 2003.

BERNARDES, Denis Antonio de Mendonça. *O patriotismo constitucional: Pernambuco, 1820-1822.* São Paulo: Hucitec; Fapesp; Recife: UFPE, 2006.

BICALHO, Maria Fernanda; FERLINI, Vera Lúcia Amaral. *Modos de governar: ideias e práticas políticas no império português.* São Paulo: Alameda, 2005.

_____. *A cidade e o império: o Rio de Janeiro no século XVIII.* Rio de Janeiro: Civilização Brasileira, 2003.

BIGNOTTO, Newton (Org.). *Pensar a República.* Belo Horizonte: Editora UFMG, 2000.

_____. *Origens do republicanismo moderno.* Belo Horizonte: Editora UFMG, 2001.

_____. *Republicanismo e realismo: um perfil de Francesco Guicciardini.* Belo Horizonte: Editora UFMG, 2006.

_____. *As aventuras da virtude; as ideias republicanas na França do século XVIII.* São Paulo: Companhia das Letras, 2010.

_____. (Org.). *Matrizes do republicanismo.* Belo Horizonte: Editora UFMG, 2013.

_____. "Maquiavel e as conjurações". In: _____. *O aprendizado da força; Maquiavel e a arte de governar.* Belo Horizonte: UFMG, 2018. Mimeografado.

BLOCH, Ernst. *O princípio esperança.* Rio de Janeiro: Editora Uerj; Contraponto, 2005. v. 1.

BLOCH, Marc. *Apologie pour l'historie ou Métier d'historien.* Paris: Armand Colin, 1952.

BODIN, Jean. *Los seis libros de la República.* Madri: Aguilar, 1973. Livro I.

BOSCHI, Caio César. *Achegas à história de Minas Gerais (século XVIII).* Porto: Universidade Portucalense Infante D. Henrique, 1994.

BOSI, Alfredo. *Dialética da colonização.* São Paulo: Companhia das Letras, 1992.

BOXER, Charles R. *Portuguese society in the tropics: the municipal councils of Goa, Macau, Bahia and Luanda (1510-1800).* Milwaukee: The University of Wisconsin Press, 1965.

_____. *A idade de ouro do Brasil; dores de crescimento de uma sociedade colonial.* Rio de Janeiro: Nova Fronteira, 2000.

BRAILSFORD, Henry N. *The Levellers and the English Revolution.* Stanford: Stanford University Press, 1961.

BRANDÃO, Carlos Antônio Leite. *Quid Tum? O combate da arte em Leon Battista Alberti.* Belo Horizonte: Editora UFMG, 2000.

BROWN, Robert. *Middle-Classdemocracy and the revolution in Massachusetts, 1691-1780*. Nova York: Harper; Row, 1969.

BRUNI, Leonardo. "Laudatio Florentinae Urbis". In: BARON, Hans. *From Petrarch to Bruni: studies in humanist and political literature*. Chicago: University of Chicago Press, 1968.

BUFFAULT-VINCENT, Anne. *Da amizade: uma história do exercício da amizade nos séculos XVIII e XIX*. Rio de Janeiro: Jorge Zahar, 1996.

CANABRAVA, Alice P. "João Antonio Andreoni e sua obra". In: ANDREONI, João Antonio (Antonil). *Cultura e opulência do Brasil*. São Paulo: Editora Nacional, 1967.

CANDIDO, Antonio. *Vários escritos*. São Paulo: Duas Cidades; Rio de Janeiro: Ouro sobre Azul, 2004.

_____. *Formação da literatura brasileira: momentos decisivos 1750-1880*. Rio de Janeiro: Ouro sobre Azul, 2006.

_____. *Literatura e sociedade*. Rio de Janeiro: Ouro sobre Azul, 2006.

CANECA, Frei Joaquim. *Obras política e litteraria*. Recife: UFPE, 1972. 2 v.

_____. "Dissertação sobre o que deve se entender por pátria do cidadão e deveres deste para com a mesma pátria". In: MELLO, Evaldo Cabral de. (Org.). *Frei Joaquim do Amor Divino Caneca*. São Paulo: Editora 34, 2001.

_____. "O *caçador* atirando à *Arara Pernambucana* em que se transformou o rei dos ratos José Fernandes Gama". In: MELLO, Evaldo Cabral de. (Org.). *Frei Joaquim do Amor Divino Caneca*. São Paulo: Editora 34, 2001.

CARDOSO, Sérgio. "Uma fé, um rei, uma lei: a crise da razão política na França nas guerras de religião". In: NOVAES, Adauto (Org.). *A crise da razão*. São Paulo: Companhia das Letras, 1996.

_____. "Por que República? Notas sobre o ideário democrático e republicano". In: CARDOSO, Sérgio (Org.). *Retorno ao Republicanismo*. Belo Horizonte: Editora UFMG, 2000.

_____. "Que República? Notas sobre a tradição do 'governo misto'". In: BIGNOTTO, Newton (Org.). *Pensar a República*. Belo Horizonte: Ed. UFMG, 2000.

_____. "Antigos, modernos e novos mundos da reflexão política". In: NOVAES, Adauto (Org.). *A crise do Estado-Nação*. Rio de Janeiro: Civilização Brasileira, 2003.

_____. "A matriz romana". In: BIGNOTTO, Newton (Org.). *Matrizes do republicanismo*. Belo Horizonte: Editora UFMG, 2013.

CARNEIRO, Edison. *O quilombo de Palmares*. São Paulo: Nacional, 1988.

CARVALHO, Ana Maria Fausto Monteiro de. *Mestre Valentim*. São Paulo: Cosac Naify, 2003.

CARVALHO, Feu de. *Ementário da história mineira: Felipe dos Santos Freire na sedição de Villa Rica em 1720*. Belo Horizonte: Edições Históricas, 1933.

CARVALHO, Gilberto Vilar de. *A liderança do clero nas revoluções republicanas (1817-1824)*. Petrópolis: Vozes, 1980.

CARVALHO, José Murilo de. *Os bestializados: o Rio de Janeiro e a República que não foi*. São Paulo: Companhia das Letras, 1987.

_____. *A formação das almas: o imaginário da República no Brasil*. São Paulo: Companhia das Letras, 1990.

_____. "Brasil 1870-1914: a força da tradição". In: _____. *Pontos e bordados: escritos de história e política*. Belo Horizonte: Editora UFMG, 1998.

340

CARVALHO, José Murilo de. *A construção da ordem; a elite política imperial. Teatro de sombras; a política imperial*. Rio de Janeiro: Civilização Brasileira, 2006.

_____. "As conferências radicais do Rio de Janeiro: Novo espaço de debate", CARVALHO, José Murilo de (Org.). *Nação e cidadania no Império: novos horizontes*. Rio de Janeiro: Civilização Brasileira, 2007.

_____. *D. Pedro II*. São Paulo: Companhia das Letras, 2007.

_____. "Radicalismo e republicanismo". In: CARVALHO, José Murilo; NEVES, Lúcia Maria Bastos Pereira das (Org.). *Repensando o Brasil do Oitocentos; cidadania, política e liberdade*. Rio de Janeiro: Civilização Brasileira, 2009.

_____. "O pecado original da República; como a exclusão do povo marcou a vida política do país até os dias de hoje". In: _____. *O pecado original da República*. Rio de Janeiro: Bazar do Tempo, 2017.

CASSIN, Barbara; LORAUX, Nicole; PESCHANSKI, Catherine. *Gregos, bárbaros, estrangeiros: a cidade e seus outros*. Rio de Janeiro: Editora 34, 1993.

CHALHOUB, Sidney. *Visões da liberdade: uma história das últimas décadas da escravidão na Corte*. São Paulo: Companhia das Letras, 1990.

CHARLES-DAUBERT, Françoise. "Le libertinage érudit'et le problème du conservatisme politique". In: MECHOULAN, Henri (Org.). *L'État baroque 1610-1652; regards sur la pensée politique de la France du premier XVII siècle*. Paris: Vrin, 1985.

CHARTIER, Roger. *A ordem dos livros: leitores, autores e bibliotecas na Europa entre os séculos XIV e XVIII*. Brasília: Editora UnB, 1994.

CHAUÍ, Marilena. *Desejo, paixão e ação na ética de Espinosa*. São Paulo: Companhia das Letras, 2011.

CÍCERO, Marco Túlio. *Lelio ou De Amicitia*. São Paulo: Cultrix, 1964.

_____. *De Re Publica*. Cambridge: Harvard University Press, 1994.

CLAEYS, Gregory. *Utopia; a história de uma ideia*. São Paulo: Edições Sesc SP, 2013.

COSENTINO, Francisco Carlos. *Governadores gerais do Estado do Brasil (séculos XVI-XVII): Ofícios, regimentos, governação e trajetórias*. São Paulo: Annablume, 2009.

COSTA, Cláudio Manuel da. "Epístola I". Alcino a Fileno. In: PROENÇA FILHO, Domício (Org.). *A poesia dos inconfidentes; poesia completa de Cláudio Manuel da Costa, Tomás Antônio Gonzaga e Alvarenga Peixoto*. Rio de Janeiro: Nova Aguilar, 1996.

_____. "Obras". In: PROENÇA FILHO, Domício (Org.). *A poesia dos inconfidentes; poesia completa de Cláudio Manuel da Costa, Tomás Antônio Gonzaga e Alvarenga Peixoto*. Rio de Janeiro: Nova Aguilar, 1996.

_____. "O Parnaso obsequioso e obras poéticas". In: PROENÇA FILHO, Domício (Org.). *A poesia dos inconfidentes; poesia completa de Cláudio Manuel da Costa, Tomás Antônio Gonzaga e Alvarenga Peixoto*. Rio de Janeiro: Nova Aguilar, 1996.

_____. "Prólogo ao leitor". In: PROENÇA FILHO, Domício (Org.). *A poesia dos inconfidentes; poesia completa de Cláudio Manuel da Costa, Tomás Antônio Gonzaga e Alvarenga Peixoto*. Rio de Janeiro: Nova Aguilar, 1996.

_____. "Soneto LXXVI" In: PROENÇA FILHO, Domício (Org.). *A poesia dos inconfidentes; poesia completa de Cláudio Manuel da Costa, Tomás Antônio Gonzaga e Alvarenga Peixoto*. Rio de Janeiro: Nova Aguilar, 1996.

COSTA, Cláudio Manuel da. "Vila Rica". In: PROENÇA FILHO, Domício (Org.). *A poesia dos inconfidentes; poesia completa de Cláudio Manuel da Costa, Tomás Antônio Gonzaga e Alvarenga Peixoto*. Rio de Janeiro: Nova Aguilar, 1996.

COTTA, Francis Albert. *Breve história da Polícia Militar de Minas Gerais*. Belo Horizonte: Fino Traço, 2014.

COTTA, Francis Albert. *Matrizes do sistema policial brasileiro*. Belo Horizonte: Crisálida, 2012.

COWELL, Frank Richard. *Cicero and the Roman Republic*. Londres: Penguin, 1973.

CROUZET, Denis. *La nuit de La Saint-Barthélemy; um revê perdu de La Renaissance*. Paris: Fayard, 1994.

CURTO, Diogo Ramada. *Cultura política no tempo dos Filipes (1580-1640)*. Lisboa: Lugar da História, 2011.

DAHL, Robert. A. *A Democracia e seus críticos*. São Paulo: Martins Fontes, 2012.

DAL RI JUNIOR, Arno. *O Estado e seus inimigos; a repressão política na história do direito penal*. Rio de Janeiro: Revan, 1974.

DARNTON, Robert. *Os best-sellers proibidos da França pré-revolucionária*. São Paulo: Companhia das Letras, 1992.

_____. *Edição e sedição; o universo da literatura clandestina no século XVIII*. São Paulo: Companhia das Letras, 1992.

_____. *Os dentes falsos de George Washington; um guia não convencional para o século XVIII*. São Paulo: Companhia das Letras, 2005.

_____. *O diabo na água benta ou a arte da calúnia e da difamação de Luís XIV a Napoleão*. São Paulo: Companhia das Letras, 2012.

_____. *Poesia e polícia; redes de comunicação na Paris do século XVIII*. São Paulo: Companhia das Letras, 2014.

DOLHNIKOFF, Miriam. *O pacto imperial; origens do federalismo no Brasil*. São Paulo: Globo, 2005.

DOMINGUES, Petrônio. "Cidadania levada a sério: Os republicanos de cor no Brasil". In: GOMES, Flávio; DOMINGUES, Petrônio (Org.). *Políticas da raça; experiências e legados da abolição e da pós-emancipação no Brasil*. São Paulo: Selo Negro Edições, 2014.

DORIA, Pedro. *1789; a história de Tiradentes e dos contrabandistas, assassinos e poetas que lutaram pela independência do Brasil*. Rio de Janeiro: Nova Fronteira, 2014.

DUARTE, André. *O pensamento à sombra da ruptura*. São Paulo: Paz e Terra, 2000.

DÜTTMANN, Alexandre G. *The violence of destruction*. In: _____. FERRIS, David (Ed.). *Walter Benjamin: theoretical questions*. Stanford: Stanford University Press, 1996.

ENDERS, Armelle. *A história do Rio de Janeiro*. Rio de Janeiro: Gryphus, 2015.

FALCON, Francisco José Calazans. *A época pombalina: política econômica e monarquia ilustrada*. São Paulo: Ática, 1982.

FAORO, Raymundo. *Os donos do poder*. Porto Alegre, São Paulo: Global, Edusp, 1975.

FIGUEIREDO, Lucas. *Boa ventura! a corrida do ouro no Brasil (1697-1810)*. Rio de Janeiro: Record, 2011.

FIGUEIREDO, Luciano. *O avesso da memória; cotidiano e trabalho da mulher em Minas Gerais no século XVIII*. Rio de Janeiro: José Olympio, 1999.

FILGUEIRAS, Fernando. *Corrupção, democracia e legitimidade*. Belo Horizonte: Ed. UFMG, 2008.

FLORENTINO, Manolo (Org.). *Tráfico, cativeiro e liberdade: Rio de Janeiro, séculos XVII-XIX*. Rio de Janeiro: Civilização Brasileira, 2005.

FONER, Eric. *Tom Paine's republic: radical ideology and social change.* In: _____. YOUNG, Alfred F. (Ed.). *The American Revolution: explorations in the history of american radicalism.* Illinois: Northern Illinois University Press, 1976.

FONSECA, Alexandre Torres. "A revolta de Felipe dos Santos". In: RESENDE, Maria Efigênia Lage de.; VILLALTA, Luiz Carlos (Org.). *História de Minas Gerais; as Minas setecentistas.* Belo Horizonte: Autêntica, 2007. v. 1.

FONSECA, Cláudia Damasceno. *Arraiais e vilas d'El Rei: espaço e poder nas Minas setecentistas.* Belo Horizonte: Editora UFMG, 2011.

FRAISSE, Jean-Claude. *Philia. La notion d'amitié dans la philosophie antique; essai sur un problème perdu et retrouvé.* Paris: Vrin, 1984.

FRAGOSO, João Luiz Ribeiro. *Homens de grossa aventura: acumulação e hierarquia na praça mercantil do Rio de Janeiro.* Rio de Janeiro: Civilização Brasileira, 1998.

FRANÇA, Jean Marcel Carvalho. *Visões do Rio de Janeiro colonial: antologia de textos (1531-1800).* Rio de Janeiro: Jose Olympio, 1999.

_____.; HUE, Sheila. *Piratas no Brasil.* São Paulo: Editora Globo, 2014.

FRANCO, Afonso Arinos de Melo. *Rosa de ouro.* Belo Horizonte: Editora UFMG, 2007.

FRANKLIN, Julian H. *Jean Bodin et la naissance de la théorie absolutiste.* Paris: PUF, 1993.

FRASER, Antonia. *Oliver Cromwell: uma vida.* Rio de Janeiro: Record, 2000.

FREITAS, Décio. *Palmares: a guerra dos escravos.* Porto Alegre: Movimento, 1984. LARA, Silvia H. "Do singular ao plural: Palmares, capitães do mato e o governo dos escravos". In: REIS, João José; GOMES, Flávio dos Santos. (Org.). *Liberdade por um fio; história dos quilombos no Brasil.* São Paulo: Companhia das Letras, 2011.

FRIEIRO, Eduardo. *O diabo na livraria do cônego.* São Paulo: Edusp; Belo Horizonte: Itatiaia, 1981.

FUMAROLI, Marc. *L'âge de l'éloquence: rhétorique et "res literaria" de la Renaissance au seuil de l'époque classique.* Genebra: Droz, 2002.

_____. *La République des Lettres.* Paris: Gallimard, 2015.

FURTADO, Joaci Pereira. *Uma república de leitores: história e memória na recepção das Cartas chilenas (1845-1989).* São Paulo: Hucitec, 1997.

FURTADO, João Pinto. *O manto de Penélope: história, mito e memória da Inconfidência mineira de 1788-9.* São Paulo: Companhia das Letras, 2002.

FURTADO, Júnia Ferreira. *O livro da capa verde: o Regimento Diamantino e a vida no Distrito Diamantino no período da Real Extração.* São Paulo: Annablume, 1996.

_____. *Homens de negócio; a interiorização da metrópole e do comercio nas Minas setecentistas.* São Paulo: Hucitec, 1999.

_____. "Sedição, heresia e rebelião nos trópicos: a biblioteca do naturalista José Vieira Couto". In: DUTRA, Eliana Freitas e MOLLIER, Jean-Yves. (Orgs). *Política, nação e edição: o lugar dos impressos na construção da vida política, Brasil, Europa e Américas nos séculos XVIII-XX.* São Paulo: Editora Annablume, 2006.

_____. "Dos dentes e seus tratamentos: a história da Odontologia no período colonial". In: STARLING, Heloisa Maria Murgel; FURTADO, Júnia Ferreira; FIGUEIREDO, Betânia Gonçalves; GERMANO, Lígia (Org.). *Odontologia: história restaurada.* Belo Horizonte: Editora UFMG, 2007.

FURTADO, Júnia Ferreira. "Dos médicos, cirurgiões e barbeiros no Império português". In: STARLING, Heloisa Maria Murgel; GERMANO, Lígia; MARQUES, Rita de Cássia (Orgs.). *Medicina: história em exame*. Belo Horizonte: Editora UFMG, 2011.

_____. "República de mazombos: sedição, maçonaria e libertinagem numa perspectiva atlântica". In: FURTADO, Júnia Ferreira *et al. O Atlântico revolucionário*. Lisboa: Centro de História do Além-Mar, 2012.

_____.; STARLING, Heloisa Murgel. "República e sedição na Inconfidência Mineira: leituras do *Recueil* por uma sociedade de pensamento". In: MAXWELL, Kenneth (Org.). *O livro de Tiradentes*. São Paulo: Penguin Classics Companhia das Letras, 2013.

GAGNEBIN, Jeanne Marie. *História e narração em Walter Benjamin*. São Paulo: Perspectiva; Campinas: Editora Unicamp, 1994.

GALVÃO, Walnice Nogueira; GOTLIB, Nádia Battella (Org.). *Prezado senhor, prezada senhora: estudos sobre cartas*. São Paulo: Companhia das Letras, 2000.

GERSON, Brasil. *História das ruas do Rio (e da sua liderança na história política do Brasil)*. Rio de Janeiro: Lacerda Ed., 2000.

GINZBURG, Carlo. *Olhos de madeira: nove reflexões sobre a distância*. São Paulo: Companhia das Letras, 2001.

GOMES, Angela de Castro (Org.). *Escrita de si, escrita da história*. Rio de Janeiro: Ed. FGV, 2004.

GOMES, Flávio. *Experiências transatlânticas e significados locais: ideias, temores e narrativas em torno do Haiti no Brasil escravista. Tempo*, n. 13, 2002.

_____. (Org.). *Mocambos de Palmares: história e fontes (século XVI-XIX)*. Rio de Janeiro: 7 Letras, 2010.

GONÇALVES, Adelto. *Gonzaga, um poeta do Iluminismo*. Rio de Janeiro: Nova Fronteira, 1999.

GONZAGA, Tomás Antônio. "Tratado de Direito Natural". In: _____. *Obras completas de Tomás Antônio Gonzaga*. São Paulo: Companhia Editora Nacional, 1942.

_____. "Cartas chilenas". In: PROENÇA FILHO, Domício (Org.). *A poesia dos inconfidentes; poesia completa de Cláudio Manuel da Costa, Tomás Antônio Gonzaga e Alvarenga Peixoto*. Rio de Janeiro: Nova Aguilar, 1996.

_____. "Marília de Dirceu" In: PROENÇA FILHO, Domício (Org.). *A poesia dos inconfidentes; poesia completa de Cláudio Manuel da Costa, Tomás Antônio Gonzaga e Alvarenga Peixoto*. Rio de Janeiro: Nova Aguilar, 1996.

GOULEMOT, Jean-Marie. "Du républicanisme et de l'ídée républicaine au XVIIIéme". In: FURET, François; OZOUF, Mona (Orgs.). *Le siècle de l'avènement républicain*. Paris: Gallimard, 1993.

GREENE, Jack P. (Org.). *The reinterpretation of the American Revolution*. Chapel Hill: The University of Caroline Press, 1988.

GUICCIARDINI, Francesco. *Dialogue on the government of Florence*. Cambridge: Cambridge University Press, 1994.

GUIMARÃES, Carlos Magno. *Uma negação da ordem escravista: quilombos em Minas Gerais no século XVIII*. São Paulo: Ícone, 1988.

HESPANHA, António Manuel; XAVIER, Ângela Barreto. "A representação da sociedade e do poder". In: HESPANHA, António Manuel (Org.). *O Antigo Regime 1620-1807*. Lisboa: Editorial Estampa, [s.d.].

_____.; _____. "O Antigo Regime". In: MATTOSO, José (Org.). *História de Portugal*. Lisboa: Círculo de Leitores, 1993.

HESPANHA, António Manuel. *As vésperas do Leviathan: instituições e poder político. Portugal — século XVII*. Coimbra: Livraria Almedina, 1994.

_____.; SANTOS, Maria Catarina. "Os poderes num império oceânico". In: _____.; MATOSO, José (Orgs.). *História de Portugal: o Antigo Regime*. Lisboa: Estampa, 1997.

HILL, Christopher. *O eleito de Deus: Oliver Cromwell e a Revolução Inglesa*. São Paulo: Companhia das Letras, 2001.

_____. *A Bíblia inglesa e as revoluções do século XVII*. Rio de Janeiro: Civilização Brasileira, 2003.

_____. *O século das revoluções (1603-1714)*. São Paulo: Editora Unesp, 2014.

HOBBES, Thomas. *Body, man and citizen*. Londres: Collier, 1967.

HOLANDA, Sérgio Buarque de. *Tentativas de mitologia*. São Paulo: Perspectiva, 1979.

_____. *Caminhos e fronteiras*. São Paulo: Companhia das Letras, 1994.

_____. *Capítulos de literatura colonial*. São Paulo: Brasiliense, 2000.

_____. *Raízes do Brasil*. São Paulo: Companhia das Letras, 2006.

HOUAISS. Antonio. *Seis poetas e um problema*. Rio de Janeiro: Serviço de Documentação do MEC, 1960.

HUNT, Lynn. *Política, cultura e classe na Revolução Francesa*. São Paulo: Companhia das Letras, 2007.

_____. *A invenção dos direitos humanos: uma história*. São Paulo: Companhia das Letras, 2009.

JACOBINA, Américo. "A conjuração do Rio de Janeiro". In: HOLANDA, Sérgio Buarque de (Org.). *História geral da civilização brasileira; A época colonial*. São Paulo: Difusão Europeia do Livro, 1960. Tomo I, v. 2.

JANCSÓ, István. *Na Bahia contra o Império; história do ensaio da sedição de 1798*. São Paulo: Hucitec; Salvador: Edufba, 1996.

_____. "Bahia 1798; a hipótese de auxílio francês ou a cor dos gatos". In: FURTADO, Júnia Ferreira (Org.). *Diálogos oceânicos: Minas Gerais e as novas abordagens para uma história do Império Ultramarino Português*. Belo Horizonte: Editora UFMG, 2001.

JARDIM, Antônio da Silva. *Propaganda republicana (1888-1889)*. Brasília: Ministério da Educação e Cultura; Fundação Casa de Rui Barbosa, 1978

JARDIM, Márcio. *A Inconfidência mineira: uma síntese factual*. Rio de Janeiro: Biblioteca do Exército Editora, 1989.

JASMIN, Marcelo. "A viagem redonda de Raymundo Faoro em Os donos do poder". In: ROCHA, João César de Castro. (Org.). *Nenhum Brasil existe*. Rio de Janeiro, Topbooks; Editora Uerj, 2003.

JENSEN, Merril. *The Articles of Confederation: an interpretation of the social-constitutional history of the American Revolution, 1774-1781*. Wisconsin: Madison House, 1970.

JONES, Colin. *Paris; biografia de uma cidade*. Porto Alegre: L&PM Editores, 2009.

KANTOR, Iris. *Esquecidos e renascidos: historiografia acadêmica luso-americana (1724-1759)*. São Paulo: Hucitec; Salvador: Centro de Estudos Baianos, 2004.

KOSELLECK, Reinhart. *Crítica e crise: uma contribuição à patogênese do mundo burguês*. Rio de Janeiro: Contraponto, 1999.

_____. *Futuro passado: contribuição à semântica dos tempos históricos*. Rio de Janeiro: Contraponto; Editora PUC-RIO, 2006.

LADURIE, Emanuel Le Roy. *O Estado monárquico: França 1460-1610*. São Paulo: Companhia das Letras, 1994.

LAFER, Celso. *A reconstrução dos direitos humanos: um diálogo com o pensamento de Hannah Arendt*. São Paulo: Companhia das Letras, 2009.

LANGLEY, Lester. *The Americas in the Age of Revolution (1750-1850)*. New Haven: Yale University Press, 1996.

LAPA, M. Rodrigues. *As "Cartas chilenas": um problema histórico e filológico*. Rio de Janeiro: Instituto Nacional do Livro, 1958.

LEFORT, Claude. "O imaginário da crise". In: NOVAES, Adauto. *A crise da razão*. São Paulo: Companhia das Letras; Rio de Janeiro: Funarte; Brasília, DF: MINC, 1996.

LEITE, Glacyra Lazzari. *Pernambuco 1824: a Confederação do Equador*. Recife: Massangana, 1989.

LESSA, Renato. "Política: Anamnese, Amnésia, Transfigurações". NOVAES, Adauto (Org.). *O esquecimento da política*. Rio de Janeiro: Agir, 2007

LIMA, Pablo Luiz de Oliveira. *Marca de fogo; quilombos, resistência e a política do medo Minas Gerais Século XVIII*. Belo Horizonte: Nandyala, 2016.

LIMA JÚNIOR, Augusto de. *História da Inconfidência de Minas Gerais*. Belo Horizonte: Itatiaia, 2010.

LINEBAUGH, Peter; REDIKER, Marcus. *A hidra de muitas cabeças: marinheiros, escravos, plebeus e a história oculta do Atlântico revolucionário*. São Paulo: Companhia das Letras, 2008.

LOCKE, John. *Segundo tratado do governo*. São Paulo: Abril Cultural, 1973.

LOPES, Hélio. *Introdução ao poema "Vila Rica"*. Muriaé: Edição do Autor, 1984.

LUSTOSA, Isabel. *Insultos impressos: a guerra dos jornalistas na Independência (1821-1823)*. São Paulo: Companhia das Letras, 2000.

LUTZ, Donald S. "State constitution-making, through 1781". In: GREENE, Jack P.; POLE, Jack. R. *The Blackwell encyclopedia of the American Revolution*. Cambridge: Wiley-Blackwell, 1994.

LYNCH, Christian Edward Cyril. "Liberal/ Liberalismo". In: FERES JUNIOR, João (Org.). *Léxico da história dos conceitos políticos no Brasil*. Belo Horizonte: Editora UFMG, 2009.

LLOYD, Gordon. "Interpretative essay". In: ALLEN, William B.; LLOYD, Gordon (Eds.). *The essential antifederalist*. Lanham: Rowman & Littlefield, 2002.

MACHADO, Maria Helena Pereira Toledo. *O plano e o pânico: movimentos sociais na década da Abolição*. São Paulo: Edusp, 2010.

MADISON, James; HAMILTON, Alexander; JAY, John. *Os artigos federalistas 1787-1788*. Rio de Janeiro: Nova Fronteira, 1993.

MAIER, Pauline. *American scripture: making the Declaration of Independence*. Nova York: Alfred A. Knopf, 1998.

MAIN, Jackson. *The antifederalists*. Chapel Hill: University of North Caroline Press, 1988.

MAQUIAVEL, Nicolau. *Discursos sobre a primeira década de Tito Lívio*. Brasília: Editora UnB, 1982.

MARTINS, Ana Claudia Aymoré. *Morus, Moreau, Morel; a ilha como espaço da utopia*. Brasília, DF: Editora UnB, 2007.

MARTINS, Joaquim Dias. *Os mártires pernambucanos: vítimas da liberdade nas duas revoluções ensaiadas em 1710 e 1817*. Recife: Typ. de F. C. de Lemos e Silva, 1853.

MATTHEWS, Richard K. *The radical politcs of Thomas Jefferson: a revisionist view*. Lawrence: University Press of Kansas, 1984.

MATTOS, Florisvaldo. *A comunicação social na revolução dos alfaiates*. Salvador: Ufba, 1974.

MATTOSO, Kátia M. de Queirós. *Presença francesa no movimento democrático baiano de 1798*. Salvador: Itapuã, 1969.

_____. *Bahia: a cidade do Salvador e seu mercado no século XIX*. São Paulo: Hucitec, 1979.

_____. "Bahia 1789: os panfletos revolucionários. Proposta de uma nova leitura". In: COGGIOLA, Osvaldo. *A Revolução Francesa e seu impacto na América Latina*. São Paulo: Nova Stella Editorial; Edusp, 1990.

MAXWELL, Kenneth. *The impacto of the American Revolution on Spain and Portugal and their Empires*. In: GREENE, Jack; POLE, Jack. R. *The Blackwell encyclopedia of the American Revolution*. Cambridge: Wiley-Blackwell, 1994.

_____. *Marquês de Pombal: paradoxo do Iluminismo*. Rio de Janeiro: Paz e Terra, 1996.

_____. *Chocolate, piratas e outros malandros; ensaios tropicais*. São Paulo: Paz e Terra, 1999.

_____. *A devassa da devassa; a Inconfidência Mineira: Brasil-Portugal (1750-1808)*. São Paulo: Paz e Terra, 2009.

_____. (Org.). *O livro de Tiradentes: transmissão atlântica de ideias políticas no século XVIII*. São Paulo: Penguin Classics Companhia das Letras, 2013.

MCCULLOUGH, David. *John Adams*. Nova York: Simon & Schuster, 2001.

MEE, Charles L. *A história da constituição americana*. Rio de Janeiro: Expressão e Cultura, 1993.

MEIRELES, Cecília. *Romanceiro da Inconfidência*. Rio de Janeiro: Nova Fronteira, 1989.

MELLO, Evaldo Cabral de. "Frei Caneca ou a outra Independência". In: _____. (Org.). *Frei Joaquim do Amor Divino Caneca*. São Paulo: Editora 34, 2001.

_____. *Um imenso Portugal: história e historiografia*. São Paulo: Editora 34, 2002.

_____. *A fronda dos mazombos: nobres contra mascates, Pernambuco, 1666-1715*. São Paulo: Editora 34, 2003.

_____. *A outra Independência: o federalismo pernambucano de 1817 a 1824*. São Paulo: Editora 34, 2004.

_____. *Rubro veio: O imaginário da restauração pernambucana*. Rio de Janeiro: Topbooks, 2005.

_____. *O nome e o sangue: uma parábola genealógica no Pernambuco colonial*. São Paulo: Companhia das Letras, 2009.

MELLO, Maria Tereza Chaves de. *A República consentida*. Rio de Janeiro: Editora FGV; Edur, 2007.

MIDDLETON, Richard. *A Guerra de Independência dos Estados Unidos da América*. São Paulo: Madras, 2013.

MILLIET, Maria Alice. *Tiradentes: o corpo do herói*. São Paulo: Martins Fontes, 2001.

MILTON, John. *Escritos políticos*. São Paulo: Martins Fontes, 2005.

MINOIS, Georges. *História do riso e do escárnio*. São Paulo: Editora Unesp, 2003.

MOLINA, Matías M. *História dos jornais no Brasil; da era colonial à Regência (1500 a 1840)*. São Paulo: Companhia das Letras, 2015.

MONTEIRO, Nuno Gonçalo. "Pedro II regente e rei (1668-1706): A consolidação da dinastia de Bragança". In: HESPANHA, António Manuel. (Org.). *História de Portugal: O Antigo Regime*. Lisboa: Estampa, 1998, v. 4

MONTEIRO, Rodrigo Bentes. "Família, soberania e monarquias na República de Jean Bodin". In: BICALHO, Maria Fernanda; FERLINI, Vera Lúcia Amaral (Orgs.). *Modos de governar: ideias e práticas políticas no império português séculos XVI a XIX*. São Paulo: Alameda, 2005.

MONTESQUIEU, Baron de. *Do espírito das leis*. São Paulo: Abril Cultural, 1979.

_____. *Cartas persas*. São Paulo: Martins Fontes, 2009.

MORE, Thomas. *A utopia*. São Paulo: Martins Fontes, 1999.

MOREIRA, Marcello. "Cultura escribal e o movimento sedicioso de 1789: a 'Pecia'". In: ALGRANTI, Leila Mezan; Ana Paula Megiani (Orgs.). *O Império por escrito; formas de transmissão da cultura letrada no mundo ibérico (séculos XVI-XIX)*. São Paulo: Alameda, 2009.

MOREL, Marco. *Frei Caneca: entre Marília e a Pátria*. Rio de Janeiro: Editora FGV, 2000.

_____. *Cipriano Barata na Sentinela da Liberdade*. Salvador: Academia de Letras da Bahia; Assembleia Legislativa do Estado da Bahia, 2001.

_____. *As transformações dos espaços públicos: imprensa, atores políticos e sociabilidades na cidade imperial (1820-1840)*. São Paulo: Hucitec, 2005.

MORIN, Tania Machado. *Virtuosas e perigosas: as mulheres na Revolução Francesa*. São Paulo: Alameda, 2013.

NASCIMENTO, Milton M. "Reivindicar direitos segundo Rousseau". In: QUIRINO, Célia N. Galvão; VOUGA, Cláudio José T.; BRANDÃO, Gildo M. (Org.). *Clássicos do pensamento político*. São Paulo: Edusp, 2004.

NETO, Lira. *O inimigo do rei: uma biografia de José de Alencar*. São Paulo: Globo, 2006.

NEVES, Guilherme Pereira das. *História, teoria & variações*. Rio de Janeiro: Contra Capa, 2011.

NEVES, Lúcia Maria Bastos Pereira das. *Corcundas e constitucionais: a cultura política da Independência (1820-1822)*. Rio de Janeiro: Revan, 2003.

_____. *Napoleão Bonaparte: imaginário e política em Portugal (c. 1808-1810)*. São Paulo: Alameda, 2008.

NICOLET, Claude. *The world of the citizen in republican Rome*. Berkeley: University of California Press, 1980.

NORTON, Manuel Arthur. *D. Pedro Miguel de Almeida Portugal*. Lisboa: Agência Geral do Ultramar, 1967.

NUSSBAUM, Martha et al. *Piccole patrie, grande mondo*. Roma: Reset & Donzelli, 1995.

OLIVEIRA, Maria Lêda. *A história do Brazil de Frei Vicente do Salvador: história e política no Império português do século XVII*. Rio de Janeiro: Versal; São Paulo: Odebrecht, 2008.

OLIVEIRA, Tarquínio J. B. *As cartas chilenas, fontes textuais*. São Paulo: Referência, 1972.

_____. *Um banqueiro na Inconfidência: ensaio biográfico sobre João Roiz de Macedo, arrematante de rendas tributárias no último quartel do século XVIII*. Ouro Preto: Casa dos Contos; Centro de Estudos do Ciclo do Ouro, 1978.

OSTRENSKY, Eunice. *As revoluções do poder*. São Paulo: Alameda, 2005;

PAINE, Thomas. *Rights of Man and Common Sense*. Nova York: Penguin, 1997.

PAIVA, José Pedro. "Etiqueta e cerimônias públicas na esfera da Igreja (séculos XVII-XVIII)". In: JANCSÓ, István; KANTOR, Iris. *Festa: cultura e sociabilidade na América portuguesa*. São Paulo: Hucitec; Edusp; Imprensa Oficial, 2001. 1 v.

PAULA, Delsy G.; FENATI, Maria Carolina. "Utopia libertária: uma experiência anarquista no campo brasileiro". In: STARLING, Heloisa Maria Murgel; PAULA, Delsy G.; GUIMARÃES, Juarez Rocha. *Sentimento de reforma agrária, sentimento de República*. Belo Horizonte: Editora UFMG, 2006.

PEIXOTO, Inácio José de Alvarenga. "Poesias". In: PROENÇA FILHO, Domício (Org.). *A poesia dos inconfidentes: poesia completa de Cláudio Manuel da Costa, Tomás Antônio Gonzaga e Alvarenga Peixoto*. Rio de Janeiro: Nova Aguilar, 1996.

PETITI, Phillip. *Republicanism: a theory of freedom and government*. Oxford: Oxford University Press, 1997.

PETRARCA, Francesco. *Familiarium Rerum*. In: BIGNOTTO, Newton. *Origens do republicanismo moderno*. Belo Horizonte: Editora UFMG, 2001. Anexos.

PHILLIPS, Kevin. *1775: a good year for Revolution*. Nova York: Penguin Group, 2012.

PINTO, Rosalvo Gonçalves. *Os inconfidentes; José de Rezende Costa (pai e filho) e o arraial de Lage*. Resende Costa: Amirco, 2014.

PITA, Sebastião da Rocha. *História da América portuguesa*. Belo Horizonte: Itatiaia; São Paulo: Edusp, 1997.

POCOCK, John G. A. *Politics, language & time: essays on political thought and history*. Chicago: University of Chicago Press, 1971.

_____. *The machiavellian moment: florentine political thought and the Atlantic Republic tradition*. Princeton: Princeton University Press, 1975

_____. *Linguagens do ideário político*. São Paulo: Edusp, 2003.

POLÍBIO. *História*. Brasília, DF: Editora UnB, 1985.

POLITO, Ronald. *Um coração maior que o mundo: Tomás Antônio Gonzaga e o horizonte luso-colonial*. São Paulo: Globo, 2004.

POPKIN, Jeremy D. "Jornais: a nova face das notícias". In: DARNTON, Robert; ROCHE, Daniel (Orgs.). *Revolução impressa: a imprensa na França 1775-1800*. São Paulo: Edusp, 1996.

PUFENDORF, Samuel. *Os deveres do homem e do cidadão de acordo com as leis do direito natural*. Rio de Janeiro: Topbooks, 2007.

QUINTÃO, Antônia Aparecida. *Lá vem meu parente: as irmandades de pretos e pardos no Rio de Janeiro e em Pernambuco (século XVIII)*. São Paulo: Annablume; Fapesp, 2002.

RAMOS, Rui (Org.). *História de Portugal*. Lisboa: A Esfera dos Livros, 2009.

REIS, João José. *Rebelião escrava no Brasil: a história do levante dos Malês em 1835*. São Paulo: Companhia das Letras, 2003.

_____.; SILVA, Eduardo. *Negociação e conflito: a resistência negra no Brasil escravista*. São Paulo: Companhia das Letras, 1999.

RESENDE, Maria Efigênia Lage de. "Saberes estratégicos: Tiradentes e o mapa das almas". In: RESENDE, Maria Efigênia Lage de; VILLALTA, Luiz Carlos (Orgs.). *História de Minas Gerais: as Minas setecentistas*. Belo Horizonte: Autêntica; Companhia do Tempo, 2007. v. 2.

RIBEIRO, Gladys Sabina. *A liberdade em construção: identidade nacional e conflitos antilusitanos no Primeiro Reinado*. Rio de Janeiro: Relume Dumará, 2002.

RICUPERO, Bernardo. "Patrimonialismo: usos de um conceito". In: BOTELHO, André; STARLING, Heloisa. *Impasses do Brasil contemporâneo*. Belo Horizonte: Editora UFMG, 2017.

ROCHA PITA, Sebastião da. *História da América portuguesa*. São Paulo, Belo Horizonte: Edusp, Itatiaia, 1976. Livro oitavo.

ROCHE, Daniel. *Le Siècle dês Lumières en province: academies et académiciens provinciaux (1680-1789)*. Paris: La Haye Mouton, 1978. 2 v.

_____. *O povo de Paris: ensaio sobre a cultura popular no século XVIII*. São Paulo: Edusp, 2004.

RODRIGUES, André Figueiredo. *A fortuna dos inconfidentes; caminhos e descaminhos dos bens dos conjurados mineiros (1760-1850)*. São Paulo: Globo, 2010.

RODRIGUES, José Honório. *História e historiadores do Brasil*. Fulgor, 1965. São Paulo: Fulgor, 1961.

ROMEIRO, Adriana. *Um visionário na corte de D. João V: revolta e milenarismo nas Minas Gerais*. Belo Horizonte: Editora UFMG, 2001.

_____. *Paulistas e emboabas no coração das Minas: ideias, práticas e imaginário político no século XVIII*. Belo Horizonte: Editora UFMG, 2008.

ROSANVALLON, Pierre. *Situations de la démocrátie*. Paris: Gallimard, 1998.

ROSSI, Paolo. *O passado, a memória, o esquecimento: seis ensaios de história das ideias*. São Paulo: Editora Unesp, 2010

ROUANET, Sergio Paulo. "As Minas iluminadas; a Ilustração e a Inconfidência". In: NOVAES, Adauto. *Tempo e História*. São Paulo: Companhia das Letras, 1992.

ROUSSEAU, Jean-Jacques. *Discurso sobre a origem e os fundamentos da desigualdade entre os homens*. São Paulo: Abril Cultural, 1978.

_____. *Do contrato social*. São Paulo: Abril Cultural, 1978.

_____. *Julia ou a nova Heloisa*. São Paulo: Hucitec, 1994.

RUDÉ, G. *Europa em el siglo XVIII*. Madri: Alianza, 1978.

RUSSEL-WOOD, John. *Histórias do Atlântico português*. São Paulo: Editora Unesp, 2014.

SAID, Edward W. *Cultura e imperialismo*. São Paulo: Companhia das Letras, 1999.

SAINT-JUST, Louis Antoine de. *Théorie politique*. Paris: Seuil, 1976.

SALVADOR. Frei Vicente do. *História do Brazil 1560-1627*. Rio de Janeiro: Versal; São Paulo: Odebrecht, 2008.

SANT'ANNA, Henrique M. de. *História da república romana*. Petrópolis: Vozes, 2015.

SANTOS, Afonso Carlos Marques dos. *No rascunho da nação: Inconfidência no Rio de Janeiro*. Rio de Janeiro: Secretaria Municipal de Cultura, Turismo e Esportes, 1992.

SANTOS, Lúcio José dos. *A Inconfidência mineira: papel de Tiradentes na Inconfidência mineira*. Belo Horizonte: Imprensa Oficial, 1972.

SANTOS, Wanderley Guilherme dos. *A imaginação política: cinco ensaios de história intelectual*. Rio de Janeiro: Revan, 2017

SCHAMA, Simon. *Cidadãos: uma crônica da Revolução Francesa*. São Paulo: Companhia das Letras, 1989.

SCHULTZ, Kirsten. *Versalhes tropical: Império, Monarquia e a Corte Real portuguesa no Rio de Janeiro, 1808-1821*. Rio de Janeiro: Civilização Brasileira, 2008.

SCHWARCZ, Lilia Moritz. *As barbas do imperador; D. Pedro II, um monarca nos trópicos*. São Paulo: Companhia das Letras, 1999.

_____. "A república dos outros, ou o cometa que não veio". In: NOVAES, Adauto (Org.). *O esquecimento da política*. Rio de Janeiro: Agir, 2007.

SCHWARCZ, Lilia; STARLING, Heloisa. "O acaso não existe; entrevista de Evaldo Cabral de Mello". In: SCHWARCZ, Lilia (Org.). *Leituras críticas sobre Evaldo Cabral de Mello*. Belo Horizonte: Editora UFMG; São Paulo: Editora Fundação Perseu Abramo, 2008.

_____.; _____. *Brasil: uma biografia*. São Paulo: Companhia das Letras, 2015.

SCHWARTZ, Stuart B. *Segredos internos*. São Paulo: Companhia das Letras, 1988.

SCOTT, John. *Algernon Sidney and the English Republic (1623-1677)*. Cambridge: Cambridge University Press, 1998.

SCOTT, John. *Commonwealth principles: republican writing of the English Revolution*. Cambridge: Cambridge University Press, 2007.

SIDNEY, Algernon. *Discourses concerning government*. Indianapolis: Liberty Fundation, 1996.

SILVA, Alberto da Costa e. *A enxada e a lança: a África antes dos portugueses*. Rio de Janeiro: Nova Fronteira, 1996.

_____. *A manilha e o libambo: a África e a escravidão, de 1500 a 1700*. Rio de Janeiro: Nova Fronteira, 2002.

_____. *Castro Alves: um poeta sempre jovem*. São Paulo: Companhia das Letras, 2006.

_____. "Os Iluministas e a escravidão". In: ACADEMIA DE CIÊNCIAS DE LISBOA; ACADEMIA BRASILEIRA DE LETRAS. *O Iluminismo luso-brasileiro*. Lisboa: Imprensa Nacional; Casa da Moeda, 2007.

_____. *Das mãos do oleiro: aproximações*. Rio de Janeiro: Nova Fronteira, 2011.

SILVA, Inácio Accioli de Cerqueira e. *Memórias históricas e políticas da Bahia*. Salvador: Tipografia Oficial do Estado da Bahia, 1931. Tomo III.

SILVA, Joaquim Norberto de Souza. "Introdução". In: ALVARENGA, Manuel Inácio da Silva. *Obra poética*. Rio de Janeiro: Garnier, 1864.

_____. *História da Conjuração Mineira*. Rio de Janeiro: Garnier, 1873.

SILVA, Luiz Geraldo. "Igualdade, liberdade e modernidade política; escravos, afrodescendentes livres e libertos e a Revolução de 1817". In: SIQUEIRA, Antônio Jorge et al. *1817 e outros ensaios*. Recife: Cepe, 2017.

SILVA, Maria Beatriz Nizza da. *Ser nobre na colônia*. São Paulo: Editora Unesp, 2005.

SILVEIRA, Marco Antonio. *O universo do indistinto: Estado e Sociedade nas Minas setecentistas (1735-1808)*. São Paulo: Hucitec, 1997.

SINTOMER, Yves. *O poder ao povo: júris de cidadãos, sorteio e democracia participativa*. Belo Horizonte: Editora UFMG, 2010.

SIQUEIRA, Antônio Jorge et al. *1817 e outros ensaios*. Recife: Cepe, 2017.

SKINNER, Quentin. "Meaning and understanding in the history of ideas". In: TULLY, James (Org.). *Meaning & Context: Quentin Skinner and his critics*. Princeton: Princeton University Press, 1988.

_____. *As fundações do pensamento político moderno*. São Paulo: Companhia das Letras, 1999.

_____. *L'artiste en philosophe politique: Ambrogio Lorenzetti et le bon gouvernement*. Paris: Éditions Raisons d'Agir, 2003.

_____. *Visions of politics: Renaissance virtues*. Cambridge: Cambridge University Press, 2002. 2 v.

_____.; ARMITAGE, David; HIMY, Armand (Eds.). *Milton and republicanism*. Cambridge: Cambridge University Press, 1995.

_____.; GELDEREN, Martin Van (Orgs.). *Republicanism: a shared european heritage*. Cambridge: Cambridge University Press, 2002. 2 v.

SMITH, Adam. *Teoria dos sentimentos morais*. São Paulo: Martins Fontes, 1999.

SOUZA, Avanete Pereira. "Manifestações locais da crise do Antigo Sistema Colonial (O exemplo das câmaras municipais da capitania da Bahia)". In: SOUZA, Laura de Mello e; FURTADO, Júnia Ferreira; BICALHO, Maria Fernanda (Orgs.). *O governo dos povos*. São Paulo: Alameda, 2009.

SOUZA, Laura de Mello e. *Desclassificados do ouro: a pobreza mineira no século XVIII*. Rio de Janeiro: Graal, 1982.

_____. *Norma e conflito: aspectos da história de Minas no século XVIII*. Belo Horizonte: Editora UFMG, 1999.

_____. "Motines, revueltas y revoluciones em la America portuguesa de los siglos XVII y XVIII". In: LEHUEDÉ, Jorge Hidalgo (Org.). *Historia general de America Latina*. Madri: Editorial Trotta, 2000. 4 v.

_____. *O sol e a sombra: política e administração na América portuguesa do século XVIII*. São Paulo: Companhia das Letras, 2006.

_____. *A Sabinada; a revolta separatista da Bahia*. São Paulo: Companhia das Letras, 2009.

_____. *Cláudio Manuel da Costa*. São Paulo: Companhia das Letras, 2011.

STARLING, Heloisa Maria Murgel. "*A matriz norte-americana*". In: BIGNOTTO, Newton (Org.). *Matrizes do republicanismo*. Belo Horizonte: Editora UFMG, 2013.

STAROBINSKI, Jean. *Montesquieu*. São Paulo: Companhia das Letras, 1990.

_____. *Jean-Jacques Rousseau: a transparência e o obstáculo*. São Paulo: Companhia das Letras, 1991.

_____. *As máscaras da civilização: ensaios*. São Paulo: Companhia das Letras, 2001.

STUMPF, Roberta Giannubilo. *Filhos das Minas, americanos e portugueses: identidades coletivas na capitania de Minas Gerais (1763-1792)*. São Paulo: Hucitec, 2010.

_____. *Os cavaleiros do ouro e outras trajetórias nobilitantes nas Minas setecentistas*. Belo Horizonte: Fino Traço, 2014.

SWIFT, Jonathan. *Modesta proposta e outros textos satíricos*. São Paulo: Editora Unesp, 2002.

_____. *Viagens de Gulliver*. São Paulo: Penguin Classics; Companhia das Letras, 2010.

TAUNAY, Affonso d'Escragnolle. *História das bandeiras paulistas*. São Paulo: Melhoramentos, 1975.

TAVARES, Francisco Muniz. *História da Revolução de Pernambuco em 1817*. Recife: Imprensa Oficial, 1917.

TAVARES, Luís Henrique Dias. *Introdução ao estudo das ideias do movimento revolucionário de 1798*. Salvador: Editora Progresso, 1959.

_____. *História da sedição intentada na Bahia em 1798 ("A conspiração dos alfaiates")*. São Paulo: Pioneira; Brasília, DF: INL, 1975.

TEIXEIRA, Ivan. *Mecenato pombalino e poesia neoclássica: Basílio da Gama e a poética do encômio*. São Paulo: Edusp, 1999.

THOMAS, Peter D. G. *British politics and the Stamp Act crisis: the first phase of the American Revolution*. Nova York: St. Martin Press, 1976.

THOMPSON, Peter. *Humour and history*. Oxford: K. Cameron, 1993.

TINHORÃO, José Ramos. *Domingos Caldas Barbosa: o poeta da viola, da modinha e do lundu (1740-1800)*. São Paulo: Editora 34, 2004.

TOCQUEVILLE, Alexis de. *A democracia na América*. Belo Horizonte: Itatiaia; São Paulo: Edusp, 1977.

_____. *De La démocratie em Amérique*. Paris: Vrin, 1990. 2 v.

TORGAL, Luís Reis. *Ideologia política e teoria do estado na Restauração*. Coimbra: Biblioteca Geral da Universidade, 1981-1982. v. 1.

TORRES, Antônio. *Centro das nossas desatenções*. Rio de Janeiro: Relume Dumará, 1996.

TULLY, James. *Strange multiplicity, constitucionalism in the age of diversity*. Cambridge: Cambridge University Press, 1997.

VAIFAS, Ronaldo. *António Vieira: Jesuíta do Rei*. São Paulo: Companhia das Letras, 2011.

VALADARES, Virgínia Trindade. *Elites mineiras setecentistas: conjugação de dois mundos*. Lisboa: Edições Colibri; Instituto de Cultura Ibero-Atlântica, 2004.

_____. *A sombra do poder: Martinho de Melo e Castro e a administração da capitania de Minas Gerais (1770-1795)*. São Paulo: Hucitec, 2006.

VARNHAGEN, Francisco Adolfo de. *História Geral do Brasil*. São Paulo: Edusp; Belo Horizonte: Itatiaia, 1981.

VASCONCELOS, Diogo de. *História média de Minas Gerais*. Belo Horizonte: Itatiaia, 1974.

_____. *História antiga das Minas Gerais*. Belo Horizonte; Rio de Janeiro: Itatiaia, 1999.

VATTIMO, Gianni. *La fine della modernità*. Milão: Garzanti, 1987.

VENTURI, Franco. *Utopia e Reforma no Iluminismo*. Bauru: Edusc, 2003.

VENTURA, Roberto. Leituras do abade Raynal na América Latina. In: COGGIOLA, Osvaldo. *A Revolução Francesa e seu impacto na América Latina*. São Paulo: Nova Stella Editorial; Edusp, 1990.

VERGER, Pierre. *Fluxo e refluxo do tráfico de escravos entre o golfo de Benin e a Bahia de Todos os Santos*. Salvador: Currupio, 2002.

VERNANT, Jean-Pierre. *As origens do pensamento grego*. Rio de Janeiro: Difel, 2002.

VIANNA FILHO, Luiz. *A Sabinada: a república baiana de 1837*. Rio de Janeiro: José Olympio, 1938.

VIEIRA, Antônio. *Sermões*. São Paulo: Hedra, 2003. l v.

VILLALTA, Luiz Carlos. *Usos do livro no mundo luso-brasileiro sob as Luzes: reformas, censura e contestações*. Belo Horizonte: Fino Traço, 2015.

VIROLI, Maurizio. *Per amore della patria: patriottismo e nazionalismo nella storia*. Roma: Editori Laterza, 2001.

_____. *Republicanism*. Nova York: Hill and Wang, 2002.

VITA, Luís Washington. *Alberto Sales, ideólogo da República*. São Paulo: Companhia Editora Nacional, 1965

VON FRITZ, Kurt. *The theory of the mixed constitution in Antiquity: a critical analysis of Polybius' political ideas*. Nova York: Columbia University Press, 1954.

WALZER, Michael. *The Revolution of the Saints: a study of radical politics*. Nova York: Atheneum, 1972.

WOLFE, Don Marion (Org.). *Levellers manifestoes of the Puritan Revolution*. Nova York: Thomas Nelson and Sons, 1949.

WOOD, Gordon S. *Empire of liberty: a history of the Early Republic, 1789-1815*. Nova York: Oxford University Press, 2009.

WOOD, Gordon S. *The creation of the American Republic 1776-1787*. Nova York: Norton & Company, 1993.

WOOTTON, David (Org.). *Republicanism, liberty and commercial society, 1649-1776*. Palo Alto: Stanford University Press, 1994.

XAVIER, Ângela Barreto. *"El Rei aonde póde & não aonde quér": razões da política no Portugal seiscentista*. Lisboa: Edições Colibri, 1998.

ZUCKERT, Michael. *Natural rights and the new republicanism*. New Jersey: Princeton University Press, 1998.

OBRAS DE REFERÊNCIA E DICIONÁRIOS

AMENO, Francisco Luiz. *Diccionario Exegético: que declara a genuína e própria significação dos vocábulos da língua portugueza*. Lisboa: Ameno, 1781

BAYLE, Pierre. *Dictionnaire historique et critique*. Yale: Serviços Fotográficos de Yale University, 1983. Edição microfilmada da terceira edição de 1720, publicada originalmente em Rotterdam, por Michel Bohm Editores, em 4 volumes.

BLUTEAU, Raphael. *Vocabulario portuguez e latino*. Coimbra: Real Colégio das Artes da Companhia de Jesus, 1713.

CONSTANCIO, Francisco S. *Novo diccionario critico e etymologico da língua portugueza*. Paris: Angelo Francisco Carneiro Editor; Tipografia de Casimir, 1836.

DICCIONARIO *de Autoridades*. *Real Academia Española*. Madri: Editorial Gredos, 1963. 3 v.

DICTIONNAIRE *de l'Académie Françoise*. Paris: J. B. Coignard, Imprimeur Du Roy & de l'Académie Françoise, 1740.

_____. Paris: Veuve de Bernard Brunet, Imprimeur de l'Académie Françoise, 1762.

DICTIONNAIRE *de l'Académie Françoise, revu, corrigé et augmenté par l'Académie elle-même*. Paris: J. J. Smits et Cie, 1789.

GREENE, Jack; POLE, Jack. R. *The Blackwell encyclopedia of the American Revolution*. Cambridge: Wiley-Blackwell, 1994.

LE DICTIONNAIRE *de l'Académie Françoise dedié au Roy*. Paris: Vve J. B. Coignard et J. B. Coignard, 1694.

NOUVEAU *Dictionnaire de l'Académie Françoise*. Paris: J. B. Coignard, 1718.

SEBASTIÁN, Javier Fernández (Dir.). *Diccionario político y social del mundoiberoamericano: La era de las revoluciones, 1750-1850*. Madri: Fundación Carolina; Sociedad Estatal de Conmemoraciones Culturales; Centro de Estudios Políticos y Constitucionales, 2009.

METTHEW, Colin; HARRISON, Brian (Eds.). *Oxford Dictionary of National Biography*. Londres: Oxford University Press, 2004. v. 2.

SERRÃO, Joel (Org.). *Dicionário de história de Portugal*. Porto: Livraria Figueirinha, 1985. v. 3.

SILVA, Antonio de Moraes. *Diccionario da língua portugueza*. Lisboa: Oficina de Simão Tadeu Ferreira, 1789.

_____. *Diccionario da lingua portuguesa*. Lisboa: Typographia de M. P. de Lacerda, 1823. 2 v.

TIBIRIÇÁ, Luiz Caldas. *Dicionário tupi português com esboço de gramática de tupi antigo*. São Paulo: Traço, 1984.

DOCUMENTOS

ACORDARAM em mandar consertar a Ponte Real; dar uma guarda de ouro de nossa senhora do Monte do Carmo a cidade do Rio de Janeiro e eleger tesoureiro. *Acórdãos e Termos de Ve-*

reança da Câmara de São João del Rei. Universidade Federal de São João del-Rei. Livro 1, Acórdão de 20 de janeiro de 1740.

ATAÍDE, Joaquim José de. "Discurso em que se mostra o fim para que foi estabelecida a Sociedade Literária do Rio de Janeiro". *Revista do IHGB,* Rio de Janeiro, 1882. Tomo 45.

A Inconfidência da Bahia em 1798: Devassas e Sequestros. *Anais da Biblioteca Nacional,* Rio de Janeiro: Biblioteca Nacional, 1920-1921.

AUTOS da Devassa da Conspiração dos Alfaiates. Salvador: Arquivo Público do Estado da Bahia, 1998. 2 volumes.

AUTOS da Devassa da Inconfidência Mineira. Brasília, DF: Câmara dos Deputados; Belo Horizonte: Imprensa Oficial de Minas Gerais, 1982. 11 v.

AUTOS da Devassa do Levantamento e Sedição Intentados na Bahia em 1798. *Anais do Arquivo Público da Bahia.* Salvador: Imprensa Oficial da Bahia, 1961. v. XXXV-I, jul./dez. 1959.

AUTOS da Devassa mandada realizar em Pernambuco por ocasião da revolta de 1817. *Documentos históricos da Biblioteca Nacional. Revolução de 1817.* Rio de Janeiro, Biblioteca Nacional, 1954. v. CI-V.

AUTOS da Devassa: prisão dos letrados do Rio de Janeiro — 1794. Rio de Janeiro: Eduerj, 2002.

BOLINGBROKE, Henry St. John. "Letters on the Spirit of Patriotism on the Idea of a Patriot King and on the State of Parties at the Accession of George the First". In: ARMITAGE, David (Ed.). *Bolingbroke: Political Writings.* Cambridge: Cambridge University Press, 1997.

BRASILIENSE, Américo. *Os programas dos partidos e o Segundo Império.* Brasília: Rio de Janeiro; Senado Federal: Fundação Casa de Rui Barbosa, 1979.

CARTA de Antônio Tinoco Barcelos para Gomes Freire de Andrade, 29 de julho de 1736. *Arquivo Público Mineiro.* Seção Colonial, Códice SG 54.

CARTA de D. João de Lencastro ao Rei. Bahia, 7 de janeiro de 1701. In: DERBY, Orville A. Os primeiros descobrimentos de ouro nos distritos de Sabará e Caeté. *Revista do Instituto Histórico e Geográfico de São Paulo,* v. 5, 1889-1900.

CARTA de Dom Pedro Miguel de Almeida a Manuel de Mendonça e Lima Corte Real, 23 de março de 1721. *Arquivo Público Mineiro.* Seção Colonial, Códice SC 13.

CARTA de Dom Pedro Miguel de Almeida a Ayres de Saldanha Albuquerque e Noronha, 10 de abril de 1721. *Arquivo Público Mineiro.* Seção Colonial, Códice SC 11.

CARTA de Fernando José de Portugal a Martinho de Melo e Castro. Salvador, 2 de junho de 1792. *Biblioteca Nacional.* Sessão de Manuscritos. DOC I, 01.04.11.

CARTA de Joaquim José da Silva Xavier a D. Rodrigo de Menezes. *Arquivo Público Mineiro.* Códice 237 (Registro de Ofícios dirigidos ao governo por militares e ordenanças), 1783.

CARTA de Joaquim Silvério dos Reis a Miguel Fernandes Guimarães tratando das condições de cobrança vigentes em seu registro. 6 de dezembro de 1782. *Biblioteca Nacional.* Sessão de Manuscritos, I-10, 24, 001 n. 004.

CARTA de Martinho de Melo e Castro a Bernardo José de Lorena. Lisboa, 21 de fevereiro de 1792. *Biblioteca Nacional.* Sessão de Manuscritos. DOC II, 33.29.29.

CARTA do governador da capitania da Bahia, D. Fernando José de Portugal e Castro ao Secretário de Estado da Marinha e Domínios Ultramarinos, D. Rodrigo de Souza Coutinho. Bahia, 13 de fevereiro de 1999. Publicada em: SILVA, Inácio Accioli de Cerqueira e. *Memórias históricas e políticas da Bahia.* Salvador: Tipografia Oficial do Estado da Bahia, 1931. Tomo III.

CARTA do governador Martinho de Mendonça para o secretário de estado Antônio Guedes Pereira, 17 de outubro de 1737. *Revista do Arquivo Público Mineiro*, v. 1, 1896.

CARTA do governador Martinho de Mendonça para Gomes Freire de Andrade, 23 de julho de 1736. *Arquivo Público Mineiro*. Seção Colonial, Códice SG 55.

CARTAS e portarias. Seção de manuscritos da Biblioteca Nacional. v. I; ANAIS da Biblioteca Nacional. v. 43-44.

COPIA do papel que o Sʳ Dom Joam de Lancastro fez sobre a recadaçam dos quintos do ouro das minas que se descobrirão neste Brazil na era de 1701. Bahia, 12 janeiro 1701. In: ANTONIL, André João. *Cultura e opulência do Brasil por suas drogas e minas: texte de l'édition de 1711, traduction française et commentaire critique par Andrée Mansuy*. Paris: Institut des Hautes Études de l'Amérique Latine, 1965.

CORRESPONDÊNCIA de João Lopes Cardoso Machado. 15 de junho de 1817. *Documentos Históricos da Biblioteca Nacional do Rio de Janeiro*. v. CII.

COSTA, Cláudio Manuel da. "Assento do governador de Minas Gerais sobre a posse de Jacuí etc.". *Publicação oficial de documentos interessantes para a história e costumes de São Paulo*. São Paulo: Typographia a Vapor Espínola Siqueira e Cia, 1896.

COUTO, José Vieira. *Memória sobre a Capitania das Minas Gerais: seu território, clima e produções metálicas*. Belo Horizonte: Fundação João Pinheiro; Centro de Estudos Históricos e Culturais, 1994.

D'ALMADA, André Álvares. *Tratado breve dos rios de Guiné do Cabo-Verde feito pelo capitão André Álvares d'Almada Ano de 1594*. Lisboa: Grupo de trabalho do Ministério da Educação para as comemorações dos descobrimentos portugueses, 1994;

DECRETO de Lei de 17 de dezembro de 1794. In: SILVA, António Delgado da. *Colleção da legislação portuguesa (1791 a 1801)*. Lisboa: Maigrense, 1828. v. 6.

DETERMINAÇÃO do governador D. Fernando José de Portugal e Castro ao Desembargador Manuel de Magalhães Pinto e Avellar de Barbedo para abertura de Sumário de Testemunhas. Bahia, 15 de janeiro de 1999. Publicado em: SILVA, Inácio Accioli de Cerqueira e. *Memórias históricas e políticas da Bahia*. Salvador: Tipografia Oficial do Estado da Bahia, 1931. Tomo III.

DISCURSO histórico e político sobre a sublevação que nas Minas houve no ano de 1720. Belo Horizonte: Fundação João Pinheiro; Centro de Estudos Históricos e Culturais, 1994.

FREIRE, Pascoal José de Melo. *Codigo criminal intentado pela Rainha D. Maria I*. Lisboa: Typographo Simão Thaddeo Ferreira, 1823.

FROGER, François. "Relation d'un voyage fait en 1695, 1696 et 1697 aux cotes d' Afrique, détroit de Magellan, Brésil, Cayenne et Isles Antilles. Amsterdam: Chez lês Héritiers, 1699". In: FRANÇA, Jean Marcel Carvalho. *Visões do Rio de Janeiro colonial: antologia de textos (1531-1800)*. Rio de Janeiro: Jose Olympio, 1999.

INFORMAÇÕES sobre as minas do Brasil. *Anais da Biblioteca Nacional do Rio de Janeiro*. Rio de Janeiro: Serviço Gráfico do Ministério da Educação, 1939. v. LVII.

LINDLEY, Thomas. *Narrativa de uma viagem ao Brasil que terminou com o apresamento de um navio britânico e a prisão do autor*. São Paulo: Companhia Editora Nacional, 1969.

MADRE DE DEUS, Frei Gaspar da. *Memória para a história da capitania de São Vicente*. Belo Horizonte: Itatiaia; São Paulo: Edusp, 1975.

MAPAS estatísticos da capitania de Pernambuco. Divisão de Manuscritos. *Biblioteca Nacional*. 3, 1, 38. Folha 1.

MOTINS de fevereiro de 1823 (traslados da Devassa). Projeto Pernambuco. Manuscritos. Biblioteca Nacional. Pasta 14, Documento 11, Arquivo 0353.

NUNES, Antônio Duarte. "Almanaque histórico da cidade de São Sebastião do Rio de Janeiro para o ano de 1799". *Revista do IHGB*, Rio de Janeiro, 1858. v. 21

O TYPIS PERNAMBUCANO. In: MELLO, Evaldo Cabral de (Org.). *Frei Joaquim do Amor Divino Caneca*. São Paulo: Editora 34, 2001.

PROJETO de Lei Orgânica. *Documentos Históricos da Biblioteca Nacional do Rio de Janeiro*. v. CIV.

QUINTÃO, Jacinto José da Silva. "Memória sobre a cochonilha e o methodo de a propagar, oferecido aos lavradores Brazileiros, por um patriota zelloso e amante da felicidade publlica". *O Patriota, Jornal Literário, Político, Mercantil do Rio de Janeiro*. Biblioteca Nacional, 4 abr. 1813.

_____. "Mappa das Plantas do Brazil, suas virtudes e lugares em que florescem. Extrahido de officios de vários Medicos e Cirurgioens". *O Patriota, Jornal Literário, Político, Mercantil do Rio de Janeiro*. Biblioteca Nacional, 4.abr. 1814.

RELAÇÃO da francezia formada pelos omens pardos da cidade da Bahia no anno de 1798. Descrição da Bahia. *Arquivo do Instituto Histórico e Geográfico Brasileiro*. Rio de Janeiro: IHGB, Tomo IV.

RELAÇÃO das guerras feitas aos Palmares de Pernambuco no tempo do governador dom Pedro de Almeida (1675-1678). *Revista do IHGB*, Rio de Janeiro, n. 22, tomo XXII, 1859.

RELATÓRIO de Thomas Jefferson a John Jay sobre sua viagem ao sul da França. Marselha, 4 de maio de 1787. *Anuário do Museu da Inconfidência*. Ouro Preto, 1953. v. II.

RELATÓRIO do governador Antônio Paes de Sande em que indica as causas do malogro das pesquisas das minas do Sul e propõe o alvitre para se obter de uma maneira segura o seu descobrimento. *Anais da Biblioteca Nacional*. v. 39, 1917.

REVOLUÇÕES e Levantes em Pernambuco no ano de 1710 e 1711. IHGB, Rio de Janeiro. Lata 73, Documento 9.

ROCHA, José Joaquim da. *Geografia histórica da capitania de Minas Gerais*. Belo Horizonte: Fundação João Pinheiro; Centro de Estudos Históricos e Culturais, 1995.

RODRIGUES, José Honório (Org.). *Documentos históricos da Biblioteca Nacional*. Rio de Janeiro: Biblioteca Nacional, Divisão de Obras Raras e Publicações, 1946-1955.

SANTOS, Luiz Gonçalves dos. *Memórias para servir à história do reino do Brasil*. Lisboa: Imprensa Régia, 1825. Tomo I.

SEABRA, Vicente Coelho de. *Elementos de Chimica offerecidos a Sociedade Litteraria do Rio de Janeiro para o uso do seu curso de chimica*. Coimbra: Real Oficina da Universidade, 1788.

SILVA, Antônio Delgado da. *Colleção da legislação portuguesa (1791 a 1801)*. Lisboa: Maigrense, 1828. v. 6.

TERMO que se fez sobre a proposta do povo de Vila Rica na ocasião em que veio amotinado a Vila do Carmo, 2 de julho de 1720. *Arquivo Público Mineiro*. Seção Colonial, Códice SC 06.

VILHENA, Luiz dos Santos. *A Bahia no século XVIII*. Salvador: Itapuã, 1969. v. 2.

WALZER, Michael (Org.). *Regicide and revolution: speeches at the trial of Louis XVI*. Nova York: Columbia University Press, 1993.

TESES E DISSERTAÇÕES

ARAÚJO, Pedro Henrique Barbosa Montandon de. *Direito de resistência em John Milton*. Belo Horizonte: PPGHIS-UFMG, 2016. Dissertação (Mestrado em História).

BASILE, Marcello Otávio. *O Império em construção; projetos de Brasil e ação política na Corte regencial*. Rio de Janeiro: PPGHIS-UFRJ, 2004. Tese (Doutorado em História).

CAETANO, Antônio Felipe Pereira. *Entre a sombra e o sol: a Revolta da Cachaça, a freguesia de São Gonçalo do Amarante e a crise política fluminense*. Niterói: PPGHIS-UFF, 2003. Dissertação (Mestrado em História).

CUNHA, Vagner da Silva. *A "Rochela" das Minas de Ouro? Paulistas na vila de Pitangui (1709-1721)*. Belo Horizonte: PPGHIS-UFMG, 2009. Dissertação (Mestrado em História).

FIGUEIREDO, Luciano Raposo de Almeida. *Revoltas, fiscalidade e identidade colonial na América portuguesa: Rio de Janeiro, Bahia e Minas Gerais, 1640-1761*. São Paulo: PPGHIS-USP, 1995. Tese (Doutorado em História Social).

FOCAS, Júnia Diniz. *Inconfidência Mineira: a história dos sentidos de uma história*. Belo Horizonte: PPGLIT-UFMG, 2002. Dissertação (Mestrado em História).

GASPAR, Tarcísio de Souza. *Palavras no chão: murmurações e vozes em Minas Gerais no século XVIII*. Niterói: PPGHIS-UFF, 2008. Dissertação (Mestrado em História).

KATO, Ruth Maria. *Revoltas de rua: o Rio de Janeiro em três momentos (1821, 1828, 1831)*. Rio de Janeiro: PPGHIS-UFRJ. Dissertação (Mestrado em História).

MATTOS, Hebe. *Marcas da escravidão; memórias do cativeiro, biografia e racialização na história do Brasil*. Niterói: Universidade Federal Fluminense, 2004. Tese (Titular Livre em História do Brasil).

SOUZA, Miguel Arcanjo de. *Política e economia no Rio de Janeiro seiscentista: Salvador de Sá e a Bernarda de 1660-1661*. Rio de Janeiro: PPGHIS-UFRJ, 1994. Dissertação (Mestrado em História).

TUNA, Gustavo Henrique. *Silva Alvarenga: representante das Luzes na América portuguesa*. São Paulo: PPGHIS-USP, 2009. Tese (Doutorado em História Social).

VALIM, Patrícia. *Corporação dos enteados: tensão, contestação e negociação política na Conjuração Baiana de 1798*. São Paulo: PPGHIS-USP, 2012. Tese (Doutorado em História Econômica).

ARTIGOS (JORNAIS, REVISTAS E EVENTOS)

ARAÚJO, Cícero. "República e Democracia". *Lua Nova: Revista de cultura política*, São Paulo, n. 51, 2000.

BARROS, Alberto Ribeiro G. de. "Levellers e os direitos e liberdades constitucionais". *Cadernos de Ética e Filosofia Política*, São Paulo, n. 17, segundo semestre de 2010.

BOUCHERON, Patrick. "La fresque Du Bom Gouvernement d'Ambrogio Lorenzetti". *Annales EHESS*, Paris, n. 6, nov./dez. 2005.

CANDIDO, Antonio. "O problema das Cartas chilenas". *Suplemento literário de Minas Gerais*, Belo Horizonte, n. 443, 22 dez. 1975.

CARNEIRO, Ana; DIOGO, Maria Paula; SIMÕES, Ana. "Communicating the new chemistry in 18th-

-century Portugal: Seabra's Elementos de Chimica". *Science & Education*, Genebra, v. 15, nov. 2006.

CARVALHO, Bruno. "An arcadian poet in a baroque city: Claudio Manuel da Costa's urban pastorals, familiy life, and the appearance of race". *Journal of Lusophone Studies*, Stanford, v. 12, 2014.

CARVALHO, José Murilo de. "História intelectual no Brasil: a retórica como chave de leitura". *Topoi*, Rio de Janeiro, v. 1, 2006.

_____. "Entre a República e a Democracia". *O Estado de S. Paulo*, São Paulo, p. 15, 27 dez. 2009.

_____. "República, Democracia e Federalismo: Brasil 1870-1891". *Varia História*, Belo Horizonte, v. 27, n. 45, jan./jun. 2011.

CARVALHO, Marcus. "Rumores e rebeliões: estratégias de resistência escrava no Recife, 1817-1848". *Tempo*, Niterói, v. 3, n. 6, dez. 1998.

_____. "O outro lado da Independência: quilombolas, negros e pardos em Pernambuco (1817-23)". *Luso-Brazilian Review*, Madison, v. 43, n. 1, 2006.

CAVALCANTE, Berenice. "Os 'letrados' da sociedade colonial: as academias e a cultura do Iluminismo no final do século XVIII". *Revista do Arquivo Nacional*, Rio de Janeiro, v. 8, n. 1/2, jan./dez. 1995.

COHN, Gabriel. "O pensador do desterro". *Folha de S.Paulo*, São Paulo, 22 jun. 2002.

DE ARAÚJO, Ricardo Benzaquen. "Ronda noturna: narrativa, crítica e verdade em Capistrano de Abreu". *Revista Estudos Históricos*, Rio de Janeiro, v. 1, n. 1, 1988.

FIGUEIREDO, Luciano. "Escritos pelas paredes". *Revista do Arquivo Público Mineiro*, Belo Horizonte, ano L, n. 1, jan./jun. 2014.

FRAGOSO, João. "A nobreza da República: notas sobre a formação da primeira elite senhorial do Rio de Janeiro (séculos XVI e XVII)". *Topoi*, Rio de Janeiro, v. 1, n. 1, 2002.

_____.; GOUVÊA, Maria de Fátima Silva; BICALHO, Maria Fernanda Baptista. "Uma leitura do Brasil colonial: bases da materialidade e da governabilidade no Império". *Penélope: Revista de História e Ciências Sociais*, Rio de Janeiro, n. 23, 2000.

FRANÇA, Wanderson Édipo. "Gente do povo em Pernambuco: da Revolução de 1817 à confederação de 1844". *CLIO*, Recife, v. 1, n. 33, 2015.

FURTADO, Júnia Ferreira. "As Câmaras municipais e o poder local: Vila Rica — um estudo de caso na produção acadêmica de Maria de Fátima Silva Gouvêa". *Tempo*, Niterói, v. 14, n. 27, 2009.

_____. "Um cartógrafo rebelde? Joaquim José da Rocha e a cartografia de Minas Gerais". *Anais do Museu Paulista*, São Paulo, v. 17, n. 2, jul./dez. 2009.

GOMES, Flávio dos Santos "No meio das águas turvas: racismo e cidadania no alvorecer da República: a Guarda Negra na Corte: 1888-1889. *Estudos Afro-Asiáticos*, Rio de Janeiro, n. 21, dez. 1991.

GOUVÊA, Maria de Fátima Silva. "Poder, autoridade e o Senado da Câmara do Rio de Janeiro ca. 1780-1820". *Tempo*, Niterói, v. 7, n. 13, 2002.

HESPANHA, António Manuel. "As Cortes e o reino: da União à Restauração". *Cuadernos de Historia Moderna*, Madri, v. 11, n. 25-6, 1993.

HIGGS, David. "O Santo Ofício da Inquisição de Lisboa e a 'Luciferina Assembleia' do Rio de Janeiro na década de 1790". *Revista do IHGB*, Rio de Janeiro, v. 162, n. 412, jul./set. 2001.

INGBER, Léon. "La tradition de Grotius; Les droits de l'homme et Le droit naturel à l'époque contemporaine". *Cahiers de philosophie politique et juridique*, Paris, 1988.

JANCSÓ, István; MOREL, Marcos. "Novas perspectivas sobre a presença francesa na Bahia em torno de 1798". *Topoi*, Rio de Janeiro, v. 8, n. 14, jan./jun. 2007.

KURY, Lorelai Brilhante; MUNTEAL FILHO, Oswaldo. "Cultura científica e sociabilidade intelectual no Brasil setecentista: um estudo acerca da sociedade literária do Rio de Janeiro". *Revista do Arquivo Nacional*, Rio de Janeiro, v. 8, n. 1/2, jan./dez. 1995.

LAPA, M. Rodrigues. "O enigma da 'Arcádia Ultramarina' aclarada por uma ode de Seixas Brandão". *Suplemento Literário de Minas Gerais*, Belo Horizonte, n. 174, 22 dez. 1969.

LORAUX, Nicole. "Éloge de l'anachronisme en histoire". *Espace Temps*, Lausana, n. 1, v. 87, 2005.

LYNCH, Christian Edward Cyril. "O Império é que era a República: a Monarquia republicana de Joaquim Nabuco". *Lua Nova: Revista de cultura política*, São Paulo, n. 85, 2012.

MENESES, José Newton C. "Além do ouro: para compreender a economia agropastoril mineira do período colonial". *Cronos: Revista de História*, Rio de Janeiro, v. 2, n. 2, 2000.

MENEZES, Ivo Porto de. "Palácio dos Governadores de Cachoeira do Campo". *Revista do IPHAN*, Brasília, DF, n. 15, 1961.

MONTEIRO, John Manuel. "Os caminhos da memória: paulistas no Códice Costa Matoso". *Varia História*, Belo Horizonte, n. 21, jul.1999.

MONTEIRO, Rodrigues Bentes. "O Códice da revolta". *Estado de Minas*, Belo Horizonte, 21 abr. 2017. Caderno Pensar.

NEVES, Guilherme Pereira das. "Repercussão, no Brasil, das reformas pombalinas da educação: o Seminário de Olinda". *Revista do IHGB*, Rio de Janeiro, v. 159, n. 401, out./dez. 1988.

_____. "As letras de Luiz Gonzaga das Virgens". In: XXIII Reunião Anual da Sociedade Brasileira de Pesquisa Histórica, 2003, Curitiba. *Anais...* Curitiba: Sociedade Brasileira de Pesquisa Histórica, 2003.

NOVAIS, Fernando A. "O reformismo ilustrado luso-brasileiro: alguns aspectos". *Revista Brasileira de História*, São Paulo, n. 7, mar. 1984.

RUSSELL-WOOD, J. A. R. "Ambivalent authorities: the african and afro-brazilian contribution to local governance in colonial Brazil". *The Americas*, Cambridge, v. 57, n. 1, 2000.

RUSSEL-WOOD, A. J. R. "A projeção da Bahia no Império ultramarino português". In: IV Congresso de História da Bahia, 2002, Salvador. Rio de Janeiro: IHGB, 2002.

VALIM, Patrícia. "Da contestação à conversão: a punição exemplar dos réus da Conjuração Baiana de 1798". *Topoi*, Niterói, v. 10, n. 18, jan./jun. 2009.

DISCOGRAFIA

LAGO, Mário; CAYMMI, Dori. *Foram 4 Tiradentes na Conjuração Baiana*. Rio de Janeiro: Acari Records, 2015. (1 CD)

Índice remissivo

"À forca o Cristo da multidão" (Luiz Gama), 272

abolicionismo, 147, 259, 269, 271-2, 275

Abreu, Capistrano de, 11

absolutismo/monarquias absolutas, 20, 29, 31, 49, 51, 54, 165, 174; *ver também* Antigo Regime; monarquia; tirania

Academia Brasílica dos Renascidos, 87

Academia Científica (Rio de Janeiro), 185

Academia dos Felizes (Rio de Janeiro), 185

Academia dos Seletos (Rio de Janeiro), 185

Academia Real de Ciências (Lisboa), 185

Accioli, José de Sá Bittencourt e, 99

Acióli, família, 62

Açores, 156

Acotirene, quilombo de, 25

açúcar/economia açucareira, 16, 23, 35-6, 41-2, 45-7, 57-8, 60-4, 90, 119, 156, 263

Adams, John, 20, 135, 144

administração pública, 26, 210

Afogados, arraial dos (PE), 59-60

África, 25-6, 36, 175, 186, 213, 236, 238

afrodescendentes, 260

Agostinho (boticário), 196

Agostinho, Santo, 72

agricultura, 41, 187

aguardente, 35, 187, 229

Aguillar, Hermógenes Francisco de, 221

Alagoas, 23, 240-1

Alemanha, 54, 90, 170

alfabetização, 276

alforria, 27, 126, 259

algodão/economia algodoeira, 243, 255

Almada, André Álvares d', 24

Almeida, Francisco Xavier de, 217

Almeida, Pedro de (governador de Pernambuco), 24-9, 39, 75

Almeida, Teodoro de, padre, 91

almotacés, 37

Alvarenga, Manuel Inácio da Silva, 190-2, 194, 201-6, 223

Alves, Castro, 272

Amaral, Gregório do, 199, 202

Amarante (boticário), 196, 198

Amaro, quilombo de, 25

Amazonas, rio, 186

América inglesa, 16-7, 20, 24, 96, 109, 124-5, 133, 136, 138-9, 144-5, 153, 161, 164-7, 170, 255

América portuguesa, 14-21, 23-4, 26-8, 34, 38-43, 46, 48, 55-7, 61, 67, 69-70, 78, 80, 82, 85-7, 97, 99, 108, 121, 123, 130-1, 141-2, 147, 165-6, 168-71, 173-5, 180-1, 187-8, 196, 202-3, 207, 213, 218, 220, 224-5, 229-30, 236, 244-6, 254, 259-60; *ver também* Brasil Colônia; Império português

"América", uso do termo, 134-5

amicitia, noção de, 94; *ver também philia*, valor da

Amsterdam, 138, 156

Andalaquituche, quilombo de, 25

Andaraí, canalização do rio, 125

Andrade, Francisco de Paula Freire de, 85, 120, 122

Andrade, Gomes Freire de, 82, 114

Andrade, Sebastião de Carvalho de, 64

Angola, 24, 26, 36, 121, 156, 186, 218

"Angola Janga" ("pequena Angola"), Palmares como, 26; *ver também* Palmares

anil, produção de, 187

Anjou e Alençon, duque de, 30

anticlericalismo, 55, 80, 184, 212

Antigo Regime, 52, 55, 88, 90-1, 93, 142, 161, 180, 182, 227, 245

Antiguidade clássica, 15-6, 88, 93, 98; *ver também* Grécia antiga; Roma antiga

Antônia (mulher de Silva Alvarenga), 203

Antonil, André João, padre, 42-3

Antunes, João da Silva, 200-1

Aqualtune, quilombo de, 25

Araújo, Luíza Francisca de, 217

Arbuthnot, John, 226

Arcádia (Jacopo Sannazaro), 98

Arcádia Lusitana (Lisboa), 88

Arcádia Romana, 86

Arcádia Ultramarina, projeto da (Vila Rica), 86-7

Arcadismo, 112, 205

Arcângela, Francisca, 121

Arendt, Hannah, 14, 22, 273-4

aristocracia, 33, 40, 74, 94, 96, 182

Aristóteles, 28

Artigos da Confederação (EUA, 1776-7), 161, 170, 172, 256

Ásia, 26, 36

Assembleia de Olinda, 60; *ver também* Afogados, arraial dos (PE); Olinda (PE); sedição de Olinda (1710)

Assembleia Nacional Constituinte (França, 1789), 180, 182

Assumar, conde de (Pedro Miguel de Almeida e Portugal), 65-70, 72-3, 75-6, 80, 82

ateísmo, 184, 223

Atenas, 28

Atlântico, oceano, 16-7, 34, 55, 61, 117, 141, 169, 180-3, 213-4, 232

autogoverno, 16, 25, 28, 39, 60, 70, 164-5, 175, 215, 238, 241-2, 244-5, 259, 270, 276

"autonomia", associação entre "República", 18, 142; *ver também* soberania, noção de

autoridades portuguesas, 18-20, 27, 59, 79-80, 107, 123, 151, 175, 180, 183-4, 215-6, 220, 225, 234, 248, 253

Autos da Devassa da Inconfidência Mineira, 84, 123, 135, 162, 217, 247; *ver também* Devassa

Avis, mestre de (João I de Portugal), 76

"Aviso de Petersburgo, O" (documento maçônico), 222

"Avisos" (panfletos políticos), 231-3, 236

Azevedo, Luiz Ferreira de Araújo e, 99

Bacon, Francis, 136

Bahia, 13, 16, 18, 20, 23, 36, 47-8, 56-8, 65, 87, 155, 169, 208-16, 218-9, 222-3, 225, 228-32, 234-8, 240-1, 244-7, 252-3; *ver também* Salvador (BA)

Banda d'Além (RJ), 35-6, 40

bandeira da Conjuração Mineira, 136

Barata, Cipriano, 212, 238

Barbacena, visconde de, 110, 121-2, 130-1, 151, 162, 164

Barbados, 156

Barbalho, José Joaquim Maia e, 173-4, 203

Barbosa, Antônio Soares, 91
Barbosa, Domingos Caldas, 204
Barbosa, Domingos Vidal de, 85, 120, 168, 203
Barreto, Francisco Muniz, 221, 223
Barriga, serra da, 23
Barroco, 98
Bastilha, queda da (1789), 180; *ver também* Revolução Francesa
Batalha de Montes Claros (1665), 45
Bayle, Pierre, 87
Beaumarchais, Pierre-Augustin Caron de, 182
Beccaria, Cesare, 203, 124
bem comum, 11-3, 18, 30, 32-3, 37, 44, 64, 102, 108-9, 115, 139, 171, 188-9, 245, 270
bem público, 12-3, 16, 28, 44, 99, 185, 187-8, 196, 205, 245
Bentham, Jeremy, 124, 203
Bezerra, Jerônimo Barbalho, 35
Bíblia, versão inglesa da, 52
Biblioteca Nacional (Rio de Janeiro), 162
biologismo, 264
Birmingham (Inglaterra), 162
Bloqueio Continental (Europa, 1806), 243
Bluteau, Raphael, padre, 34, 71, 134, 235
Bobadela, conde de, 107
Bodas de Fígaro, As (Pierre Augustin Beaumarchais), 182
Bodin, Jean, 29-32
Bolingbroke, visconde de, 109
"bom governo", ideal de, 18, 85, 108, 114-5, 136, 153-4, 165, 245
Bonaparte, Napoleão, 213, 243
Bonifácio, José, 272
Bordeaux, Universidade de, 85
Bossuet, Jacques-Bénigne, 72
boticas do Rio de Janeiro, 195-9, 248
Bourbon, Maria José Ferreira d'Eça e, 116
Bragança, dinastia de, 32, 45
Brasil Colônia, 11-4, 16-8, 22, 24, 35, 41-3, 47-8, 51, 55, 57, 61, 70, 82, 85, 87-9, 99, 101-2, 104, 107, 119, 126, 131, 134, 149, 152, 154-5, 164, 166, 175, 181, 184, 186, 188-91, 198, 202-3, 212, 219, 224-5, 230-1, 238, 242-3, 244, 246-7, 271

Brum, forte do (Recife), 61, 164, 239-40
Bruni, Leonardo, 104-5
Buarque, Chico, 7
bucolismo árcade, 112, 204-5
Burnet, Gilbert, 136
burocracia, 39, 55, 99, 113, 117, 155, 266
Bustamante, Luiz Fortes de, 163-4
búzio nas religiões africanas, 218

cachaça, 36, 119, 159
Cachoeira do Campo (MG), 110, 151
cafeicultura, 263
Caldas, Sebastião de Castro e, 58, 156
Calvino, João, 50
Câmara dos Comuns (Inglaterra), 53
Câmara Municipal de Olinda, 57, 59-60, 64
Câmara Municipal de Vila Rica, 67, 99, 156
Câmara Municipal do Rio de Janeiro, 36-7
câmaras municipais, 17, 21, 34-9, 42, 44, 57, 76, 171, 246
Caminho Geral do Sertão, 65, 76, 126, 205
Caminho Novo, 100, 119-20, 126-7, 151, 169, 205
Campo do Dique do Desterro (Salvador), 211
Campo do Erário (Recife), 260
canção popular urbana brasileira, tradição da, 204, 274
Candido, Antonio, 203-4
candomblé, 218
Caneca, Frei, 240-2, 261
"Canto genetlíaco" (Alvarenga Peixoto), 116-7, 146-7
cantões suíços, 49
Canudos, Guerra de (1896-7), 274
capoeira, 112, 269
Carlos I, rei da Inglaterra, 51-4
Carlos IX, rei da França, 30
Carlota Joaquina, d., 159
Carmo, igreja do convento do (Salvador), 210
Carmo, largo do (Rio de Janeiro), 35, 199
Carolina do Sul (EUA), 161, 166
Carta de Direitos do Homem (EUA, 1789), 144
Cartago, 73
Cartas chilenas (Tomás Antônio Gonzaga), 151-2, 155-61, 224-5

Cartas persas (Montesquieu), 158-60

Carvalho, Feu de, 75

Casa dos Reais Contratos das Entradas (Vila Rica), 86

Casa dos Vinte e Quatro (Portugal), 76

"casas de alcouce" (prostíbulos), 128

Casas de Fundição, 41, 67

Castelar, Emiliano, 267

Castro, Fernando José de Portugal e, 209, 211-2, 238

Castro, José Luís de *ver* Resende, conde de (José Luís de Castro)

Castro, Martinho de Melo e, 131, 137, 183, 211-2

Catas Altas (MG), 67

Cato's Letters (John Trenchard e Thomas Gordon), 136

catolicismo *ver* Igreja católica

Cavalcanti, família, 62

Cavalcanti, Leonardo Bezerra, 58

Cavalcanti, Manuel, 64

Caza Branca, quilombo de, 151

Ceará, 240-2, 246

Cerca Real do Macaco (quilombo), 25-8; *ver também* Palmares

Ceuta, 34

chafariz de Mestre Valentim (Rio de Janeiro), 199-200

Chastelain de Neuville (companhia de comércio francesa), 61

Cícero, Marco Túlio, 28-9, 33, 52, 72, 89, 115

cidadania, exercício da, 42-4, 57

Cidade Alta (Salvador), 209, 211

Cidade Baixa (Salvador), 209, 211, 221, 229, 234

cidades-repúblicas italianas, 15-6, 54, 62, 69, 87; *ver também* Gênova; Florença; Veneza

ciganos, 49

Cinco Pontas, fortaleza das (Recife), 61

Club Republicano dos Homens de Cor (Rio de Janeiro), 275-6

Clube Republicano (Rio de Janeiro), 266-7

clubes políticos, 275

cochonilha, corante de, 187-8

Coelho, José de Souza, 127

Coimbra, Universidade de, 32, 85, 88, 91-2, 98, 100, 130-1, 162-3, 173, 185-8, 202-3

Colégio de Jesus (Salvador), 209

Colégio dos Jesuítas (Rio de Janeiro), 108

Colônia, período da *ver* Brasil Colônia

comerciantes, 41, 57, 61, 64-5, 76-7, 127-9, 137, 156, 168-9, 172-3, 211-2, 232-3, 242, 247-8, 266

Commonwealth of England, 26, 51-3

commonwealthmen, 52, 54

Como era Gonzaga? (Eduardo Frieiro), 83

compaixão, 29, 147, 149, 245

Companhia de Jesus, 32; *ver também* jesuítas

concordia ordinuum, conceito ciceroniano de, 89

Condorcet, marquês de, 242

Confederação do Equador, 240

"confederação", uso do termo, 25-6

Congresso da Filadélfia (1774), 20; *ver também* Artigos da Confederação (EUA, 1776-7)

Conjuração Baiana (1798), 20, 212-3, 221, 224-5, 248, 253

conjuração de Goa (1787), 181

Conjuração do Rio de Janeiro (1794), 20, 202-3, 219, 250

conjuração húngara (1794), 235

Conjuração Mineira (1789), 18, 39, 84, 89, 95, 99, 109, 120, 123, 126, 132-7, 145, 149, 163, 170, 175-6, 180, 203, 217, 251, 254-5, 259, 272-3; *ver também* Inconfidência, delito de

Conselho de Estado (Inglaterra), 54

Conselho Geral (Genebra), 49; *ver também* Genebra

Conselho Ultramarino (Portugal), 104, 117, 125, 212, 215

Constituição brasileira (1891), 258, 276

Constituição francesa, 212-3

Constituição inglesa, 16, 165

Constituição norte-americana, 144, 232, 255

Constituição polonesa (1791), 235

Contestado, Guerra do (1912-16), 274

contratadores, 77, 85, 90, 127, 132; *ver também* diamantes

Convenção Constitucional da Filadélfia (1787), 165-6, 172, 255
Convenção Nacional (França, 1792), 214
Coroa portuguesa, 19, 33, 37-9, 42, 46, 51, 55-6, 64, 80-1, 98-9, 102, 105-7, 116, 123, 129, 133, 154, 178, 186, 201, 203, 208, 225, 228, 230-1, 240, 254, 259
Correio de Londres (jornal), 181-2
correios marítimos, 213
corrupção, 13, 18, 56, 74, 85, 109, 150, 152-3, 155, 157, 160-1, 176, 206, 225
"corrupção", uso do termo, 153
corsários, 46, 61, 214
Costa Filho, José de Resende, 120, 171
Costa, Antônia da, 150
Costa, Cláudio Manuel da, 85-8, 96, 98-101, 103-6, 108-9, 111-2, 114-6, 121, 126, 132-3, 135-6, 150, 155, 159, 162-3, 175, 202-4, 254
Costa, José de Resende, 120, 203
Courrier de l'Europe (jornal), 181-2
Couto, José de Freitas Sá, 217, 220, 222
Couto, José Vieira, 98-9, 133
Crébillon, Claude-Prosper Jolyot de, 203
cristãos-novos, 49
cristianismo, 97
Cristina da Suécia, rainha, 86
Cristóbal, frei (bispo do Rio da Prata), 78
Cristovam (revolucionário haitiano), 262
Cromwell, Oliver, 51-3
Cultura e opulência no Brasil por suas drogas e minas (André João Antonil), 42
cultura política portuguesa, 15, 17, 34, 133
cumbes (quilombos das colônias espanholas), 24
Curaçau, 156

D'Alembert, Jean le Rond, 203
D'Eu, conde, 270
Dambrabanga, quilombo de, 25
Dantas, Lucas, 221, 223-4, 234, 237-8
Declaração de Independência dos Estados Unidos (1776), 20, 124-5, 144, 161, 232; *ver também* Revolução Americana (1776)
Declaração dos Direitos do Homem e do Cidadão (1789), 180, 232

Delaware (EUA), 161
democracia, 19-20, 74, 191-2, 201-2, 245, 270-1
Democracia na América, A (Alexis de Tocqueville), 139
"derrama" (tributo), 131
Desembargo do Paço (Portugal), 91, 184
desigualdade social, 143, 215, 237, 271
despotismo, 75, 155, 253
Desterro (SC), 162
Desterro, José Carlos do, frei, 178
Devassa, 140, 162, 175, 185, 192-3, 197, 200, 210, 212, 222, 229, 231, 237, 240, 261
diamantes, 90, 124, 138, 157, 251; *ver também* mineração/economia mineradora
Dictionnaire historique et critique (Pierre Bayle), 87
Dieta Húngara (1790), 235
"dieta", uso do termo, 235-6
direito natural, 73, 90, 93, 140
direitos universais, 141
Discourses Concerning Government (Algernon Sidney), 52, 135
Discurso histórico e político sobre a sublevação que nas Minas houve no ano de 1720 (conde de Assumar et al.), 66, 68, 70-1, 73-6, 80
distribuição do poder, 152, 266
Distrito Diamantino (MG), 87, 138-9, 157, 169
Do contrato social (Jean-Jacques Rousseau), 141, 256
"doge", cargo de (Gênova/Veneza), 75-6; *ver também* Gênova; Veneza
Donos do poder, Os (Raymundo Faoro), 65
Du Clerc, Jean François, 61
dux, 76

Edito de Nantes (1598), 31
eidgenossen (confederados genebrinos), 50; *ver também* Genebra
Elementos de chimica offerecidos a Sociedade Litteraria do Rio de Janeiro para o uso do seu curso de chimica (Vicente Telles), 187-8
"emboaba", uso do termo, 80; *ver também* levante emboaba (1707-9)

Embuçado, o, 150, 155, 161, 163

engenhos, 23, 27, 35, 42, 90, 119, 243, 247, 263; *ver também* senhores de engenho

Ensaio sobre o entendimento humano (John Locke), 91

Escócia, 124

escolástica, teoria, 72

escravidão, 24, 65, 143-9, 151, 184, 237, 262, 271-2, 275

escravos, 20, 23-7, 36, 41-2, 47, 77, 119, 125, 128, 144-9, 151, 156, 174, 177, 180, 183, 194, 208, 211, 214-5, 221, 229, 234, 237-8, 247, 260-1, 263, 274-5

Espanha, 31-3, 45, 88, 159, 186, 267

Espírito das leis, O (Montesquieu), 73

Estado moderno, 32

Estados africanos, 25-6

Estados Unidos, 20, 151, 161, 164, 173, 199, 243, 255, 265; *ver também* Revolução Americana (1776)

Estados-Gerais (França), 30, 180-2, 222, 232

Estalagem das Cabeças (Vila Rica), 130

Europa, 11, 17, 26, 45-7, 50, 54, 59, 62, 72, 77-8, 90, 96, 100, 110, 112-3, 118, 121, 124, 128, 135, 145, 161, 164, 174, 180-1, 186, 193, 195, 197, 201, 213, 220, 235, 255, 265

"Europa", uso do termo, 134

evolucionismo, 264

Évora, Universidade de, 32

Executivo, Poder, 165-6, 258, 271

Exército Parlamentar (Inglaterra), 51, 53

faixa etária dos envolvidos nas conjurações, 253

Falanstério do Sahí (SC), 196

Faoro, Raymundo, 65

Faria, Alberto, 87

Faustino, Manuel, 237

fazendeiros, 35-6, 40, 90, 120, 127, 132, 144, 172

Federação, A (jornal), 267

"federal", uso do termo, 255

federalismo, 241-2, 255-6, 267

felicidade, noção e busca da, 124-6, 189, 236, 237, 241, 245, 273

Fenélon, François, 203

Fernando de Noronha, ilha de, 238

Ferreira, Alexandre Rodrigues, 186

Ferreira, Gervásio Pires, 240

Fifth Monarchist (movimento pentamonarquista britânico), 50

Figueiredo, André Dias de, 58

Figueiredo, Maria Joaquina Anselma de, 157

Filadélfia (EUA), 20, 124, 155, 166, 172, 255

Filangieri, Gaetano, 203

Filhos da Liberdade (Treze Colônias), 136

Florença, 61, 94, 97-8, 104

"florente", uso do, 122; *ver também* "República florente", Tiradentes e a noção de

Florianópolis (SC), 162

"folhas volantes", 228; *ver também* panfletos

forma da República, 161, 173

formas de governo, 19, 22, 25, 27, 30, 50, 55, 58-61, 63, 73, 132, 149, 165, 170, 228, 236, 241, 254, 269-70

Fourrier, Charles, 196

Frade, José Bernardo da Silveira, 195

França, 30-1, 46, 54, 72, 85, 87, 95, 124, 139, 141, 145, 158, 161, 174-5, 180-3, 187, 193, 195, 197, 199-203, 212-4, 216, 222-3, 227-8, 230, 232

França (boticário), 196

Francisco Antônio (entalhador), 197, 201

Frieiro, Eduardo, 83

Froger, François, 78

Galvão, José ("Montanha"), 127

Gama, Basílio da, 86, 202

Gama, Luiz, 272

Ganga Zumba, 25, 27

Garcia, Bento Rodrigues, 229

Gazeta de Lisboa (jornal), 181

Genebra, 49-51, 54-5, 206

Gênova, 76, 94

Gercent, Lucrécia Maria, 217

Gibraltar, estreito de, 34, 174

"giro" (viagens administrativas), 103

girondinos, 230

Goa, 181

Goiana, movimento de (1821), 240

Goiás, 127, 274

Gomes, Francisco Agostinho, padre, 212, 220, 222, 238

Gonzaga ou a Revolução de Minas (Castro Alves), 272

Gonzaga, Tomás Antônio, 83-4, 90-1, 96, 99, 112, 135, 141, 147-8, 150, 155-7, 159-60, 162-3, 204, 241

governo republicano, 51, 161, 225, 272

governo stretto, 62

Grã-Bretanha, 16, 54, 72, 133, 161, 243; *ver também* Inglaterra

Graffigny, Françoise de, 203

grand marronage (quilombos das colônias francesas), 24

Grand Remonstrance (protesto da Câmara dos Comuns), 53

Grande Conselho (*Maggior Consiglio*, Veneza), 76; *ver também* Veneza

Grécia antiga, 29, 73, 93, 98, 146

grêmios estudantis, 91

Grotius, Hugo, 72, 90-1, 93

Guanabara, baía de, 35, 40, 61

"Guarda Negra da Redentora", 269

Guerra Civil Inglesa (1640), 16, 52-4; *ver também* Revolução Inglesa (1649)

Guerra de Independência dos Estados Unidos (1775-83), 161, 214; *ver também* Revolução Americana (1776)

Guerra do Paraguai (1864-70), 263, 268

Guerra dos Mascates (Pernambuco, 1710-12), 56, 64, 156

"guerra volante", tática da, 61, 169

Guicciardini, Francesco, 52

Guimarães, Pascoal da Silva, 68

Guiné, 24, 36

Haiti *ver* Revolução do Haiti; São Domingos

haitianismo, 215

Hamburgo, 156

Hamilton, Alexander, 165-6, 255

Hanequim, Pedro Rates, 49

Harrington, James, 136

Heidelberg (Alemanha), 90

Heliodora, Bárbara, 121

Henrique iii, rei da França, 30

Henrique iv, rei da França, 30

Henrique, d. (cardeal), 32

Hipólita Jacinta *ver* Mello, Hipólita Jacinta Teixeira de

Histoire philosophique et politique des établissements et du commerce des européens dans les deux Indes (Abade Raynal), 222

História (Políbio), 73

Historia do Brazil (Vicente do Salvador), 11-2, 28-9

Hoadly, Benjamin, 136

Holanda, 46, 54, 94, 170

Holanda, José Tavares de, 59-60, 64

Holanda, Sérgio Buarque de, 87, 101

"homens de cor", 262, 274-6

homeopatia no Brasil, 196

Hospício, igreja do (Rio de Janeiro), 199

Hospital da Misericórdia (Bahia), 13

huguenotes, 50; *ver também eidgenossen*

humanismo cívico, 16, 97, 104, 115, 133

Hungria, 235

Hutcheson, Francis, 124

Idea of a Patriot King, The (Henry St. John Bolingbroke), 109

identidade coletiva, 27, 110, 189

Igreja católica, 30-1, 50-1, 73, 91-2, 273

Igreja reformada, 50; *ver também* protestantes

igualdade política, 50, 89, 91-2, 144, 237-8, 259

Iluminismo, 212, 242

Império britânico, 133, 226

Império do Brasil, 263, 265-6, 268, 272, 274; *ver também* Segundo Reinado

Império espanhol, 157, 158

Império português, 11, 27, 34, 36-7, 39-41, 45, 57, 66, 113, 118, 152, 154, 156, 167, 181, 185-7, 213, 238, 240; *ver também* América portuguesa; Portugal

Inconfidência, delito de, 18, 149, 179, 218, 272

Independência do Brasil (1822), 272

Independent Journal, The (Nova York), 255

Índia, 181

Índias Orientais, 46

Índico, oceano, 34, 213

índios/indígenas, 27, 63, 65, 80, 82, 84, 144, 186, 260

Inglaterra, 26, 31, 46, 50-2, 55, 85, 124, 152, 162, 167, 226-8, 243; *ver também* Grã-Bretanha

Inquisição (Tribunal do Santo Ofício), 91, 184, 224

Instituto Homeopático Brasileiro, 196

"Instrução" (Melo e Castro), 131-2

interesse público, 52, 98, 101

interesses privados, 13, 44, 52, 138

Irlanda, 109, 226

Isabel, princesa, 269-70, 274

Itaguaí, rio, 205

Itália, 97, 124, 160; *ver também* cidades-repúblicas italianas; Gênova; Florença; Veneza

Itamaracá (PE), 60

Jabaquara, quilombos do (SP), 275

jacobinismo, 20, 230, 233, 235

jacobinos, 109, 184, 214, 230-1, 261

Jacuí, rio, 103

Jamaica, 156

Jardim, Silva, 269-70

Jay, John, 174, 255

Jefferson, Thomas, 124-5, 136, 173-5, 203, 222, 232

Jequitinhonha, O (jornal), 267

jesuítas, 12, 31-2, 66, 78, 80, 209

Jesus Cristo, 273

Jesus, Manuel de, 198

João VI, d., 125, 159, 240

judeus, 49, 77

"juiz do povo", cargo de, 64, 76

Júlia ou a nova Heloísa (Jean-Jacques Rousseau), 222-3

Júlio César, 28

Junta de Real Fazenda (Portugal), 99, 109-10

Junta dos Matutos (Pernambuco, 1822-3), 240, 261

Justo, Antônio José, 229

La Fontaine, Jean de, 203

Lacerda, Quintino de, 275

Lacher, Antoine, 213

Lage, Domingos Vidal de Barbosa, 85, 203

Lago, Basílio de Brito Malheiro do, 130, 151

Lago, Mário, 238

laicização, 90, 189

Lampadosa (ou Lampedusa), ilha de, 177

Landim, Manuel Pereira, 197-200

latim, 54, 76, 136

Laudatio florentinae urbis (Leonardo Bruni), 104

Lavoisier, Antoine, 187

Leça (boticário), 196

Legislativo, Poder, 170-2, 258

Lei do Chá (América inglesa, 1773), 137

Lei do Selo (América inglesa, 1765), 137, 228

Leme, Antônio Pires da Silva Pontes, 99

Lencastro, João de, 46-51, 55, 65-6, 75-7, 79, 82

Lenclos, Ninon de, 203

levante de 1710 *ver* sedição de 1710 (Olinda)

levante de 1720 *ver* sedição de 1720 (Vila Rica)

levante emboaba (1707-9), 80-1, 105-6, 120, 133

Levellers, movimento dos (Inglaterra), 53-4

liberdade política, 16, 29, 52, 136-7, 140, 168, 218, 245

Lícia, região de (Ásia Menor), 26

Liga Hanseática, 26

Liga Teutônica, 26

Ligas Suíças, 170

Lima, Oliveira, 258

língua portuguesa, 34, 71, 187

linguagem republicana, 18, 21, 201, 203, 218, 225, 236, 244-6, 260, 262, 274; *ver também* retórica

Lisboa, 13, 18-9, 27, 34-8, 44-6, 48-50, 55-6, 61, 64, 67, 71, 76, 80, 82, 87-8, 91, 100, 102, 112, 118, 121-2, 131, 137-8, 164, 169, 175, 180-1, 183-6, 189, 197, 199, 208, 212-6

Lisboa, Domingos da Silva, 210, 221

literatura, 89, 98, 104, 112, 225, 274

litterati, 87, 190

368

"livros manuscritos", 219-24, 238, 246, 253
livros proibidos pela Coroa, 203
Locke, John, 90-1, 136
locus amoenus, 205
Londres, 52-4, 153, 175, 181-3
Lopes, Anna Romana, 216
Lopes, Francisco de Oliveira, 120, 168
Lorena, Bernardo José de, 183
Lucena, Antônio José de Matos Ferreira e, 237
Lunda, império da (África), 26
lundus, 112, 159, 204

Macau, 37
Macedo, João Rodrigues de, 85, 96, 123, 125
Machado, Felix, 64
Machado, Francisco Xavier, 162
Machado, João Lopes Cardoso, 260
Maciel, José Álvares, 85, 99, 122, 145-6, 161-3, 173
maçonaria, 222
Madison, James, 172-3, 255
Madri, 45, 157
"Manifesto republicano" (Brasil, 1870), 265, 267
Manila, 213
Manoel José (relojoeiro), 200-1
Mantiqueira, serra da, 48, 102, 125, 127
Manuel, d., infante português, 49
Mappa das plantas do Brazil, suas virtudes e lugares em que florescem. Extrahido de officios de vários medicos e cirurgioens (Jacinto Quintão), 196
Maquiavel, Nicolau, 18, 52, 62, 93, 104, 272
Marajó, ilha de, 186
Maranhão, 56, 65, 224, 241
Marguerite de Valois, rainha consorte da França, 30
Maria i, rainha de Portugal, 178, 203, 240
Mariana (MG), 85, 87, 100, 106, 110, 151
Marmontel, Jean-François, 203
maroons (quilombos das colônias inglesas), 24
Marques, João, 205
Marques, Manuel, 64
Marselhesa, A (Hino da França), 269

Maryland (EUA), 161
Mason, George, 232
Massachusetts (EUA), 161, 232
Massacre de Boston (1770), 228
Mata Norte (PE), 243
Mato Grosso, 170, 186
Matriz do Pilar, igreja (Vila Rica), 84
medicina, 85, 187, 189, 196
Mediterrâneo, mar, 73, 177
Meireles, Cecília, 7
Mello, Evaldo Cabral de, 21, 61
Mello, Hipólita Jacinta Teixeira de, 120-2, 168
Melo, Bernardo Vieira de, 60-1
"Memória" *ver* "Relação das guerras feitas aos Palmares de Pernambuco" (dom Pedro de Almeida)
Memórias (letrados sob encomenda da Coroa), 99, 111, 246
Mendes, José, 195, 198
Mendonça, Martinho de, 81-2
Menezes, José Tomás de, 116
Menezes, Luís da Cunha, 131, 155
Menezes, Rodrigo de, 114-7, 127
mercês reais, sistema de, 33, 41, 43
Mercure de France (jornal), 181-2
milenarismo, 49
milícias parlamentares inglesas, 53
Miliete, Jacó, 201
Milton, John, 54, 136
Minas Gerais, 14, 16, 18, 41-2, 46-9, 55-6, 64-78, 80-90, 93, 95-120, 122-4, 126-31, 133-40, 142-3, 145-7, 149, 151-8, 160-71, 173-5, 178-81, 184, 191-3, 200, 202-3, 205, 213, 218-9, 224-5, 236-7, 244-8, 252, 254-5, 259, 266-7
mineração/economia mineradora, 47, 55, 65, 81, 99, 117, 145, 175; *ver também* diamantes; ouro/produção aurífera
Moçambique, 186
"mocambo", uso do termo, 24; *ver também* quilombos
Mocidade Preta (associação republicana gaúcha), 275
Moderate, The (jornal), 53

"Modesta proposta para evitar que as crianças dos pobres da Irlanda se tornem um fardo para seus pais ou para seu país, e para torná-las benéficas ao público" (Jonathan Swift), 226

modinhas (canções), 112, 204

monarquia, 19, 30-3, 39, 41, 49-50, 52, 54, 66, 90, 133, 152, 165-6, 182, 184, 202, 226-7, 241, 244, 253, 263, 265, 267-70, 275

Mondego, rio (Portugal), 100

Montalvão, marquês de, 13

Monte Calvário (Salvador), 210

Montenegro, Caetano Pinto de Miranda, 164, 239

Montesquieu, barão de, 49, 73, 132, 137, 139, 153-4, 158, 160, 165, 170, 203, 255

Montpellier, Universidade de, 85, 88, 173, 189

Moraes, Alexandre de Mello, 162

Morro da Queimada (MG), 68

Morus, Thomas, 26

Mota, Vicente Vieira da, 123

Motins do Sertão do São Francisco (1736), 81-2, 224

Moura, Simplícia Maria de, 125

Muata Ianvo, rei da Lunda, 26

mundo público, 15, 41, 51, 74, 93, 95-7, 102, 113-4, 124, 132, 140, 143, 147, 153, 176, 191, 218, 232

Mure, Benoit, 196

Mursa, Antonio Silvério da Silva, 157

Museu da Inconfidência (Ouro Preto), 162

música brasileira, primórdios da, 204

Mussuma (capital da Lunda), 26

Nascimento, João de Deus, 216-7, 234, 237-8

Nedham, Marchamont, 136

"negócios da República", 38, 41, 235

Neves, Tancredo, 162

Neville, Henry, 136

New Hampshire, 232

New Model Army (tropas parlamentares inglesas), 53

Nîmes (França), 174

"nobreza da terra", 40-3, 58, 63, 77, 254

Noronha, Antônio de, 114

Noronha, Ayres de Saldanha Albuquerque e, 69

Nossa Senhora da Conceição da Lapa, igreja de (Salvador), 210

Nossa Senhora da Conceição de Antônio Dias, igreja de (Vila Rica), 83-4

Nossa Senhora da Lampadosa, igreja de (Rio de Janeiro), 177

Nossa Senhora do Carmo, arraial de (MG), 100, 106

Nossa Senhora do Livramento dos Homens Pardos, irmandade de (Recife), 261

Nouvelles de la République des Lettres (periódico), 87

Nova Jersey (EUA), 161

Nova York, 155, 255

Novo Mundo (jornal), 267

Ocidente, 36

ocupações/profissões dos envolvidos nas conjurações, 248-52

"Ode" (Cláudio Manuel da Costa), 115-6

Oeste Paulista, 263

oligarquia, 61, 74

Olinda (PE), 16, 39, 56-64, 77, 81, 156, 240, 242-4, 254, 256, 261-2

Oliveira, Antônio Gonçalves de, 200

Oliveira, Antônio João de, 129

Oliveira, José de, 197, 200-1

Orateur des États-Généraux pour 1789, L' (jornal), 222

Ordem de Cristo, 33, 250

Ordem Terceira de São Domingos, igreja da (Salvador), 209

Ordem Terceira do Carmo, igreja da (Rio de Janeiro), 179, 196

Oriente, 36

ortodoxia católica, 72

Osenga, quilombo de, 25

Ouro Podre, arraial do (MG), 67-8

Ouro Preto (MG), 46, 66, 68, 84, 106, 162; *ver também* Vila Rica

ouro/produção aurífera, 41-2, 46-9, 55, 61,

65-7, 76-8, 81-5, 90, 97, 103, 105, 113, 115, 118, 122, 124-7, 131-2, 137, 140, 145, 151, 154, 159, 174, 178, 221; *ver também* mineração/economia mineradora

paiacus, índios, 60
Paine, Thomas, 152, 212, 222
País, O (jornal), 267
"país", uso do termo, 108
Países Baixos Unidos, 26
palácio Corsini (Roma), 86
palácio da Ajuda (Lisboa), 186
palácio Tiradentes (Rio de Janeiro), 177
palenques (quilombos das colônias espanholas), 24
Palmares, 23-8, 39, 60
panfletos, 21, 53, 55, 135, 151, 173, 209-11, 219, 221, 224-5, 227-32, 236-8, 246, 253
Pantoja, Hermógenes de Aguilar, 220
Pará, 170, 241
Paraíba, 240-2, 256-7
Paris, 30, 61, 151, 173, 182-3, 213-4, 227, 231
Parlamento britânico, 51, 53-4, 153, 226
Partido Republicano (São Paulo), 267-8
"pasquim", uso do termo, 208
Passeio Público (Rio de Janeiro), 194
Pátria — Órgão dos Homens de Cor, A (jornal), 275
"pátria", uso do termo, 108, 110
"patriota", uso do termo, 108-10, 259
Patrulha do Mato (Caminho Novo), 126
pecuária, 90, 119, 268
Pedro II, rei de Portugal, 45-6, 48-9
Pedroso, Pedro da Silva, 261-2
Peixoto, Inácio José de Alvarenga, 85, 99, 112, 116-8, 120-1, 136, 145-7, 155, 175, 204, 259
pelourinho, 58, 84, 148, 208
Pelourinho, largo do (Salvador), 229
Penaforte, Raimundo da Anunciação, frei, 149, 178, 180
Pennsylvania Gazette (jornal), 232
Pensilvânia (EUA), 161, 172, 232
pepitas de ouro, primeiras descobertas de (MG, séc. XVII), 46

Pereira, Mariano José ("Biscoitinho"), 203, 205
Pernambuco, 15-6, 18, 23-4, 27-8, 36, 41, 47, 56-61, 63-5, 76-7, 80, 155, 163, 169, 224, 239-43, 246, 254-7, 260-1, 266
Petrarca, Francesco, 97-8, 106
philia, valor da, 88, 93-4
philosophes, 132
Piauí, 240-1
Pinckney, Charles, 166
piratas, 46
Piratininga, planalto de, 77; *ver também* São Paulo
Pires, Luís, 221-2, 238
Pitangui (MG), 67, 127
Piza, Luís Vaz de Toledo, 120, 140, 149
Platão, 28
"plebeísmo" como fundamento da República, 62, 236
"plebeus", 40, 64, 76, 220-1, 230-1, 238
poder régio, 32-3, 45, 72, 90
poesia, 101, 103, 111-5, 148, 204-5, 223
Políbio, 72-3, 89
polis, 29
"*politeia*", 28-9
Polônia, 235
Pombal, marquês de, 91, 99, 188
Ponta do Morro, fazenda da (RJ), 119, 121
ponte de Antônio Dias (Vila Rica), 84
população de Salvador (séc. XVIII), 208, 211
população do Brasil (séc. XIX e XX), 264
população do Rio de Janeiro (séc. XVIII), 194
Porto (Portugal), 76
Porto Artur, barricadas de (Rio de Janeiro), 274
Porto Calvo (AL), 23
Porto, José dos Santos, 200
Portugal, 11-4, 20, 28, 31-2, 34-6, 40, 44-50, 55-6, 67, 69, 76, 78-9, 88, 91, 106, 108, 110-1, 115-8, 123-4, 128, 130, 134, 146, 154-5, 164, 166-9, 174-6, 179, 183, 185-6, 188, 196, 209-10, 213-4, 228, 238, 240-1, 243, 254; *ver também* América portuguesa; Império português

Portugal, Pedro Miguel de Almeida *ver* Assumar, conde de
positivismo, 264, 268
"povo mecânico", 40
"povo" como depositário da soberania, 230
praia de D. Manuel (Rio de Janeiro), 199-200
"Prelos" (conjunto de panfletos), 232-4
Prévost, Antoine François, 203
Pro populo anglicano defensio (panfleto de Milton), 54
procissões no Rio de Janeiro, 194
Proclamação da República (1889), 263, 271-2, 274, 276
projeto colonial português, 12
protestantes, 30-1, 50, 52
Protetorado de Cromwell, 52-3
Prússia, 31
Pufendorf, Samuel, 72, 90-1, 93

Quadrilha da Mantiqueira (bando salteador), 127
Queiroga, Cláudio de, 132
quilombolas, 24-5, 27, 148, 151
quilombos, 24-5, 27, 145, 151, 236, 275; *ver também* Palmares
Quincy Junior, Josiah, 136
Quintão, Jacinto José da Silva, 188-9, 196, 205
quinto do ouro (imposto), 67, 81
"Quinto Império", 49

Raynal, Abade, 222
Real Mesa Censória (Portugal), 91
Recife (PE), 16, 27, 56-9, 61-5, 126, 155-6, 163-4, 239, 241-3, 256, 258-62, 264
Recôncavo baiano, 48
Recôncavo fluminense, 35-6
Recreação filosófica (padre Teodoro de Almeida), 91
Recueil de loix constitutives des colonies anglaises confédérées sous la dénomination d'États-Unis de l'Amérique-Septentrionale (coletânea de documentos), 161-4, 167, 170, 172, 255-6
reformas pombalinas, 91, 185, 188

refugiados políticos em Genebra, 50
Regências no Brasil, período das (1831-41), 272
regicídio, 16, 51-4, 202
Regimento Regular de Cavalaria das Minas, 126
Registro de Sete Lagoas (postos para cobrança de tributos), 126
rei dos reis (nos Estados africanos), 26
Reis, Joaquim Silvério dos, 109, 120
"Relação das guerras feitas aos Palmares de Pernambuco" (dom Pedro de Almeida), 24-5, 28-9
Renascimento, 15-6, 97-8
"República Bahinense", 228, 231
República de Genebra *ver* Genebra
"República de São Paulo", 78, 80
República do Crato (PE/CE, 1817), 246
República do Tagoahy, 177, 204-7
"República dos letrados" (Minas), 83, 89, 93, 96-7, 111
"República federativa", uso do termo, 255
"República florente", Tiradentes e a noção de, 122, 167; *ver também* Tiradentes
República francesa, 16, 145, 200-1, 215; *ver também* França
"República Livre de Formoso e Trombas" (Goiás), 274
República norte-americana, 170, 173, 175, 257; *ver também* Estados Unidos
República romana, 28, 73, 89, 105, 108; *ver também* Roma antiga
República, A (jornal), 267
"República", uso do termo, 13-4, 16-22, 28-30, 34, 37, 51, 59, 69-70, 80, 82, 85, 97, 176, 244-5, 247, 262, 269-70, 276
republicanismo, 22, 26, 29, 51-3, 85, 97, 124, 135, 138, 140-1, 143-4, 147, 152, 164-5, 170-2, 184, 207, 218, 228, 230, 236, 240-2, 244, 255, 260, 262, 272-4; *ver também* tradição republicana
Repúblicas italianas *ver* cidades-repúblicas italianas; Gênova; Florença; Veneza
repúblicos, 12-3, 40, 44, 217, 230, 238, 263

"République des lettres", primeiro uso da expressão, 87

"res publica", 28-9, 94

Resende, conde de (José Luís de Castro), 178-81, 183-5, 189, 191-5, 199, 202, 210

Restauração da Inglaterra (1660-85), 50, 52, 54

Restauração de Portugal (1640-68), 32, 39, 45

restitutio ad integrum, 160

retórica, 21, 75, 104, 106, 115, 128, 152, 160, 165, 179, 203, 205, 228-9, 231, 233, 264, 270

Revolta da Cachaça (Rio de Janeiro, 1660), 35, 38, 56-7

Revolta da Vacina (1904), 274

Revolta de Beckman (Maranhão, 1684), 224

Revolução Americana (1776), 18, 20, 133, 135-7, 141, 161, 165-6, 170, 175, 181-2, 214, 223, 227, 254-5

Revolução de 1817 (Pernambuco), 15, 163, 239-40, 243, 255-61, 265, 267, 275

Revolução do Haiti (1791-1804), 261

Revolução do Porto (Portugal, 1820), 240

Revolução Francesa (1789), 16, 18-20, 95, 147, 180-2, 214, 215, 223, 230, 235

Revolução Gloriosa (Inglaterra, 1688), 109

Revolução Industrial, 162

Revolução Inglesa (1649), 51-2, 55, 108, 275

Revolução Puritana (Inglaterra, 1649-53), 26, 51

Ribeiro, João, padre, 242, 256-8

Ribeiro, José Pereira, 161, 163

Rio Branco, visconde do, 272

Rio da Prata, 78

Rio das Mortes (MG), 85, 87, 99, 119-20, 125-6, 129-32, 146, 169, 192

Rio de Janeiro, 14-6, 18, 20, 27, 35-7, 40, 47-8, 57, 61, 68-9, 78-9, 82, 84, 100, 105, 107, 119-20, 123, 125-9, 140, 155-6, 161-2, 164, 167-9, 173-4, 176-9, 181, 183-5, 187-9, 191-6, 199, 201-3, 205, 216, 219, 223, 237, 239-40, 243-7, 250, 252-4, 257, 259, 264, 266-7, 275

Rio Grande do Norte, 60, 240

Rio Grande do Sul, 241, 266-8, 275

Robespierre, Maximilien de, 20, 201, 231

Rocha, José Joaquim da, 99, 123

Rolim, José da Silva e Oliveira, padre, 138-9, 169

Roma antiga, 16, 28, 31, 33, 42, 73, 86, 89, 94, 98, 105

Romanceiro da Inconfidência (Cecília Meireles), 7

Rousseau, Jean-Jacques, 124, 141, 147, 191, 203, 206, 219, 222-4, 230, 256

Ruines, ou méditations sur les révolutions des empires, Les (conde de Volney), 223

Sá e Benevides, Salvador Correia de, 35

Sá, Estácio de, 35

Sá, Mem de, 35

Sabará (MG), 99, 106, 110

Saint-Evremond, Charles de, 73

Saint-Germain-l'Auxerrois, igreja de (Paris), 31

Saint-Just, Louis-Antoine Léon, 95

Salvador (BA), 13, 15, 18, 20, 37, 46-8, 61, 65, 87, 126, 169, 174, 176, 208-14, 216, 218-21, 223-5, 228, 230-3, 235-6, 238, 246-7, 252-3, 264

Sande, Antônio Paes de, 79

Sannazaro, Jacopo, 98

Santa Catarina, 162, 196

Santa Cruz dos Militares, igreja de (Rio de Janeiro), 194, 199

Santíssimo Sacramento do Passo, igreja do (Salvador), 209-10

Santo Antônio dos Quatro Rios, vila de (atual Porto Calvo), 23

Santos, Felipe dos, 67-8

Santos, porto de (SP), 275

"Santos", grupo dos *ver* Fifth Monarchist (movimento pentamonarquista britânico)

São Bartolomeu, massacre do dia de (Paris, 1572), 30-1

São Bartolomeu, quilombo de, 151

São Domingos (Haiti), 180, 183, 215, 262

São Domingos, campo de (Rio de Janeiro), 177, 196

São Francisco de Assis, igreja de (Vila Rica), 84

São Francisco, rio, 65, 81
São Gonçalo do Amarante (RJ), 36
São João Del Rei (MG), 37-8, 41, 85, 109, 171
São José Del Rei (MG), 85, 109, 119
São Paulo, 48, 65, 77-9, 81, 103, 105, 131, 168, 183, 266-8, 275
São Romão (MG), 81
Sardinha, Simão Pires, 99
Scriblerus Club (Inglaterra), 226
Sé, igreja da (Salvador), 209
"Séance du 11 pluviose: Discours de Boissy d'Anglas" (livro manuscrito), 222
Secretaria dos Negócios da Marinha e Domínios Ultramarinos (Portugal), 131, 183, 211
sedição de 1710 (Olinda), 18, 39, 56-8, 62-4, 76-7, 81-2, 156, 224, 240, 244, 254
sedição de 1720 (Vila Rica), 18, 66-71, 73, 75, 77, 224, 244
sedição, crime de, 65, 71
"sedição", associação entre "República" e, 17, 55, 70
Segunda República (França), 145
Segundo Reinado, 263, 265-6, 276
Seis livros da República (Jean Bodin), 29-30
Seixas, Maria Doroteia Joaquina de, 121
Seminário de Mariana (MG), 85
Seminário de Nossa Senhora da Graça (Olinda), 242-3
Senado da Câmara, 59, 64, 102, 109
senhores de engenho, 42-3, 57-8, 60, 63, 212, 242
senhores de escravos, 42, 144, 148, 215
Senso comum (Thomas Paine), 152
Sergipe, 23, 56, 240-1
"Sermão da visitação de Nossa Senhora" (Antônio Vieira), 12-3
serra do Mar (SP), 78-80
Serro do Frio (MG), 129-30, 132, 139, 169
sesmarias, 27, 40, 81, 125, 205
Sidney, Algernon, 52, 135-6
Silva, Alberto da Costa e, 24
Silva, Inácio da, 204
Silva, Joaquim José da, 122, 135, 186
Silva, José Luís da, 196-7

Silva, Luís Diogo Lobo da, 103, 114
Silva, Luís Vieira da, 85-6, 131, 133, 163, 165-7, 170
Silva, Manuel Galvão da, 186
sistema escravista *ver* escravidão
Smith, Adam, 95, 212
soberania, noção de, 16, 18, 26-8, 105, 107, 122, 131, 134, 136, 140, 165-6, 168, 170-1, 230-1, 240, 244-5, 254-6, 258, 265, 268, 270, 275
socialismo utópico, 196
Sociedade Literária (Rio de Janeiro), 184-5, 187-96, 198, 202-5, 253
Souza, Luís de Vasconcelos e, 162, 185, 189-90, 194
Souza, Pedro de Vasconcelos e, 47
Stuart, monarquia dos, 16, 52, 90
Subupira, quilombo de, 25
Sudeste Asiático, 46
Suíça, 49, 170
Swift, Jonathan, 227

tabaco, produção de, 47
Tácito, 52
Tacitus (Thomas Gordon), 136
Tageaí, rio, 205
"Tagoahy", uso do termo, 205
tapuias, índios, 60
Teatro Fênix Dramática (Rio de Janeiro), 267
Tejuco (MG), 130, 138
Telles, Vicente Coelho de Seabra Silva e, 187
teocracia calvinista, 50; *ver também* Genebra
teologia cristã, 98
Terceira República (França), 16
Tijuca, maciço da (RJ), 125
Tiradentes (Joaquim José da Silva Xavier), 119-20, 122-9, 131, 134-6, 149-50, 154-5, 160, 162-3, 167, 169-70, 173, 175, 177-80, 184, 196, 236, 238, 272-3
tirania, 20, 28-9, 39, 91, 93, 109, 136, 153, 165, 172, 206, 214, 226, 230, 245, 269
Tocqueville, Alexis de, 139
Toledo e Melo, Carlos Correia de, padre, 85, 96, 109-10, 120, 140, 142-3, 171, 217

374

Townshend, taxas (América inglesa, 1767), 137

trabalho livre, 263

tradição republicana, 15-6, 19, 21, 55, 73, 88, 93-4, 97, 114, 132, 136, 142, 165, 167, 188, 238, 244, 258, 262-3, 273, 276; *ver também* republicanismo

trapiches do Rio de Janeiro, 194, 199

Tratado de direito natural (Tomás Antônio Gonzaga), 91-3

Tratado elementar de filosofia moral (Antônio Soares Barbosa), 91

Treze Colônias inglesas, 20, 55, 132, 136-7, 152, 167, 227-8, 232; *ver também* Estados Unidos

triângulo vermelho, simbolismo do, 136

Tribunal da Relação (Salvador), 210

Tribunal do Santo Ofício *ver* Inquisição

Tribunal Ordinário (Portugal), 91, 184

tributos, 35, 38-9, 56, 85-6, 126, 139, 154, 164, 243

Tripuí, córrego do (MG), 46

tropeiros de Minas Gerais, 248

Trucunhaém (PE), 242

Tunísia, 177

tupi, língua, 80, 205

Typhis Pernambucano (jornal), 241

União Ibérica, 32, 45

Urbano VIII, papa, 78

Utopia (Thomas Morus), 26

Vaissette, Joseph, 78

Valadares, conde de, 116

Vale do Paraíba, 263

Veiga, Luís Gonzaga das Virgens e, 210-1, 221, 238

Velhas, rio das, 65, 81

Veloso, João, 201

Veneza, 16, 45, 60-4, 76-7, 94, 240

Verdadeiro método de estudar (Luís Antônio Verney), 91

Vermont, 232

Verney, Luis Antônio, 91

vestuário, significação política do, 142-3, 217-8

Viagens de Gulliver (Jonathan Swift), 227

"viagens filosóficas" (expedições científicas), 186

Vicente do Salvador, frei, 11-3, 28-9, 44, 209, 263

Vieira, Antônio, padre, 12-3, 42, 154

Vieira, cônego *ver* Silva, Luís Vieira da

Vieira, Domingos de Abreu, 85, 150, 163

Vila Rica (Cláudio Manuel da Costa), 101-8, 110-1, 133, 159, 254

Vila Rica (MG), 16, 65-70, 73, 75-7, 81, 83-7, 95-6, 99, 101-2, 105-6, 108-10, 120, 123, 125, 129-30, 132, 150-1, 156, 158-9, 162-3, 171, 192, 202, 224, 244; *ver também* Ouro Preto

Virgílio, 72, 136

Virgínia (EUA), 161, 232

virtudes republicanas, 139

vita activa, valor da, 88, 96-9, 114, 171, 245

vita teorética/vita contemplativa, noção cristã de, 98

Vitorino (boticário), 195, 197

Vocabulario portuguez e latino (Raphael Bluteau), 34, 71, 134

vocabulário republicano *ver* linguagem republicana

Volney, conde de, 223

Voltaire (François-Marie Arouet), 124, 198, 203

Walpole, Robert, 175

Warren, Mercy, 20

Washington, DC, 257

Whalebone Tavern, The (Londres), 53

Xavier, Joaquim José da Silva *ver* Tiradentes

Zaire, 26

Zona da Mata, 23, 41, 57, 263

Zumbi, 25, 27

1ª EDIÇÃO [2018] 1 reimpressão

ESTA OBRA FOI COMPOSTA EM MINION PELO ACQUA ESTÚDIO
E IMPRESSA PELA GRÁFICA PAYM EM OFSETE SOBRE PAPEL PÓLEN SOFT
DA SUZANO S.A. PARA A EDITORA SCHWARCZ EM MAIO DE 2021

A marca FSC® é a garantia de que a madeira utilizada na fabricação do papel deste livro provém de florestas que foram gerenciadas de maneira ambientalmente correta, socialmente justa e economicamente viável, além de outras fontes de origem controlada.